*Sprachen der Welt*

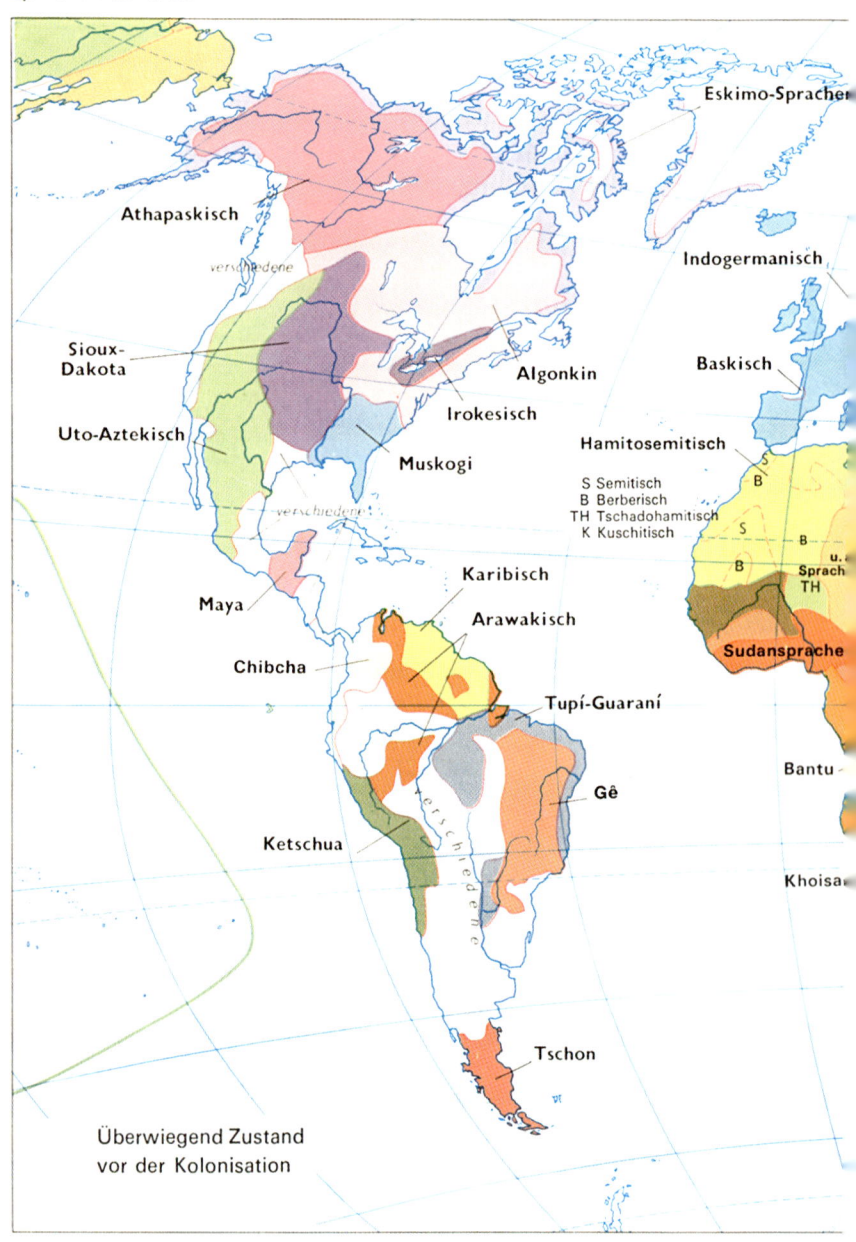

Eskimo-Sprachen

Athapaskisch

*verschiedene*

Indogermanisch

Sioux-
Dakota

Algonkin

Baskisch

Irokesisch

Uto-Aztekisch

Hamitosemitisch

Muskogi

S Semitisch
B Berberisch
TH Tschadohamitisch
K Kuschitisch

S

B

*verschiedene*

S

B

u.
Sprach
TH

Karibisch

Maya

Arawakisch

Sudansprache

Chibcha

Tupí-Guaraní

Bantu

Gê

Ketschua

*verschiedene*

Khoisan

Tschon

Überwiegend Zustand
vor der Kolonisation

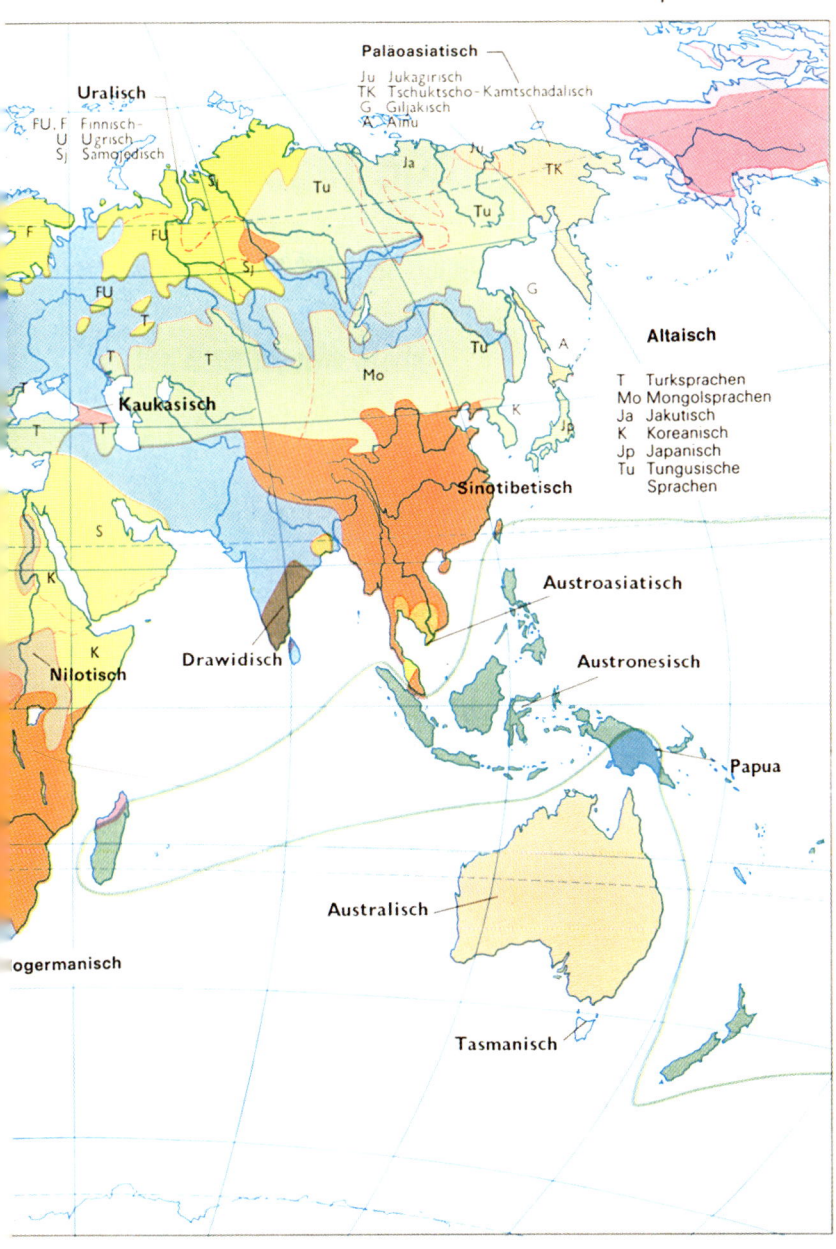

Uralisch
FU, F Finnisch-
U   Ugrisch
Sj  Samojedisch

Paläoasiatisch
Ju  Jukagirisch
TK  Tschuktscho-Kamtschadalisch
G   Giljakisch
A   Ainu

Altaisch
T   Turksprachen
Mo  Mongolsprachen
Ja  Jakutisch
K   Koreanisch
Jp  Japanisch
Tu  Tungusische
    Sprachen

Kaukasisch

Sinotibetisch

Austroasiatisch

Austronesisch

Drawidisch

Papua

Nilotisch

Australisch

ogermanisch

Tasmanisch

dtv

Wie haben sich die heutigen Sprachen entwickelt? Wie sind sie miteinander verwandt? Lassen sich bestimmte sprachliche Grundstrukturen erkennen? Wieviele Sprachen gibt es überhaupt? Auf diese und andere Fragen rund um die Vielfalt menschlicher Kommunikation gibt dieses Handbuch fundiert, knapp und anschaulich Auskunft. Ein Streifzug durch die Sprachen der Welt von der spannenden Entzifferung der Hieroglyphen über die Entwicklung und Ausbreitung der verschiedenen Sprachfamilien und Einzelsprachen bis zur Kunstsprache Esperanto.

*Professor Hans Joachim Störig,* Dr. phil., Dr. iur., war lange im Verlagswesen tätig, insbesondere von 1963 bis 1983 als Leiter des Lexikographischen Instituts in München. Danach lehrte er Deutsch als Fremdsprache an der Universität München. Er gab zahlreiche Lexika, Wörterbücher und Atlanten heraus und verfaßte verschiedene Überblicksdarstellungen, u. a. ›Kleine Weltgeschichte der Philosophie‹.

Hans Joachim Störig

# Abenteuer Sprache

Ein Streifzug durch
die Sprachen der Erde

Deutscher Taschenbuch Verlag

Überarbeitete und aktualisierte Neuausgabe der zuletzt
1997 im Humboldt-Taschenbuchverlag Jacobi, München,
erschienenen Ausgabe

Originalausgabe
November 2002
© Deutscher Taschenbuch Verlag GmbH & Co. KG,
München
www.dtv.de
Umschlagkonzept: Balk & Brumshagen
Umschlaggestaltung: Stephanie Weischer
Gesamtherstellung: Ebner & Spiegel, Ulm
Gedruckt auf säurefreiem, chlorfrei gebleichtem Papier
Printed in Germany · ISBN 3-423-30863-X

# Inhalt

*Hinweis: Aussprache-Angaben sind von eckigen Klammern [ ] umschlossen. Kursiv gesetzt, meist in runden Klammern ( ), steht die buchstabengetreue Übertragung (Transkription) in lateinische Schriftzeichen.*

# Wie viele Sprachen gibt es?

»Wie ich eben höre, sind Sie Sprachwissenschaftler (beziehungsweise Linguist, aber das ist doch wohl dasselbe?). Ich würde Ihnen gern eine Frage stellen, die die Sprache betrifft und die ich schon lange mit mir herumtrage; ich habe immer gehofft, ich würde mal einem Fachmann begegnen.«

So mag ein Gespräch beginnen zwischen zwei Leuten, die einander aus irgendeinem Anlaß begegnen. Wie es weiterläuft, hängt stark davon ab, was der Angesprochene (wir nehmen an, er ist wirklich Linguist) für ein Mensch ist. Es könnte sich zum Beispiel um einen Pedanten handeln; schließlich muß, wer in der Wissenschaft etwas leisten will, genau sein, sehr genau sogar, bis an die Grenzen der Pedanterie – freilich muß er diesen Zug nicht unbedingt gleich einem Laien gegenüber hervorkehren. Der Pedant würde erst einmal am Anfang des Satzes hängenbleiben und sich etwa darüber verbreiten, daß *Sprachwissenschaft* und *Linguistik* nur ganz grob betrachtet dasselbe bezeichnen; dann darüber, daß es einen Fachmann für *die* Sprache, eine Wissenschaft von *der* Sprache nicht gibt.

»Zu vielschichtig ist das Phänomen der Sprache«, höre ich ihn sagen, »es hat zahlreiche Seiten und Aspekte, und für jede Seite ist eine andere Wissenschaft zuständig – oder mehrere Wissenschaften. Denken Sie vielleicht an eine Sprachstörung bei einem Erwachsenen – oder eine Störung des Spracherwerbs bei einem Kind? Dann wäre der Mediziner zuständig, etwa der Neurologe, der Neurophysiologe, der vielleicht einen Psychologen heranzieht oder einen Logopäden (Fachmann für Sprachstörungen und Spracherziehung), am Ende auch noch einen Linguisten. Oder bezieht sich Ihre Frage auf eine bestimmte Sprache? Dann richten Sie sie am besten an einen Spezialisten: also für das Englische an einen Anglisten, für das Französische an einen Romanisten, für das Chinesische an einen Sinologen … Diese Leute erforschen übrigens gewöhnlich nicht nur eine Sprache, sondern auch ihre Literatur, im weiteren Sinne die zugehörigen Kulturen. Man spricht dann von Philologie, beim Griechischen und Lateinischen von ›klassischer‹ Philologie. Dagegen betrachtet die allgemeine Sprachwissenschaft nicht das, was die einzelnen Sprachen voneinander unterscheidet, vielmehr das, was den Sprachen, allen Sprachen, gemeinsam ist: ihr Gegenstand ist die Sprache als solche …«

Falls der Frager (es kann natürlich auch eine Dame sein, ebenso der Befragte) sich nicht inzwischen abgewendet hat, sondern immer noch geduldig zuhört, kommt unser Fachmann jetzt wahrscheinlich zu der Gegenfrage, die ein anderer sofort gestellt hätte: »Wie lautet denn Ihre Frage?«

»Ich wüßte gern, wie viele Sprachen es auf der Welt gibt.«

Pech für unseren Frager! Den Linguisten, der ihm die erhoffte bündige Antwort gibt, etwa »Es sind 2782« – den gibt es kaum. Der Sachkenner, ob Pedant oder nicht, wird vermutlich eher sagen: Er sei zwar außerstande, da einfach eine Zahl zu nennen, erbiete sich aber – falls sein Gegenüber die Zeit dafür opfern wolle –, ihm klarzumachen, daß, und auch warum, die Frage in dieser Form nicht zu beantworten sei. Und das geschehe am besten, damit die Sache nicht zu einseitig werde, in Form eines kleinen Frage- und Antwortspiels. Also die Methode, mit der schon Sokrates auf Markt und Gassen Athens seine Mitbürger amüsierte oder auch zur kalten Verzweiflung trieb.

»Schätzen Sie doch mal«, so beginnt der Gelehrte nicht ohne Hinterlist, »wieviel Dialekte unsere deutsche Sprache hat!«

Wie soll der Laie das schätzen! Da man keine Landkarte zur Hand hat – sagt er –, wolle er sich wenigstens im Geiste mal eine Landkarte Deutschlands – nein, Mitteleuropas – in seinem Zustand vor dem letzten Weltkrieg vorstellen und »oben rechts« zu zählen beginnen. »Da gibt – vielmehr gab – es das Baltendeutsche, das im Untergehen ist. Dann kam das Ostpreußische, das man auch nur noch von alten Leuten hören kann. Dann kommt Pommern, dann die Mark Brandenburg, Mecklenburg, überall eine Art Plattdeutsch ...«

Ob das heißen solle, daß das Platt der Pommern, der Mecklenburger und weiter zum Beispiel der Niedersachsen *einen* Dialekt darstelle – oder drei verschiedene?

Der Frager wird unsicher und weist darauf hin, daß er noch nie »da oben« gewesen sei.

Der Linguist schlägt vor, dann vielleicht lieber mit der Zählung »in der Südwestecke« zu beginnen.

Jetzt treibt er mich in die Enge! denkt der Frager, denn er weiß sehr wohl, daß hinter den Schwaben die »Alemannen« wohnen, in Südbaden, in der Schweiz, im Elsaß, soweit dort noch Deutsch gesprochen wird, in Vorarlberg ... Aber soll das nun *ein* Dialekt sein? Schließlich spricht man in Bregenz, in Freiburg, in Basel verschieden, und was die Schweiz anlangt: Kann sich denn ein Basler mit einem Berner verständigen, wenn beide ihren Dialekt reden? Oder könnten sich beide mit einem Bauern aus Graubünden verständigen, einem alten, der aus seinem Tal kaum je herausgekommen ist? Aber jeder Deutschschweizer hält im Alltag an seiner Mundart fest ... Laut sagt er: »Ich sehe nicht, wie ich da zählen soll. Es gibt da unten beträchtliche Unterschiede, ande-

rerseits gehen die Mundarten, wo sie aneinandergrenzen, fast unmerklich ineinander über.«

Der Linguist lächelt: »Sie verstehen, warum ich Ihnen diese Frage gestellt
habe?«

»Halb und halb schon. Ich sehe, daß man die Dialekte des Deutschen nicht
so einfach abzählen kann. Es kommt darauf an, wie man ›Dialekt‹ definiert,
wie man die Grenzen zieht. Wer sich mal *per pedes* oder mit dem Fahrrad vom
Oberbayerischen nach Niederbayern und dann ins Fränkische hinein bewegt
hat, der weiß, daß die Sprache sich von Ort zu Ort wandelt, er kann kaum noch
angeben, wo der eine Dialekt aufhört und der nächste beginnt. Ich will noch
weiter gehen. Ich bin aus München, bin dort zur Schule gegangen. Ich möchte
behaupten, daß ein feines Ohr durchaus heraushören kann, in welchem Stadtteil von München - sagen wir z. B. in Giesing - einer aufgewachsen ist. Und auf
dem Viktualienmarkt, dem Teil, wo die Bauern aus der Umgebung ihre Produk-
te selbst anbieten, höre ich heraus, ob diese Bäuerin nördlich von München, in
der Dachauer Gegend, zuhause ist, oder südlich, etwa aus dem Hofoldinger
Forst. So betrachtet, erscheinen mir die Leistungen des berühmten Professor
Higgins aus *My Fair Lady* - ich wollte sagen, aus Bernard Shaws *Pygmalion* -
gar nicht so ungewöhnlich …«

»Schön, daß Sie das erwähnen«, fällt der Linguist ein und erinnert sogleich
daran, daß es in dem genannten Stück in der Hauptsache nicht darum geht,
dem Mädchen Eliza einen bestimmten Dialekt abzugewöhnen. Sie soll vielmehr die ordinäre Sprechweise der sozialen Unterschicht ablegen, die sie mit
der Muttermilch aufgenommen hat, die grobe, unfeine, vulgäre Sprache des
Proletariers; sie soll lernen, »nach der Schrift« zu sprechen (wie manche Bauern sagen), das heißt, sie soll die Normen der englischen Hochsprache annehmen,
die auf der Sprache der gebildeten Schicht in London, Kent, Oxford und
Cambridge beruhen und die einen Engländer untrüglich als Angehörigen der
»gebildeten« Schicht ausweisen. Wird das Stück in deutscher Übersetzung aufgeführt, so kann man deshalb die Eliza zu Beginn ihrer Dressur »berlinern«
oder Gassenkölsch oder ein ordinäres Wienerisch reden lassen - je nach dem,
was die betreffende Schauspielerin beherrscht. Es kommt hier nicht auf die regionalen Unterschiede an, die wir *Dialekte* nennen, sondern auf soziale Unterschiede, auf schichtspezifische Sprechweisen. Wir sprechen da von *Soziolekt*.

Der Frager wirft ein, daß nicht nur jede Gesellschaftsschicht eine eigene
Sprechweise pflegt, daß vielmehr, genau betrachtet, auch kleinere Gruppen,
Cliquen, Familien ihre sprachlichen Besonderheiten haben, die sie nur »unter
sich« anwenden, womit sie sich zugleich nach außen abgrenzen. Ja - fährt er
fort - hat nicht im Grunde jeder einzelne Mensch neben der charakteristischen
Färbung der Stimme seine eigene, unverwechselbare Sprechweise? »Wie könn-

te ich sonst meine Angehörigen, meine Freunde ohne Mühe identifizieren, auch wenn ich sie gar nicht sehe, am Telefon zum Beispiel oder im Radio?«

Dies – ergänzt der Linguist – lasse sich sogar noch weiter zuspitzen: Die *experimentelle Phonetik*, ein junger, durch und durch naturwissenschaftlicher Zweig der Sprachwissenschaft, vermag die beim Sprechen erzeugten Schallwellen aufzuzeichnen und anschließend auf Film oder Bildschirm sichtbar zu machen – und da zeigt sich, daß dasselbe deutsche Wort von *jedem* Sprecher etwas anders intoniert wird – ja, es zeigt sich sogar, daß wir alle ein und dasselbe Wort niemals vollkommen gleich aussprechen. So könnte man kühnerweise behaupten, daß ein geläufiges Wort unserer Sprache, von Millionen von Sprechern milliardenmal ausgesprochen, noch niemals in Form einer völlig exakten Kopie zum zweitenmal erklungen ist!

Interessant, denkt der Frager, aber laut sagt er: »Sie haben mich jetzt ziemlich weit von meiner ursprünglichen Frage weggeführt – zu weit. Mir ging es nicht um Dialekte, Soziolekte, Gruppensprachen oder individuelle Schattierungen, sondern ganz schlicht um Sprachen wie Deutsch, Französisch, Arabisch oder was weiß ich: es kann doch nicht so schwer sein, die zu zählen!«

Der Linguist schlägt erst nochmal einen Bogen und weist darauf hin, daß es noch weitere besondere Ausprägungen einer Sprache gibt, »Sondersprachen« wie die der Seeleute, der Bergleute, der Jäger, der Soldaten, der Studenten, häufig mit der Tendenz, Außenstehende vom Verständnis auszuschließen; dies wird besonders deutlich an der Gaunersprache, dem sogenannten Rotwelsch, oder an der Redeweise der heutigen Jugend. Schließlich gibt es Fachsprachen, unter anderem in allen Wissenschaften. Hans Magnus Enzensberger, als seine Doktorarbeit Jahre später in einer Ausgabe für den Buchhandel herauskam, antwortete auf die Frage, ob er am Text etwas korrigiert oder verändert habe: »Ich habe sie nur vom Germanistischen ins Deutsche übersetzt.« Näherliegende Beispiele sind die Sprache der Computerfachleute, der Jargon der Werbebranche.

Zur Sache sagt unser Linguist: »So leicht sind die Sprachen nicht zu zählen, schon deshalb nicht, weil eine klare Grenzlinie zwischen Sprache und Dialekt nicht gezogen werden kann. Sie nennen das Plattdeutsche einen Dialekt – oder mehrere. Mit welchem Recht nennen Sie dann das Niederländische, auch eine Version des Platt- oder Niederdeutschen, eine eigene Sprache?«

»Weil die Niederlande, einst Teil des Deutschen Reiches, seit Jahrhunderten einen eigenen Staat bilden, in dem das Niederländische Amts- und Verkehrssprache ist.«

»Wenn es darauf ankäme, wäre das Baskische nicht als Sprache anzusehen, weil es keinen Staat gibt, in dem es Amtssprache ist. Und das Rätoromanische wäre dann zur Sprache geworden, als man es in der Schweiz zur vierten Amts-

sprache erhob, vorher aber keine Sprache gewesen? Ähnlich mit dem Katalani-
schen, das unter Franco unterdrückt war und heute wieder frei ist, Bücher und
Zeitungen werden wieder in dieser Sprache gedruckt.«

»Nun gut«, sagt der Frager etwas kleinlaut. »Es kommt wohl darauf an, daß
Sie hier von Literatursprachen sprechen: Niederländisch, Baskisch, Rätoromanisch, alle haben ihre eigene Literatur.«

Wolle man das zum Kriterium machen, entgegnet der Linguist, müsse man
wohl Plattdeutsch, Bayrisch, Schwäbisch zu eigenen Sprachen erklären, weil es
eine respektable Dichtung in diesen Idiomen gibt! Und andererseits: Sollen die
Sprachen von Völkern, die keine Schrift kennen und damit keine Literatur in
unserem Sinne, etwa keine Sprachen sein?

»Sie wollen mir also beweisen, daß die Frage nach der Anzahl der Sprachen
nicht beantwortet werden kann, weil es - wie bei den Dialekten - keine klare
Abgrenzung des Begriffs ›Sprache‹ geben kann?«

Dies sei nur einer von mehreren Gründen für die Unbeantwortbarkeit der
Frage, sagt der Linguist. Man müsse bedenken, daß Hunderttausende oder gar
Millionen Jahre vergangen sind, in denen Menschen gesprochen haben - die
neuesten Ausgrabungen der Anthropologen datieren den Homo sapiens immer
weiter zurück -; daß die Schrift, die uns vergangene Sprachen bezeugt, erst
wenige Jahrtausende alt ist. Wer will ermessen, wie viele Sprachen erklungen,
dann verschollen und vergessen sind? Und wer weiß, ob nicht noch bisher unbekannte Sprachen ans Licht kommen? Und letztens: Sollen wir das Althochdeutsche des »Heliand«, das Mittelhochdeutsche der Minnesänger, das heutige
Deutsch als *eine* Sprache zählen? Das Englisch Chaucers, Shakespeares und
das heutige?

Der Frager hat seine Ansprüche herabgeschraubt. »Ich will bescheidener
sein. Bei allen Einschränkungen, es müßte doch möglich sein, meine Frage wenigstens der Größenordnung nach zu beantworten? Gibt es mehrere hundert
oder mehrere tausend Sprachen, oder zählen sie nach Zehntausenden?«

»Jetzt kommen wir uns näher«, sagt der Linguist. »Denken Sie nur daran -
das kann man von Bibel- und Missionsgesellschaften erfahren -, daß die Bibel
bisher in mehr als 1800 Sprachen übersetzt worden ist, Sprachen wohlgemerkt,
nicht gerechnet also verschiedene Übersetzungen in dieselbe Sprache. Übersetzungen ins Deutsche hat es ja vor Martin Luther eine ganze Reihe gegeben ...«

»Tatsächlich? Aber lassen Sie mich jetzt mal selbst schätzen. Ich nehme an,
daß es den Christen gelungen ist, ihre Heilige Schrift in jede dritte Sprache zu
übertragen, die auf dieser Erde gesprochen wird. Dann müßte die Zahl der
Sprachen, vorsichtig angepeilt, zwischen vier- und sechstausend liegen?«

»Exactement, hätte ich beinahe gesagt.«

# ERSTES KAPITEL

# Vom Entschlüsseln
# toter Sprachen und Schriften

Edgar Allan Poe hat mit seiner Geschichte »Der Doppelmord in der Rue Morgue« *(The Murders in the Rue Morgue)* das Ur- und Vorbild aller späteren Kriminalromane geschaffen. (Für mich ist fraglich, ob seine Nachfahren und Nachahmer ihn jemals übertroffen haben.) Poe hat mit seinem »Goldkäfer« *(The Gold Bug)*, erschienen 1843, auch die Faszination beschworen, die von der schrittweisen Entzifferung eines Kryptogramms, einer Geheimschrift, ausgehen kann. Diese Art von Erzählungen hat er selber *Tales of ratiocination* genannt, Geschichten, die ihr Rätsel auf dem Wege streng rationalen, vernunftgemäßen Reflektierens und Deduzierens lösen. *Vorbemerkung*

Von ähnlicher Faszination sind die Geschehnisse, die sich mit dem Entziffern der Zeugnisse erloschener Sprachen und Kulturen verknüpfen. C. W. Ceram hat in seinem Buch »Götter, Gräber und Gelehrte« davon einige unvergeßliche Proben geliefert. Jedoch möchte ich, wenn ich mich diesem - in der Einleitung angetippten - Thema zuwende, weil es als Einstieg in das vielleicht zunächst etwas trocken anmutende Thema »Sprachwissenschaft« geeignet erscheint, diese Geschehnisse nicht in der vereinfachten - damit immer auch ungerechten - dramatischen Zuspitzung darbieten, wie sie einer Kriminalgeschichte angemessen ist (die ja alles beiseite lassen soll, was nicht zum Hauptfaden der Handlung gehört). Zwar muß ich in diesem Buch ohne Unterlaß vereinfachen - sonst würde es für den normalen Leser ungenießbar. Jedoch, ich möchte zwar Probleme vereinfachen, Beiwerk fortlassen, nicht jede Tiefe ausloten; aber ich möchte nicht wissenschaftsgeschichtliche Abläufe zu stark versimpeln.

Bei der ersten Geschichte, die von dem sagenhaften Stein von Rosette und der Entzifferung der Hieroglyphen durch den jungen, besessenen und genialen Champollion handelt, möchte ich vermeiden, ein Drama aufzubauen, in dem nur der von Napoleons Begleitern ausgegrabene Stein und der junge Champollion auftreten, dieser unbeirrbar von früher Jugend an entschlossen, das Geheimnis zu lüften - hierin Heinrich Schliemann vergleichbar. Die Sache ist doch etwas verwickelter, und hier geht es nicht darum, Geschichten zu erzählen, sondern Geschichte, und Geschichte ist niemals ganz einsinnig und einfach, im Grunde ist die Historie sogar immer unentzifferbar, und daß Napoleon wie Hitler ihre Operationsziele in Rußland nicht erreicht haben: wer könnte aufzählen, welches Geflecht von Kausalketten - darunter sogenannte »zufällige« - dabei mitgewirkt hat?

Das Bestreben, hier etwas genauer und damit gerechter zu verfahren, zwingt mich, ein bißchen ausführlich zu werden, und damit, mich im wesentlichen (damit das Kapitel den Rahmen des Buches nicht gleich zu Beginn sprengt) auf zwei Themen zu beschränken, nämlich die Hieroglyphen und die Keilschrift, andere Leistungen, die ebenso respektabel wie auch ebenso interessant sind, zu ignorieren oder nur zu streifen.

*Das Geheimnis der Hieroglyphen*   Napoleons Zug nach Ägypten, im Jahre 1798 unternommen, verfolgte das Ziel, dem britischen Erzfeind, den durch eine Landung an der englischen Südküste direkt niederzuwerfen ihm aussichtslos erschien, einen Schlag zu versetzen, indem er in dem damals türkisch beherrschten Ägypten landete und damit die Verbindung nach Indien bedrohte. Politisch und militärisch ist das Unternehmen alsbald gescheitert, da Napoleons Flotte bei Abukir durch Nelson vernichtend geschlagen wurde und der Korse nur mit Mühe nach Frankreich entkommen konnte. Für die Geschichte der Sprachwissenschaft hat das Abenteuer dagegen weitreichende und dauerhafte Fortwirkung gebracht.

*Der Stein von Rosette*   Napoleon hatte Archäologen und andere Gelehrte in seinem Gefolge nach Ägypten genommen, um die Rätsel aufzuhellen, welche die uralte Geschichte dieses Landes barg. 1799 wurde in der Nähe des verfallenden Forts Raschid (das die Franzosen in Fort St. Julien umbenannten), unweit des westlichen Mündungsarms des Nil, ein Block aus schwarzem Basalt gefunden, etwa einen Meter hoch, 70 cm breit, 30 cm dick, der als *Stein von Rosette* in die Geschichte eingegangen ist. *Rosette* ist eine französische Form des Ortsnamens *Raschid*. Der Block trug auf

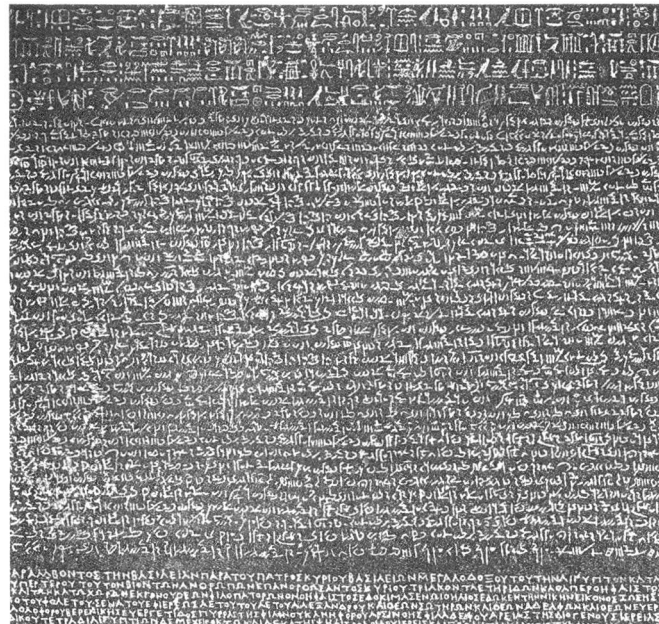

*Der Stein von Rosette (Ausschnitt). Er wird im Britischen Museum, London, aufbewahrt.*

seiner Vorderseite drei Inschriften: zuoberst 14 Zeilen in altägyptischen Hieroglyphen, die Zeilenanfänge und -enden fehlend; darunter 32 Zeilen, teilweise durch Verwitterung unleserlich, in der sogenannten demotischen Schrift, die von ägyptischen Papyri her der Forschung bekannt war (aber nicht gelesen werden konnte), darunter 54 Zeilen in griechischer Schrift und griechischer Sprache, die Hälfte davon am Zeilenende verstümmelt.

Um verständlich zu machen, warum dieser Stein so bedeutsam war, muß ich weit ausholen.

Die Geschichte der ägyptischen Kultur reicht mehrere tausend Jahre vor den Beginn unserer Zeitrechnung zurück. Vermutlich gab es schon im 4. Jahrtausend v. Chr. zwei große Reiche, deren eines am Oberlauf des Nil lag und bis zu den Katarakten von Assuan nach Süden reichte, während das andere seinen Schwerpunkt im Nildelta hatte. Um 2850 v. Chr. sollen beide Reiche durch einen König Menes zu einem Großreich vereinigt worden sein. Mit ihm beginnt die erste der insgesamt 30 Dynastien, in die ein Hoherpriester namens Manetho, der im 3. Jahrhundert v. Chr. lebte und eine Geschichte seines Landes verfaßte,

*Hauptperioden der Geschichte Ägyptens*

die Herrscher Ägyptens eingeteilt hat – von Menes bis zu
seiner Zeit, als Ägypten bereits durch Alexander den Großen unterworfen war. Nur Bruchstücke von Manethos
Schrift sind erhalten.

Im großen wird die Geschichte Altägyptens eingeteilt in
das Alte Reich, das die ersten zehn Dynastien umfaßt und
dem die großen Pyramidenbauer Cheops und Chefren angehören; ein Mittleres Reich, die 11. bis 16. Dynastie umfassend und bis zum Jahre 1570 v. Chr. bestehend. Das
Neue Reich, während dessen Bestehen das heutige Palästina und Syrien lange Zeit eine Provinz Ägyptens bildeten,
bringt wie seine Vorgänger einen Wechsel von Aufstieg
und Niedergang, schwere Existenzkämpfe vor allem gegen
die Hethiter, und läuft schließlich in zunehmenden Verfall
des Ägypterreiches aus, das erst durch die Äthiopier, dann
durch die Assyrer, im 6. Jahrhundert durch die Perser,
schließlich 332 v. Chr. durch Alexander besiegt und besetzt
wurde. 30 v. Chr. ergriffen die Römer von Ägypten Besitz.
Die günstige Gelegenheit zur Intervention bot ein Streit
um die Thronfolge zwischen einem Geschwisterpaar,
Ptolemaios und Kleopatra. Julius Cäsar verhalf Kleopatra
zur Alleinherrschaft und hinterließ ihr einen Sohn, Caesa-
rion genannt.

*Hieroglyphen und*      Die älteste Form der ägyptischen Schrift hat schon zu
*ihre Abkömmlinge*   Beginn des Alten Reichs bestanden. Der Grieche Clemens
Alexandrinus, der im 3. Jahrhundert v. Chr. gelebt hat, be-
nannte sie *Hieroglyphen,* wörtlich »Heiliges Schnitzwerk«.
Diese Schrift findet sich vor allem, in Stein gehauen, auf
Denkmälern.

Sehr früh schon schrieben die Ägypter auch auf Papyrus, gewonnen aus der gleichnamigen Staude, die im
Unterlauf des Nil in Mengen wuchs. Man legte dünne
Scheiben des Materials aufeinander, ein Blatt mit quer-,
das nächste mit senkrechtlaufenden Fasern, verband sie
durch einen Klebstoff; nach Trocknen und Pressen konnte
man die Oberfläche beschreiben, in der Regel mit einem
Pinsel aus Binsen und mit roter oder schwarzer Tinte. Man
konnte Papyrusblätter aneinanderkleben und so Schrift-
rollen von 30 bis 40 Meter Länge erzeugen. Für das Schreiben auf Papyrus entwickelte sich aus der Bilderschrift
eine stark abgeschliffene Form, in der die ursprünglichen
Bilder nur noch andeutungsweise zu erkennen sind: die
*hieratische* Schrift.

Bald nach 1000 v. Chr. erfolgt noch einmal ein stark ver-
einfachender Entwicklungsschritt. Die so entstandene
*demotische* Schrift kann man fast als Stenographie bezeichnen; nur der Kenner ist in der Lage, sie auf ihre Vorläufer
zurückzuführen.

Die drei Schriften blieben in Gebrauch bis in die Zeit
der Diadochen und der römischen Herrschaft. Die Hieroglyphen dienten vornehmlich religiösen Zwecken; ihre
Kenntnis war der Priesterkaste vorbehalten, die ihre
Schreiber dazu in eigenen Schulen ausbildete. Alexanders
Nachfolger in Ägypten, die Ptolemäer, wie auch die späteren römischen Statthalter hielten engen Kontakt zur mäch-
tigen Priesterkaste. Zur Zeit Cäsars war die Kenntnis der

*Die Hieroglyphen*
*sterben*

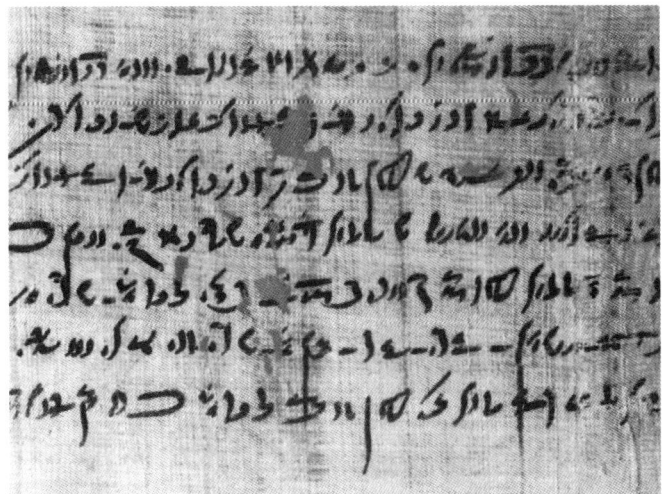

*Ägyptische Papyri:*
*Oben eine Seite aus*
*dem sogenannten*
*»Totenbuch« mit*
*Bildern und Hiero-*
*glyphen, unten Aus-*
*schnitt einer Seite in*
*demotischer Schrift.*

Hieroglyphen offenbar im Rückgang; einem Bericht des Tacitus ist zu entnehmen, daß anläßlich eines Besuchs des Germanicus in Theben ein betagter Priester herbeigerufen werden mußte, um den Wunsch des Besuchers zu erfüllen und bestimmte Inschriften vorzulesen und zu erklären. Dieser Niedergang hängt zusammen mit dem Vordringen des Griechischen in Ägypten, das schon lange vor Alexanders Triumph durch griechische Kaufleute ins Land gekommen war. Man begann, die ägyptische Sprache in griechischen Buchstaben zu schreiben. Vollends erstarb die Kenntnis der alten Schrift mit der Christianisierung Ägyptens. Im 4. Jahrhundert n. Chr. wurden die alten Tempel auf Betreiben der Christen geschlossen. Das letzte bekannte Schriftstück in hieroglyphischer Schrift stammt aus dem Jahre 394 n. Chr.

Mit dem letzten Priester oder Schreiber, der sie beherrschte, starb das Wissen um diese Schrift für mehr als 1400 Jahre aus. Zwar konnte jeder Reisende, der Ägypten besuchte, die rätselhaften und monumentalen Zeichen überall bewundern, sie fanden sich auch auf Obelisken, die Italiener, Franzosen und Engländer aus Ägypten weg in ihre Heimatländer brachten und dort aufstellten. Man hielt die Hieroglyphen für eine Art Geheimschrift, in der die ägyptischen Priester ihr sorgsam gehütetes Wissen verschlüsselt niedergelegt hatten; manche schrieben diesen Zeichen überhaupt nur einen symbolischen Charakter zu. Mozarts »Zauberflöte« mit ihren deutlichen Anklängen an ägyptische Mythen stammt aus der Zeit, da man über das alte Ägypten noch höchst verschwommene Vorstellungen hatte.

Es lohnt nicht, über die zahlreichen Versuche einer Deutung zu berichten, die vom 16. Jahrhundert ab sporadisch unternommen wurden, so 1636 durch den deutschen Jesuiten Athanasius Kircher, einen verdienten und auf manchen Wissensgebieten kenntnisreichen Mann, der sich, was die Hieroglyphen anlangt, in phantasievollen Deutungen erging, die mehrere Bände seiner Werke füllen. Seine Nachfolger haben es kaum weiter gebracht - bis der Stein von Rosette entdeckt wurde.

*Bilinguis und Trilinguis*    Der Stein war insofern ein überaus glücklicher Fund, als den Sprachforschern hier etwas beschert wurde, das sie eine »Bilinguis« nennen; ein Dokument, das denselben Text in zwei verschiedenen Sprachen (und/oder Schriften) enthält, von denen die eine der Wissenschaft schon bekannt ist. Hier war sogar der höchst seltene Fall einer »Trilinguis« gegeben, denn der Stein enthielt drei Texte, deren zuunterst stehenden griechischen man – bis auf die Beschädigung – alsbald lesen und verstehen konnte: eine Verlautbarung einer Priesterversammlung, die im Jahre 196 v. Chr. in Memphis stattgefunden hatte. Die Priester rühmen den König Ptolemaios Epiphanes und danken ihm für die Wohltaten, die er ihnen und ihren Tempeln erwiesen hat; in jedem Tempel soll eine gleichartige Inschrift angebracht werden. Fast hundert Jahre später wurde eine dieser identischen Inschriften gefunden.

Man könnte meinen, mit diesem Schlüssel in der Hand müsse es ein Leichtes gewesen sein, die beiden oberen Teile zu entziffern, zumal man dem griechischen Text entnehmen konnte, daß dieser zuerst verfaßt war, also das Original darstellte, das dann »in den Zeichen der göttlichen Sprache« (den *Hieroglyphen*) und »in der Schrift der Bücher« (der *demotischen*) wiederholt wurde. Die Entdekkung wurde unter den Gelehrten Westeuropas schnell bekannt – dem Fund von Rosette folgten später ungezählte Inschriften und Papyri, die die aus dem Stein schließlich gewonnenen Anfangskenntnisse vervollständigen halfen. Aber jahrelang widerstand der Stein allen Versuchen der Entzifferung!

Um das zu verstehen, müssen wir uns jetzt vergegenwärtigen, welche Vorstellungen man damals von der Eigenart dieser alten Schriftzeichen hatte. Auf den ersten Blick müssen die Hieroglyphen als eine Bilderschrift erscheinen, weil man zumindest in einem Teil der Zeichen mühelos Abbildungen konkreter Dinge oder Lebewesen erkennt, etwa einen Vogel, einen sitzenden Menschen, ein Auge, einen Käfer. Den ganzen Text in diesem Sinne zu deuten – dagegen sprach zweierlei. Einmal gab es im Hieroglyphentext wesentlich mehr Zeichen als im griechischen Text Wörter. Zum anderen könnte eine Sprache, die ausschließlich aus Abbildern konkreter Dinge besteht, nur ein äußerst bescheidenes Niveau der Verständigung ermöglichen. Eine entwickelte Sprache muß auch Eigenschaften benennen können, Tätigkeiten erst recht, auch Abstrakta und vieles andere, z. B. logische Beziehungen.

Unter den zahlreichen Männern, die über das Geheimnis der Hieroglyphen grübelten – und ebenso über die

*Rätselraten*

*Young*

schwer entzifferbare demotische Schrift – ragt ein junger Engländer hervor: Thomas Young, geboren 1773, dem Naturwissenschaftler bekannt als Urheber der Wellentheorie des Lichts (im Gegensatz zu Isaac Newtons Korpuskulartheorie, ein Dualismus, der heute einer – für Laien freilich schwer zu fassenden – Synthese Platz gemacht hat). Youngs äußerst vielseitige Interessen – Mathematik, Physik, Medizin u. a. – erstreckten sich auch auf die Hieroglyphen. 1814 wurde er durch Freunde auf den Stein von Rosette aufmerksam gemacht.

*Eigennamen als Ansatzpunkt*  Youngs Beschäftigung mit dem Dreisprachenstein führte ihn nicht zum vollen Erfolg. Sein richtiger Ansatz »Suche im griechischen Text die Eigennamen« (z. B. Ptolemaios kam dort 17mal vor) »und suche dann die Entsprechungen im demotischen Text« scheiterte, weil – was Young nicht wußte – der demotische Text keine genaue Übersetzung des griechischen darstellt, sondern eine freie Übertragung. Tatsächlich wurden der demotische Text und das ganze System dieser Schrift erst 1880 vollständig entschlüsselt. Hinsichtlich der Hieroglyphen fand Young ebenfalls einen richtigen Ansatz: Wenn ein ägyptischer Schreiber – so überlegte er – vor der Aufgabe stand, einen nichtägyptischen, also insbesondere griechischen Namen zu schreiben, so stand ihm dafür kein Bildzeichen, kein *Ideogramm* zur Verfügung. In dieser Lage würde er sich wahrscheinlich so behelfen, daß er bestimmten Zeichen keine bildliche, sondern eine *phonetische* Rolle zuwies, sie also benutzte, nicht um Gegenstände oder Begriffe darzustellen, sondern gesprochene Laute. Sollte sich nicht wenigstens der Name Ptolemaios in den Hieroglyphen identifizieren lassen?

Schon vor Young war es einigen Forschern aufgefallen, daß bestimmte Textpartien bei Hieroglyphen von einem länglichen Oval umschlossen waren – man nannte es *Kartusche*. Sicher sollte der Inhalt solcher Ovale irgendwie hervorgehoben werden. Vielleicht handelte es sich um geheiligte Formeln – oder vielleicht um Herrschernamen? Auf diesem Weg kam Young ein Stück weit, aber da er nicht wußte, daß die Ägypter – auch bei Verwendung der Hieroglyphen als phonetische Zeichen – die Vokale meist fortließen, blieb er schließlich doch stecken. Einige der gewonnenen Erkenntnisse gab er in einem Artikel bekannt, der 1819 in der damaligen Neuausgabe der *Encyclopaedia*

*Britannica* erschien. Dann gab Young entmutigt auf. Es ist
nicht ganz sicher, ob sein Artikel jemals dem Mann vor
Augen gekommen ist, dem schließlich der entscheidende
(wenn auch längst nicht der abschließende) Schritt gelang.

Dieser Mann, Jean François Champollion, 1790 gebo- *Champollion*
ren, hochbegabt und frühreif, wurde 1801, also als Elfjäh-
riger, von dem berühmten Mathematiker Fourier eingela-
den, der an Napoleons Zug nach Ägypten als wissenschaftlicher Berater teilgenommen hatte. Fourier zeigte
dem Jungen in Grenoble einige aus Ägypten mitgebrachte
Antiquitäten, und Champollion, kaum hatte er erfahren,
daß niemand die Hieroglyphen entziffern könne, beschloß, sein Leben dieser Aufgabe zu weihen. Diesen Ent-
schluß verfolgte er mit kaum faßlicher Hartnäckigkeit und
Konsequenz. Erst 1822 gelang ihm der Durchbruch. In
einem Brief *Lettre à M. Dacier relative à l'alphabet des hié-
roglyphes phonétiques,* in umfassender Weise erst 1824 in
seinem Buch *Précis du Système Hiéroglyphique,* gab er seine wichtigste Erkenntnis bekannt: Die Hieroglyphen sind
teils wirkliche Bildzeichen, die für ganze Wörter (Begriffe)
stehen, teils phonetische Zeichen, die Laute wiedergeben,
teils schließlich »Determinative« – das sind Zeichen, die
erklärend zu einem Bildzeichen hinzutreten, also selbst in
der gesprochenen Sprache, beim Lesen des Textes nicht in
Erscheinung treten, etwa ein Zeichen für ein weibliches
Wesen oder für eine Tätigkeit.

Bei der Darstellung von Personennamen haben die *Zwei*
Hieroglyphen (fast) immer eine phonetische Bedeutung. *Herrschernamen*
Ein Beispiel mag für viele stehen: die Identifizierung
der Schriftzeichen in den beiden Namen *Ptolemaios* und
*Kleopatra.*

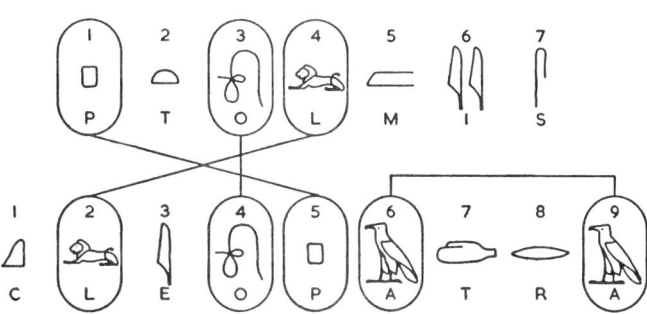

Hier ist, wie man sieht, eine weitgehend stimmige Deutung gelungen, gleiche Zeichen entsprechen (mit einer Ausnahme beim Laut [t]) gleichen Lauten. Anzumerken ist, daß in diesem Beispiel auch die Vokale [o] und [a] durch Zeichen repräsentiert sind; ferner, daß die Schreibrichtung bei den Hieroglyphen wechselt, sie kann von rechts nach links laufen; dies ist der häufigste Fall, auch im obigen Beispiel ist das Original so, lediglich zur Erleichterung für den europäischen Leser ist das Schriftbild spiegelverkehrt abgebildet. Die Schrift kann auch umgekehrt verlaufen, auch von oben nach unten, auch von unten nach oben, auch in freier Anordnung.

All dies hat den ersten Pionieren ihre Arbeit erschwert. Hilfreich für die Deutungsarbeit wirkte die Erkenntnis, daß Menschen- und Tierfiguren stets zum Anfang der Zeile hin blicken.

Champollion hat noch acht Jahre lang, dann mit wirksamer Förderung durch die französische Regierung, die ihm einen zweijährigen Aufenthalt in Ägypten ermöglichte, unermüdlich an der Lösung der selbst gestellten Aufgabe weitergearbeitet. Dann ereilte ihn ein früher Tod. Viele Männer haben sein Werk fortgeführt; unter ihnen ist hervorzuheben der Deutsche Adolf Erman (†1937), der die »ägyptische Philologie« auf eine feste Basis gestellt hat – soweit man bei einer seit 1500 Jahren toten Sprache etwas als fest bezeichnen kann.

*Beispiele* Warum die Aufgabe nahezu unlösbar war (solange nicht die Forschung immer mehr Vergleichsmaterial, darunter auch weitere Bilinguen, zutage gefördert hatte), soll noch durch einige einfache Beispiele verdeutlicht werden. Manche Zeichen stehen für den Gegenstand, den sie offenkundig darstellen, wie z. B.

»Auge«      »Käfer«      »Pflug«

Manche Zeichen meinen nicht den Gegenstand, sondern eine Tätigkeit, die mit diesem in engem Zusammenhang steht, wie z. B.

»gehen«      »rudern«      »weinen«

Manche Zeichen stellen Dinge, die sich nicht unmittelbar bildlich darstellen lassen, symbolisch dar, wie z. B.

»herrschen«      »Alter«        »kühl«
(Szepter)        (Mann          (Gefäß, aus
                 mit Stock)     dem Wasser
                                läuft)

Manche Zeichen deuten auf das Gemeinte mit einem
Bild, das mit ihm keinerlei Ähnlichkeit oder Beziehung
hat, dessen Name aber in der gesprochenen Sprache ähnlich (nicht unbedingt gleich) klang. Das läßt sich fast mit
schlechtem Wortwitz vergleichen und damit erläutern, daß
ich etwa als Deutscher, der in Bilderschrift schreiben muß,
in dem Satz »Der Pfarrer erteilte seinen Segen« das letzte
Wort durch zwei sägende Männer darstellte (»Segen/sä-
gen«), oder in dem Satz »Wir müssen den Kampf wagen«
das letzte Wort durch ein Fahrzeug (»Wagen/wagen«):

Erschwerend kam hinzu, daß die Forscher die ägyptischen Wörter und ihren Klang ja nicht kennen konnten.
   Unter den Zeichen, die einen Laut darstellen, sind solche, die für *einen* Konsonanten stehen, wie z. B.

⌒          ▢          ⬭
*t*          *p*          *d*

Andere stehen aber für *zwei* Konsonanten, z. B.

*mn*          *mr*          *wn*

Schließlich, wie wir in Beispielen gesehen haben, wurden
gelegentlich auch Vokale durch Zeichen wiedergegeben.
   Endlich treten die Determinative auf, stumme Zeichen,
die nur zur Deutung oder Verdeutlichung beigegeben wurden, z. B.

*Determinative*

Fell mit            Wellenlinien       zugeschnürte
Schwanz             für »Wasser«       Schriftrolle
für »Säugetier«                        für abstrakten Begriff

Schließlich benutzte man auch im selben Wort Bildzeichen und phonetische Zeichen zusammen oder durcheinander, etwa in *Thutmosis* für den ersten Teil das Symbol für den Gott *Thot,* für den Rest Hieroglyphen als phonetische Zeichen.

Dieses äußerst verwickelte System haben die Ägypter – eines der konservativsten Völker der Kulturgeschichte – durch die Jahrtausende festgehalten.

Die Leistung der Männer, die über diese und weitere Handicaps hinweg die Hieroglyphen und damit den ungeheuren Reichtum der ägyptischen Kultur der Nachwelt erschlossen haben, verdient Respekt.

*Schwierigkeitsgrade beim Entschlüsseln Schrift und Sprache unbekannt*

Das Rätsel, das der Forscher beim Entschlüsseln zu lösen hat, ist am schwierigsten, wenn – wie es bei ägyptischen Hieroglyphen der Fall war – sowohl die Schriftzeichen wie die zugrundeliegende Sprache unbekannt sind. Doch sind in solchen Fällen gewöhnlich Anhaltspunkte gegeben, da man den Fundort des Dokuments kennt (das freilich nicht unbedingt am Ort entstanden sein muß), meist auch Anhaltspunkte für die Entstehungszeit in Form archäologischer Begleitfunde hat; ferner kennt man das verwendete Material (Papyrus, Ton usw.) und kann daraus gewisse Schlüsse ziehen.

*Sprache bekannt*

Handelt es sich – wie bei den sogenannten Geheimschriften, die in Kriminal- und Spionagegeschichten eine Rolle spielen – um eine im Prinzip bekannte Sprache, aber um eine unbekannte Art der schriftlichen Wiedergabe (z. B. einen Code aus Ziffern oder Symbolen), so liefert das Wissen vom Bau der verwendeten Sprache oft erste Anhaltspunkte für die Lösung, etwa das Wissen, welche Laute bzw. Zeichen in ihr am häufigsten vorkommen; welche nebeneinander auftreten können, welche nicht; welche Wörter es gibt, die nur aus ein oder zwei Zeichen bestehen.

*Schrift bekannt*

Haben wir ein bekanntes Alphabet vor uns, aber eine völlig unbekannte Sprache, so kann die Aufgabe schwierig bis unlösbar sein, besonders wenn relativ wenige Texte zur Verfügung stehen. Dies ist der Fall beim Etruskischen, das hauptsächlich in einer begrenzten Anzahl von Grabschriften erhalten ist.

*Die Entzifferung der Keilschrift*

Der deutsche Forschungsreisende und Arzt Engelbert Kaempfer (1651-1716), der Europa die erste zuverlässige

Kunde über Japan brachte, hat als einer der ersten auch über die Existenz einer rätselhaften Schrift berichtet und ihr, wegen der überwiegend aus keilförmigen Gebilden zusammengesetzten Gestalt der Schriftzüge, auch den Namen gegeben. Die englische Bezeichnung lautet: *cuneiform (writing)*.

Die Geschichte der Keilschrift-Entzifferung ist, abgesehen davon, daß sie dramatische Höhepunkte hat, recht verwickelt. Man könnte sie vom hinteren Ende her erzählen, d.h. in der Folge, wie ihre Entzifferung Schritt für Schritt immer neue Panoramen großer Kulturen enthüllte (im Verein mit Ausgrabungen natürlich), deren Reste unter Wüstensand vergraben waren – ein Phänomen, das Oswald Spengler wesentlich zu den Grundthesen seines Werkes »Der Untergang des Abendlandes« (erstmals erschienen 1918/19) inspiriert haben dürfte. Eine solche Schilderung kann aber einem Leser, der in der Geschichte der Alten Welt nicht sehr bewandert ist, kaum ein klares Bild von den zeitlichen, räumlichen und kulturellen Gegebenheiten und Verknüpfungen vermitteln. Beginnt man dagegen die Darstellung chronologisch mit der Feststellung, die Keilschrift sei von dem bedeutenden Kulturvolk der Sumerer erfunden und dann an Assyrer, Babylonier, Perser und andere vererbt worden, so verspielt man eine Pointe: denn erst die Entschlüsselung der Keilschrift hat klargemacht, welche Rolle Volk und Reich der Sumerer einmal gespielt haben.

*Der Schauplatz* Die Geschichte spielt in dem zweiten großen Stromgebiet der Alten Welt, das neben Ägypten als eine der Wiegen der Zivilisation gelten muß: in *Mesopotamien,* dem Land, das Alexander der Große griechisch so benannte (»Land zwischen Flüssen«). Euphrat und Tigris flossen damals wie heute annähernd parallel von Nordwesten nach Südosten; sie mündeten jeder für sich in den Persischen Golf, und dieser erstreckte sich damals noch um etwa 200 km weiter nach Norden als heute, so daß die Stadt Ur, eines der ältesten ausgegrabenen Zentren einer städtischen Zivilisation, damals nahe am Meer lag; heute vereinigen sich beide Flüsse 150 km vor Erreichen des Golfs zum Schatt-el-Arab, dem politisch wie militärisch umkämpften »Strom der Araber«.

*Der zeitliche Rahmen* Die Entzifferung der Keilschrift ist ein Werk des 19. und 20. Jahrhunderts. Ihre Entstehung und Lebenszeit reicht

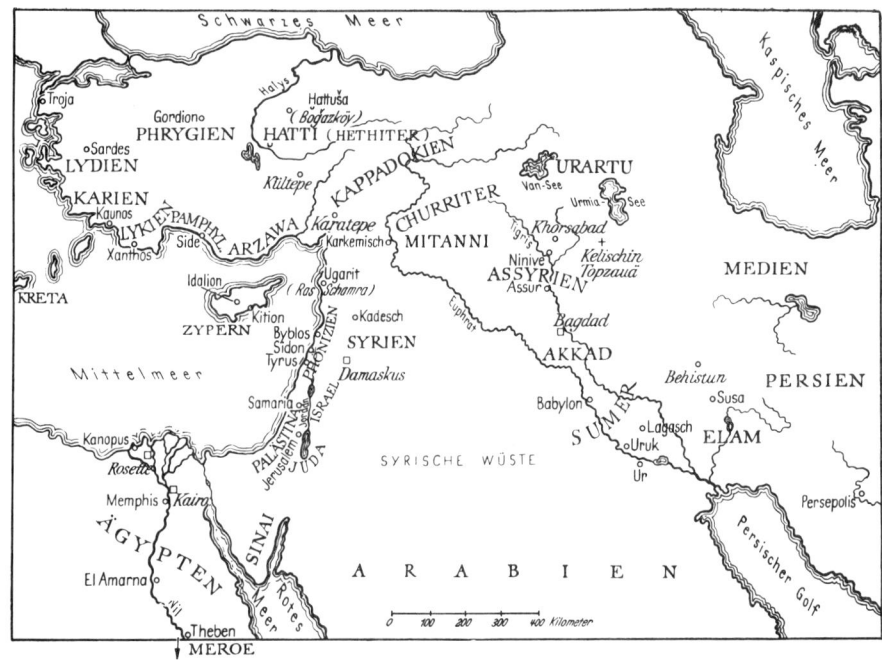

*Völker und Städte im Nahen Osten, 2. Jahrtausend v. Chr. Die Küste des Persischen Golfs ist in ihrem heutigen Verlauf eingezeichnet; damals verlief sie höchstwahrscheinlich etwa 200 km weiter nordwestlich, so daß die Stadt Ur in Küstennähe lag.*

*Carsten Niebuhr*

von etwa 3000 v. Chr. bis in die letzten vorchristlichen Jahrhunderte. Dann erlosch sie, verdrängt u. a. von den modernen Alphabeten der Griechen und Römer, später auch von der arabischen Schrift. Sie geriet in Vergessenheit. Griechische Autoren erwähnen sie zwar noch als *assyria grammata* (»assyrische Schriftzeichen«), doch zu lesen vermochten sie sie schon nicht mehr.

In Europa verbreitete ein italienischer Reisender, Pietro della Valle, im 17. Jahrhundert als einer der ersten die Kunde von dieser Schrift. Nach dem schon genannten Engelbert Kaempfer war es vor allem Carsten Niebuhr (1733–1815), der als Forschungsreisender im Dienste des dänischen Königs den Nahen Osten bereiste, zu danken, daß man im Abendland verläßliche Nachrichten über Schriften und Denkmäler jener Länder erhielt. Niebuhr (Vater des berühmten Historikers Barthold Georg Niebuhr) begab sich als Mitglied einer fünfköpfigen Expedition auf eine Reise nach Ägypten, Arabien und Syrien. Als man den heutigen Jemen erreichte, waren zwei der fünf Männer bereits den Strapazen der Reise erlegen, und in Indien starben noch zwei. Niebuhr trat allein die Rückreise an, entschloß sich, dabei Persien und Mesopotamien zu durchqueren, und hier begann er eifrig, Inschriften in Keilschrift zu kopieren, von Hand, versteht sich, denn die Photographie war noch nicht erfunden. Niebuhrs Reisebericht, 1776-80 in Amsterdam erschienen, erregte weithin Aufsehen; Napoleon trug ihn während seiner Expedition nach Ägypten stets bei sich. Niebuhr veröffentlichte später auch *drei*sprachige Inschriften aus Persepolis – genauer gesagt, dreiteilige Inschriften, von denen er zutreffend vermutete, es handele sich – obwohl alle in Keilschrift – um drei verschiedene Schriftsysteme und Sprachen.

*Sumerischer Text in Keilschrift, in Tontafel geritzt und eingebrannt: ein Stück aus dem »Gilgamesch-Epos«. (Aus Platzgründen ist das Bild gedreht: rechter Bildrand = Unterkante des Schriftmusters.)*

Um 1800 verfügten europäische Gelehrte dank Niebuhr, der nicht nur Vorlagen gebracht, sondern auch erste Vorschläge zur Deutung gemacht hatte, auch dank mancher Vorarbeiten deutscher und dänischer Orientalisten über so viel Material, daß man eine Entschlüsselung wagen konnte. Bevor ich darauf eingehe, erst noch ein Blick auf die beteiligten Völker und Stämme.

*Wer zählt die Völker ...*

In den drei Jahrtausenden vor Christi Geburt treten uns in Vorderasien so viele Völker entgegen, daß es Mühe kostet, sie zeitlich, räumlich und in ihren Beziehungen untereinander zu ordnen, und in der Tat hat die Wissenschaft auch lange gebraucht, um dieses Ziel zu erreichen. Eine bunte Vielfalt von Volks- und Stammesnamen, von Städten und Königen, von Staaten, die einander befehden, sich verbünden, erneut bekämpfen, unterwerfen, vor allem auch einander als politische, militärische, kulturelle Vormacht ablösen. Verwirrend auch der Wechsel der Namen; verwirrend schließlich, daß im überlieferten Schrifttum dieser alten Völker vieles steht, was der Europäer aus der Bibel kennt und was man lange Zeit – wenn nicht für göttliche Offenbarung, so jedenfalls für Schöpfungen des alten Judentums gehalten hatte.

*Die Sumerer*

Bereits um 3000 v. Chr. finden wir das Volk der Sumerer (Betonung auf dem »me«) im Südteil Mesopotamiens ansässig als Schöpfer und Träger einer der frühesten Hochkulturen der Menschheitsgeschichte. Die Ausgrabungen von Ur, Uruk und weiteren Siedlungen brachten planvoll angelegte Städte ans Licht, mit planmäßig organisierter Versorgung der Bevölkerung, Deich- und Kanalbauten. Die Kunst und die religiösen Vorstellungen der Sumerer haben maßgeblich auf fast alle Kulturvölker des Altertums eingewirkt. Ihre Literatur enthält großartige Dichtungen wie das Gilgamesch-Epos (Abb. S. 29). Zu den Leistungen der Sumerer gehört die Entwicklung einer Bilderschrift, aus der sich die spätere Keilschrift entwickelt hat.

*Vom Bild zum Keil*     Zu dem Wandel der Schrift hin zu verhältnismäßig abstrakten Formen, die den ursprünglichen Bildgehalt höchstens noch dem Kenner verraten, dürfte wesentlich das Schreibmaterial beigetragen haben, das – abgesehen von Inschriften in Stein oder Metall – hauptsächlich verwendet wurde: Täfelchen aus Ton. In den noch weichen Ton wurden die Zeichen mit einem Griffel eingeritzt, danach wurde der Ton durch Brennen gehärtet und dauerhaft gemacht, so dauerhaft, daß ungezählte Tafeln dieser Art Jahrtausende später unversehrt ausgegraben werden konnten. Durch diese Art zu schreiben entstand der keilförmige Charakter der Schriftbestandteile, der ihr den Namen gegeben hat.

*Die Babylonier*     Die Sumerer haben kein Großreich geschaffen, sondern in unabhängigen, oft verfeindeten Stadtstaaten gelebt. Um 2500 v. Chr. tritt neben die Sumerer das etwas weiter nördlich im Zweistromland ansässige Volk der Babylonier – ein Volk mit semitischer Sprache, wohingegen die Sumerer weder dem semitischen noch einem anderen Sprachkreis eindeutig zuzuordnen sind. Die Babylonier übernahmen die kulturellen Errungenschaften der Sumerer und besiegten sie schließlich. Ihnen gelang es unter Hammurabi (um 1800 v. Chr.), ein Großreich zu schaffen. Dieser Herrscher hat sich durch sein 1903 aufgefundenes Gesetzbuch verewigt.

*Tontafeln mit Keilschrift (Höhe knapp 10 cm), gefunden bei Tell el-Amarna in Ägypten.*

| Ursprüng-lich | Position verschoben | Früh-babylonisch | Assyrisch | Bedeutung |
|---|---|---|---|---|
| | | | | »Vogel« |
| | | | | »Fisch« |
| | | | | »Ochse« |

*Die Entwicklung der Keilschrift, schematisch dargestellt nach dem deutschen Orientalisten Arno Poebel.*

Das Land der Babylonier wurde auch *Akkad* genannt; in neuerer Zeit spricht man oft von Akkadern und ihrer akkadischen Sprache; darunter sind das *Babylonische* und das diesem nahestehende *Assyrische* zusammen zu verstehen.

Die Assyrer, noch weiter nördlich am Tigris siedelnd – Assur ist ihre Hauptstadt –, übernahmen später eine führende Rolle. Zu ihren Herrschern zählen Sargon II. (Sargon I. ist der berühmteste König der frühbabylonischen Zeit), der die Stämme Israels in die Gefangenschaft geführt hat, sowie Assurbanipal (um 650 v. Chr.), dessen Bibliothek in Ninive ausgegraben wurde.  *Die Assyrer*

Die Keilschrift wurde von den Völkern, die das Erbe der Sumerer antraten, übernommen und weiterentwickelt. Im Unterschied zu den ägyptischen Hieroglyphen hat sie zur Aufzeichnung einer ganzen Reihe grundverschiedener Sprachen gedient.

Die Keilschrift hat sich weit über den Kernbereich des Zweistromlandes hinaus verbreitet. Relativ wenig nach Osten; immerhin gab es hier das Land *Elam* (im heutigen Iran), seine Bewohner übernahmen zuerst die akkadische Sprache, um Verwaltungsurkunden niederzuschreiben, und damit die Keilschrift, benutzten später jedoch die Keilschrift auch zur Aufzeichnung ihrer eigenen, der elamischen Sprache.  *Verbreitung der Keilschrift*

Im ersten Jahrtausend vor Christus, als die indogermanischen Perser in den heutigen Iran eingedrungen waren, übernahmen sie zur Aufzeichnung ihrer Sprache, des Altpersischen, ebenfalls die Zeichen der Keilschrift, allerdings in einem ganz neuen System.

Im Westen des Zweistromlandes lebte das Volk der Churriter, das die Keilschrift um 2000 v. Chr. übernahm und darin seine eigene (nicht indogermanische, auch nicht semitische) Sprache aufzeichnete. Und noch weiter westlich, in Kleinasien, lebte das indogermanische Volk der Hethiter, das seine hochstehende Kultur großenteils von den Chattiern übernommen hatte. Die Chattier, ein nichtindogermanisches Volk, siedelten um die Stadt Hatti, die unter ihrem späteren Namen Boğazköy bei ihrer Freilegung die Archäologen in höchstes Erstaunen versetzt hat. Auch die Hethiter haben sich der Keilschrift bedient.

*Überlagerungen*  Die Erscheinung, die wir in Europa am Fortleben des Lateinischen beobachten können: die Sprache stirbt als Umgangssprache, wird aber weiter im Kultus, in Urkunden, in der Wissenschaft benutzt – diese Erscheinung läßt sich im Altertum mehrfach beobachten. So haben die Babylonier das ausgestorbene Sumerische als »Mönchslatein des Alten Orients« weiterleben lassen, ja sie haben (was der späteren Erschließung des Sumerischen zu Hilfe kam) für ihre Priesterschüler zweisprachige Wortlisten und grammatische Lehrbeispiele verfaßt. Ebenso haben die Hethiter die ausgestorbene Sprache ihrer Vorgänger, das Prohattische, konserviert. Und die Perser haben gar ihre Königsinschriften in drei Sprachen abgefaßt – nicht ahnend, welchen Dienst sie damit der zweitausend Jahre später einsetzenden Erforschung dieser Sprachen leisteten.

Nun können wir uns der Geschichte der Entzifferung zuwenden. Sie erfolgte, wegen der Vielschichtigkeit der sprachlichen Überlieferung, in einer ganzen Reihe von Anläufen.

*Grotefend in*  Georg Friedrich Grotefend, geboren 1775, war Gymna-
*Göttingen*  siallehrer und hatte insofern eine Hochschulausbildung, hatte auch sprachwissenschaftliche Interessen – denn er hat sich mit den ausgestorbenen Schwestersprachen des Lateins, Oskisch und Umbrisch, befaßt –, aber er hatte keine Ahnung von orientalischen Sprachen. Seine Kenntnis der antiken Literatur kam ihm später auf eine unerwartete Weise zu Hilfe. 27 Jahre war er alt, als er das Geheimnis der Keilschrift aufbrach, in einem ersten unbekümmerten

Zupacken – ganz im Gegensatz zu Champollion, der fast
zwanzig Jahre Vorstudien trieb, bis er sich an sein eigentliches Ziel heranwagte. Grotefend kannte Arbeiten von
Niebuhr, vor allem von diesem gelieferte Schriftproben,
auch von einigen anderen Gelehrten. Warum er sich überhaupt an diese Aufgabe machte, ohne wie Champollion
wenigstens ein einziges zweisprachiges Dokument zu besitzen, ist nicht ganz klar; nach einem Bericht soll ein ihm
bekannter Bibliothekar ihn dazu angeregt haben, nach einem anderen hat Grotefend leichtsinnigerweise eine Wette
abgeschlossen, daß ihm die Entzifferung gelingen werde.

Grotefend legte seinen Bemühungen zwei von Niebuhr
übermittelte Inschriften aus Persepolis – Residenz der altpersischen Herrscher – zugrunde. Beide waren dreiteilig,
der eine Teil mußte wohl in der Sprache dieser Herrscher,
Altpersisch, abgefaßt sein. Grotefend tippte richtig auf den
in der Mitte stehenden Teil. Die Schrift hatte – das war
schon durch Vorarbeiten des Deutschen O. G. Tychsen und
des Dänen F. Münter bekannt – ein Worttrennungszeichen
in Gestalt eines einzelnen, schrägstehenden Keils. Da bis
zu zehn Zeichen zwischen zwei Worttrennern standen, und
da Wörter mit zehn Silben unwahrscheinlich sind, ging
Grotefend davon aus, daß es sich um eine Buchstabenschrift handelte, zumal die Gesamtzahl der vorkommenden Zeichen nur 30 bis 40 betrug.

Er konnte sicher sein, daß solche Inschriften von Köni-        *Königsnamen*
gen gesetzt waren, deren Name also vorkommen mußte,
ebenso das Wort für »König«, wahrscheinlich auch Hinweise auf die Abstammung: Name des Vaters oder des
königlichen Geschlechts. Diese Zeichengruppen galt es
zuerst zu identifizieren.

Grotefend, der sich zunächst klargemacht hatte, daß
hier eine zeilenweise von links nach rechts zu lesende
Schrift vorlag, vermutete das Wort für »König« in einer
Zeichengruppe, die mehrfach vorkam, in beiden Inschriften sogar doppelt, direkt hintereinander, doch an zweiter
Stelle war die Gruppe etwas länger. Vielleicht eine Deklinationsendung? Vielleicht der Genitiv Pluralis? Dann
müßte diese Zeichengruppe die berühmte altpersische
Formel »König der Könige« darstellen, und dann müßte
die Zeichengruppe unmittelbar vor diesem Titel für den
Namen des Herrschers stehen, der sich mit dieser Inschrift
ein Denkmal gesetzt hatte! Diese Gruppe war in beiden

Inschriften recht verschieden. Die Inschriften müßten also von zwei verschiedenen Herrschern stammen, deren Namen ungefähr gleich lang waren (der Buchstabenzahl nach), aber mit verschiedenen Anfangsbuchstaben begannen.

Weiteres Kombinieren führte Grotefend zu der Annahme, daß in beiden Inschriften das Wort für »Sohn« vorkomme, diesem vorausgestellt jeweils der Vatersname (»des X Sohn«). Der Vatersname einer Inschrift glich dem Anfangsnamen der anderen. Also war der eine Herrscher der Sohn des anderen! Bei der Vatersnennung fand sich nur in einer der beiden Inschriften wiederum die Zeichengruppe »König«. Demnach war der eine Herrscher ein Königssohn, der andere nicht! Nun konnte Grotefend auf sein Studium der klassischen Philologie zurückgreifen: Der griechische Historiker Herodot führt die Namen der persischen Könige auf (freilich in griechischer Namensform). Gab es zwei Herrscher, die im Vater-Sohn-Verhältnis standen, bei dem der Vater des Vaters aber nicht König gewesen war? Nach Herodot war Xerxes Sohn des Dareios (Darius), dieser war Sohn des Hystaspes - und dieser war nicht König gewesen. Grotefend setzte diese Namen versuchsweise ein und fand heraus, daß seine Annahme stimmen mochte; freilich lauteten die Namen anders als von Herodot überliefert, für Xerxes ergab sich etwa [xʃajarʃa], für Dareios [darajavauʃ].

So hatte Grotefend eine Bresche geschlagen und konnte eine Anzahl der Keilschriftzeichen identifizieren, längst nicht alle; es dauerte vielmehr noch Jahrzehnte, bis andere Gelehrte - unter ihnen der Däne Rasmus Kristian Rask, der uns im nächsten Kapitel erneut begegnen wird - zu einer Deutung sämtlicher Zeichen vordrangen.

*Rawlinson in Behistun*    Inzwischen fügte es das Schicksal, daß ein junger Engländer die Leistung Grotefends, ohne sie zu kennen, erneut vollbrachte, dann aber weiter vorstoßen konnte. Henry Creswicke Rawlinson wurde 1810 geboren, eine Generation nach Grotefend. Als Sechzehnjähriger trat er in den Dienst der East India Company. Während der Schiffsreise nach Indien - um Afrika herum - lernte er an Bord einen gelehrten Orientalisten kennen, Sir John Malcolm, der nach Bombay reiste, um dort sein Amt als Gouverneur anzutreten.

Dieser begeisterte den Jungen für orientalische Sprachen. Rawlinson lernte Arabisch, Hindustanisch (Hindi) und Persisch; und dies brachte ihm 1835 ein Kommando nach Persien ein, wo er einem Bruder des damaligen Schahs als militärischer Berater zugeteilt wurde. Auf der Reise dorthin begegnete er einigen Keilschriftinschriften, und es gelang ihm, ähnlich wie Grotefend, die Namen der drei altpersischen Herrscher und die entsprechenden Keilschriftbuchstaben zu identifizieren.

Nun war seine Neugier geweckt, und als er erfuhr, daß bei Behistun – etwa 40 km von seinem Standort Kermanshah – eine mehrsprachige Inschrift von beträchtlicher Länge existiere, machte er sich dorthin auf. Vielleicht würde er dort weitere Herrschernamen finden und lesen können? Schließlich berichtet Herodot (Rawlinson war in den klassischen Sprachen ein guter Schüler gewesen, außerdem ein hervorragender Sportler, was ihm auch noch zugutekommen sollte), daß König Xerxes in einer Ansprache gesagt habe: Sein Vater sei Darius, dessen Vater Hystaspes, dessen Vater Arsames, dessen Vater Ariaramnes, dessen Vater Teispes, dessen Vater Kyros, dessen Vater Kambyses, dessen Vater der sagenhafte Achaemenes, nach dem dieses Königsgeschlecht die Achämeniden genannt wird. Vielleicht enthielt die Inschrift von Behistun solche Namen?

Als er sich seinem Ziel näherte, erblickte Rawlinson ein *Das Felsrelief* gewaltiges Relief, das fast 100 m über dem Niveau der Straße in den Felsen gehauen war. Es zeigt die überragende Gestalt eines Königs (Darius, wie man heute weiß); ihm gegenüber zehn Vasallen, Besiegte oder Gefangene. Auf den gebeugten Rücken des ersten setzt der König seinen Fuß, die übrigen sind gefesselt und tragen einen Strick um den Hals. Eine Göttergestalt schwebt über dem König. Das Relief ist umgeben von Inschriften in zahlreichen Kolumnen, alle in Keilschrift.

Unterhalb des Ganzen, das etwa 50 m breit und 30 m hoch ist, verlief ein schmales Felsensims, etwa 60 cm breit, auf dem man aufrecht stehen konnte. Rawlinson wagte sich hinauf und kopierte in dieser schwindelerregenden Position den Text, zunächst den altpersischen. Als er einige Jahre später die zweite (babylonische) Version der insgesamt drei Texte in Angriff nehmen wollte, mußte er, um nahe genug heranzukommen, eine Leiter auf dem Steinsims aufstellen. Auf der obersten Sprosse stehend, den Körper an die Felswand gelehnt (die sich über ihm noch

*Das Relief von Behistun. Dieser Ausschnitt zeigt den König Darius, hinter ihm zwei Gefolgsleute.*

*Das gewaltige Felsenrelief von Behistun in schematischer Darstellung. »Bab.« steht für »Babylonisch«, »Per.« für »Persisch«; die Abkürzung »Sus.« steht für »Elamitisch«. Die Hauptstadt des Reiches von Elam hieß »Susa«; nach ihr wurde die Sprache eine Zeitlang benannt.*

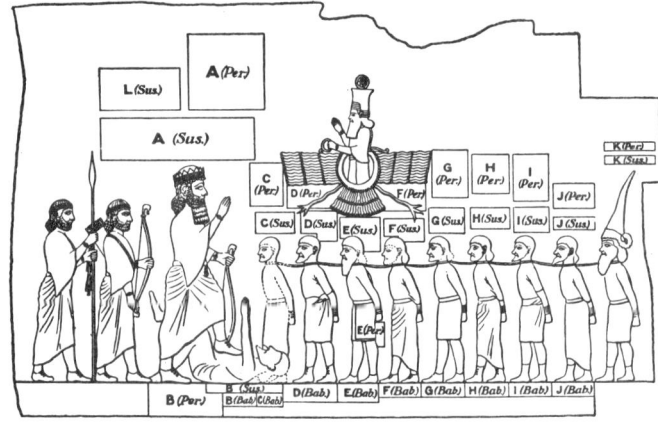

mehrere hundert Meter fast senkrecht auftürmte) kopierte er, Papier in der einen, Bleistift in der anderen Hand, Zeichen für Zeichen. Die dritte Textversion war noch schwerer zugänglich. Rawlinson mußte halsbrecherische Kletterkunststücke vollbringen und erreichte sein Ziel, obwohl eine Sprosse seiner Leiter brach und in die Tiefe stürzte.

Was die Entzifferung des zweiten und dritten Textes anlangt, so ist Rawlinson hier nicht mehr der Pionier, sondern einer unter vielen, denn inzwischen waren Keilschrifttexte in größerer Anzahl bekannt geworden, und allenthalben arbeiteten Gelehrte an ihrer Entschlüsselung. Die wichtigsten Stationen dieses Prozesses möchte ich im folgenden aufzählen.

Der zweite Text zeigt 111 verschiedene Zeichen. Das *Neu-Elamisch* deutete auf eine Silbenschrift – im Unterschied zur altpersischen Keilschrift, die mit knapp 40 Buchstabenzeichen auskam. Die Entzifferung war behindert durch das Fehlen eines Worttrennungszeichens, andererseits erleichtert durch den nun schon weitgehend aufgehellten altpersischen Text, da beide inhaltlich völlig übereinstimmen. Diese zweite Inschrift ist in *neu-elamischer* Sprache abgefaßt.

Interessanter war der dritte Text, hinter dem man das *Babylonisch/* Babylonische als Sprache vermuten konnte; freilich war *Assyrisch* die Lösung auch schwieriger, denn diese Schrift hat Hunderte von Zeichen (mußte also eher den Charakter einer Bilderschrift – oder eines Mischsystems – haben). Allerdings war man nun nicht mehr auf wenige Inschriften in Felswänden angewiesen. Ausgrabungen in Khorsabad (Palast des Assyrerkönigs Sargon) durch den Franzosen Botta sowie die Ausgrabung der Stadt Ninive durch den Engländer Layard im Jahre 1845 hatten Tausende von Tontafeln in babylonischer Keilschrift ans Licht gebracht; offenbar hatten sie dem entwickelten Handelsverkehr auch mit fernen Ländern gedient – Geschäftsbriefe und Rechnungen. Zuerst wurden wiederum die Herrschernamen identifiziert. Es stellte sich allmählich heraus, daß es sich um eine semitische Sprache handeln mußte. Verblüfft und irritiert waren alle Beteiligten, als sich allmählich die Grundzüge dieses Schriftsystems entschleierten. Es erwies sich als so verwickelt, ja widersprüchlich, daß oft Zweifel aufkamen, ob vernünftige Menschen eine solche Schrift hatten erfinden und erfolgreich benutzen können.

Die Schwierigkeiten lagen darin, daß es nicht nur – wie bei ägyptischen Hieroglyphen – Wortzeichen *(Ideogramme)* neben phonetischen Zeichen gab; vielmehr konnte dasselbe Zeichen einmal als Wortzeichen, einmal als phonetisches Zeichen (stets für eine Silbe, niemals für einen einzelnen Laut) und ein andermal als Determinativ dienen. Damit nicht genug! Es stellte sich heraus, daß ein und dasselbe Silbenzeichen mehrdeutig war. Ein einfaches Zeichen wie

konnte sowohl als [ud] gelesen werden wie als [tam], [par] und [hiʃ]. Man nennt dieses Phänomen, das sowohl Rawlinson wie sein Landsmann Hincks erkannten, mit einem schönen, der Musik entlehnten Ausdruck »Polyphonie der Keilschriftzeichen«.

Nicht genug kann man den Scharfsinn der Männer bewundern, die ein solches widersprüchliches System schließlich durchleuchteten. Zunächst allerdings erweckten diese Deutungen allenthalben Skepsis. Da verfiel die *Royal Asiatic Society* auf eine Art Test, den wir nach heutigem Geschmack vielleicht als nicht ganz fair bezeichnen würden. 1857 befanden sich zufällig sowohl Rawlinson wie Hincks wie zwei weitere Fachleute (Fox Talbot und Oppert) gleichzeitig in London. Die gelehrte Gesellschaft schickte an alle vier eine Textprobe in Keilschrift. Jeder hatte diese, ohne von den Konkurrenten etwas zu wissen, ins Englische zu übertragen und sein Ergebnis in verschlossenem Umschlag einzureichen. Als die vier Lösungen in öffentlicher Sitzung geöffnet und verglichen wurden, ergab sich Übereinstimmung in allen wesentlichen Punkten. So war eine neue Wissenschaft etabliert, die Assyriologie, heute ein vollwertiger Zweig der Philologie.

*Sumerisch* Die drei Typen der Keilschrift – als Buchstabenschrift beim Altpersischen, als Silbenschrift beim Neu-Elamischen, als gemischte, stark ideographische Schrift beim Babylonisch-Assyrischen – waren damit erkannt, übrigens in der umgekehrten Reihenfolge ihrer historischen Entstehung und Benutzung.

So erscheint es folgerichtig, daß die älteste Sprache, die hier eine Rolle spielt, das Sumerische, erst am Schluß erkannt wurde, und dann ganz langsam und tastend. Den Erfolg ermöglichte die Auffindung von zweisprachigen

Tafeln. Da die Babylonier das Sumerische, das als lebende Sprache längst (bald nach Hammurabi) ausgestorben war, im Kultus weiter verwendeten, verfaßten sie für diejenigen, die dazu das Sumerische zu erlernen hatten, Hilfsmittel, insbesondere auch Wortlisten – sumerisch mit babylonischer Übersetzung – sowie ganze religiöse Texte wie Hymnen, Beschwörungen, denen eine genaue Übersetzung (Interlinearversion) beigegeben war. Mit ihrer Hilfe wurde das Sumerische als eigene, dem Akkadischen nicht verwandte Sprache erkannt.

Das schon genannte Boğazköy, in Kleinasien etwa *Hethitisch* 150 km östlich von Ankara gelegen, enthielt bei seiner Ausgrabung das Staatsarchiv der hethitischen Könige, Tausende von Tontafeln, teils in babylonischer Sprache, überwiegend aber in einer anderen, offenbar der Sprache der Hethiter, die es nun zu entschlüsseln galt. An der Lösung dieser Aufgabe war führend der Tscheche Friedrich (Bedřich) Hrozný, Professor in Wien, beteiligt.

Obwohl Bilinguen von irgendwelchem Aufschlußwert nicht zur Verfügung standen, gelang das Vorhaben innerhalb weniger Jahre. Es ergab sich der erstaunliche Befund, daß alle hethitischen Texte Bestandteile aus drei Sprachen enthielten: einmal Bildzeichen, die für ein ganzes Wort stehen und aus dem Sumerischen übernommen waren, zweitens akkadische (babylonisch-assyrische) Wörter oder auch Flexionsendungen, die auch an sumerische Ideogramme angehängt sein können, drittens hethitische Wörter, zu deren Wiedergabe die Keilschriftzeichen ausschließlich als phonetische Symbole verwendet wurden. Als man das durchschaut hatte, wurde die Deutung leichter, freilich mit der Einschränkung, daß man bei Bildzeichen zwar erkannte, was sie bezeichneten, nicht aber, wie das betreffende Wort im Hethitischen ausgesprochen wurde. Im ganzen stellte sich das Hethitische als eine indogermanische Sprache heraus. Darauf bauend, konnte man manche Wörter nach ihrem Gleichklang mit denen verwandter Sprachen deuten. Z.B. stieß Hrozný auf einen Satz, der phonetisch geschrieben lautet [nu ninda an e iz za at te ni wa a tar ma eku ut te ni]. Da [ninda], durch ein Bildzeichen dargestellt, eindeutig »Brot« bedeutet, schloß er, daß [-an] eine Akkusativ-Endung sei, das folgende Wort, an dt. »essen«, lat. *edere* usw. anklingend, müsse »essen« bedeuten, und zwar in der 2. Person Pluralis; [wa a tar ma] konnte dann »Wasser« bedeuten, und der ganze Satz: »Nun eßt ihr Brot, aber Wasser trinkt ihr«. Eine solche, mit Etymologie und Analogie arbeitende Deutung kann leicht in die Irre führen; in diesem Fall hat sie sich als zutreffend erwiesen.

*Noch mehr Keilschriftsprachen* Auf eine ähnliche Weise wurden weitere Sprachen erkannt und durchforscht, deren Träger sich der Keilschrift bedient hatten, so das Churritische (erst in Ansätzen), das Urartäische (einst im heutigen Armenien gesprochen, ebenfalls in Ansätzen), das Ugaritische, das zwar keilschriftähnliche Zeichen verwendet, jedoch als eigenes, vom Altpersischen verschiedenes, rein konsonantisches »Alphabet«. Ich verzichte auf nähere Behandlung, weil ich in diesem Kapitel noch einige andere Entzifferungs- und Deutungsleistungen zur Sprache bringen möchte.

*Weitere Erfolge der Forschung* Andere Entzifferungsleistungen kann ich nur kurz behandeln, als Aufzählung mit kurzen Kommentaren, die keinen Anspruch auf Vollständigkeit erhebt. Für praktisch alle gilt: Sie sind das Ergebnis gemeinschaftlicher Arbeit vieler Gelehrter, die nicht selten ohne Wissen voneinander vorgingen. Ferner: Eine Schrift entschlüsseln, das Geheimnis aufbrechen mit mutigem Zugriff, mit Phantasie und Scharfsinn, ist eine Sache. Das systematische Aufarbeiten zu einem vollständigen Verständnis des Schriftsystems und der in der Schrift steckenden Sprache: das ist eine andere Sache. Sie erfordert andere Eigenschaften wie Geduld, Systematik, auch viel gelehrtes Wissen der geschichtlichen, kulturellen, linguistischen Zusammenhänge. Die beiden Begabungen sind selten in einer Person vereinigt, sie schließen sich eher aus.

*Hieroglyphen-Hethitisch* Ich beginne mit einer Aufgabe, die mit dem oben behandelten in Keilschrift geschriebenen *Hethitisch* eng zusammenhängt. Zwar hatte die Entzifferung der Keilschrift die historischen Kenntnisse über das Volk der Hethiter unerhört erweitert, ja erst den Grund für diese Kenntnisse gelegt; aber die Hethiter haben, in verhältnismäßig später Zeit, grob gesprochen um 1000 v. Chr., Dokumente in einer völlig anderen Schrift, offensichtlich hieroglyphischen Charakters, hinterlassen: Inschriften und Siegel, vorwiegend im Umkreis der Stadt Karkemisch, die an dem großen Bogen des Euphrat lag, den dieser in seinem Oberlauf nordöstlich von Syrien beschreibt. Die Bemühungen

um diese Schrift haben sich von etwa 1870 bis 1950 hin-
gezogen, 80 Jahre also, bevor ein gewisser Abschluß erreicht war.

Wie verläuft diese Schrift? Anhaltspunkte ergeben sich
daraus, daß das Ende einer Zeile manchmal nicht voll ge-
füllt ist, der Anfang dagegen immer; ferner daraus, daß
viele Texte mit einer menschlichen Figur beginnen, die auf
sich selber deutet; dies mußte wohl bedeuten »ich« oder
»ich bin«. Sowohl bei dieser Figur wie bei anderen als
Menschen- oder Tierfiguren erkennbaren Zeichen schien –
wie bei den ägyptischen Hieroglyphen – die Blickrichtung
bzw. die der ausgestreckten Hände immer zum Zeilen-
beginn hinzudeuten. Hieraus konnte man ableiten, daß die
Schrift bustrophedon, furchenwendig verlief: immer abwechselnd rechts und links beginnend.

Die Schrift verfügte über einen – allerdings nicht durchgehend verwendeten – Worttrenner. Häufig folgte ihm ein
als (ursprünglich) bildhaft erkennbares Zeichen, ihm folgte
ein einfacheres, abstrakteres Zeichen; in diesem vermutete
man ein phonetisches Element, d.h. die Darstellung einer
Silbe oder eines Lautes. Es gelang, einzelne Herrschernamen
und die Namen großer Städte, insbesondere den Namen
*Karkemisch* aufzufinden. War das zutreffend, dann gab es
Silbenzeichen und Determinative:

*Kar*     *ka*     *me*     Deutungszeichen für »Stadt«

Erst etwa 1930 setzten schnellere Fortschritte ein, begünstigt dadurch, daß nunmehr aus neuen Grabungen Siegel
zur Verfügung standen, die in Keilschrift und in Hieroglyphen beschriftet waren, also als kleine Bilinguen dienen
konnten. Von 1931 bis 1942 erschien das dreibändige Werk
*Hittite Hieroglyphs* des Amerikaners I.J. Gelb, fußend außer auf eigenen auch auf Arbeiten von deutschen (Bos-
sert), italienischen (Meriggi) und weiteren Kollegen wie
Hrozný, der sich dieser Version des Hethitischen zuwand-
te. Gelb klärte die Bedeutung von etwa 60 Zeichen, alle für
Silben stehend, die aus Konsonant + Vokal bestehen.

1947 wurde eine Bilinguis gefunden, die hethitische
Hieroglyphen parallel zu phönizischen Buchstabenzeichen enthält. Damit konnte die bisher erreichte Klärung
zugleich bestätigt und erweitert werden. Die zugrunde-

liegende Sprache erwies sich als verwandt mit dem Hethitischen der Keilschrift, aber nicht damit identisch.

*Linear B*     Hier kommen wir zur jüngsten Großtat auf dem Gebiet der Entschlüsselung unbekannter Schriften. Auf Kreta kann man drei Schriftsysteme unterscheiden, die alle dem 2. Jahrtausend v. Chr. angehören: eine Bilderschrift bald nach 2000; eine abstraktere Schrift, genannt *Linear A,* um 1500 v. Chr.; schließlich eine jüngere Form, *Linear B* genannt, die von 1400 bis 1200 verwendet wurde. Die letztere kommt nicht nur auf Kreta vor (in Knossos), sondern auch in Mykene und anderswo auf dem Festland.

Die Erschließung der Linearschrift B ist ein Werk der letzten Jahrzehnte, etwa ab 1950, als der Amerikaner Bennett die Zahlzeichen und die Zeichen für Maße, Hohlmaße und Gewichte identifiziert hatte; sie ergeben ein eindrucksvolles System. Einige der Zeichen der Schrift sind Bildzeichen mit erkennbarem Inhalt wie »Mann«, »Frau«, »Pferd«, »Wagen«.

Dem damals jungen britischen Architekten Michael Ventris gelang schließlich ein Durchbruch. Ventris konnte sich auf Vorarbeiten stützen, und als er seine anfängliche Meinung, es müsse bei der Entschlüsselung eine dem Etruskischen ähnliche Sprache zum Vorschein kommen, aufgegeben hatte zugunsten der Überzeugung, es müsse sich um eine sehr frühe Form des Griechischen handeln, tat er sich mit seinem Landsmann John Chadwick zusammen, einem hervorragenden Kenner der altgriechischen Dialekte. Beide zusammen gaben 1956 – nach Vorausveröffentlichungen in Zeitschriften – ihr gemeinsames Werk *Documents in Mycenean Greek* heraus. Sie konnten zeigen, daß die Inschriften (neben Ortsnamen Kretas) aus griechischen Götternamen und griechischen Wörtern bestehen – freilich in einer zunächst fremdartig anmutenden Gestalt. Das lag zum Teil daran, daß die Schrift – außer Ideogrammen – nur Silbenzeichen kennt, die jeweils Konsonant + Vokal bedeuten; wollte man *Knossos* schreiben, mußte man die drei Silbenzeichen *ko + no + so* hintereinander setzen. Auf diese Weise ist ein *o* zuviel im Schriftbild, während der Schlußkonsonant *(s)* fehlt; ähnlich in *chrysos* »Gold« als *ku + ru + so.*

Abgesehen von dieser Unstimmigkeit, die vermutlich daher rührt, daß diese Schrift für das Griechische nicht perfekt geeignet (und vermutlich auch nicht geschaffen)

war, muß man berücksichtigen, daß man hier das Griechische in einer Form vor sich hat, die 500 Jahre vor Homers
Epen zu datieren ist. Nachdem die Auffindung eines
Täfelchens, das bestimmte Gefäße sowohl in Zeichnungen
abbildet wie in Worten beschreibt, die Befunde von Chadwick und Ventris bestätigt hat, gilt diese Deutung von
Linear B als sehr archaisches Griechisch bei der Mehrzahl
der Gelehrten (nicht bei allen) als endgültig gesichert.

Andere Entzifferungsleistungen (nicht alle) kann ich nur *Weitere gelöste*
noch kurz streifen. *Rätsel*

In Kleinasien, an der Südwestküste, gab es im Altertum
eine *Lykien* genannte Landschaft. Dort wurde um
500 v. Chr. eine Schrift benutzt, die in einigen hundert
Inschriften, vielfach Grabinschriften, erhalten ist. Von diesen sind manche sowohl *lykisch* wie griechisch abgefaßt.
Das hat den ersten Schlüssel zur Deutung geliefert. Heute
gilt als gesichert, daß Lykisch eine dem Hethitischen nahestehende indogermanische Sprache gewesen ist.

Etwas weiter nördlich lag die Landschaft *Lydien,* auch
sie mit einer eigenen Schrift. Auch diese ist erhalten in einer beschränkten Zahl von Grabschriften, und auch hier
wurden Bilinguen gefunden, sowohl mit Text in *Lydisch*
+ Griechisch wie auch Lydisch + Aramäisch. Die Entschlüsselung ist noch nicht voll gelungen, der Charakter
des Lydischen - indogermanisch oder dem Etruskischen
verwandt - noch unsicher.

Das letzte Beispiel führt uns in einen anderen Teil der
Welt: nach Nordafrika in das Gebiet, das heute Algerien
und Tunesien einnehmen. Hier gab es in den letzten vorchristlichen Jahrhunderten neben dem dominierenden
Karthago das Volk der Numider, das erst einen eigenen
Staat bildete, dann unter römische Herrschaft geriet. In
etwa tausend Belegen ist eine numidische Schrift erhalten,
die eine reine Buchstabenschrift darstellt und nur Konsonanten aufzeichnet. Es gibt einige, allerdings kurze und
wenig besagende Grabschriften mit parallelem numidi-
schem und lateinischem Text. Aus einer Tempelinschrift,
die alle am Bau beteiligten Handwerker namentlich auf-
führt, konnte der größte Teil der Schriftzeichen gedeutet
werden. Die numidische Sprache ist eng verwandt mit den
Berbersprachen, die in Nordafrika neben dem beherr-
schenden Arabischen bis zum heutigen Tage lebendig geblieben sind.

*Ungelöste Rätsel*  Eine ganze Reihe von Schriften widersteht bisher dem Scharfsinn der Gelehrten und ist entweder überhaupt nicht oder nicht vollständig und schlüssig entziffert.

*Der Diskus von Phaistos (die Scheibe befindet sich im Museum von Heraklion/Kreta.)*

*Nochmals Kreta*  Ich habe die Deutung der kretischen Linear B soeben als eine der herausragenden Leistungen der letzten Jahrzehnte erwähnt. Diesem Erfolg steht gegenüber, daß die beiden anderen auf Kreta beheimateten Schriften bisher nicht gelesen werden können. Das ist einmal die Linearschrift A, von der manche Forscher annehmen, daß ihr kein Griechisch zugrundeliegt, sondern eher eine unbekannte, vielleicht kleinasiatische Sprache. Jedenfalls ist es nicht gelungen, die Linear A mittels der bei B gewonnenen Aufschlüsse zu lesen. Auch die Deutung der auf Kreta gefundenen Bilderschrift ist noch nicht gesichert. Ihr berühmtestes Dokument ist der 1908 aufgefundene *Diskus von Phaistos,* eine Scheibe aus Terrakotta, Durchmesser etwa 20 cm, die auf beiden Seiten eine Inschrift trägt. Die Schriftzeichen sind in Spiralform aneinandergereiht, insgesamt (auf beiden Seiten zusammen) 241 Zeichen, durch Trennstriche in Abteilungen eingeteilt (Sätze?); als Bildzeichen sind zu erkennen: Tiere, Menschen, Werkzeuge, Gebäude. Solange nicht weitere Dokumente zur Verfügung stehen, weiß man nicht, ob die auf dem Diskus vorkommenden rund vier Dutzend verschiedener Zeichen das Gesamtsystem dieser Schrift darstellen. 1977 hat ein polnischer Gelehrter, B. Szalek, mitgeteilt, er habe den Text entziffert. 1986 gab E. Dogas, ein griechischer Forscher, seine Interpretation bekannt. Nach Szalek ist die Rede von einem Stieropfer; nach Dogas handelt es sich um einen Fruchtbarkeitshymnus in urtümlichem Griechisch. Aufsehen erregte 1990 die

Mitteilung des norwegischen Semitisten Kjell Aartun, er
habe die Zeichen entziffert; sie seien semitischer Herkunft.

Auf der Halbinsel Sinai wurden 1904 in den Minen ur- *Sinai*
alter, verlassener Bergwerke Inschriften gefunden, welche
die Archäologen um 1500 v. Chr. datieren. Die Zeichen
erinnern etwas an ägyptische Hieroglyphen, doch gibt es
anscheinend nur 32 verschiedene Zeichen, was eine Bilderschrift ausschließt und auf eine Buchstabenschrift deutet.
Manche Gelehrte sehen in dieser Schrift ein Bindeglied
zwischen den ägyptischen Hieroglyphen und der späteren
semitischen (phönizischen) Buchstabenschrift.

*Karien* ist der Name einer antiken Landschaft im Süd- *Karien*
westen Kleinasiens, etwa gegenüber der Insel Kreta. In
dieser Gegend sind Denkmäler einer unbekannten Schrift
gefunden worden; andere stammen aus Ägypten, und man
nimmt an, daß sie von karischen Söldnern stammen. Unter
den zahlreichen Schriften, die der Spaten gerade in Kleinasien zutage gefördert hat, bleibt diese bisher unentschlüs-
selt, obwohl sogar einige (stark beschädigte) Bilinguen
*Karisch* + Griechisch existieren.

Auf die Etrusker, die in Italien lebten und lange Zeit *Etrurien*
Konkurrenten des aufsteigenden Rom waren, komme ich
im Kapitel über die lateinische Sprache zurück. Hier sei
gesagt, daß das Alphabet, dessen sie sich bedienten, vom
griechischen stammt und so keine besonderen Schwierigkeiten bietet; doch die Sprache, die hier niedergeschrieben

| Frühgriechisches »Musteralphabet« | Archaische Zeit | Spätere Zeit | Lautwert |
|---|---|---|---|
| A | A | A | [a] |
| B | – | – | [b] |
| ͱ | ) | ) | [k] |
| ◖ | – | – | [d] |
| ∃ | ∃ | ∃ | [e] |
| ⅃ | ⅃ | ⅃ | [v] |
| I | I | I | [z] |
| ⊟ | ⊟ | ⊟ | [h] |

*Etruskische Alpha-*
*bete: Die ersten acht*
*Zeichen.*

*Die geheimnisvolle, von den Eingeborenen »rongo-rongo« genannte Schrift der Osterinseln.*

wurde, läßt sich aus dem erhaltenen Material nicht heraus-lesen, vorwiegend, weil als Zeugnisse hauptsächlich Grab-inschriften erhalten sind, die meistens nur Namen, Alters-angaben und Verwandtschaftsbezeichnungen enthalten und damit sprachlich wenig ergiebig sind.

*Osterinsel*   Von Geheimnis umwittert sind nicht nur die riesigen Steinskulpturen auf dieser Insel im südlichen Pazifik, son-dern auch die dort gefundenen Holztafeln (bis über 1,5 m lang), die mit bilderschriftartigen Schriftzeichen bedeckt sind. Die Eingeborenen nannten diese Tafeln *rongo-rongo,* und nach diesem Wort hat man die Schrift benannt. Als die Europäer die Insel fanden (1722) und im 19. Jahrhundert dort eine Missionsstation errichteten, war keiner der (wenig zahlreichen) Einwohner in der Lage, die Schrift zu lesen. Es gilt nicht als sicher, daß hier vollständige Texte aufgezeichnet wurden. Vielleicht handelt es sich um abge-kürzte Merkzeichen, die Sängern (Barden) als Gedächt-nisstützen gedient haben.

*Die Maya*   Die hochentwickelte Zivilisation der *Maya* wurde bei der spanischen Eroberung Mexikos fast vollständig ver-nichtet. Da es Zweck – oder Vorwand – der Eroberer war, die Einwohner der überseeischen Länder zum Christen-tum zu bekehren, achtete man die vorgefundenen »heidni-schen« Kulturschätze und Dokumente gering, ja zerstörte sie oft planmäßig. So ließ ein fanatischer spanisch-katholischer Bischof von Yucatán alle auf Agavenpapier geschriebenen Dokumente, deren er habhaft werden konnte, verbrennen. Dies geschah so vollständig, daß es bis heute nicht gelungen ist, die Schrift der Maya zu deuten. Ansätze zum Verständnis ergaben sich daraus, daß eine Schrift des genannten Bischofs, er hieß Diego de Landa, im 19. Jahrhundert in einer Madrider Bibliothek gefunden wurde. In dieser macht er einige Angaben über die Zeichen, welche die Mayas für Kalender-Angaben benutzten. Da sich solche Zeichen auch als Inschriften auf erhaltenen Ruinen fanden, konnte man Einblick in den - astronomisch hochentwickelten - Kalender dieses Volkes gewinnen, während die Deutung der Schrift insgesamt bisher nicht oder nicht voll gelungen ist - und dies, obwohl Abkömmlinge der Maya bis heute auf der Halbinsel Yucatán leben und eine höchstwahrscheinlich aus der Sprache ihrer Vorfahren abstammende Sprache sprechen. Es handelt sich mit großer Wahrscheinlichkeit um eine Bilderschrift.

*Eine Stele (Grabsäule) mit Maya-Bilderschrift.*

# ZWEITES KAPITEL

# Der indogermanische Sprachstamm

Daß ein Volk, ein Stamm die Sprache einer anderssprachigen Menschengruppe kennenlernt, mit dieser verkehrt, indem Einzelne aus beiden Sprachgemeinschaften die fremde Sprache erlernen, als Dolmetscher dienen; daß ein Volk mit bestimmten Werkzeugen, Waffen, Gebräuchen die entsprechenden Wörter mit übernimmt; daß ein Volk besiegt, sein Land besetzt wird und daß es die Sprache der Eroberer annimmt; daß Sprachen sich mischen: all dies geschieht seit unvordenklicher Zeit. Daß viele Menschen sich Gedanken gemacht haben über eine vielleicht beobachtete Ähnlichkeit – oder auch totale Andersartigkeit – zwischen verschiedenen Sprachen, ist zu vermuten, doch wissen wir darüber wenig Gewisses, unter anderem deswegen, weil die Griechen – die schon Sprachgelehrte hervorgebracht haben, besonders in ihrer Spätzeit – einzig ihre Sprache als näherer Betrachtung würdig ansahen und auf anderssprechende Völker verächtlich als »Barbaren« herabsahen, nach den unverständlichen Sprachlauten, die die Fremdlinge hervorbrachten; noch heute kennzeichnen wir das unverständliche Gemurmel einer größeren Menschenmenge gern mit »Rhabarber, Rhabarber«. Auch die Inder, die frühzeitig eine hochentwickelte Grammatik des Sanskrit hervorgebracht haben, verglichen ihre Sprache kaum mit anderen.

*Kontakt, aber kaum Vergleich*

*Griechen*

Eroberungszüge wie die der Römer brachten zahllose Völkerschaften in Kontakt miteinander. So berichtet Plinius († 79 n. Chr.) über eine römische Expedition in den Kaukasus (der noch heute eines der sprachlich buntesten und linguistisch interessantesten Gebiete der Erde darstellt): »Wir erledigten unsere dortigen Angelegenheiten mit Hilfe von einhundertunddreißig Dolmetschern.«

*Römer*

Auch die Eroberungen Alexanders des Großen brachten viele neue Berührungen dieser Art zustande. Schließlich lernten die Römer die griechische Sprache intensiv kennen, ja übernahmen sie für lange Zeit als Sprache einer

*Alexander*

überlegenen Bildung und literarischen Kultur. Griechen und Römer nahmen wohl wahr, daß ihre Sprachen in mancher Hinsicht Ähnlichkeiten aufwiesen. Als man im späten Mittelalter mit dem Wiedererwachen des *Humanismus* nicht nur verstärkt wieder Griechisch und Latein studierte, sondern auch Hebräisch, mußte auffallen, daß diese Sprache vom Griechischen wie vom Lateinischen grundverschieden ist – ebenso wie in anderer Richtung das Ungarische, das seit dem Seßhaftwerden der Magyaren in der Pannonischen Ebene im Abendland bekannt geworden war. Gleichwohl kam es nur selten zu ernsthaften Versuchen, verschiedene Sprachen planmäßig zu vergleichen.

Eine neue unerhörte Erweiterung des Kreises der den Europäern begegnenden fremden Sprachen brachten schließlich das Zeitalter der Entdeckungen und die daran anschließende Kolonisierung großer Teile der Erde durch Europäer, in beiden Amerika, in Afrika und Asien. Man traf in der Neuen Welt auf zahlreiche indianische Sprachen. Der zündende Funke für das Aufleben des Themas »Sprachvergleich, Sprachverwandtschaft« kam jedoch aus Indien.

*Sanskrit*   Als die Engländer ihre Herrschaft im Laufe eines Jahrhunderts über den ganzen indischen Subkontinent ausdehnten (1757 Sieg des Lord Clive über die Franzosen, 1857 Übernahme des Herrschaftsgebiets der East India Company durch die britische Krone), lernten sie neben den zahllosen Sprachen und Dialekten, die in diesem Riesenland gleichzeitig erklangen, die *Sanskrit* genannte Sprache kennen. Sanskrit wurde damals von der Bevölkerung schon lange nicht mehr gesprochen, war insofern eine tote Sprache, doch stand es in höchstem Ansehen als Sprache der Religion, der Wissenschaft, der Dichtung – ganz ähnlich wie das Lateinische im europäischen Mittelalter. Und die Ähnlichkeit reicht noch weiter: Sanskrit war – wiederum wie das Lateinische bei uns – die Rechtssprache; ehrwürdige Gesetzbücher Indiens waren in dieser Sprache abgefaßt.

*William Jones*   Da die Engländer in Indien nach den einheimischen Gesetzen Recht sprachen, waren britische Beamte gezwungen, sich mit diesen Gesetzbüchern und damit auch mit der Sprache vertraut zu machen, in der sie abgefaßt waren. Im Jahre 1786 hielt William Jones, der als Oberrichter in

Fort William bei Kalkutta tätig war, vor einer britischen
Gesellschaft von Gelehrten einen Vortrag, der anschließend in der Zeitschrift *Asiatic Researches* gedruckt wurde.
Jones faßt seine Erkenntnisse aus der Beschäftigung mit
dem Sanskrit in dem folgenden Passus zusammen, den ich
wegen seiner epochemachenden Bedeutung für die Geschichte – man könnte fast sagen: für die Entstehung – der
Sprachwissenschaft zuerst im englischen Wortlaut zitieren
möchte:

*The Sanscrit language whatever may be its antiquity, is of*     Die Kernstelle
*a wonderful structure; more perfect than the Greek, more co-*     aus Jones' Vortrag
*pious than the Latin, and more exquisitely refined than ei-*
*ther; yet bearing to both of them a stronger affinity, both in*
*the roots of verbs and in the forms of grammar, than could*
*have been produced by accident; so strong that no philologer*
*could examine all the three without believing them to have*
*sprung from a common source which, perhaps, no longer*
*exists. There is a similar reason, though not quite so forcible,*
*for supposing that both the Gothic and Celtic, though blend-*
*ed with a different idiom, had the same origin with the San-*
*scrit. The old Persian may be added to the same family.*

Diese Worte mußten, wenn sie der gelehrten Welt zur
Kenntnis und zum Bewußtsein kamen, als Sensation wirken. Damit hatte es freilich noch gute Weile.

Der Gerechtigkeit halber sei angemerkt, daß die Ähnlichkeit des Sanskrit mit Sprachen Europas, besonders mit
dem Griechischen und Lateinischen, auch schon anderen
Leuten aufgefallen war, seitdem einzelne Europäer begonnen hatten, diese Sprache zu erlernen; aber niemand hat
die Beziehung so klar gesehen und so entschieden und
überzeugend ausgesprochen wie Jones (der sowohl Jurist
wie gelehrter Orientalist war). Er gilt damit zu Recht als
Ahnherr der ganzen *historischen* oder *indogermanischen*
*Sprachwissenschaft.*

Bevor ich diesen Begriff erläutere, übersetze ich erst den
Text von Jones ins Deutsche: »Die Sanskrit genannte
Sprache, wie altertümlich sie auch sei, ist von wunderba-
rem Bau; vollkommener als das Griechische, reicher als
das Lateinische, und in ihrer Feinheit noch herrlicher als
jede dieser beiden; doch beiden zu nahe stehend, sowohl
in den Wurzeln der Wörter wie in den grammatischen Formen, als daß dies durch Zufall bewirkt sein könnte; so eng
verwandt, daß kein Philologe alle drei untersuchen könnte,

ohne zu dem Schluß zu gelangen, daß sie alle einer gemeinsamen Quelle entstammen, die möglicherweise nicht
mehr existiert. Es bestehen ähnliche Gründe, wenn auch
nicht ganz so zwingende, für die Annahme, daß sowohl
das Gotische als auch das Keltische, wenn auch mit einer
andersartigen Sprache vermischt, denselben Ursprung wie
das Sanskrit haben. Das Altpersische mag man dieser Familie hinzurechnen.«

Zwei Anmerkungen hierzu:

1. »Gotisch« steht hier für die germanischen Sprachen,
deren ältester bekannter Vertreter es ist.

2. Ähnlichkeiten zwischen germanischen Sprachen (besonders dem Deutschen) einerseits, dem Persischen ander-
seits waren schon mehrfach behauptet worden.

*»Indogermanisch«*    Mit Jones und mit der Arbeit der Männer, die seine These aufgriffen und systematisch verfolgten, öffnete sich ein
Blick in weite Fernen, ein gewaltiger Horizont. Das gilt
einmal für die zeitliche Dimension: Wenn die Sprachen
der beiden führenden Kulturvölker des klassischen Altertums mit dem Sanskrit eine gemeinsame Wurzel hatten,
dann mußte ein oder zwei Jahrtausende vor dem historischen Auftreten der Griechen schon ein enger Zusammenhang zwischen diesen Sprachgemeinschaften bestanden
haben! Und in räumlicher Beziehung: Allmählich wurde
klar, daß es eine Gruppe verwandter Sprachen geben müsse, die sich über ein riesiges Gebiet erstreckt: vom östlichen (bengalischen) Teil Indiens bis nach Island im äußersten Nordwesten. Wegen dieser Ost-West-Erstreckung hat
der Deutsche Julius Klaproth 1823 in einem *Asia polyglot-
ta* (»Vielsprachiges Asien«) genannten Buch den Ausdruck »indogermanisch« geprägt, der andeutet, daß diese
»Sprachfamilie« (den Ausdruck *family* verwendet schon
Jones) vom Indischen im Osten bis zum Germanischen im
Westen reicht.

*»Indoeuropäisch«*    In anderen Sprachen wird die Bezeichnung »indoeuropäisch« bevorzugt, besonders im Englischen *(Indo-Euro-
pean languages)*. Zeitweise war im Englischen auch die
Bezeichnung *Aryans* (deutsch: Arier) für die Völker, die
diese Sprachen sprechen, in Gebrauch - keine glückliche
Lösung, denn »Arier« haben sich nur die Inder und die
Iranier (also nur der östlichste Teil der Gesamtgruppe) genannt; ferner sollten Sprachen nicht unbesehen mit Völ-

kern gleichgesetzt werden und noch weniger mit Rassen, wie das in Hitlers Rassengesetzgebung geschah (»Nichtarier« = Jude).

Es vergingen fast zwei Jahrzehnte von dem aufsehenerregenden Vortrag Jones' (gehalten 1786, gedruckt erst 1788) bis zum nächsten gewichtigen Schritt auf dem Wege zur Entschleierung der indogermanischen Sprachfamilie und ihrer Verzweigungen. In diesem Zeitraum steht Altes und Neues, Bahnbrechendes nebeneinander.

*Von der Vaterunser-Sammlung zur vergleichenden Grammatik*

Altes: Die Aufklärungszeit (in deren Höhepunkt wir uns gerade befinden, 1780 war die *Grande Encyclopédie* abgeschlossen, 1781 erschien Kants »Kritik der reinen Vernunft«) liebte es, große Sammelwerke, besser: Kataloge über die damals bekannten Sprachen zusammenzustellen. Ein spanischer Jesuit, Lorenzo Hervas, ließ 1800 bis 1805 ein derartiges Werk in sechs Bänden erscheinen, vorwiegend aus völkerkundlichem Interesse. In Deutschland ragt hier Johann Christoph Adelung hervor mit seinem Werk »Mithridates oder Allgemeine Sprachenkunde mit dem Vaterunser als Sprachprobe in beinahe fünfhundert Sprachen und Mundarten«. 1806, in Adelungs Todesjahr, erschien der erste Band, die übrigen wurden nach seinem Tode herausgegeben. Die vier Bände sind nach Kontinenten eingeteilt. Ein respektgebietendes Zeugnis von Gelehrtenfleiß (Adelung war Bibliothekar); freilich als bloßes »Sprachmuseum« für den Fortschritt der Erkenntnis so wenig hilfreich wie ein Herbarium für die Evolutionstheorie - vor allem deswegen, weil man die Aufmerksamkeit auf Wörter richtete, so wie man sie vorfand, nicht aber auf frühere sprachliche Entwicklungsstufen.

*Adelung*

Zukunftweisendes: Hierher gehört die Tatsache, daß man sich in Europa mit dem Sanskrit auseinanderzusetzen begann; in den Jahren 1806 bis 1810 erschienen mehrere Sanskrit-Grammatiken für Europäer. Zum Zukunftweisenden gehört vor allem das Wirken Friedrich von Schlegels, eines der geistigen Oberhäupter der romantischen Bewegung, Bruder des Shakespeare-Übersetzers August Wilhelm von Schlegel, mit seiner programmatischen, 1808 erschienenen Schrift »Über die Sprache und Weisheit der Inder«: nicht die Arbeit eines peniblen Philologen, sondern ein großer Wurf eines vielseitigen, genialischen, unsteten Literaten. Wenn man von Ähnlichkeit oder Ver-

*Friedrich Schlegel*

wandtschaft zwischen Sprachen reden wolle - so Schlegel
gleich zu Beginn seiner Schrift -, so dürfe man nicht einfach Wörter oder ihre Wurzeln vergleichen, es komme auf
die »innerste Struktur und Grammatik« an. Er führt wie
nebenher die Ausdrücke »vergleichende Grammatik«,
»innere Sprachstruktur« ein und gibt damit die Stichworte
für die folgenden Jahrzehnte; ebenso, wenn er sagt, man
müsse die Sprache »wissenschaftlich, d.h. durchaus historisch« betrachten: Hier setzt die historische Orientierung
der Sprachforschung ein, die bis ins 20. Jahrhundert fort-
wirkt. Schließlich stellt Schlegel recht strenge Forderungen
dafür auf, was beim Vergleich von Sprache zu Sprache als
»gleich« bezeichnet werden darf; jede Abweichung bedarf
einer Erklärung!

*Franz Bopp*     Im Jahre 1814, während die Armeen der verbündeten
europäischen Staaten auf Paris losrückten, um der Herrschaft des »Usurpators« Napoleon ein Ende zu machen,
saß der dreiundzwanzigjährige Deutsche Franz Bopp aus
Mainz in der Pariser Nationalbibliothek, vertieft in die
dort verwahrten kostbaren Sanskrit-Handschriften, vor allem der Heldengedichte *Mahabharata* und *Ramayana*.
Vertieft schon zwei Jahre lang; sein Lehrer Windischmann
von der Universität Aschaffenburg (die nur sechs Jahre,
von 1808 bis 1814, Bestand hatte), beeindruckt durch die
eben genannte Schrift Schlegels, hatte ihn nach Paris ge-
schickt. Dort gab es zwar Handschriften, aber keinen Professor, der Sanskrit unterrichten konnte. Reiche Engländer
in Indien nahmen einen gelehrten Inder in ihren Dienst,
wenn sie Sanskrit lernen wollten. Ein solcher Engländer
war 1803 nach Paris verschlagen worden, er hatte auch
Schlegel unterrichtet.

Bopp aber war auf sich angewiesen. Er versenkte sich in
die fremden Texte, in einer ihm fremden Schrift (Devanagari), die keine Wortzwischenräume kannte. Gleichzeitig
lernte er Persisch. So konnte er bereits 1846 seine erste
Schrift erscheinen lassen: »Über das Conjugationssystem
der Sanskritsprache in Vergleichung mit jenem der griechischen, lateinischen, persischen und germanischen Sprache«. Bopp weist, kurz gesagt, nach, daß die Konjugation
des Verbums in allen aufgeführten Sprachen demselben
Muster folgt.

*Sanskrit-Verben*     Von dem schwierigen Inhalt möchte ich durch ein vereinfachtes Beispiel eine ungefähre Vorstellung vermitteln.

Die Verben des Sanskrit – das hatten schon die altindischen Grammatiker herausgefunden – bestehen aus einem
Kernbestandteil, den die Inder *dhatu* nannten, was die Europäer mit »Wurzel« – einem schon aus der Grammatik
des Hebräischen geläufigen Begriff – übersetzten. Es gibt
Ableitungssilben in zwei Stufen, die zu einer solchen Wurzel treten. Die der ersten Stufe werden verwendet, um aus
der Wurzel einen Stamm zu bilden; die zweite dient dazu,
aus dem Stamm eine bestimmte Form zu bilden.

Im praktischen Beispiel: Die Sanskritwurzel *bhar* ist
Kernbestandteil der Wörter, die mit dem Begriff »tragen«
zu tun haben. Aus dieser Wurzel wird durch Anfügen eines
-*a* der Stamm des Präsens gebildet: *bhara* (dies ist eine
häufig vorkommende Bildungsweise, es gibt aber zehn verschiedene). Durch Anfügen von -*mas* an diesen Präsens-
stamm entsteht die 1. Person Pluralis: *bharamas* »wir tragen«. Jetzt kommt die Überraschung: Im Altgriechischen
(in diesem Fall dem dorischen Dialekt) gibt es die Wurzel
*pher* in derselben Bedeutung, durch Anfügen des stamm-
bildenden Vokals -*o* und der Endung -*men* entsteht *phero-
men* »wir tragen«. Im Lateinischen entspricht dem die
Form *ferimus,* im Gotischen *baíram.*

Die Einfachheit dieses Beispiels darf nicht über die       *Formenreichtum*
Kompliziertheit des ganzen Unternehmens hinwegtäu-         *des Sanskrit*
schen. Nicht umsonst gilt das Sanskrit als die Sprache mit
dem größten Formenreichtum; es hat z. B. beim Substantiv
drei Numeri (Singular, Plural, Dual) und acht Fälle: Nominativ, Akkusativ, Instrumentalis (womit?), Dativ, Ablativ (Fall der Herkunft, auch der Art und Weise), Genitiv,
Lokativ (wo?), Vokativ (Anredefall). Und was die Verben
anlangt, so ist das Konjugationssystem so kompliziert, daß
jemand, der es beherrscht, es als reich, differenziert, ela-
stisch, nuancenreich preist, dagegen jemand, der es lernen
muß, es zunächst verfluchen wird. Die Zeiten (Präsens,
Aorist, Perfekt) drücken in erster Linie nicht Zeitrelationen
aus, sondern Verlaufsarten (»Aspekte«) der jeweiligen
Handlung, und für die Art und Weise der Handlung (z. B.
ob möglich, wirklich, beabsichtigt, befohlen, verboten) gibt
es zahlreiche *Modi* (wir haben nur Indikativ und Konjunktiv).

Jedenfalls hat Bopp hier erstmals Sprachvergleichung in
streng wissenschaftlichem Sinn betrieben (allerdings hatte
der Ungar Sámuel Gyarmathi schon 20 Jahre früher Ähnli-

ches unternommen) und dabei eine Methode entwickelt, die sich auch auf weitere Sprachen anwenden ließ (und läßt) und die es später ermöglicht hat, die Zugehörigkeit weiterer Sprachen zum indogermanischen Sprachstamm nachzuweisen. Daß nun allerdings die obengenannten Formen zwar einem einheitlichen Prinzip folgen, aber lautlich untereinander verschieden sind: das hat Bopp nicht so sehr beachtet; die Arbeit seiner Nachfolger hat sich stark auf dieses Problem des »Lautwandels« konzentriert.

Man muß sich auch vergegenwärtigen, daß jeder, der zum ersten Mal die wirklich schlagenden Ähnlichkeiten im Grundwortschatz verwandter Sprachen wahrnimmt, wie sie die hier folgenden Listen zeigen – daß der zunächst unter dem bestimmenden Eindruck steht: Das kann kein Zufall sein, hier liegt eine »verwandtschaftliche«, d.h. abstammungsmäßige Beziehung vor; und daß er die Frage, warum die Glieder solcher »Wortgleichungen« nicht wirklich ganz gleich seien, als sekundär empfindet, als *cura posterior* (lat.»spätere Sorge«). So jedenfalls war der Gang der Entwicklung.

Das Wort für »Mutter« lautet:

| *Das Wort* | altindisch | *mata* | lateinisch | *mater* |
|---|---|---|---|---|
| *für »Mutter«* | altpersisch | *matar* | altbulgarisch | *mati,* Gen. |
| | altirisch | *mathir* | | *matere* |
| | lettisch | *māte* | altenglisch | *modor* |
| | altgriechisch | [mɛtɛ:r] | englisch | *mother* |
| | altgriechisch | | französisch | *mère* |
| | (dorischer | | althochdeutsch | *muoter* |
| | Dialekt) | [matɛr] | neuhochdeutsch | Mutter |

Anmerkung: Übertragungen in Lautschrift (vgl. Anhang I) stehen stets in eckigen Klammern; die Wiedergabe von Wörtern aus Sprachen, für die das lateinische Abc üblicherweise nicht verwendet wird, erfolgt gegebenenfalls in kursiver Lateinschrift.

Das vorhin erwähnte Verbum *bharani* (Sanskrit für »tragen«) ist im Althochdeutschen in der Form *beran* noch erhalten (heute ist es durch »tragen« verdrängt); das ältere Wort ist noch im englischen *to bear* und in unserem Wort »gebären« erhalten. Hier die Konjugation des Präsens Indikativ in einigen Sprachen des indogermanischen Sprachstamms:

| Neu-hoch-deutsch | Sanskrit | Dorisch-Grie-chisch | Latei-nisch | Altsla-wisch | Althoch-deutsch (Inf.: *beran*) | *Das Verbum* »*tragen*« |
|---|---|---|---|---|---|---|
| ich trage: | *bharami* | *phero* | *fero* | *bera* | *biru* | |
| du trägst: | *bharasi* | *phereis* | *fers* | *beresi* | *biris* | |
| er trägt: | *bharati* | *pherei* | *fert* | *beretu* | *birit* | |
| wir tragen: | *bharamas* | *pheromen* | *ferimus* | *beremu* | *berames* | |
| ihr tragt: | *bharata* | *pherete* | *fertis* | *berete* | *beret* | |
| sie tragen: | *bharanti* | *pherousi* | *ferunt* | *beratu* | *berant* | |

Hier springt die Ähnlichkeit des Konjugationsschemas ins Auge; sodann drängt sich die Frage auf: Warum im Lateinischen ein [f] im Anlaut, im Deutschen ein [b]? Das kann kein Zufall sein, wie schon naheliegende Beispiele zeigen: lat. *frater,* dt. »Bruder«. Liegt hier eine Regelmäßigkeit vor, vielleicht gar ein »Gesetz«?

Es ist in der Geschichte der Wissenschaften nicht selten, *Rasmus Rask* daß eine Entdeckung, die im Zuge der Entwicklung gleichsam in der Luft liegt, nahezu gleichzeitig an mehreren Stellen von mehreren Forschern gemacht wird, unabhängig voneinander. Man braucht nur an die Erfindung der Infinitesimalrechnung zu denken (Leibniz und Newton) oder an die Entwicklung nichteuklidischer Geometrien (Gauß, Bolyai, Riemann, Lobatschewski). So ist es auch mehr ein Zufall, daß ein junger Däne, Rasmus Rask, der 1814 einen von der Königlich Dänischen Akademie der Wissenschaften ausgeschriebenen Preis gewann, die Preisschrift erst 1818 drucken lassen konnte und dadurch nun in der Abfolge der Entdeckungen nach Bopp (jedenfalls nach Bopps Erstlingswerk) rangiert.

Die Schrift heißt »Untersuchung über den Ursprung der alten nordischen oder isländischen Sprache«, im Original: *Undersøgelse om det gamle Nordiske eller Islandske Sprogs Oprindelse.* Rask hatte schon als Schüler das Altnordische (einst in Norwegen und Island gesprochen) erlernt. Er verglich es mit zahlreichen Sprachen, darunter nahe verwandten Sprachen wie Gotisch, Deutsch, Altenglisch, mit slawischen Sprachen, auch mit fernstehenden wie Grönländisch (Eskimoisch), Finnisch, Baskisch sowie dem in Wales gesprochenen Kymrischen. Genauer gesagt: Daß diese Sprachen »fernstehend«, mit dem Altnordischen also nicht verwandt sind, war gerade ein Ergebnis seiner Untersuchung.

Dagegen stellte er fest, daß das von ihm erstmals einbezogene Litauische dem Nordischen verwandte Züge aufweist.

Rask wählte für seine Vergleiche – es sind weit über 300 – Wörter des Grundwortschatzes wie die Bezeichnungen für nahe Verwandte, für Körperteile, auch Zahlwörter – denn bei diesen ist es unwahrscheinlich, daß sie von einer Sprache als Lehnwörter in eine andere übergehen.

Rask kam auch gewissen Regelmäßigkeiten des Lautwandels mindestens auf die Spur. Er erkannte z.B., daß das Griechische oft ein [h] im Anlaut hat, wo andere Sprachen ein [s] haben: lat. *septem* sieben, griech. *hepta*.

Zu beachten ist, daß Rask Vorstellungen von Verwandtschaftsbeziehungen zwischen bestimmten Sprachen hatte, aber noch keine Übersicht über die indogermanische Familie im ganzen.

*Jacob Grimm und nochmals Bopp*  Der nächste Forscher, der einen Platz in dieser Ehrengalerie der Entdecker verdient, ist der Deutsche Jacob Grimm, zusammen mit seinem Bruder Wilhelm Schöpfer der weltberühmten Sammlung von Volksmärchen. Da seine Arbeit jedoch in der Hauptsache den germanischen Sprachen gewidmet war, möchte ich sie an anderer Stelle würdigen und jetzt zunächst beim Gesamtzusammenhang bleiben.

Franz Bopp, der über 40 Jahre lang eine Professur für »orientalische Literatur und allgemeine Sprachkunde« in Berlin innehatte, hat mit seinem Hauptwerk »Vergleichende Grammatik des Sanskrit, Zend, Armenischen, Griechischen, Lateinischen, Litauischen, Altslawischen, Gotischen und Deutschen«, das in drei Bänden von 1833 bis 1852 erschien, den festen Grund für die vergleichende Sprachforschung gelegt und, wie man schon am Titel des Werkes erkennt, weitere Sprachen in die Untersuchung einbezogen. Die keltischen Sprachen, die im Titel nicht erwähnt sind, hatte Bopp 1839 als dem Indogermanischen zugehörig erwiesen.

# DRITTES KAPITEL

# Zweige des Indogermanischen

Wir verlassen hier den Gang der sprachgeschichtlichen *Übersicht*
Forschung und stellen uns die Frage: Welche Sprachen gehören – nach heutigem Erkenntnisstand – zum indogermanischen Sprachstamm, und wie gehören sie im einzelnen
zusammen? Dabei gebe ich zuerst eine kurze Übersicht
und behandle die einzelnen Familienmitglieder später genauer – teils in diesem Kapitel, für einige wichtige Sprachen (Griechisch, Latein und seine Töchter sowie die germanischen Sprachen) aber anschließend daran in eigenen
Kapiteln.

Je nachdem, welches Nachschlagewerk oder Lehrbuch
man aufschlägt, erhält man auf die Frage nach Umfang
und Gliederung der indogermanischen Sprachfamilie unterschiedliche Antworten. Das kann daran liegen, daß bis
in die neueste Zeit hinein durch neue Erkenntnisse noch
Sprachen hinzugekommen sind; hauptsächlich liegt es
aber daran, daß manche Forscher Gruppen, die ich im folgenden getrennt aufführe, zu einer zusammenfassen. Die
Zahlen, denen man begegnet, liegen zwischen neun
und 15.

Zunächst die reine Aufzählung: 1. *indische (indoarische)* *Die 13 Mitglieder*
Sprachen, 2. *iranische* Sprachen, 3. *baltische* Sprachen, *der Familie*
4. *slawische* Sprachen, 5. *keltische* Sprachen, 6. *Griechisch,*
7. *italische* Sprachen, 8. *Albanisch,* 9. *Armenisch,* 10. *Tocha-*
*risch,* 11. *anatolische* Sprachen, 12. *germanische* Sprachen,
13. einzelne Sprachen, die keinem dieser Zweige zuge-
schlagen werden können, aber mit Sicherheit oder Wahrscheinlichkeit zum Indogermanischen gehören. 1. und 2.
werden manchmal als *Indo-Iranisch* zusammengefaßt,
ähnlich 3. und 4. als *Balto-Slawisch.*

Bitte beachten Sie, daß die von mir aufgezählten Zweige
manchmal aus mehreren Sprachen bestehen, manchmal,
wie beim Griechischen, aus einer Sprache; das Griechische ist von der fernen Vergangenheit, in der es ins Licht
der Geschichte tritt, bis heute immer in Dialekte aufgespalten, aber stets eine Sprache gewesen.

Zur Terminologie: Die indogermanischen Sprachen zusammen stellen eine Sprach*familie* dar (man sagt auch Sprach*stamm,* was gleichbedeutend ist). Die Untergliederungen kann man *Zweige* nennen. Man spricht auch von Sprach*gruppen,* doch ist dieser Ausdruck nicht eindeutig. Er wird auch verwendet, um die Sprachen, die in einem größeren Gebiet gesprochen werden, zusammenzufassen, und zwar rein äußerlich. So kann man z. B. von der »Gruppe der indianischen Sprachen Südamerikas« oder der »Gruppe der ostasiatischen Sprachen« sprechen und damit nur regionale Zusammengehörigkeit, nicht sprachliche Verwandtschaft meinen.

*Indische Sprachen* Das *Sanskrit* haben wir im vorigen Kapitel kennenge-
*Altindisch: Sanskrit* lernt. In den heiliggehaltenen Schriften des alten Indien,
*und Vedisch* die zusammenfassend *Veden* genannt werden (*veda* heißt »Wissen« und ist auch die Wurzel dieses deutschen Wortes) fand man in deren ältesten Teilen eine noch ältere Sprachform, die man das *Vedische* nannte. Sie und das Sanskrit werden unter dem Namen *Altindisch* zusammengefaßt. Beide Sprachen sind nahe verwandt; überhaupt scheinen Ähnlichkeit und Verwandtschaftsgrad in allen Zweigen des Stammes immer enger zu werden, je weiter man in die Vergangenheit eindringt – was für einen gemeinsamen Ursprung spricht.

*Paninis* Sanskrit war möglicherweise schon um 500 v. Chr., als
*Grammatik* Panini seine berühmte Grammatik verfaßte, keine gesprochene Sprache mehr. Panini hat das grammatikalische System dieser Sprache in 4000 Regeln minutiös dargestellt; Kenner sagen, daß keine Sprache der Welt eine so vollständige Grammatik besitze, auch die heutigen Weltverkehrssprachen nicht. Erst um 1800, also 2300 Jahre nach seiner Niederschrift (mit der Panini wahrscheinlich die Arbeit ganzer Generationen von Sprachgelehrten zusammengefaßt hat) wurde dieses Meisterwerk in Europa bekannt und gewürdigt; man mußte erkennen, daß es vollkommener war als alles, was das Abendland, seit griechische Gelehrte ihre eigene Sprache und deren Vorstadien erforschten, hervorgebracht hatte.

Das Sanskrit ist als Schriftsprache in gewissem Umfang bis heute lebendig geblieben, auch nach dem Zweiten Weltkrieg wurden noch Bücher in dieser Sprache in Indien gedruckt (so wie in Europa ab und zu lateinische Bücher).

Das Sanskrit zeigt die (erschlossenen) Eigenschaften des Ur-Indogermanischen nicht rein, es läßt Beimischungen und Einflüsse aus Sprachen anderen Typs erkennen. Manche Forscher glauben sogar erkennen zu können, daß das unerhört reiche Formensystem, das diese Sprache auszeichnet, nicht ihr ältestes Stadium darstellt, daß vielmehr die zahllosen Deklinations- und Konjugationsendungen des Sanskrit hervorgegangen sein können aus selbständigen Wörtern, die in der ältesten Entwicklungsstufe zwischen aneinandergereihte Wörter als Funktionswörter eingeschoben wurden; diese haben allmählich ihre Selbständigkeit eingebüßt, sind zu Endungen geworden und mit den Stammwörtern verschmolzen. Sollte die früheste, nur zu erahnende Stufe des Sanskrit die einer »isolierenden« Sprache gewesen sein, vergleichbar dem historischen Chinesisch und dem heutigen Vietnamesisch? Oder hat in dunkler Vorzeit eine Sprache dieses Typs auf das Sanskrit eingewirkt? (Typenbegriffe wie »isolierende Sprache« sind näher behandelt im Zwölften Kapitel.)

Die gesprochene Sprache bis etwa 500 n. Chr. wird *Mittelindisch* genannt; bis 1200 schließt sich das *Spätmittelindische* an. Hier zeigt sich schon eine Aufspaltung in deutlich verschiedene Sprachen, aus denen ich *Pali*, die Sprache des Religionsstifters Buddha und einer bedeutenden buddhistischen Literatur, hervorheben möchte. *Mittelindisch*

Unter den Sprachen des heutigen Indien lassen sich die beiden wichtigsten, *Hindi* und *Bengali*, bereits vom 10. Jahrhundert ab nachweisen. *Neuindische Sprachen*

Hindi wird von über 250 Millionen Menschen gesprochen. Es ist nach der Erringung der Unabhängigkeit unter Gandhi zur Staatssprache der Indischen Union erklärt worden, hat allerdings bisher das Englische als wichtigste Verkehrssprache noch nicht verdrängen können. *Hindi*

Hindi und *Urdu* (rund 50 Millionen Sprecher) wurden früher zusammengefaßt als *Hindustani,* insofern zu Recht, als beide im Grunde dieselbe Sprache darstellen, aber in verschiedenen Schriften geschrieben werden: Hindi (was wörtlich »indisch« bedeutet, jedoch in persischer Sprache) in der *Devanagari*-Schrift, in der schon die uralten Sanskrit-Handschriften geschrieben sind, Urdu (das Wort kommt vom türkischen *ordu* »Heerlager«) dagegen bedient sich des arabischen Alphabets, das um einige diakritische Zeichen (Unterscheidungszeichen, in etwa ver- *Urdu*

*Die Devanagari-Schrift, die vom alten Sanskrit bis zum modernen Hindi in Gebrauch geblieben ist (Sprache: Hindi).*

क्योंकि ईश्वरने जगतको ऐसा प्रेम रक्खा कि उसने अपना एकलौता पुत्र दिया कि जो कोई उसपर बिश्वास करे सो नाश न होय परन्तु अनन्त जीवन पावे ।

gleichbar den Akzenten des Französischen) angereichert wurde. Es liegt nahe, das Verhältnis mit dem zwischen Serbisch und Kroatisch zu vergleichen; Serbokratisch ist *eine* Sprache, aber die orthodoxen Serben schreiben sie mit kyrillischen, die überwiegend katholischen Kroaten mit lateinischen Buchstaben. Tatsächlich liegt auch der Aufspaltung Hindi-Urdu ein religiöser Gegensatz zugrunde. Hindi ist die (besser: eine) Sprache der Hindu; Urdu ist auf dem Boden des Islam gewachsen unter der Herrschaft der islamischen Großmogul.

*Bengali und weitere indische Sprachen*

Im heutigen Indien werden ferner u. a. gesprochen: *Bengali* (180 Millionen Sprecher), *Marathi* (60 Millionen), *Pandschabi, Gudscharati, Bihari;* hinzu kommt *Singhalesisch* auf Sri Lanka. Alle genannten Sprachen gehören dem indogermanischen Stamm an, ebenso die in Dialekte aufgespaltene, weit außerhalb Indiens bis nach Europa hin gesprochene Zigeunersprache.

Ich habe eben nur einige der wichtigsten neuindischen Sprachen aufgezählt, deren Sprecher nach Millionen zählen. Eine Vorstellung von der tatsächlich herrschenden, selbst für den Spezialisten kaum überschaubaren Vielfalt vermittelt die Angabe, daß nach der indischen Volkszählung von 1961 insgesamt 547 Sprachen dieser Familie existierten, von der Sprache eines kleinen Bezirks bis zu Verwaltungssprachen von Gliedstaaten der Union und zu Kultursprachen, in denen an Universitäten gelehrt wird.

Im Süden Indiens herrschen nichtindogermanische Sprachen vor. Und auf Sri Lanka stehen die Singhalesen in einem zeitweise erbitterten Gegensatz zu den Tamilen, deren Sprache *Tamil* nicht indogermanisch ist.

*Devanagari*

Das *Devanagari* ist eine von links nach rechts laufende Buchstabenschrift, in der Sanskrit, Hindi, Marathi geschrieben werden, auch *Nepali* (Nepalesisch, manchmal auch *Gurkhali* genannt) sowie einige nichtindogermanische Sprachen. Manche anderen indischen Alphabete sind ihm nachgebildet. Für den Europäer ist die Schrift nicht leicht zu erlernen, sie hat die Besonderheit, daß der häufig-

ste Vokal *a*, gesprochen [ʌ], nicht geschrieben wird, er ist
bei jedem Konsonanten (als auf ihn folgend) inbegriffen;
soll er ausnahmsweise nicht folgen, bringt man dies durch
ein besonderes Zeichen zum Ausdruck. Ebenso schwer zu
erlernen wie die Schrift ist das heutige Hindi; in seinen
Bauprinzipien hat es sich vom Typus der indogermanischen Sprachen weit entfernt (wie, wenn auch in anderer
Richtung, das Englische).

Dieser Zweig kann mit Recht an den indo-arischen an-    *Iranische Sprachen*
geschlossen werden (im Englischen ist *Indo-aryan* die übliche Bezeichnung für die indogermanischen Sprachen Indiens), nicht nur, weil er ihm räumlich benachbart ist, sondern auch, weil er mit ihm am engsten verwandt ist (so daß
»Indo-iranisch« häufig als zusammenfassende Klassifizierung beider Zweige auftritt), und schließlich auch, weil der
iranische Zweig dem indischen an ehrwürdigem Alter der
frühesten überlieferten Zeugnisse zu vergleichen ist.

Aus der ältesten Periode sind zwei Sprachen in Form    *Altes Iranisch*
von Dokumenten überliefert: Einerseits *Avesta,* auch *Avestisch* genannt, früher auch *Altbaktrisch:* in dieser Sprache
ist das *Avesta* abgefaßt, die heilige Schrift der religiösen
Gemeinschaft um den Propheten Zarathustra, über dessen
Leben wenig, über dessen Lebenszeit überhaupt nichts
Sicheres bekannt ist. Die heute noch bestehende Sekte der
Parsen beruft sich auf ihn. Das *Avesta* ist etwa mit einem
Viertel seines ursprünglichen Umfangs erhalten. *Zend Avesta* heißt eine spätere Fassung dieser Schrift mit Erläute-
rungen (*zend* = pers. »Kommentar«). Erste Kunde vom
*Avesta* hatte ein französischer Abenteurer namens Abraham Hyacynthe Anquetil-Duperron vor 1780 nach Europa
gebracht, der sich auch als einer der ersten um die Erforschung der altindischen *Veden* und der an sie anschließenden *Upanischaden* verdient gemacht hat. Um 1820 verfügte
man in Europa über Texte, wissenschaftlich erschlossen
wurden sie ab 1840. Die Sprache wurde früher auch *Zend*
genannt, z. B. bei Rask.

Andererseits ist aus der Zeit der altpersischen Dynastie
der Achämeniden, die mit Darius dem Großen etwa
520 v. Chr. beginnt, eine zweite altpersische Sprache erhalten, jedoch in ganz anderer äußerer Form, nämlich in Gestalt von in Fels gehauenen Inschriften, vor allem in der
Nähe der heutigen Stadt Kermanschah, und zwar in

Keilschrift. Es war eine bedeutende wissenschaftliche Leistung und ein Abenteuer für sich, daß diese Inschriften entziffert, ihre Sprache als die älteste Form des heute noch gesprochenen Persisch erkannt wurde (vgl. das Erste Kapitel). Die *Avesta*-Form gilt als ältere; beide Formen stehen den altindischen Sprachen sehr nahe.

Die Sprache der halb sagenhaften Skythen des Altertums war wahrscheinlich mit dem Altpersischen verwandt.

Ich gehe auf die *mitteliranische* Periode der Entwicklung, welche etwa tausend Jahre umfaßt – vom 1. Jahrhundert v. Chr. bis etwa 900 n. Chr. – nicht näher ein; seit etwa 1000 n. Chr. hat sich das *Neuiranische* herausgebildet, dessen Einzelsprachen heute in eine westliche und eine östliche Gruppe eingeteilt werden.

*Neupersisch*     Zur westlichen Gruppe zählt vor allem das Neupersische im engeren Sinne, auch *Farsi* genannt, die Amtssprache des heutigen Iran; daneben *Tadschikisch* (mit kyrillischem Alphabet geschrieben, hauptsächlich in Tadschikistan und Usbekistan beheimatet), *Belutschi* und *Kurdisch*.

Zur östlichen Gruppe zählen das *Afghanische* (oft *Paschto* genannt, auch *Puschtu* geschrieben, wohl in Anlehnung an die englische Form *pushtu* oder *pashto*), ferner Dialekte, die im Pamir und in Ossetien (Kaukasus) gesprochen werden. In Afghanistan ist das Persische weit verbreitet, es wird dort *Dari* genannt und ist neben Paschto Amtssprache; neben diesen beiden werden rund zwanzig weitere Sprachen gesprochen – einer der Gründe dafür, daß die Bevölkerung niemals geeinigt war und es auch heute nicht ist.

*Persisch als Mischsprache*     Das heutige Persisch wird mit dem arabischen Alphabet geschrieben, das zu diesem Zweck um vier Buchstaben (für [p], [g], [tʃ] und [ʒ]) erweitert worden ist. Dies ist ein äußeres Anzeichen für den durch Jahrhunderte andauernden arabischen Einfluß auf Persien (vom 7. Jahrhundert ab); doch finden sich die Spuren dieses Einflusses vor allem auch im Wortschatz, der zahlreiche Wörter aus dem Arabischen aufgenommen hat – und nicht nur aufgenommen, sondern in andere Sprachen weitervermittelt: da das Persische als islamische Kultursprache in großen Teilen Asiens geschätzt wurde, sind durch seine Vermittlung arabische Wörter auch ins Türkische sowie in Hindi und Urdu, auch in europäische Sprachen, eingewandert.

Trotz solcher Fremdeinflüsse zeigt der heutige Grundwortschatz des Persischen noch vieles, was sich in anderen
indogermanischen Sprachen wiederfindet: *pedar* »Vater«,
*madar* »Mutter«, *berādar* »Bruder«; ähnlich bei Zahlwör-
tern. Dagegen hat sich das Persische in seiner Struktur
denkbar weit von den alten indogermanischen Grundfor-
men wegentwickelt, radikaler noch, in mancher Hinsicht,
als das moderne Englisch, denn dieses kennt z. B. immer
noch die Geschlechter *he, she, it* bei den Personalpronomi-
na, während die Substantive (ausgenommen hauptsächlich
Lebewesen und Schiffe) alle sächlich sind – das Persische
hat das grammatische Geschlecht völlig aufgegeben.

Während im Persischen das Verhältnis der gesprochenen zur geschriebenen Form problematisch ist – die semitische Gepflogenheit, kurze Vokale nicht zu schreiben, paßt
schlecht zur Eigenart dieser Sprache (lange Vokale werden
im Persischen stets geschrieben) – heben Kenner die Klarheit und Übersichtlichkeit des Lautsystems und der grammatischen Formen hervor – so sehr, daß Persisch sogar als
Vorbild für eine künstliche Welthilfssprache empfohlen
wird.

Man muß unterscheiden zwischen dem »Alter« einer     *Baltische Sprachen*
Sprache, d. h. der Zeit, zu der sie sich – vermutlich, dieser
Zusatz ist hier stets angebracht – herausgebildet hat, und
dem Alter ihrer ältesten uns bekannten schriftlichen Zeugnisse. Die baltischen Sprachen sind, was das Alter ihrer
schriftlichen Zeugnisse angeht, jung zu nennen, denn sie
treten erst mit dem 14./15. Jahrhundert ins Licht der Geschichte. Ihr eigentliches »Alter« hingegen ist gewiß nicht
geringer als das anderer Zweige der Familie. Ihrem Charakter nach werden sie sogar als »altertümlich« bezeichnet, weil sie bestimmte Eigenheiten der indogermanischen
Frühzeit stärker bewahrt haben als andere.

Nur wenige Sprachen werden zu dieser Gruppe gerech-     *Litauisch und*
net: *Litauisch* als wichtigste – aus gleich zu erwähnenden     *Lettisch*
Gründen; *Lettisch;* alle übrigen sind erloschen, insbesondere das *Kurische* (früher in Kurland gesprochen, einem
Teil des heutigen Lettland) und das *Altpreußische,* ehemals
gesprochen in Ostpreußen, ausgestorben im 16. oder
17. Jahrhundert. Erhalten sind vom letztgenannten nur ein
Wörterverzeichnis von etwa 800 Wörtern samt deutscher
Übersetzung und mehrere lutherische Katechismen, einer

allerdings niedergeschrieben (im 16. Jahrhundert) von einem deutschen Pfarrer mit Hilfe eines Knechtes, der noch Altpreußisch sprach.

*Pruzzen und Preußen* Kurios, daß der Name dieser längst erloschenen Sprache bzw. des Volksstammes der Pruzzen, der sie sprach, durch die Jahrhunderte fortlebt dadurch, daß Kurfürst Friedrich III. von Brandenburg, als er sich 1701 die Königskrone aufsetzte (als König nannte er sich Friedrich I.), sich nicht zum König von Brandenburg, sondern König »in Preußen« machte! Erst von da ab ist der Begriff »Preußentum«, vornehmlich durch das Wirken Friedrich Wilhelms I. und Friedrichs des Großen, mit dem Sinn erfüllt worden, den er bis zum Ende des preußischen Staates 1945 und bis heute behalten hat.

Unsere Aufmerksamkeit darf sich auf das Litauische beschränken, da Lettisch nur als »kolonialer Ableger« des Litauischen gilt; das Lettische weist übrigens bei langen Vokalen einen »Knarrton« auf, der in der Schrift nicht bezeichnet wird. Das Litauische, so könnte man etwas burschikos sagen, ist ein Paradepferd der Indogermanisten, weil es altertümliche Züge früherer Entwicklungsstufen des Indogermanischen bewahrt, insofern dem Sanskrit und dem Altgriechischen an die Seite zu stellen. Ein Philologe des 19. Jahrhunderts, August Schleicher, Professor an *Schleichers* der deutschen Universität Prag, hat sich des Litauischen *Rekonstruktion* mit besonderer Liebe angenommen. Er pflegte seine Semesterferien im Sommer unter litauischen Bauern zu verbringen und ihre Lieder und Sprüche aufzuzeichnen. Er glaubte, das hypothetische *Ur-Indogermanisch* rekonstruieren zu können, indem er sich bei den Konsonanten auf Sanskrit, bei den Vokalen auf Altgriechisch und beim Beugungssystem auf Litauisch stützte, und wagte sich so weit vor, daß er eine kurze Fabel »Das Schaf und die Pferde« in dieser rekonstruierten Proto-Sprache niederschrieb. *Avis akvasas ka* lautete der Titel, das *ka* ist eine nachgestellte Konjunktion wie das lateinische *que*. Seine Fachkollegen haben das nicht akzeptiert.

Innerhalb der großen Familie weisen die baltischen Sprachen einige Gemeinsamkeiten mit den slawischen und mit den germanischen Sprachen auf. Es wird angenommen, daß sie sich eine Zeitlang gemeinsam entwickelt haben.

Die Gemeinsamkeiten liegen vor allem bei den Deklinationsformen. Im Altlitauischen gab es nicht weniger als zehn Fälle – heute hat Litauisch sieben Fälle, zu den vier im Deutschen vorhandenen kommen Lokativ, Instrumental und Vokativ; Lettisch hat unsere vier und dazu einen Lokativ. Die Nachbarschaft zu den im Norden angrenzenden Sprachgebieten des Estnischen und des Finnischen – beides nichtindogermanische Sprachen – hat zu einem Austausch von Lehnwörtern geführt.

Die heute gesprochenen slawischen Sprachen werden sowohl geographisch wie nach ihrer inneren Verwandtschaft in drei Gruppen eingeteilt: Ostslawisch, Westslawisch und Südslawisch. *Slawische Sprachen Einteilung*

Zu den ostslawischen Sprachen – nach der Zahl ihrer Sprecher bei weitem die bedeutendste Gruppe – gehören das *Russische* (auch *Großrussisch* genannt), das *Weißrussische* (auch *Belo-* oder *Bjelorussisch*) und das *Ukrainische* (*Ruthenische*). Zu den südslawischen Sprachen zählen *Bulgarisch* und *Mazedonisch* (östliche Gruppe) sowie *Serbokroatisch* und *Slowenisch* (westliche Gruppe). Zu den westslawischen Sprachen gehören *Slowakisch* und *Tschechisch, Polnisch* und einige sterbende oder ausgestorbene Sprachen wie *Kaschubisch, Rugisch, Pomeranisch,* schließlich das in der Lausitz noch erhaltene *Sorbisch.* Da die Einteilung hier in der Wissenschaft nicht umstritten ist, sei sie in einem Schema dargestellt (Seite 68 oben).

Die slawischen Sprachen werden von mehr als 300 Millionen Menschen gesprochen (als Muttersprache). Die Sprecher des Russischen machen davon mehr als die Hälfte aus; Russisch als zweite Sprache mußten im Prinzip alle nichtrussischen Bürger der Sowjetunion erlernen. Die kleinen slawischen Sprachgemeinschaften wie Slowenen und Mazedonier zählen nur ein bis zwei Millionen Sprecher. Das Russische hat wegen seiner Verbreitung und seiner Rolle als Staatssprache der Union in allen Gliedstaaten der bisherigen Sowjetunion das stärkste Gewicht; die Russen haben auch von allen Slawen die bedeutendste Literatur, eine der großen der Welt, hervorgebracht.

Alle slawischen Sprachen werden auf eine gemeinsame Mutter, das *Urslawische,* zurückgeführt, das vermutlich noch in den ersten Jahrhunderten nach Christi Geburt gesprochen wurde. Dies ist eine nicht empirisch beweisbare Konstruktion; für ihre Richtigkeit spricht aber, daß die äl- *Urslawisch und Kirchenslawisch*

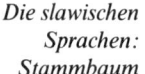

*Die slawischen
Sprachen:
Stammbaum*

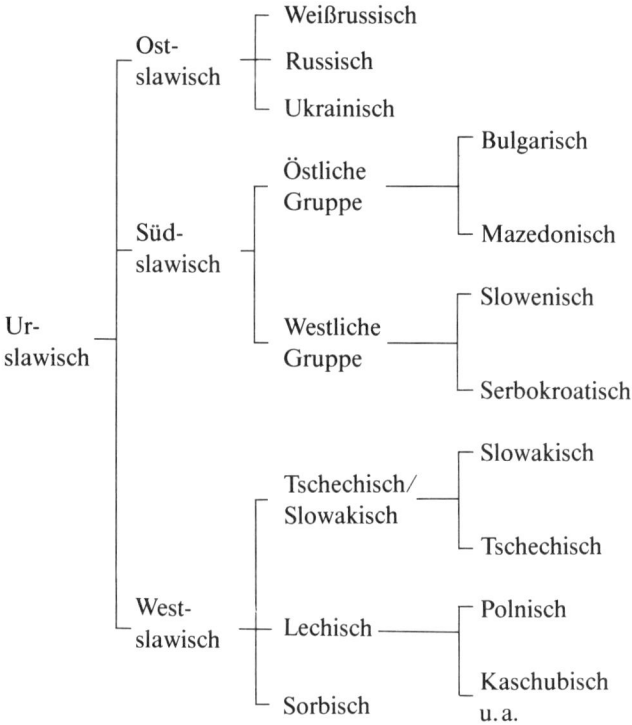

teste für die Forschung faßbare Form des Slawischen, das *Kirchenslawische* (auch *Altslawisch* oder *Altbulgarisch* genannt), gesprochen im 11. Jahrhundert, offenbar noch von allen slawischen Stämmen verstanden wurde. In etwas veränderter Form ist es als Sprache der orthodoxen Kirche bewahrt worden.

Als eigener Zweig des Indogermanischen mag sich das Slawische um 3000 v. Chr. herausgebildet haben, wahrscheinlich auf der Grundlage einer Stufe, die den baltischen und den slawischen Sprachen gemeinsam war. Das Zentrum dieser Entwicklung wird im Raum des heutigen Litauen vermutet. Bis etwa 500 n. Chr. haben die Vorfahren der heutigen Slawen etwa das Gebiet zwischen Weichsel und Dnjepr bewohnt. Dann sind sie vorgedrungen nach Westen bis zur Elbe, nach Süden bis zur Adria und in die Balkanhalbinsel.

Mit der Eroberung Sibiriens durch das zaristische Rußland hat das Russische als Staatssprache ein Gebiet er-

*Seite aus einer Bibel des Jahres 1581 in Altkirchenslawisch; in der linken Spalte der Schluß des Dekalogs.*

obert, das bis an den Pazifik reicht. Die Differenzierung in einzelne, deutlich unterscheidbare Sprachen muß im 12. Jahrhundert eingesetzt haben. Die meisten slawischen Sprachen sind heute Nationalsprachen selbständiger Staaten. Die »Familienähnlichkeit« haben sie jedoch in vielfacher Hinsicht bewahrt.

Fast jeder weiß, daß einige slawische Sprachen, das Russische an der Spitze, nicht in lateinischer, sondern in einer anderen Schrift geschrieben werden, die in manchem der lateinischen ähnelt – eine täuschende Ähnlichkeit freilich, denn einige Zeichen kommen in beiden vor und haben auch denselben Lautwert (z. B. das *M*); andere Zeichen sehen zwar genau wie die lateinischen aus, sind aber anders auszusprechen (z. B. *B* entspricht unserem W, *P* un-

*Die kyrillische Schrift*

*Das kyrillische Alphabet (große und kleine Druckbuchstaben, ohne Schreibschrift).*

| Großbuchstabe | Kleinbuchstabe | Lautschrift | Großbuchstabe | Kleinbuchstabe | Lautschrift | Großbuchstabe | Kleinbuchstabe | Lautschrift | Großbuchstabe | Kleinbuchstabe | Lautschrift |
|---|---|---|---|---|---|---|---|---|---|---|---|
| А | а | [a] | И | и | [i] | Р | р | [r] | Ш | ш | [ʃ] |
| Б | б | [b] | Й | й | [j] | С | с | [s] | Щ | щ | [ʃtʃ] |
| В | в | [v] | К | к | [k] | Т | т | [t] | Ъ | ъ | – |
| Г | г | [g] | Л | л | [l] | У | у | [u] | Ы | ы | [yi] |
| Д | д | [d] | М | м | [m] | Ф | ф | [f] | Ь | ь | ['] |
| Е | е | [jɛ] | Н | н | [n] | Х | х | [x] | Э | э | [ɛ] |
| Ё | ё | [jɔ] | О | о | [o] | Ц | ц | [ts] | Ю | ю | [ju] |
| Ж | ж | [ʒ] | П | п | [p] | Ч | ч | [tʃ] | Я | я | [ja] |
| З | з | [z] | | | | | | | | | |

serem R), eine dritte Gruppe kommt im lateinischen Abc nicht vor.

Die Schrift wird *kyrillisch* (oder *cyrillisch, zyrillisch*) genannt nach dem Slawenapostel Kyrill, der mit seinem Bruder Method im 9. Jahrhundert den Slawen die christliche Lehre gebracht hat. In der noch durch schriftliche Dokumente belegten Frühzeit des Slawischen (älteste russische Schriftdenkmäler aus dem 11., serbische aus dem 12. Jahrhundert) waren zwei ganz verschiedene Alphabete im Gebrauch, neben dem kyrillischen eines mit ganz anderen Zeichen, genannt *glagolitisches* Alphabet. Es ist möglich, daß Kyrill dieses letztgenannte Alphabet geschaffen hat und nicht das nach ihm benannte. Seit dem 13. Jahrhundert ist die glagolitische Schrift aufgegeben worden. Das kyrillische Alphabet lehnt sich eng an das griechische an; es enthält aber eine Anzahl zusätzlicher Zeichen für Laute, die im Griechischen nicht vorkommen, vor allem Zischlaute.

*Wer schreibt kyrillisch?*   In kyrillischen Buchstaben geschrieben und gedruckt werden: Russisch, Weißrussisch, Ukrainisch, Serbisch, Mazedonisch, Bulgarisch. Die übrigen lebenden slawischen Sprachen bedienen sich des lateinischen Alphabets, also: Polnisch, Tschechisch, Slowakisch, Slowenisch, Kroatisch und Sorbisch (das nach Ansicht mancher Slawisten nur eine Gruppe von zwei Dialekten darstellt). Diese Sprachen haben, um ihre Laute wiedergeben zu können, *diakritische* Zeichen zu den lateinischen Buchstaben eingeführt (diakritisch = »unterscheidend«, aus dem griech. διά »durch, hindurch, auseinander« und κρίνειν »trennen, schneiden«). Der Gebrauch ist von Sprache zu Sprache verschieden. Der Laut [ʃ] z. B., im Deutschen recht umständlich sch geschrieben, ist im Tschechischen š, im Kroatischen š, im Polnischen sz. Das Polnische verwendet mehr Buchstabenverbindungen.

Die kyrillischen Alphabete variieren ebenfalls von Sprache zu Sprache etwas. Die Tabelle oben gibt die wichtigste Form, die russische, wieder. Das kyrillische Alphabet wurde durch eine von Peter dem Großen verordnete Reform verändert und, der Haltung dieses Zaren entsprechend, etwas näher an das »westliche« lateinische Abc herangeführt. Nach der bolschewistischen Revolution wurden zur Vereinfachung drei Buchstaben abgeschafft, die zeitweilig propagierte Absicht einer völligen Umstellung auf Lateinschrift hat man aber wieder fallenlassen.

Wer die kyrillischen Buchstaben und ihren Lautwert erlernt hat, sollte im Prinzip in der Lage sein, einen kyrillisch gedruckten russischen Text laut zu lesen und – wenn auch nicht zu verstehen – richtig auszusprechen. Sollte! Dem steht nämlich im Wege, daß die russischen Vokale nur in betonter Silbe ihren vollen Klang haben, an unbetonter Stelle dagegen ihre Klangfarbe verändern, so klingt betontes [o] etwa wie unser [o], unbetontes wie ein kurzes [a]; dem steht ferner entgegen, daß die Betonung im Russischen keiner festen Regel unterliegt: Es wird nicht stets die Stammsilbe betont (wie im Deutschen), auch nicht die erste Silbe (wie im Ungarischen); der Akzent muß praktisch für jedes Wort erlernt werden, er wechselt außerdem bei der Beugung: *slowá,* auf der ersten Silbe betont, ist der Genitiv »des Wortes«, auf der zweiten Silbe betont, der Plural »die Wörter«.

Die Entscheidung darüber, welche der slawisch sprechenden Völker die kyrillische Schrift benutzen, ist im wesentlichen durch die religiöse Zugehörigkeit bestimmt worden. Die orthodoxen Slawen schreiben kyrillisch, die anderen lateinisch. Die Trennungslinie verläuft mitten durch eine Sprache: das *Serbokroatische.*

Hier wie in den restlichen Absätzen über die slawischen Sprachen richte ich den Blick auf das, was diesen Sprachen gemeinsam ist – nicht auf die Unterschiede zwischen den Einzelsprachen. Im ganzen gilt, daß die slawischen

*Gemeinsamkeiten im Wortschatz*

Sprachen, da die Differenzierung in Einzelsprachen erst seit einem Jahrtausend im Gange ist (mit Knotenpunkten der Entwicklung bei Reformation, Aufklärung und Romantik), einander noch relativ nahe stehen – näher (falls ein solcher Vergleich erlaubt ist) als z. B. bei den germanischen Sprachen das Deutsche dem Englischen, jedenfalls, was das System der Sprache, den Bautypus, die Grammatik anbelangt. Diese Nähe hat manche Autoren, hauptsächlich Dichter, veranlaßt, von einer Wiedergewinnung der verlorenen sprachlichen Einheit im Sinne des Panslawismus zu träumen, ja Schritte in dieser Richtung zu versuchen. So haben ein serbischer Schriftsteller der romantischen Epoche, Karadžic, und in unserem Jahrhundert der Russe Chlebnikov und der Pole Tuwim Werke geschaffen, die in dieser Richtung zumindest experimentieren.

Daß im Wortschatz starke Gemeinsamkeiten bestehen, ist zu erwarten. Sie werden für uns nur sichtbar, wenn wir Wörter aus kyrillisch geschriebenen Sprachen ins lateinische Alphabet umsetzen. Ein paar Beispiele:

| *Ähnlichkeiten im Wortschatz* | Dt. | Russ. | Bulg. | Serb. | Poln. | Tschech. |
|---|---|---|---|---|---|---|
| | Mutter | *mat'* | *majka* | *màti* | *matka* | *matka* |
| | Schwester | *sestra* | *sestra* | *sèstra* | *siostra* | *sestra* |
| | Hand | *ruką* | *rŭką* | *rúka* | *ręka* | *ruka* |
| | Tag | *den'* | *den* | *dân* | *dzień* | *den* |
| | Fluß | *reką* | *reką* | *réka* | *rzeka* | *řeka* |
| | Meer | *more* | *morę* | *môre* | *morze* | *moře* |
| | Fisch | *ryba* | *riba* | *rïba* | *ryba* | *ryba* |

In der lebendigen Sprache sind die Differenzen größer, weil die Beugungsformen von Sprache zu Sprache verschieden sind (jedoch nicht prinzipiell verschieden); mit Ausnahme des Bulgarischen und des Mazedonischen, die sich in ihrem Formensystem, sei es unter dem Einfluß der »balkanischen« Nachbarsprachen Griechisch und Türkisch, sei es einer anderen, untergegangenen Sprache, von ihren slawischen Schwestersprachen weit entfernt haben.

*Gemeinslawisch*     Zur Zeit Karls des Großen († 814) scheint das *Gemeinslawische* (eine Zwischenstufe zwischen dem nur rekonstruierbaren Urslawisch und der Herausbildung der Einzelsprachen) noch eine Einheit gebildet zu haben. Der Name dieses Herrschers ist von den Slawen als Gattungsbe-

zeichnung für »König, Herrscher« übernommen worden –
analog haben unsere Vorfahren den Eigennamen Caesar
als Gattungsbezeichnung »Kaiser« übernommen. Aus der
vermuteten ursprünglichen gemeinslawischen Form *korlj*
ist im Russischen *korol'* geworden, im Polnischen *król,* im
Tschechischen *král,* im Bulgarischen *kral,* im Serbokroati-
schen *kralj* usw.

Wer Sprechern einer slawischen Sprache zuhört, ohne
die Sprache zu verstehen, dem wird als hervorstechender
Unterschied zum Deutschen und anderen europäischen
Sprachen ein Phänomen auffallen, das der Fachmann
»Palatalisierung« der Konsonanten nennt. Im Gemeinslawischen gab es eine Scheidung in »dunkle« und »helle«
Vokale. Die hellen wurden »jotiert« gesprochen, also etwa
[je] statt [e]. Dieser j-Laut verschmolz mit dem vorhergehenden Konsonanten, so wurde aus einem [k], dem ein
weicher Vokal folgte, ein [kj] – ein erweichter oder »palata-
lisierter« Konsonant, aus [g] ein [gj], aus [n] ein [nj], gespro-
chen etwa wie im französischen *Auvergne.* In der weiteren
Entwicklung konnten aus solchen erweichten Konsonanten Zischlaute werden, z. B. aus [kj] ein [tʃ], aus [gj] ein [dʒ].
So ist der Reichtum an Zischlauten (bzw. Konsonanten-
Kombinationen, die Zischlaute enthalten) entstanden, das
Russische z. B. hat Ж [ʒ], З [z], С [s], Ц [ts], Ч [tʃ], Ш [ʃ] und
Щ [ʃtʃ] wie im Namen Хрущев [xruʃtʃɘv].

*Lautsystem:*
*»weiche«*
*Konsonanten,*
*Zischlaute*

Manche slawischen Sprachen haben zwei verschiedene
*l*-Laute, einen dunklen, der ähnlich »hart« klingt wie der
Konsonant im englischen *ill* (im Polnischen geschrieben ł
und meist gesprochen wie der Anlaut im englischen *what*)
und einen »weichen«, gesprochen wie ein mit [j] vermisch-
tes, mouilliertes [l]. Unser deutscher l-Laut – wir haben nur
einen – liegt zwischen diesen beiden. Was dem nicht-slawi-
schen Hörer auffällt, ist der Umstand, daß der *l*-Laut,
ebenso [r], als silbische Konsonanten vorkommen können.
Einige slawische Sprachen kennen Wörter, in denen überhaupt kein Vokal vorkommt, etwa tschechisch *prst* Finger,
*vlk* Wolf; bekannter sind vielleicht die Namen *Brno* für
Brünn und *Vltava* für die Moldau, die silbische Konsonanten haben.

*Silbische*
*Konsonanten*

Eine dritte Eigentümlichkeit sei noch schnell erwähnt.
Slawische Wörter beginnen manchmal mit Konsonanten-
kombinationen, deren Aussprache dem Nichtslawen
Schwierigkeiten bereitet (die eben genannten Wörter ent-

*Anlautkonsonanten*

halten schon Beispiele). Solche ungewohnten Anlaute können sprachgeschichtlich auch durch eine Vertauschung, sog. *Metathese,* entstanden sein: unserem Wort »Milch« entspricht im Polnischen *mleko,* unserem Wort »Berg« im Polnischen *brzeg* und unserem Wort »Arbeit« entspricht im Russischen *rabota.*

*Grammatik: das Verbum*  Während die Deklination des Substantivs in den slawischen Sprachen uns in ihren Prinzipien vertraut vorkommt – es gibt allerdings bis zu sieben Fälle gegenüber unseren vier –, hat das Verbum mit seinen Beugungsformen im Slawischen einen Entwicklungsweg eingeschlagen, der zu einem ganz anderen System geführt hat als bei den meisten anderen indogermanischen Sprachen. Bei diesem Punkt möchte ich etwas verweilen, nicht etwa um Slawisch zu lehren, sondern um an einem Beispiel zu zeigen, wie eine Sprache sich, hier bei der Behandlung des Verbums, das ja den Kern, das Zentrum der meisten Texte darstellt, ganz anderer Mittel bedienen kann, als wir sie vielleicht für selbstverständlich halten.

Selbstverständlich mag es uns vorkommen, daß ein Verbum folgende grammatische Kategorien aufweist:

*Grammatische Kategorien beim Verbum*  1. Die *Person:* es muß Formen geben, die es erlauben, den Sprechenden (1. Person) vom Angesprochenen (2. Person) zu unterscheiden, beide wiederum von der Person (oder Sache), von der die Rede ist (3. Person); dies sind in der Tat Anforderungen, denen jede Sprache gerecht werden muß, oder, anders ausgedrückt, es sind »sprachliche Universalien«, die in jeglicher Sprache vorhanden sind;

2. Die *Zahl* der Personen: Einzahl oder Mehrzahl, und zwar für alle drei eben genannten Sprecherrollen; im Deutschen »wir«, »ihr«, »sie«, wobei »wir« offenläßt, ob der Angesprochene einbezogen ist (»wir alle«) oder gerade ausgeschlossen (»wir, aber Sie sind nicht mit gemeint«);

3. Die *Handlungsform, Handlungsart* (auch *genus verbi,* »Geschlecht des Verbums« genannt): Ist das Subjekt des Satzes der Urheber des im Verbum intendierten Geschehens (*Aktiv,* Tätigkeitsform: »er schlägt«) oder vielmehr sein Ziel, sein Objekt (*Passiv,* Leideform: »er wird geschlagen«)? Manche Sprachen ermöglichen hier noch weitere Unterscheidungen.

4. Den *Modus,* die Möglichkeit, etwas über das Verhältnis, die subjektive Einstellung des Sprechenden zu dem durch das Verb gezeichneten Geschehen auszusagen; im

Deutschen (und vielen anderen Sprachen) unterscheidet
man in dieser Hinsicht

a. *Indikativ* (Wirklichkeitsform), Normalfall der sachli-
chen Aussage (das Geschehen ist real);

b. *Konjunktiv* (Möglichkeitsform, auch *Subjunktiv*); das
Geschehen ist nicht notwendig real, aber möglich: »Käme
er doch endlich«; »Ich hätte es gern ...« (Wunsch);
»Könnte das wahr sein?« (Zweifel);

c. *Imperativ* (Befehlsform): »Komm endlich!«; als weiteren Modus noch

d. das *Konditional* (Bedingungsform): »Ich würde ja
kommen, wenn nur ...« - im Deutschen also mit Hilfsverb
umschrieben.

Manche Sprachen haben noch weitere Modi.

5. Schließlich die *Zeit* (*Tempus*, Zeitform): *last not least,*
vielleicht gar am wichtigsten - wird doch das Verbum im
Deutschen bekanntlich auch »Zeitwort« genannt! Das
Verb muß es mit Hilfe dazu bestimmter Formen ermöglichen, eine klare Aussage zu machen über den Zeitpunkt
des Geschehens (das im Verb gemeint ist) im Verhältnis
zum Zeitpunkt des Sprechens (oder Schreibens). Findet
beides gleichzeitig statt (Gegenwart, *Präsens:* »ich sehe
fern«)? Hat das Geschehen schon früher stattgefunden
(Vergangenheit: »ich habe gestern ferngesehen«? Oder
wird es erst stattfinden (Zukunft, *Futurum:* »ich werde
heute Abend fernsehen«)? Und so noch weiter in fort-
schreitender Differenzierung.

Muß das Verbum noch weitere grammatische Katego-                    *Aktionsart*
rien aufweisen? Muß es etwa ausdrücken können, ob das
Geschehen gerade beginnt - oder gerade im Gange ist -
oder zu Ende geht? Ob es sich um ein andauerndes Geschehen handelt oder ein kurzes, momentanes? Ob es sich
um ein besonders intensives Geschehen handelt - oder das
Gegenteil? Auf solche Fragen - sie betreffen die sogenannte *Aktionsart* - würde ein Deutscher, vermutlich erst
nach einiger Überlegung, sagen: Das sollte man gewiß ausdrücken können, aber es bedarf dazu nicht besonderer
Formen des Verbums. So etwas läßt sich auf andere Weise
klarmachen, etwa durch Vorsilben beim Verbum: »schla-
fen«, »einschlafen«, »durchschlafen«; oder durch Abwandeln des Infinitivs: »lachen«, »lächeln« (Intensität
schwächer); oder durch andere Zusätze (»er schreit plötzlich auf«).

*Aspekt* Eine letzte Frage hierzu lautet: Sollte auch ausgedrückt werden können, wie das gemeinte (»angesprochene«) Geschehen verläuft, ob es z. B. noch andauert oder sich wiederholen wird oder endgültig beendet wird – aber nun nicht objektiv gesehen (das hatten wir eben beim Stichwort *Aktionsart*), sondern nach der subjektiven Meinung des Sprechers? Nun ja – sagen Sie vielleicht –, wünschenswert wäre vielleicht sogar das, aber gewiß nicht so wichtig wie die oben zuerst besprochenen Kategorien bis zum Tempus hin! Man nennt diese hier angedeutete grammatische Kategorie des Verbums übrigens *Aspekt*.

Jetzt kommt die Überraschung: Ausgerechnet diesen Aspekt, den wir vielleicht als einen »Nebenaspekt« beim Problem der Verbalformen bezeichnen würden, haben die slawischen Sprachen zu einem Zentral- und Angelpunkt ihres Verbalsystems gemacht. Zum Glück (für den Lernenden) werden nur zwei Aspekte unterschieden (man könnte *perfektiv/* sich ja noch mehr ausdenken): der *perfektive* und der *im-* *imperfektiv* *perfektive*. Nimmt man das wörtlich, so heißt es: Die eine Gruppe von Formen weist auf Vollendung, Abgeschlossensein, Ergebnis des Geschehens; die andere auf nicht Abgeschlossenes, Unvollendetes, noch im Gang Befindliches; oder sie sieht von diesem Problem »vollendet oder nicht« ab, läßt diese Frage offen. Der erstere, perfektive Aspekt hat im Slawischen einen etwas anderen Einschlag: er besagt in erster Linie, daß das Geschehen insgesamt tatsächlich stattgefunden hat (und berührt sich damit, in seinem Sinn, mit unserem Indikativ in der Zeitform des Perfekts), daß es komplett stattgefunden hat, also mit Anfang, Dauer und Ende, und damit auch zu einem Ergebnis geführt hat.

*Zwei Verben* Der Nichtslawe findet die Hauptschwierigkeit darin, *für eine Tätigkeit* daß es – in der Regel – für eine Tätigkeit nicht ein Verbum gibt, sondern zwei (jedes mit komplettem Formenkatalog): das eine für den imperfektiven, das andere für den perfektiven Aspekt. Die beiden Verben können einander ähnlich sehen, sie können sich durch eine Vorsilbe unterscheiden, es kann sich aber auch um zwei ganz verschiedene Wortstämme handeln. Ähnlich sind z. B. die beiden Verben (russ.) давать [davat'] und дать [dat']. Beide heißen »geben«. Das erste ist das imperfektive Verb, besagt also etwa: gerade beim Geben (Austeilen, Ausgeben) sein. Das zweite ist das perfektive Verb. Es »blickt« auf den Abschluß des

Gebens, gewissermaßen auf den Besitzerwechsel des als Gabe dienenden Gegenstandes. Eingeschobenes ва ist immer ein Hinweis auf Imperfektivität, Iterativität, »Auf-dem-Wege-Sein«.

Bei der Wahl zwischen beiden Formen kann das eben Gesagte nur eine vorläufige Richtschnur sein. Das genauere Rezept lautet etwa so:

Wähle das imperfektive Verbum, wenn du zum Ausdruck bringen willst, daß die Handlung noch nicht zum Abschluß gekommen ist (deutsch etwa: »er ist noch beim Diktieren«); daß die Handlung hier ohne jeden Blick auf ihr Vollendetsein (oder das Gegenteil) angesprochen wird (deutsch etwa: »man trägt wieder Hüte«); daß die Handlung lange dauert (deutsch etwa: »sie schläft und schläft«); daß die Handlung häufig oder regelmäßig wiederholt wird (»er hüstelt dauernd«).

Wähle dagegen die perfektive Verbform, wenn du ausdrücken willst, daß die Handlung abgeschlossen ist (»er hat Medizin studiert«); daß die Handlung zu einem Ergebnis geführt hat (»das Gebäude ist abgebrannt«); daß es sich um einen bestimmten Einzelfall handelt (etwa: »dieses Mal hat er gewonnen«). Das klingt kompliziert und läßt sich sicher nicht aus Regeln oder als Regel lernen, sondern durch Einübung, Erwerb von Sprachgefühl.

Aber – dieser Einwand muß jetzt kommen: der Russe (diesen als Beispiel genommen) kann doch nicht darauf verzichten, neben dem Aspekt, wenn er ihn denn wirklich für so wichtig hält – auch die zeitliche Relation des Geschehens zum Ausdruck zu bringen! Er kann doch nicht offen lassen, ob etwas in der Vergangenheit geschehen ist, heute, jetzt geschieht, oder in Zukunft geschehen wird? Das kann sich eine Sprache freilich nicht leisten, und so muß man also neben dem Aspekt, nein, für jeden der beiden Aspekte, auch Tempusformen haben.

Für den Leser, der anfängt, wegen dieser Kompliziertheit auf die slawischen Sprachen herabzublicken, möchte ich darauf hinweisen, daß viele Sprachen in ihren Verbalsystemen Lücken und Inkonsequenzen aufweisen. Das Englische z. B. hat streng genommen keine Formen für das Futurum, es muß sie mit *shall* und *will* bilden, was doppeldeutig ist, weil diese Verben zugleich auch »sollen« bzw. »wollen« bedeuten. Das Deutsche unterscheidet nicht scharf zwischen Präsens und Futurum; wir sagen »Ich fah-

re morgen nach Kassel« und verwenden so die Präsens-
form zur Bezeichnung einer zukünftigen Handlung.

*Ein Vergleich*
*mit dem Deutschen*

Die Lösung, die die slawischen Sprachen (nicht alle in
derselben Weise) hierfür gefunden haben, will ich, weil
dieser Abschnitt schon zu lang gerät, nur noch an einem
einzigen Beispiel andeuten: Als perfektives Verbum könnte man im Deutschen »abreisen« bezeichnen. Es hebt den
Abschluß einer Handlung, deren Ergebnis, hervor.
Braucht man für dieses Verb eigentlich ein Präsens? Sage
ich »er reiste ab«, so wird klar, daß es sich um eine abgeschlossene Handlung handelt und daß der Abschluß
schon eine Zeitlang zurückliegt. Sage ich: »ich reise ab« –
wie wird man das verstehen? In den seltensten Fällen
wörtlich so, daß ich just in diesem Moment (etwa da der
Zug anfährt) diese Handlung vollziehe, fast jeder wird es
als eine Absichtserklärung oder als ein Futurum verstehen:
»ich reise (sofort, alsbald) ab« = »ich werde (sofort, alsbald) die Abreise antreten«. Ich benutze hier das Präsens,
der Ton der Aussage liegt aber auf dem in (naher) Zukunft
eintretenden Ergebnis, daß ich nicht mehr hier bin. So
könnte man folgern: Ein perfektives Verb, im Präsens gebraucht, bezeichnet die Zukunft. Und genau dieses Verfahren haben (neben anderen Verfahren wie der Heranzie-
hung von Hilfsverben) die slawischen Sprachen benutzt.

*Keltische Sprachen*
*Verbreitung einst*
*und jetzt*

Wollte man, soweit die heutigen Kenntnisse das erlauben, eine Sprachenkarte des eurasischen Kontinents zeichnen, die den Zustand vor dreitausend Jahren zeigt, so würden die slawischen Sprachen, die heute nach der Zahl ihrer
Sprecher wie vor allem nach der Größe des Gebiets, in
dem sie herrschen, eine führende Position einnehmen, nur
in einem Gebiet bescheidenen Umfangs auftreten. In kras-
sem Gegensatz dazu die *keltischen* Sprachen! Sie haben
eine entgegengesetzte Entwicklung durchgemacht. In
einem Gebiet, das von Irland und Britannien im Westen
über Frankreich, das südliche Deutschland sowie Österreich hinweg bis zum Balkan reicht, wohnten damals
Volksstämme, die keltische Sprachen oder Dialekte sprachen. Ja, noch größer war dieses Sprachgebiet, denn nicht
nur *Gälisch* für das irische und schottische Keltisch und
*Gallien* für das heutige Frankreich sind keltische Namen,
sondern auch der Name der Provinz *Galicia* im Nordwesten Spaniens (nicht aber des polnisch-russischen *Gali-*

*zien*); im Neuen Testament tritt uns der keltische Stamm
der *Galater* in Kleinasien entgegen.

Heute leben keltische Sprachen nur noch in kleinen Gebieten – Rückzugsgebieten, möchte man sagen.

Keltisch sind das *irische Gälisch,* dem es allerdings trotz   *Was ist heute*
nachdrücklicher Förderung durch die Regierung in Dub-   *noch lebendig?*
lin nicht gelungen ist, das Englische aus dem irischen Alltag zu verdrängen; das *schottische Gälisch;* der aussterben-
de, *Manx* genannte Dialekt der Insel Man, das *Kymrische*
in Wales und das *Bretonische* in der Bretagne; das dem
letzteren eng verwandte *Kornisch,* einst in Cornwall gesprochen, ist Ende des 18. Jahrhunderts ausgestorben. Nur
Irland hat eine keltische Sprache als Staatssprache. Die
Philologen unterscheiden *kontinentales* und *Insel*keltisch;
das *Bretonische* gehört dabei zum Inselkeltischen, denn es
ist (wie der Name sagt) in Britannien entstanden und dann
erst durch Wanderung um 500 n.Chr. auf den Kontinent
verpflanzt worden. Die Zahl der Sprecher für alle heute
noch lebenden keltischen Sprachen und Dialekte dürfte
unter zwei Millionen betragen.

Keltische Flur- und Ortsnamen sind erhalten, und der
Spaten des Archäologen fördert allmählich, z.B. in Bayern, reicheres Material zutage und enthüllt ein Bild jener
Völker, die bei ihrer ersten Berührung mit den vordringenden Germanen diesen vermutlich kulturell überlegen wa-

*Ein Wegweiser in
Irland zeigt alle
Namen in Gälisch
(oben) und Englisch
(unten); auch der
Laie erkennt, daß die
gesprochenen Wörter
ähnlich klingen.*

ren, dann aber im Laufe der Zeit die Sprachen der römischen und germanischen Eroberer angenommen haben.

*Überlieferung* Das Festlandskeltische, gesprochen u. a. von den Galliern der Römerzeit, ist fast nur durch Inschriften überliefert, die großenteils aus Eigennamen bestehen; diese Sprachen sind daher in Wortschatz und Aufbau weitgehend unbekannt.

Die auf dem Festland gesprochenen keltischen Idiome sind bereits in den ersten nachchristlichen Jahrhunderten untergegangen. Des Apostels Paulus Brief an die Galater, einen in Kleinasien wohnenden Volksstamm keltischen Ursprungs, wurde knapp 400 Jahre nach seiner Abfassung von dem Bibelübersetzer Hieronymus kommentiert. Dabei bemerkt er, bei den Galatern werde (noch) eine Sprache benutzt, die der in Trier gesprochenen sehr ähnlich sei. Da der Heilige sowohl bei den Galatern wie in Trier gewesen ist, kommt seinem Zeugnis einiges Gewicht zu.

*Keltisch: Kymrisch-englische Erinnerungstafel an einem Aquädukt, das einen Kanal über den Fluß Dee nahe der Grenze zu Wales leitet.*

Die *Keltologie* ist also im wesentlichen auf das Inselkeltische angewiesen, denn für das Irische ist eine reiche Literatur überliefert, die allerdings erst einsetzt, als das Festlandskeltische schon erloschen oder am Erlöschen war. Man unterscheidet die Periode der *Ogham*-Inschriften, so genannt nach ihrer merkwürdigen Schrift, die aus Punkten und Strichen besteht, um eine horizontale Mittellinie gruppiert, und die in Irland, Wales und Schottland benutzt wurde; die Periodisierung geht weiter mit *Altirisch* (600-900), *Mittelirisch* (900-1200) und *modernem* oder *Neuirisch* (seit 1200). Britische Missionare brachten im 5. Jahrhundert das lateinische Alphabet nach Irland, das bald an die Stelle der alten Schrift trat, obwohl es für die phonetischen Besonderheiten des Irischen schlecht geeignet ist.

*Lehnwörter und Fremdeinflüsse* Die unglückliche Geschichte des irischen Volkes zeigt immer neue Wellen von Eroberung und Fremdherrschaft. Skandinavier (Wikinger), die als erste auf irischem Boden Städte gründeten, haben zum Irischen Lehnwörter beigesteuert, die das städtische Leben betreffen und daneben vor allem ihre eigentliche Domäne, die Seefahrt. Anglo-Normannen haben Wörter aus den Bereichen des Kriegswesens, der Baukunst, der Verwaltung geliefert. Als die Engländer in Irland Fuß faßten und es vom 17. Jahrhundert an ganz unterwarfen, wurde der Einfluß des Englischen beherrschend. In der Osthälfte Irlands verdrängte es

das Irische; im Westen hielt sich dieses, doch die meisten
seiner Sprecher beherrschten Englisch als zweite Sprache.
Eine Volkszählung im Jahre 1857 ergab, daß von rund
sechs Millionen Einwohnern nur 1,5 Millionen Irisch als
Muttersprache angaben, und unter diesen waren nur
300 000, die Irisch als einzige Sprache beherrschten. Die
Bestrebungen, die eigene Sprache wieder zu beleben und
sich auf diesem Gebiet der englischen Übermacht zu entziehen, gingen mit dem Streben nach politischer Unabhängigkeit parallel. Als die Unabhängigkeit erlangt war (1921),
wurde das Irische staatlich gefördert; es wird in den Schulen gelehrt, seine Kenntnis wird von den Beamten verlangt.
Straßenschilder und ähnliches sind in beiden Sprachen abgefaßt. Im Zeitalter des Massenverkehrs und der Massenmedien hat sich der Einfluß des Englischen jedoch eher
wieder verstärkt, und es dürfte nur noch wenige Iren geben, die nur Irisch sprechen und überhaupt kein Englisch
verstehen.

Die keltischen Sprachen haben gemeinsam ein kompli-    *Eigenarten*
ziertes phonetisches System; Präpositionen, die flektiert
werden können (im Deutschen sind sie unveränderlich);
verschiedene Konjugationstypen, deren Verwendung sich
nach dem Satzzusammenhang richtet; schließlich die sogenannte Anlautsmutation: der Konsonant, mit dem ein
Wort beginnt, wechselt je nach Zusammenhang. So bedeutet (walisisch) *tad* »Vater«, *fy nhad* »mein Vater«, *ei dad*
»sein Vater«, *ei thad* »ihr Vater«.

Diese Eigenheiten machen die Sprache für Ausländer
sehr schwer erlernbar, und da man in ganz Irland, ebenso
in Wales, sich englisch verständigen kann – ebenso wie in
der Bretagne französisch – lernen auch tatsächlich ganz
wenige Ausländer diese interessanten Sprachen kennen.

Diese Sprache gilt als selbständiger Zweig des indoger-    **Albanisch**
manischen Sprachstamms. Gesprochen wird sie heute von    *Verbreitung*
über 5 Millionen Menschen, hauptsächlich in Albanien,
doch gibt es eine *albanisch* sprechende Volksgruppe in Ma-
kedonien und im Gebiet von Kosovo, das politisch seit langem unruhig ist; kleinere albanische Sprachinseln gibt es in
Italien (Abruzzen, Apulien, Kalabrien, Sizilien), in verschiedenen Teilen Griechenlands, ferner in Rumänien, Bulgarien und in der Republik Moldawien.

*Dialekte, Schrift*    Man unterscheidet zwei Dialekte, die sich im Wortschatz und auch in grammatischer Hinsicht deutlich unterscheiden: das *Gegische* im Norden, das *Toskische* im Süden
Albaniens. Das heutige Standard-Albanisch, *Elbanesisch*
genannt, beruht auf einer Kombination der beiden Dialekte. Das Albanische wird seit 1908 in lateinischen Schriftzeichen geschrieben, vorher wurde (außer dem lateinischen)
zeitweise das griechische Alphabet benutzt, auch das arabische sowie, leicht verändert, das glagolitische, das ich bei
den slawischen Sprachen erwähnt habe.

*Dokumentation*    Die Sprache ist erst seit dem 15. Jahrhundert schriftlich
überliefert, ältestes Dokument ist eine Tauformel. Eigene
Literatur gibt es seit dem 17. Jahrhundert; sie entfaltete
sich, solange Albanien türkisch beherrscht war, vorwiegend in den albanischsprachigen Gebieten Italiens. Sie
stand bis zur Erlangung der albanischen Unabhängigkeit
(1912) großenteils im Dienst der nationalen Befreiungsbe-
wegung.

*Eigenart*    Der Wortschatz erweist das Albanische als Mischsprache. Zu seinen Erbwörtern weist es Lehnwörter aus dem
Griechischen, Lateinischen, Italienischen, Türkischen und
aus slawischen Nachbarsprachen auf. In seinem Bau hat
es ebenfalls Gemeinsamkeiten mit Nachbarsprachen wie
dem Bulgarischen, Serbischen, auch Rumänischen und
Neugriechischen. Die Wissenschaft spricht geradezu von
einer Gruppe der *Balkansprachen,* deren Erforschung sich
ein eigener Zweig der philologischen Wissenschaften,
*Balkanologie* genannt, widmet: eine Gruppierung, die
nicht auf (abstammungsmäßiger) Verwandtschaft beruht,
sondern auf gemeinsamen Zügen, z.B. im Satzbau, die sich
offenbar in langer Nachbarschaft durch gegenseitige Beeinflussung entwickelt haben. Auch das Neugriechische
kann man zu dieser Gruppe rechnen.

*Armenisch*    Nochmals eine Einzelsprache wie Albanisch (und Grie-
*Überlieferung und*    chisch), nicht ein Bündel von Sprachen wie Slawisch,
*Verbreitung*    Germanisch, Romanisch, als eigenständiger Zweig des
Indogermanischen! Schriftlich ist das Armenische seit
400 n. Chr. bezeugt; die ältesten Dokumente enthalten
Zitate aus vorchristlicher Zeit, so daß die Ausbildung der
Sprache viel früher angesetzt werden muß.
   Das armenische Volk wird manchmal dem jüdischen
verglichen, weil es über viele Länder verstreut lebt und fast

nie eine Heimat in einem selbständigen armenischen Na-
tionalstaat besessen hat. Eine der furchtbaren Verfolgungen, die die Armenier während des Ersten Weltkriegs in
der Türkei erlitten haben, hat Franz Werfel durch seinen
Roman »Die vierzig Tage des Musa Dagh« in westlichen
Ländern bekannt gemacht.

Nach dem *Altarmenischen,* der Sprache der ältesten erhaltenen Bibelübersetzung (404), das noch lange nach seinem Erlöschen als Gelehrtensprache weiterbestanden hat;
nach dem *Mittelarmenischen* (etwa 12.-18.Jahrhundert)
hat sich vom 19.Jahrhundert ab das *Neuarmenische* herausgebildet, von dem heute zwei Varianten unterschieden
werden: ein östlicher Zweig, *Neuostarmenisch* genannt,
gesprochen in der Republik Armenien (früher Armenische SSR), die auch von Auslandsarmeniern als ihr kultu-
relles Zentrum angesehen wird (Universität und Akademie der Wissenschaften in der Hauptstadt Eriwan), sowie
von armenischen Minderheiten in Aserbaidschan und
Georgien, im Iran und in Indien. Das *Neuwestarmenische*
lebt noch im Nahen Osten, vor allem in der Türkei, dazu
unter den verstreuten Armeniern, die in europäischen
Ländern (u. a. in Paris) und in Übersee leben – soweit sie
nicht der Assimilation an ihre Gastländer anheimgefallen
sind. Das gesprochene Armenisch hat zahlreiche Dialekte; zwischen der östlichen und der westlichen Schriftsprache sind die Unterschiede dagegen gering.

Das Armenische hat eine eigene Schrift, die ein ehrwür-
diges Alter aufweist. Im Jahre 406 schuf der christliche
Missionar Mesrop, in Anlehnung an ein in Nordpersien
geläufiges Alphabet, das er durch einige Vokalzeichen er-
gänzte, diese bis heute nur wenig veränderte Schrift von
ausgeprägtem Charakter. Die Schreibrichtung kehrte er
um, so daß die Armenier seither von links nach rechts
schreiben. Die Buchstabenfolge entspricht in etwa der
griechischen.

Die Zugehörigkeit des Armenischen zur indogermanischen Familie erkannte 1837 der deutsche Orientalist

*Epochen des
Armenischen*

*Die armenische
Schrift*

Որովհետեւ Աստուած այնպէս սիրեց աշխարհը
որ իր միածին Որդին տուաւ· որ ամէն նորան հաւա-
տացողը չ'կորչի, այլ յաւիտենական կեանքն ունենայ·

*Die armenische
Schrift in einer mo-
dernen, ostarmeni-
schen (u. a. in der Ar-
menischen SSR ver-
wendeten) Version.*

*Zugehörigkeit* Petermann. Er und andere Forscher hielten es allerdings für eine Schwestersprache des Iranischen, wegen seiner zahlreichen Lehnwörter aus dieser Sprache, die sie nicht als solche erkannten. Seit Ende des 19.Jahrhunderts (Hübschmann, 1897) ist das Armenische als selbständiger Zweig der Familie anerkannt. Im Wortschatz sind viele Wörter aus dem indogermanischen Erbe bewahrt und auch für den Laien erkennbar, sofern er einige regelmäßig auftretende Lautverschiebungen beachtet. So ist armenisch *hair* als »Vater« zu erkennen, wenn man weiß, 1. daß [t] zwischen zwei Vokalen im Armenischen regelmäßig ausgefallen ist, und 2., daß ursprüngliches [p] im Armenischen zu [h] geworden ist: So ist *hink,* das Zahlwort für fünf, mit dem griechischen *pente* eines Stammes.

In seinen Formen hat sich das Armenische weit vom System des Ur-Indogermanischen fortentwickelt. Es kennt z.B. - wie das Türkische - kein grammatisches Geschlecht. Überhaupt steht das heutige Armenisch dem Türkischen näher als den Sprachen, die - wie das Griechische und Lateinische - annähernd den Formenreichtum bewahrt haben, den das Sanskrit aufweist.

*Tocharisch*  Dieser vor tausend Jahren erloschene Zweig des Indo-
*Entdeckung*  germanischen ist erst Ende des 19.Jahrhunderts von der Forschung entdeckt worden. Gesprochen wurde das Tocharische in der Nordhälfte von Chinesisch-Turkestan. Das *Tarim-Becken* gilt seitdem als östliche Begrenzung des indogermanischen Sprachgebiets. Dort wurden ab 1890 Manuskripte in dieser Sprache gefunden; deutsche Expeditionen ab 1903 brachten einen Teil des Materials nach Berlin, französische einen anderen Teil nach Paris.

Die Manuskripte waren in einer indischen Silbenschrift, *Brahmi* genannt, geschrieben. Zwei deutsche Orientalisten, Sieg und Siegling, fanden 1908 heraus, daß es sich um zwei Dialekte einer Sprache handelte; man nannte sie provisorisch *Tocharisch A,* das im östlichen Teil Turkestans gesprochen wurde, und *Tocharisch B* für den westlichen Teil.

Die erhaltenen Dokumente stammen aus der Zeit von 500 bis 700 n.Chr. Im Dialekt A sind sie im wesentlichen religiösen Inhalts: Übersetzungen oder freie Nachschöpfungen buddhistischer Schriften. Im Dialekt B sind auch weltliche Texte erhalten, z.B. medizinische, auch Aufzeichnungen über Karawanen.

Die weitere Forschung, an der Friedrich Hrozný einen maßgeblichen Anteil hatte (ich habe ihn beim Keilschrift-hethitischen erwähnt) hat klargemacht, daß es sich um eine indogermanische Sprache handelt. Das wird vor allem am Konjugationssystem der Verben deutlich, während die Deklination der Substantive Einflüsse einer Sprache völlig fremden Typs erkennen läßt. Der Wortschatz enthält viele Lehnwörter aus dem Türkischen, Persischen sowie Sanskrit.

*Charakter der Sprache*

Bestimmte Grundwörter dokumentieren aber ebenfalls die Zugehörigkeit zum indogermanischen Sprachstamm, z. B.

| Tocharisch A | Tocharisch B | Griechisch | Deutsch | |
|---|---|---|---|---|
| *pācar* | *pācer* | *pater* | Vater | *Vergleichs-tabelle* |
| *mācar* | *mācer* | *mater* | Mutter | |
| *por* | *puwar* | *pyr* | Feuer | |
| *ku* | *ku* | *kyon* | Hund | |
| *tkum* | *kem* | *chthon* | Erde | |

Lange Zeit hindurch hatte die Sprachwissenschaft die indogermanischen Sprachen in zwei Hauptgruppen einge-teilt, eine östliche und eine westliche. Als Unterschei-dungskriterium diente das Zahlwort »hundert«. Die östli-che Gruppe nannte man *Satemsprachen* – das Zahlwort für 100 heißt im Sanskrit *satám,* avestisch *satem.* Die west-liche Gruppe wurde *Kentumsprachen* genannt nach dem lateinischen Zahlwort *centum,* im klassischen Latein [kɛn-tum] gesprochen.

*Kentum- und Satemsprachen*

Zur Satem-Gruppe gehören die indischen, iranischen, slawischen, baltischen Sprachen, dazu Armenisch. Zur Kentum-Gruppe gehören Griechisch, Latein (mit den an-deren italischen Sprachen), die keltischen und die germa-nischen Sprachen. Und nun zeigte sich, daß das Tochari-sche offenbar, obwohl im äußersten Osten des indogerma-nischen Sprachgebiets beheimatet, zu den Kentum-Sprachen gerechnet werden muß: Tocharisch A hat *känt,* Tocharisch B *känte,* auch *kante* für »hundert«. Die Gliede-rung in die beiden genannten Gruppen hat seither an Unterscheidungskraft und Bedeutung verloren.

In einem zweisprachigen Dokument, einer Bilingue, be-zeichnen die Sprecher (bzw. Schreiber) dieser Sprache sie

*Der Name »Tocharisch«*

selbst als *tochar(isch)*. Das wirkte verwirrend, weil die Historiker den Namen »Tocharer« für ein Volk, vermutlich indogermanischer Sprache, benutzen, das nach chinesischen Quellen im 2. Jahrhundert v. Chr. nach China eindrang und dort ein Reich begründete. Aller Wahrscheinlichkeit nach sind diese »echten Tocharer« mit den auf Grund ihrer Sprache so genannten »Pseudo-Tocharern« nicht identisch.

*Substratforschung*  Ich erwähnte, daß das Tocharische, vor allem bei der Deklination, Einflüsse einer Sprache erkennen läßt, die mit ihm nicht verwandt ist und auch einen gänzlich anderen Bautypus zeigt. Diese Erkenntnis hat einen der Anstöße gegeben für eine Forschungsrichtung, die man *Substratforschung* nennt (*Substrat* = »darunterliegende Schicht«). In einer recht gewagten, weil ganz allgemeinen Form wurde die Grundthese schon 1894 von Hermann Hirt ausgesprochen: »… die großen Dialektgruppen« (d. h. die Zweige) »der indogermanischen Sprache erklären sich in der Hauptsache aus dem Übertragen der Sprache der indogermanischen Eroberer auf die fremdsprachige unterworfene Bevölkerung …« In dieser generellen Form – daß das Indogermanische sich in seine Zweige aufgespalten habe, weil die Indogermanen bei ihrer Ausbreitung auf ganz unterschiedliche Völker und Sprachen trafen, deren Einfluß umgestaltend gewirkt hat: in dieser generellen Form ist die These nicht bestätigt worden. Sie hat aber Anlaß zu fruchtbaren Diskussionen gegeben, so z. B. über den Einfluß der vorgriechischen (d. h. vor der Einwanderung der griechischen Stämme in das heutige Griechenland dort herrschenden, meist *pelasgisch* genannten) Sprachen auf das Griechische; ebenso über den Einfluß einer hamitischen Unterschicht auf das spätere Irisch. Diese Forschungsrichtung gewinnt wertvolle Anhaltspunkte aus den Namen von Bergen, Flüssen, Orten, Landschaften, welche sich häufig mit ihrem Kern durch verschiedene übereinandergelagerte Sprachschichten hindurch behaupten.

*Anatolische Sprachen*  Hier möchte ich mich kurz fassen, weil die Gruppe nur ausgestorbene Sprachen umfaßt und weil ich einige der wichtigsten schon früher erwähnt habe.

*Umfang dieses Begriffs*  Der Begriff *anatolische Sprachen* (auch *kleinasiatische;* die Bezeichnungen decken sich, wie auch *Kleinasien* und

*Anatolien* dasselbe Gebiet bezeichnen) wird in unterschiedlichem Sinne verwendet. Stets aber bezieht er sich nur auf die Vergangenheit, nämlich die Zeit, bevor Griechen und Römer nach Kleinasien kamen, also auf das zweite vorchristliche Jahrtausend und Teile des ersten. Die Sprachen, die seither dort gesprochen wurden und werden, besonders auch das heutige Türkisch *(Türkeitürkisch)* sind nicht eingeschlossen.

Der weitere Begriff umfaßt alle Sprachen, die in dem genannten Zeitraum in Kleinasien lebten – ohne Rücksicht auf ihre Zugehörigkeit zu einer Sprachfamilie. Der engere Begriff meint nur die indogermanischen Sprachen des damaligen Kleinasien; ausgeschlossen bleiben dann die Sprachen, die vor dem Eindringen indogermanischer Völker in diesem Raum (das ziemlich vage ab 2000 v. Chr. angesetzt wird) dort gesprochen wurden; sie wurden dann überlagert und haben sicher längere Zeit als Substratsprachen weitergelebt und die Sprachen der Einwanderer beeinflußt. Das *Prohattische* – nicht indogermanisch – hat bei den Hethitern als Kultsprache weitergelebt.

Bei der engeren Verwendung des Begriffs steht das *Hethitische* im Zentrum dieser Gruppe (sowohl das in Keilschrift wie das in Bilderschrift geschriebene, vgl. Erstes Kapitel); nach diesem und dem ihm nahestehenden *Luwischen* wird die Gruppe neuerdings auch *hethitisch-luwische Sprachen* genannt. *Lykisch* und *Lydisch,* ebenfalls im Ersten Kapitel gestreift, gehören neben weiteren kaum bekannten Sprachen zu dieser Gruppe, nicht dagegen die Sprache der Galater, die – wie erwähnt – zum keltischen Zweig gehört, ebensowenig das Armenische. Manche Forscher bringen das *Etruskische,* das wahrscheinlich aus Kleinasien stammt, mit dieser Gruppe in engere Beziehung, doch konnte sich diese Ansicht bisher nicht durchsetzen.

Von den Sprachen, die zu den indogermanischen gezählt werden, aber keinem der hier behandelten Hauptzweige zuzuordnen sind, will ich lediglich das *Illyrische* nennen, das an Hand von Orts- und Personennamen sowie weniger Inschriften als indogermanisch identifiziert wurde. Die Illyrer siedelten im Nordwesten der Balkanhalbinsel sowie in Unteritalien, und zwar, wie Ausgrabungen zeigen, im 5. und 4. Jahrhundert v. Chr.; im 1. Jahrhundert v. Chr. wurden sie von den Römern endgültig unterworfen.

*Schlußbemerkung*
*Illyrisch*

# VIERTES KAPITEL

# Griechisch – Wiege unserer Kultur

Für den heutigen Menschen, soweit er nicht gerade Historiker oder Altphilologe ist, bezeichnen wohl der Dichter Homer und seine Werke den Anfang, das früheste Aufblühen der griechischen Kultur, die später zur Grundlage der abendländischen Zivilisation geworden ist. Homers Lebenszeit wird von der Forschung mit »8. Jh. v. Chr.« angegeben. Über seine Person gibt es nur Legenden aus späterer Zeit, keine unmittelbaren Zeugnisse. Mehrere Städte streiten um die Ehre, Geburtsort des Dichters zu sein. Er soll auf Chios gewirkt haben und auf Ios begraben sein. Daß Homer blind gewesen sei, ist vielleicht auch nur Legende; Bildnisse aus späterer – klassischer und hellenistischer – Zeit stellen ihn allerdings als Blinden dar. Erhalten sind nur seine beiden Werke; über ihren Verfasser, der ganz hinter dem Berichteten zurücktritt, geben sie so gut wie keinen Aufschluß.

Seit der deutsche Philologe Friedrich August Wolf in seinem 1795 erschienenen Buch *Prolegomena ad Homerum* die These aufstellte, die beiden Epen seien erst im 6. Jahrhundert aus Einzelgesängen verschiedener Dichter zusammengefügt worden, die bis dahin mündlich überliefert worden waren, ist die sogenannte »Homerische Frage« immer wieder aufgebrochen: Hat es einen Dichter namens *Homeros* (was wörtlich »Bürge« oder »Geisel« bedeutet) überhaupt gegeben? Und wenn ja, ist er der Verfasser beider Werke – oder vielleicht nur des einen von beiden?

Die *Ilias* ist das älteste vollständig erhaltene Großepos und damit der Beginn der abendländischen Literatur, der Titel ist abgeleitet von der griechischen Benennung der Stadt Troja: *Ilios* oder *Ilion*. Das Werk umfaßt 16 000 *Hexameter* (sechsfüßiger Vers); es schildert den zehnjährigen Krieg um Troja, der mit der Vernichtung der Stadt endet, genauer einen 51 Tage umfassenden Ausschnitt aus dem letzten Kriegsjahr, und zwar auf zwei Ebenen, der

*Geschichte*
*Homer und Hesiod*

*Die Homerische*
*Frage*

*Die Ilias*

menschlichen – Achill und Hektor sind hier die wichtigsten Helden – und der der Götter; beide Berichte sind eng verknüpft.

*Die Odyssee*     Das zweite Werk, die *Odyssee,* hat etwa drei Viertel der Länge der Ilias und schildert die Irrfahrten des Odysseus. Die Handlung spielt etwa zehn Jahre nach dem Fall Trojas. Die Anfangsworte der Odyssee klingen jedem, der irgendwie mit der griechischen Sprache zu tun hatte, lebenslang im Ohr:

Ἄνδρα μοι ἔννεπε, Μοῦσα, πολύτροπον, ὃς μάλα πολλὰ/πλάγχϑη, ἐπεὶ Τροίης ἱερὸν πτολίεϑρον ἔπερσε.

Das klingt etwa so: *andra moi ennepe, musa, polytropon hos mala polla/planchte, epei troies hieron ptolietron eperse.*

Als betont angezeichnet sind hier die Silben, die beim herkömmlichen Schulunterricht durch Betonung den Rhythmus des Hexameters markieren sollen, eine Sache, über die die alten Griechen vermutlich den Kopf geschüttelt hätten.

Übersetzt man den Satz, ohne jeglichen poetischen Ehrgeiz, in heutiges Alltagsdeutsch, so besagt er: »Den Mann nenne mir, Muse, den vielgewandten, der recht viel herumgetrieben wurde, nachdem er Trojas heilige Stadt zerstört hatte.«

*Hesiod*     Hesiod, der zweite große Dichter der Frühzeit, soll um 700 v. Chr. gelebt haben; er ist als Person besser faßbar, weil seine Werke Aufschlüsse über seine Lebensgeschichte geben. Als wichtigstes Werk gilt die *Theogonie* (»Entstehung der Götter«), auf der viele unsere Kenntnisse über die Mythen und Göttersagen der Vorzeit beruhen; ferner die *Erga,* meist als »Werke und Tage« übersetzt, ein Lehrgedicht über rechten Lebenswandel und über die Landarbeit.

*Älteste Anfänge*     Würde unser Wissen vom Griechischen erst mit Homer und Hesiod einsetzen, so könnte diese Sprache auf das ehrwürdige Alter von bald dreitausend Jahren zurückblicken und wäre damit die einzige Sprache in Europa, deren Entwicklung sich durch zweieinhalb Jahrtausende auf Grund schriftlicher Zeugnisse lückenlos verfolgen läßt.

Die Anfänge sind jedoch viel früher anzusetzen. Heute wird angenommen, daß diese Sprache bereits um 2000 v. Chr. auf griechischem Boden ausgebildet war. Darauf deuten vor allem die Inschriften, welche die kretisch-mykenische Kultur der Nachwelt hinterlassen hat. Sie

stammen etwa aus dem 15. Jahrhundert v. Chr. und geben,
wenn sie auch mit fremdartigen Schriftzeichen niedergeschrieben sind, doch Wörter eines archaischen Griechisch
wieder – dies ist jedenfalls die wissenschaftlich noch nicht
ganz unumstrittene Deutung der sogenannten Linearschrift B (vgl. hierzu Erstes Kapitel). Die Träger dieser
Sprache sollen früh im 2. Jahrtausend v. Chr. aus dem Norden nach Griechenland eingedrungen sein. Sie kamen bereits vor 1500 in Berührung mit der Insel Kreta und mit
Kleinasien.

Eine neue große Wanderungswelle, »Dorische Wanderung« genannt, hat im 12. Jahrhundert v. Chr. stattgefunden. Zu dieser Zeit hatten Griechen bereits die Ägäis über-
quert und ihre Inseln besiedelt, an der kleinasiatischen
Westküste, auf Rhodos, Zypern, an der Küste Syriens Siedlungen begründet. Bald darauf gründeten sie auch Siedlungen in Unteritalien und rings um das Schwarze Meer.

*Was war vorher?*

Die über Jahrhunderte hinweg schubweise ein- und
nach Süden vordringenden griechischen Stämme fanden
schon eine einheimische Bevölkerung vor, die in antiken
Quellen oft mit dem Namen *Pelasger* bezeichnet wird.
Nach der Sage soll ihr Stammvater Pelasgos, Sohn des
Zeus und der Niobe, seinem Volk die Anfänge des Acker-
baus beigebracht haben. Wissenschaftlich ist über diese
»vorgriechische« Bevölkerung und ihre Sprache so gut wie
nichts Sicheres bekannt. Es gibt im Griechischen eine Reihe von Wörtern, Namen vor allem, die nicht griechischen
Ursprungs sein können. Dazu gehören z. B. die Namen
*Korinthos, Parnassos, Hymettos* (Berg bei Athen), auch das
berühmte *thalassa* (»das Meer«, Nebenform *thalatta*) und
das Verbum κυβερνάω [kybɛrnaọ], das »regieren, steuern«
bedeutet und das sowohl im englischen *government* (frz.
*gouvernement*) wie in dem Wort »Kybernetik« weiterlebt,
das Norbert Wiener geprägt hat. Solche Wörter sind offenbar aus einer vorgriechischen Sprachschicht übernommen
worden. Ob dieses sprachliche Substrat eine dem Griechischen völlig fremde, nichtindogermanische Sprache gewesen ist oder vielleicht ein selbständiger, längst verschollener Zweig des Indogermanischen – oder ob gar beides
vorhanden war und sich vermischt hatte, ist unsicher und
wird es wohl für immer bleiben.

Ich habe oben das Wort »vorgriechisch« in Anführungs-
zeichen gesetzt, um darauf aufmerksam zu machen, daß

*»Griechen« und*
*»Hellenen«*

die Menschen, von denen hier die Rede ist, sich selber keineswegs als »Griechen« oder ähnlich bezeichnet haben. Wahrscheinlich haben sie sich nur Achaier, Ionier usw. genannt und die Einheit ihrer Sprache und Kultur, wenn schon empfunden, nicht in einem gemeinsamen Namen zum Ausdruck gebracht. Das deutsche Wort »Griechen« geht auf das lateinische Wort *graeci* zurück, mit dem die Römer zusammenfassend alle griechischen Stämme bezeichneten; dieses soll auf einen Stamm im Nordwesten Griechenlands zurückgehen, dessen Angehörige sich *graikoi* nannten und mit dem die Römer zuerst in Berührung kamen. Wenn das zutrifft, handelt es sich um denselben Vorgang, nach dem die Franzosen uns *allemands* nennen, nach dem ihnen am nächsten wohnenden deutschen Stamm der Alemannen. So haben auch die Perser des Altertums die Griechen *yauna* genannt, was von »Ionier« abgeleitet ist.

Die Bezeichung »Hellenen« als Inbegriff ihrer nationalen Identität, welche die Griechen bis heute beibehalten, haben sie wahrscheinlich allmählich angenommen, als ihre ausgedehnte Kolonisation sie mit zahlreichen fremden Völkern in Kontakt und ihnen damit ihr Gemeinsames zum Bewußtsein brachte. »Hellenen« ist ursprünglich der Name eines kleinen Stammes gewesen.

*Von der Dialektvielfalt zur Koine*

Von einer einheitlichen griechischen Sprache kann man in der Frühzeit und auch im Jahrhundert Homers noch nicht sprechen. Es herrschte vielmehr eine Vielfalt von Dialekten, verwirrend für den rückschauenden Historiker, verwirrend vielleicht auch schon für die damals lebenden »Griechen«, wenn der Handel oder religiöse Feiern größeren Ausmaßes Angehörige verschiedener Stämme zusammenführten. Da viele Dialekte aus erhaltenen Inschriften der Forschung gut bekannt sind, läßt sich mutmaßen, daß die Sprecher dieser verwandten Dialekte sich mehr oder weniger gut oder mühsam haben verständigen können, etwa so, wie wenn heute Bayern, Franken, Schwaben, Nieder- und Obersachsen zusammenträfen und jeder nur - mangels einer verbindenden Hochsprache - seinen heimatlichen Dialekt redete.

Nach den Namen der drei Hauptstämme, der Aiolier, Dorier und Ionier, werden auch die Dialekte in Gruppen eingeteilt. Grob gesprochen nehmen die *aiolischen* Dialekte den Norden, die *dorischen* den Süden Griechenlands und seiner Inselwelt ein; der *ionische* Bereich liegt dazwischen eingebettet. Das Verstreutsein der Griechen über fast den ganzen Mittelmeerraum hat sicher dazu beigetragen, daß sich divergierende Entwicklungen verstärkten.

Die Sprache Homers, die ihrem Charakter nach eher eine durchgeformte Kunstsprache darstellt als einen bäuerlichen Dialekt, gehört dem ionischen Sprachkreis an, und dem ionischen Zweig ist auch das Attische zuzurechnen, die Sprache der Athener, die mit dem politischen und kulturellen Aufstieg der Stadt überlokale Bedeutung erlangte, zuerst in der Literatur, bald aber auch im öffentlichen Leben, besonders als die makedonischen Könige und die ihnen folgenden Diadochen das Attische zu ihrer Amts- und Hofsprache machten. So wurde das Griechische in der Form, die es nun gewonnen hatte – attische Grundlage mit Beimischungen aus benachbarten Dialekten – im Zeitalter des *Hellenismus* zur gemeinsamen Sprache der östlichen Welt (griech. *koine:* »die gemeinsame«, zu ergänzen: »Sprache«). *Hellenismus,* ein von dem deutschen Historiker Droysen geprägter Ausdruck, bezeichnet das auf Alexanders Eroberungszüge folgende Zeitalter, in dem Griechentum und Orient einander durchdringen.     *Hellenismus*

In dieser gemeingriechischen Sprache ist das Neue Testament des Christentums niedergeschrieben.

Bevor wir die griechische Sprache näher ins Auge fassen, wenden wir uns der Schrift zu, der sich die Griechen zu ihrer Aufzeichnung bedient haben.     ***Das Alphabet***

Das semitische Volk der *Phönizier (Phoiniker)* hat sich     *Die Erfinder* vor dem Jahre 2000 v. Chr. am östlichen Küstensaum des Mittelmeers angesiedelt und von hier aus jahrhundertelang im ganzen Mittelmeerraum die führende Rolle als Seefahrer- und Handelsvolk gespielt. Phönizische Siedlungen entstanden auf Sardinien, auf Sizilien und vor allem in Nordafrika (u. a. Karthago). Diesem Volk ist mit der Erfindung der Buchstabenschrift eine der folgenreichsten Erfindungen der Menschheitsgeschichte gelungen. Nachdem die Phönizier sich in ihrer Frühzeit zeitweise einer Hieroglyphenschrift ähnlich der ägyptischen, zeitweise einer Keilschrift bedient hatten, entstand um 1100 v. Chr. bei ihnen ein neuer Typ der Schrift: die Buchstabenschrift, die nicht mehr Begriffsinhalte in bildhaften Zeichen, auch nicht Silben festhält, sondern jedem gesprochenen Laut ein Schriftzeichen zuzuordnen strebt. Allerdings haben die Phönizier dabei nur die Konsonanten berücksichtigt. Jedes ihrer 23 Zeichen stellt einen Konsonanten dar. Die Vokale werden in der Schrift nicht berücksichtigt; es ist dem Leser zu überlassen, sie sinngemäß zu ergänzen, etwa so, wie wenn wir abgekürzt »Kln« für »Köln«, »Mnchn« für »München« schreiben. Die heutigen semitischen Alphabete, also das arabische und das wiedererweckte hebräische, verfahren im Prinzip ebenso.

*Die Übernahme* Diese Zeichen sind, ziemlich sicher im 11. Jahrhundert v. Chr., von den Griechen übernommen und von da an zur Aufzeichnung ihrer eigenen Sprache benützt worden.

An der Tatsache dieser Übernahme kann kein Zweifel bestehen. Für sie spricht nicht nur die unübersehbare Ähnlichkeit der Zeichen – jedenfalls von der phönizischen zur archaisch-griechischen Form; später haben sich die Formen allmählich gewandelt. Dafür sprechen die Bezeichnungen der Buchstaben: phönizisch *aleph, beth, gimel, daleth …* griech. *Alpha, Beta, Gamma, Delta …* (daher unser Wort »Alphabet«). Aus dem Griechischen auch unsere Redensart »Das A und das O« im Sinne von »der Anfang und das Ende«, denn das *A (Alpha)* steht am Anfang, das *O (Omega)* am Ende des griechischen Alphabets. (Der Satz stammt aus der Offenbarung St. Johannis, die in griechischer Sprache geschrieben wurde.)

Aber das ist ein Vorgriff, denn zunächst gab es das *O* noch nicht. Es gehört zu den wenigen Zeichen, durch die die Griechen, um den Erfordernissen ihrer Sprache Rechnung zu tragen, die übernommene Zeichenfolge ergänzt haben: *Phi, Chi, Psi* und *Omega.*

Für die Übernahme spricht vor allem auch die übereinstimmende Reihenfolge der Zeichen in den beiden Alphabeten.

Ich übergehe zahlreiche Umwege und Sonderentwicklungen und berichte nur die wichtigste Änderung, die die Griechen vorgenommen haben: vier phönizische Zeichen brauchten die Griechen nicht, weil die diesen entsprechenden phönizischen Laute im Griechischen nicht vorkamen. Da es ihnen unpraktisch erschien, die Vokale beim Schreiben auszulassen (und sie spielen in der Tat im Griechischen eine tragende Rolle), ernannten sie diese vier Zeichen zu Vokalzeichen. So kommt es, daß die Vokale auch noch in unserem heutigen Abc, das auf dem Wege über die

| Zeichen phöniz. | Zeichen archaisch-griechisch | Zeichen klass.-griech. | | Benennung | Lautwert (Aussprache) klass.-griech. | Bemerkung |
|---|---|---|---|---|---|---|
| | | Groß-buch-stabe | Klein-buch-stabe | | | |
| ⅄ | ΔΑ | A | α | *Alpha* | [a] | Im Phöniz. konsonantisch |
| 9 | ⟨ ⟩⟨ ⟨ | B | β | *Beta* | [b] | |
| ⅂ | ⅂Γ⟨ | Γ | γ | *Gamma* | [g] | |
| △ | △ | Δ | δ | *Delta* | [d] | |
| ⅌ | ⅀E | E | ε | *Epsilon* | [ε] | Im Phöniz. [h] |
| I | ‡ | Z | ζ | *Zeta* | [ts] | |
| HθΘ | θH | H | η | *Eta* | [ε:] | Im Phöniz. ch-Laut |
| ⊕ | ⊕⊗⊙ | Θ | ϑ | *Theta* | [th] | |
| ⟨ | ⟨⟨⟨| | I | ι | *Iota* | [i] | Im Phöniz. jotiert |
| ⟩ | K K K | K | κ | *Kappa* | [k] | |
| ⟨L | ⟨⟨⟨ | Λ | λ | *Lambda* | [l] | |
| ⟨ | ⟨⟨M | M | μ | *My* | [m] | |
| ⟩ | ⟨⟨N | N | ν | *Ny* | [n] | |
| ‡ | | Ξ | ξ | *Xi* | [ks] | Im Phöniz. [s] |
| O | OC | O | o | *Omikron* | [ɔ] | Im Phöniz. konsonantisch |
| ⟩ | ⟨Γ | Π | π | *Pi* | [p] | |
| ⟨ | M | | | | | Ein s-Laut |
| φ | φϙ | | | | | Lautwert [kv], hieraus lat. q |
| ⟨ | PPR | P | ρ | *Rho* | [r] | |
| w | | Σ | σς | *Sigma* | [s] | Im Phöniz. [ʃ] |
| X+ | TY | T | τ | *Tau* | [t] | |
| ⟨Y | VYY | Y | υ | *Ypsilon* | [y] | Im Phöniz. [v] |
| | ↓ | Φ | φ | *Phi* | [f] | |
| | | X | χ | *Chi* | [x] | |
| | | Ψ | ψ | *Psi* | [ps] | |
| | ⊙O | Ω | ω | *Omega* | [ɔ:] | |

*Vom phönizischen zum griechischen Alphabet*

Römer von dem griechischen Alphabet abstammt, recht willkürlich über das Ganze verteilt sind.

*Besonderheiten*   Um einen griechischen Text lesen zu können, genügt es nicht, die Buchstaben und ihren Lautwert zu kennen. Einige Besonderheiten sind zu beachten:

1. Einmal muß man die im Griechischen vorkommenden Diphthonge und ihre Aussprache kennen. Es sind:

αι *(Alpha+ Iota),* gesprochen wie ai in deutsch »Mai«; anstelle dieses Diphthongs erscheint bei griechischen Lehnwörtern im Lateinischen und daran anschließend im Deutschen ein ä: griech. παιδᾱγωγός, dt. »Pädagoge«.

αυ *(Alpha+ Ypsilon),* gesprochen wie au in deutsch »Pause«. Anmerkung: Ursprünglich wurde das υ wie unser u gesprochen; aus dieser Zeit stammt die Aussprache dieses Doppellautes; später setzte sich die Aussprache des υ als ü-Laut durch.

ει *(Epsilon+ Iota),* gesprochen etwa wie der Diphthong in amerikanisch *Maine* [mɛɪn].

οι *(Omikron+ Iota),* gesprochen wie deutsch eu in »Eule«; anstelle dieses Diphthongs erscheint in unseren Lehnwörtern ö: griech. Κροῖσος, dt. »Krösus«.

ου *(Omikron+ Ypsilon),* gesprochen u; als das Ypsilon wie ü gesprochen wurde, schrieb man den einfachen u-Laut mit diesem Doppelzeichen.

ευ *(Epsilon+ Ypsilon)* und ηυ *(Eta+ Ypsilon),* beide (wie auch οι) etwa wie deutsches eu, äu zu sprechen.

υι *(Ypsilon+ Iota),* zu sprechen [yi] etwa wie in französisch *huile.*

2. Die langen Vokale *Alpha* [aː], *Eta* [ɛː], *Omega* [ɔː] (*O mega* heißt wörtlich »großes O«) sind sprachgeschichtlich ehemalige Diphthonge. Gewissermaßen zur Erinnerung daran erhalten sie ein »untergeschriebenes *Iota*«, lat. *iota subscriptum.* Beispiel: τραγῳδία »Tragödie«; das kommaartige Strichlein unter dem *Omega* ist das *iota subscriptum.* Damit die Sache etwas schwerer wird, wird dieses Zeichen bei Großbuchstaben links oben neben diese gesetzt.

3. Für den Laut [h] ist kein Zeichen im Alphabet, weil das phönizische Zeichen *H,* das den Lautwert [h] hatte, zum Vokal *Eta* umfunktioniert wurde. Da aber der Laut [h] im gesprochenen Griechisch, jedenfalls dem Attischen, vorkommt, mindestens am Wortanfang, markiert man das *h* durch ein Zeichen, das lateinisch *spiritus asper* (»rauher Hauch«) genannt wird. Es sieht aus wie eine kleine, nach

rechts geöffnete Klammer (geschichtlich ist es ganz anders entstanden). Beispiel: ἡ [hɛ:], der *spiritus* wird über den Vokal gesetzt. Bei Großbuchstaben wird er aber vorangestellt ῾H [hɛ:]. Endlich beim Diphthong: da steht er über dem zweiten Vokal: υἱός [hyi̯ɔs] »Sohn«.

Der *spiritus asper* wird auch bei dem Buchstaben *Rho* (ρ) hinzugefügt, weil das [r] »behaucht« gesprochen wurde.

Beginnt das Wort mit einem Vokal, ohne daß ein [h] davor zu sprechen ist, so könnte man den *spiritus* einfach fortlassen. Tatsächlich wird dann aber ein anderes Zeichen gesetzt, der *spiritus lenis* (lat. »sanfter Hauch«). Er ist das Gegenbild zum *spiritus asper*. Beispiel ᾿Εν und ἐν, beides zu sprechen [ɛn]. Deshalb ῾Ρώμη »Rom«, ῥήτωρ »Rhetor, Redner«; die Schreibung mit rh haben wir in vielen Fremdwörtern griechischen Ursprungs bis heute beibehalten: »Rheuma«, »Rhododendron«, »Katarrh«, »Rhythmus«. Es gibt Wörter, die sich nur durch die Art des vorgesetzten *spiritus* unterscheiden, wie ὄρος [ɔrɔs] »Berg«, dagegen ὅρος [hɔrɔs] »Grenze«.

Die Griechen schrieben Zeile unter Zeile, jeweils von links nach rechts – genau wie wir – aber nicht von Anfang an! Die ältesten Inschriften zeigen noch eine Zeilenführung von rechts nach links oder auch eine sehr anschaulich *bustrophedon* genannte Zeilenführung – nach Art eines Ochsen, der beim Pflügen nach jeder Furche umkehrt –: eine Zeile linksläufig, die nächste rechtsläufig usw. Auch dies geht auf das ursprüngliche phönizische Vorbild zurück.

Die Kunst des Schreibens verbreitete sich im ganzen griechisch besiedelten Gebiet und drang auch ins einfache Volk ein – obwohl es keine öffentlichen Schulen gab, sondern nur private Unterweisung, die im allgemeinen den Kindern vornehmer oder wohlhabender Eltern vorbehalten blieb. Doch finden sich griechische Inschriften bereits aus der Zeit vor 600 v. Chr. auf einer der Kolossalfiguren in Abu Simbel am oberen Nil; sie stammen von griechischen Söldnern, die im Dienst des damaligen ägyptischen Königs standen, und sie demonstrieren, daß diese einfachen Soldaten schreiben konnten, wenn auch ungelenk. Keineswegs aber war Schreiben und Lesen damals schon Gemeingut großer Bevölkerungskreise – das war auch bei den Römern nicht der Fall, auch noch nicht im europäischen Mittelalter.

*Wie schrieben die Griechen?*

*Griechische Schrift:*
*Die Inschrift zeigt die*
*ursprüngliche, nur*
*aus Großbuchstaben*
*bestehende Form; sie*
*läuft von links nach*
*rechts.*

Man schrieb zunächst ausschließlich in Großbuchstaben, die unverbunden nebeneinander gesetzt wurden. Erst als – in späthellenistischer Zeit – mehr und mehr geschrieben wurde, und zwar auf Pergament, entwickelten sich Schreibstile, die den Bedürfnissen des Schreibens mit der Hand entgegenkamen: erst abgerundete Buchstabenformen, schließlich die Kleinbuchstaben. Die Versalien blieben für Satzanfänge und Eigennamen gebräuchlich, auch für Inschriften (wie heute). Jedenfalls hätten Plato oder ein Dichter der klassischen Zeit ihre Werke, so wie sie heute gedruckt werden, nicht lesen können.

Die Buchstaben wurden zunächst einfach aneinandergereiht, ohne Wortzwischenräume. War die Zeile voll, ging es auf der nächsten weiter, ohne Rücksicht auf Wörter oder Silben. Auch Satzzeichen (Interpunktion) kannte man ursprünglich nicht. Erst in hellenistischer Zeit kamen Punkt und Komma in Gebrauch, ungefähr in der heutigen Verwendung. Als Fragezeichen diente dagegen unser Semikolon ( ; ). Anführungs- und Ausrufezeichen existierten nicht.

*Die gesprochene*
*Sprache*
*Griechischer*
*Wohlklang*

Wenden wir uns jetzt zu einigen Eigenheiten des Griechischen, so ist an erster Stelle sein (für unser Ohr) außerordentlich schöner Klang zu nennen. Er beruht in erster Linie auf der Fülle der Vokale und Diphthonge. Es kommt vor, daß ein Wort nur einen Konsonanten aufweist, aber drei oder vier Vokale: οἰκίαι [ɔikiai] »Häuser«, noch schöner ἀοιδιάω [aoidiao] »ich singe«.

Goethe hat während einer Italienreise einer Sitzung der *Congregatio de propaganda fide* in Rom beigewohnt; diese vom Papst ins Leben gerufene Körperschaft »zur Verbreitung des Glaubens« hat wohl Anlaß zum Aufstieg des Wortes »Propaganda« bis zu seiner heutigen Allmacht gegeben. Goethe berichtet unter dem 10. Januar 1787, wie

junge Männer, Besucher eines Priesterseminars, aus verschiedenen Ländern stammend, jeder einen Text in ihrer
jeweiligen Muttersprache rezitieren, arabische, hebräische,
türkische, persische, armenische, äthiopische Laute ertö-
nen. Dann tritt ein junger Grieche auf. Goethe: »Das Griechische aber klang, wie ein Stern in der Nacht erscheint.«
(*Alt*griechisch wird es freilich nicht gewesen sein.)

Natürlich kann man beliebig lange darüber streiten, welche Sprache »schön« klinge. Eine objektive Rangordnung
kann es da nicht geben. Jede Sprache ist ein in sich wohl-
geordnetes System, sie ist insofern vollkommen oder, um
ein Wort Rankes abzuwandeln, das auf die Epochen der
Weltgeschichte gemünzt war: Jede ist und spricht »unmittelbar zu Gott«. Wer allerdings einmal Joseph Stalin hat
Russisch sprechen hören (das allerdings nicht seine Muttersprache war), wird zugeben, daß es doch verschiedene
Grade des Wohlklangs gibt.

Können wir uns, wenn wir die oben gegebenen Hinwei-
se für den Lautwert der griechischen Buchstaben, für die
Aussprache der Diphthonge und für die Bedeutung einiger
Hilfszeichen beherzigen, nun vorstellen, wie die alten
Griechen gesprochen haben, wie ihre Sprache aus ihrem
Munde geklungen hat?

Die Frage muß etwas eingeschränkt werden. Wir sehen
ab von den zahlreichen Dialekten und blicken nur auf das
Zentrum Athen. Wir lassen Frühzeit und spätere Entwicklungen beiseite und denken an das »klassische Zeitalter«
der griechischen Kultur, also das 5. und 4. Jahrhundert
v. Chr. Von diesen beiden Jahrhunderten wird üblicherweise das 5. als das »Goldene Zeitalter« bezeichnet, denn ihm
gehören die großen Dichter Aischylos [aisxylɔs] (so in griechischer Form, bei uns oft in der lateinischen Form
Aeschylus [ɛʃylus]), Sophokles, Euripides, Aristophanes
an. Das 4. Jahrhundert bringt politisch schon einen Niedergang Athens, doch wirken gerade in diesem die großen
Denker Platon und Aristoteles. Schließlich müssen wir unsere Frage noch auf die Sprache des gebildeten Atheners
einschränken, in der Annahme, daß sie dem geschriebenen
Griechisch nahekam, während das einfache Volk damals
wie immer und überall seine eigenen Redeweisen hatte.

Auch unter diesen Einschränkungen ist die Frage nicht
einfach zu beantworten, vor allem nicht mit der Formel:
Sie sprachen so, wie es bei uns im humanistischen Gymna-

*Wie sprachen die
Athener?*

sium gelehrt wird. Der wichtigste Grund hierfür liegt in der verschiedenen Art, zu betonen oder beim Sprechen Akzente zu setzen.

*Was heißt »Akzent?«*  Hier muß ich notgedrungen eine klärende Einschaltung machen, weil der deutsche Sprachgebrauch beim Wort *Akzent* durchaus mehrdeutig ist:

1. »Er spricht sehr gewandt Deutsch, wenn auch mit deutlichem amerikanischem Akzent«: Hier meint das Wort eine Sprechweise, die durch eine andere Sprache, in der Regel die Muttersprache des Sprechenden, *gefärbt* ist.

2. »In dem Wort ›Einbruchsdiebstahl‹ liegt der Akzent auf der ersten Silbe«: Hier meint das Wort den verstärkten *Ton,* mit dem wir eine Silbe vor den anderen hervorheben. Diese Art der Betonung ist im Deutschen sehr ausgeprägt, in anderen Sprachen, z. B. dem Französischen, so gut wie überhaupt nicht.

3. Vergleichen Sie die beiden Sätze »Du hast geschlafen.« und »Du hast geschlafen?« in bezug auf die Satzmelodie. Im zweiten Fall, beim Frageton, heben wir die Stimme bei »schlaf« merklich an. Dieser *Satzakzent (musikalische* Akzent) ist von dem unter 2. genannten zu unterscheiden, denn in beiden Sätzen ist das [a] von »geschlafen« der betonte Vokal.

4. »Im Französischen gibt es verschiedene Arten des e-Lautes ([e, ɛ, ə]), die in der Schrift durch einen Akzent über dem *e (é, è, ê)* oder sein Fehlen bezeichnet werden«: Was hier im Sprachgebrauch *Akzent* heißt, sollte man genauer und besser *diakritisches Zeichen* (zu einem Vokal) nennen.

*Die Sprechweise der alten Griechen*  Ich spreche von *Akzent* jetzt im Sinne von Ziffer 2 und kehre zu unserer Frage zurück. Wir betonen eine Silbe, indem wir sie lauter, mit größerer Schallfülle, mit Emphase sprechen. Die Griechen hoben dagegen die Silbe, die den Hauptton trug, nicht durch Verstärkung hervor, sondern durch eine höhere Tonlage (ähnlich wie wir es tun, um den Frageton auszudrücken). Es ist für uns beinahe unmöglich, das nachzuahmen; wir werden immer wieder in unsere Sprechweise zurückfallen. Sachkenner sagen, das heutige Litauische habe eine ähnliche Weise des Akzentuierens, doch was nützt das dem, der nicht Litauer sprechen hören kann?

Übrigens läßt sich diese griechische Eigenart sogar an der Geschichte des Wortes »Akzent« demonstrieren: »Akzent« entspricht dem lateinischen *ad-cantus,* wörtlich »das

Dazugesungene«; die Römer haben den griechischen
Fachausdruck προσωδία [prɔsɔdi̱a], abgeleitet von *proso-
dos* »mitsingend«, genau übersetzt (sogenannte *Lehnüber-
setzung*); daher stammt unser mindestens dem Literatur-
wissenschaftler geläufiges Fachwort *Prosodie,* was soviel
wie Vortragsweise, Sprachmelodie, präziser »Lehre von
der metrisch-rhythmischen Behandlung der Sprache« bedeutet.

Der musikalische, fast »gesungene« Charakter des klas-                    *Musikalisch*
sischen Griechisch wird noch deutlicher, wenn man er-
fährt, daß die Griechen einen Hochton, einen geschwun-
genen (erst steigenden, dann wieder abfallenden) und einen Tiefton kannten. Das weiß man so genau, weil die
Sprachgelehrten und Grammatiker der späteren (hellenistischen und byzantinischen) Zeit Zeichen eingeführt haben, die diese Unterschiede im Schriftbild bezeichnen: der
Akut, der etwa wie ein französischer *accent aigu* aussieht
(´), bezeichnet den Hochton (wörtlich den »scharfen«). Der
Gravis (`) bezeichnet den Tiefton, und der Circumflex be-
zeichnet den steigend-fallenden Ton. Er sieht aus wie eine
Tilde (˜), nicht wie der französische *accent circonflexe.*
Wenn ich auf eine überraschende Mitteilung mit einem er-
staunten und gedehnten »so-o?« reagiere, verwende ich
einen »Akzent«, der nicht dem griechischen gleicht, aber
mindestens auch durch eine Wellenlinie symbolisiert werden kann.

Diese Hilfszeichen für die Betonung werden in allen
heute gedruckten altgriechischen Texten als Hilfe für den
Leser mitgedruckt, auch wenn sie zur Entstehungszeit des
Textes noch ganz unbekannt waren.

Noch in anderer Hinsicht ist die griechische Sprechweise für uns fremdartig. Der Hauptton kann im Griechischen
stets nur auf einer der letzten drei Silben eines Wortes liegen, und nicht selten liegt er auf der letzten Silbe, was bei
uns häufig in Wörtern fremder Herkunft wie »Operation«,
»Philosoph*ie*« vorkommt. Diese Akzentverteilung trug zu
dem melodischen Klang des Griechischen bei.

Es gibt noch weitere Eigentümlichkeiten, wie z. B. die
Tatsache, daß der Akzent sich auf die Intonation von Silben auswirken kann, die der tontragenden Silbe benachbart sind, ja auch auf benachbarte Wörter – doch ich breche hier ab, weil ich nicht alle Einzelheiten berichten,
sondern nur den Blick – oder besser: das Gehör – auf

bestimmte klangliche Eigenarten des Griechischen lenken wollte.

*Der Sprachtypus des Griechischen*
Das Griechische gehört seinem Typus nach ganz eindeutig zu den flektierenden Sprachen: Die Beziehungen eines Wortes zu anderen Wörtern, mit denen es im Satz zusammentrifft, werden durch Veränderungen am Wort selbst ausgedrückt (Deklination, Konjugation), und zwar so, daß bestimmte Formelemente (Morpheme), die die Bedeutung verändern, zum Wortstamm treten und mit diesem verschmelzen, wobei der Stamm selbst auch Veränderungen erleiden kann. Diesem Typus hat die postulierte indogermanische Ursprache eindeutig angehört, er ist am besten bewahrt – außer im Altgriechischen – im Lateinischen, unter den lebenden Sprachen im Litauischen, abgeschwächt im Russischen und Neugriechischen, stärker abgeschwächt noch aufzufinden in praktisch allen Zweigen dieses Sprachstammes.

Aus der Deklination des Substantivs – es gibt drei verschiedene Deklinationen – möge ein einziges Beispiel genügen. Das Wort πόνος *(ponos)* bedeutet »Arbeit, Mühsal, Plage«, es ist männlichen Geschlechts und folgt der sogenannten O-Deklination:

| *Beispiel einer Deklination* | | | |
|---|---|---|---|
| Nominativ | ὁ πόνος | *(ho ponos)* | »die Arbeit« |
| Genitiv | τοῦ πόνου | *(tu ponu)* | »der Arbeit« |
| Dativ | τῷ πόνῳ | *(to pono)* | »der Arbeit« |
| Akkusativ | τον πόνον | *(ton ponon)* | »die Arbeit« |
| Vokativ | ὦ πόνε | *(o pone)* | »o Arbeit« |

Also: Jeder Fall hat eine andere Endung, der Artikel wird ebenfalls dekliniert. Entsprechend ist es im Plural, und wieder entsprechend ist es im *Dual;* denn das Griechische kennt, hierin manchen anderen Sprachen ähnlich, zwischen *Ein*zahl und *Mehr*zahl noch die *Zwei*zahl, entstanden vielleicht aus dem ursprünglichen Gefühl heraus, daß zwei Dinge nicht eines sind, aber auch nicht »mehrere«. Das Deutsche hat für zwei zusammengehörige Dinge den Begriff »Paar«.

*Das griechische Verbum*
Nicht zuviel Grammatik! Ich verlasse deshalb die Deklination und gehe zu einem anderen Hauptpunkt über.

Hier möchte ich zwei Zitate an den Anfang stellen:
»Die Stärke des Griechischen liegt im Zeitwort.« Aus:

Hans Poeschel, »Die griechische Sprache«, München,
5. Aufl. 1968.

»In seiner Gesamtheit ist das altgriechische Verbalsystem so unregelmäßig, unübersichtlich und unordent-
lich, daß man dem darin sich offenbarenden Sprachgeist
den Vorwurf der Liederlichkeit machen muß. Es wirkt wie
ein vielschichtiges, unaufgeräumtes Trümmerfeld, auf dem
zum Troste der das Altgriechische Lernenden noch einige
unversehrte Tempel stehen.« Aus: »Das Fischer Lexikon«,
Band »Sprachen«, von Heinz F. Wendt, Frankfurt/Main
1961.

Das erste Zitat stammt von einem Liebhaber des Griechischen, der es ein Leben lang gelehrt und im Alter dieses
Buch geschrieben hat, um seine Liebe anderen mitzuteilen.
Das zweite stammt von einem erstklassigen Sachkenner,
der ein weitverbreitetes und anerkanntes Nachschlagewerk herausgegeben und zur Gänze selbst verfaßt hat. Wer
hat recht?

Fest steht, daß dieses Verbalsystem überaus kompliziert
ist. Auch Hans Poeschel braucht von den 348 Textseiten
seines Buches, das beileibe kein Lehrbuch und keine
Grammatik sein möchte, immerhin rund ein Viertel, um eine Einführung in die Konjugationssysteme zu geben. Die
Schwierigkeiten, die sich hier für jeden auftürmen, der diese wunderbare Sprache erlernen möchte, liegen nicht einfach darin, daß es mehrere Konjugationstypen und dazu
unregelmäßige Verben gibt, die sich keinem dieser Schemata einordnen. Das haben andere Sprachen auch. Das
Griechische hat vielmehr eine viel größere Formenvielfalt,
wie sie auch die indogermanische Ursprache hatte, wie sie
aber kaum eine heutige Sprache, vielleicht in mancher
Hinsicht mit Ausnahme des Litauischen, bewahrt hat.

Das fängt damit an, daß es neben *Aktiv* und *Passiv* etwas     *Medium*
Drittes gibt, *Medium* genannt, womit angedeutet ist, daß es
eine Zwischenstellung zwischen Aktiv und Passiv einnimmt. In der Bedeutung entspricht es ungefähr unserem
Reflexiv. Es zeigt an, daß eine Handlung sich in irgendeiner Form auf das Subjekt zurückbezieht; das können wir
im Deutschen mit dem Reflexivpronomen ausdrücken:
»ich wasche« – »ich wasche mich«; im Griechischen gibt
es dafür besondere Verbalformen. Das Medium kann auch
ausdrücken, daß das Subjekt an der Handlung ein starkes
persönliches Interesse hat, etwa »ich täusche« (aktive

Form) – »ich täusche in meinem Interesse«, d. h. »ich lüge« (Medium).

*Formen des*      Eine zweite Schwierigkeit ist grundsätzlicher Natur. Un-
*Verbums*     sere Verben haben verschiedene Zeitformen *(Tempora);* mit ihnen wird die Beziehung ausgedrückt zwischen dem Zeitpunkt des Sprechens und dem Zeitpunkt der »angesprochenen« (ein Modewort) Handlung: »ich gehe« = beides geschieht gleichzeitig; »ich ging« = erst Handlung, dann Sprechakt; »ich werde gehen« = erst Sprechakt, dann Handlung, usw. Ist das nicht eine Selbstverständlichkeit?

Andere Sprachen, andere Sitten! Es gibt Sprachen, und zu diesen gehörte das Ur-Indogermanische, in denen diese *Tempora* nicht (oder nicht in erster Linie) Zeitrelationen ausdrücken, sondern die jeweilige *Aktionsart,* die Art und Weise, wie eine Handlung verläuft. Dauert die Handlung an (*durative, progressive* Aktionsart)? Dies drückt man im Englischen besonders aus in der Form *I am smoking,* das heißt: »ich rauche gerade«, oder im Rheinland: »ich bin am Rauchen«. Beginnt die Handlung gerade, setzt sie soeben ein? Diese *ingressive* Aktionsart können wir mit bestimmten Umschreibungen oder Vorsilben gut ausdrükken; so deutet »einschlafen« das Einsetzen des Schlafes an. Ist die Handlung (gerade) abgeschlossen? Diese *(effektive)* Aktionsart können wir auch umschreiben oder mit Vorsilben ausdrücken, etwa »Das Feuer erlischt«. Will ich das Resultat, den Erfolg einer Handlung ausdrücken (*perfektive* Aktionsart)? Das geschieht im Deutschen etwa in der Form »Das Feuer ist niedergebrannt«. Schließlich gibt es die *iterative* Aktionsart, welche eine wiederholt ausgeführte Handlung, ein sich wiederholendes Geschehen bezeichnet. Auch das läßt sich deutlich ausdrücken, etwa mit »er raucht ständig« oder »er pflegt zu reiten«. Im Griechischen (auch im Russischen) gibt es jeweils besondere Verbalformen, die die Aktionsart ausdrücken, und darunter
*Aorist*     solche wie den berüchtigten *Aorist* (ἀόριστος »undefiniert«), die so vieldeutig und für uns fremd sind, daß wir ihre genaue Funktion kaum präzise definieren können. Der Aorist ist eine Vergangenheitsform mit effektivem (den Handlungsabschluß betonendem) Charakter.

Nach so vielen eher abschreckenden Andeutungen wird es Zeit, daß wir uns wieder den Vorzügen der griechischen Sprache zuwenden.

Mit dem Deutschen gemeinsam hat das Altgriechische eine außerordentliche Vielseitigkeit und Geschmeidigkeit beim Bilden neuer Wörter, und zwar nicht nur mittels allerlei Ableitungssilben *(Präfixe, Suffixe)* – das können praktisch alle indogermanischen Sprachen –, sondern auch durch das Zusammenfügen von zwei oder auch mehr Wörtern zu einem neuen Wort mit neuer Bedeutung. Anders gesagt, eine große Leichtigkeit in der Bildung von Komposita zeichnet das Griechische aus. Auf dieses Mittel der Wortbildung müssen das Lateinische und seine Abkömmlinge wie auch das Russische im wesentlichen verzichten.

*Vorzüge des Griechischen Komponierfreudigkeit*

Der Volksgeist oder Sprachgeist, den manche für eine bloße Fiktion erklären, dessen Wirken sich aber doch fast jedem aufdrängt, der sich in Wesen und Werden einer Sprache vertieft, mag wohl für das Griechische und das Deutsche verwandte Züge tragen. Beide Sprachen neigen zu einer Mannigfaltigkeit der Ausdrucksweisen, Nuancen, Verknüpfungen, wie sie dem französischen, nach *clarté* strebenden Sprachgeist eher fremd ist.

Betrachten wir nur den einfachen Fall eines Kompositums aus zwei Bestandteilen. In »Haustür« ist der zweite Bestandteil das *Grundwort:* Es handelt sich um eine Tür; das voranstehende Bestimmungswort »Haus« schränkt das Grundwort ein, bestimmt es näher als »Tür, die den Hauseingang bildet« – im Unterschied zu »Gartentür«, »Wohnungstür«, »Kellertür«, »Küchentür«, »Ladentür«, »Schranktür« – und so fort *ad infinitum,* denn ein neues Kompositum dieser Art kann jederzeit gebildet werden, und kein Wörterbuch der deutschen Sprache ist so komplett, daß alle derartigen Bildungsmöglichkeiten dort verzeichnet sind.

Gemeinsam ist beiden Sprachen, daß fast alle Wortarten als Bestandteile von Komposita auftreten können. Bei uns werden sie – wenn wir von etwas willkürlich manchmal eingeschobenen Fugen-s absehen (»Feuerversicherung«, aber »Feuersbrunst«; heißt es »Einkommensteuer« oder »Einkommenssteuer«?) – einfach aneinandergehängt, während im Griechischen an der Wortfuge allerlei Variationen auftreten können, schon weil der Stamm eines Substantivs nicht mit seinem Nominativ zusammenfällt. So entstehen etwa aus ϑάλαττα »das Meer« und κράτος »die Kraft«: ϑαλαττοκρατία »die Seeherrschaft«; aus σύν »zusammen« und ὁδός »der Weg«: σύνοδος (unter Weg-

*Beispiele für Komposita*

fall des [h]) »die Zusammenkunft«; daraus unser Wort »Synode«; aus πέντε »fünf« und ἆθλον »Kampf«: πέντ-αθλον »der Fünfkampf«; »Pentathlon« verwenden wir auch im Deutschen ebenso wie »Biathlon«; aus εὖ »gut, wohl« und dem Stamm von γένος »Geschlecht«: εὐγενής »wohlgeboren«; daraus der Name »Eugen«, auch unser Wort »Eugenik«.

In einem Fall haben altgriechische Wortbildungen durch Homer-Übersetzungen den Weg ins Deutsche gefunden. Besonders Johann Heinrich Voss, dessen Übersetzung am populärsten geworden ist, hat in seinem Bestreben, dem griechischen Urbild möglichst nahezubleiben (er schreibt ja auch in Hexametern, einer der deutschen Sprache nicht ohne sanfte Gewalt aufzuzwingenden Versform) – Voss also hat Wörter wie »männermordend« oder »rosenfingerig« (die Morgenröte ist gemeint) gebildet, Adjektive also, die aus einem Substantiv und einer Verbalform (z. B. Partizip) bestehen und früher bei uns kaum vorkamen. Goethe hat das nachgeahmt, Klopstock versteigt sich gar zu »ruinenentflohenen« Männern, und heute haben wir eine ganze Menge solcher Komposita.

*Wortungetüme*    In einer komponierfreudigen Sprache kann man spielerisch das Zusammenleimen von Wörtern zu wahren Ungetümen betreiben. Die Wiener kennen den »Donaudampfschiffahrtsgesellschaftskapitän«. Die Griechen hatten ebenfalls Spaß an solchem Spiel. Hierfür zwei Beispiele, die ich Hans Poeschel verdanke.

1. Aus einem im übrigen verschollenen Theaterstück des Pratinos, eines Tragödiendichters, ist das Adjektiv λαλο-βαρυπαραμελορυθμοβάτης *(lalobaryparamelorytmobates)* überliefert, es bedeutet etwa »lästig, geschwätzig und den Rhythmus verletzend«.

2. Noch imponierender ist ein Wortungetüm aus einer Komödie des Aristophanes. Es umfaßt 78 Silben:

... λοπαδοτέμαχος σελαχογαλεο-
κρανιολειψανοδριμυποτριμματο-
σιλφιοπαραομελιτοκατακεχυμενο-
κιχλεπικοσσυφοφαττοπεριστερα-
λεκτρυονοπτεκεφαλλιοκιγκλοπε-
λειολαγωοσιραιοβαψητραγαν-
οπτερύγων.

Der Vokalreichtum des Griechischen verleiht selbst einem solchen Bandwurmwort Wohlklang.

In der Übersetzung Ludwig Seegers heißt dieses kulina-
rische Kabinettstück:
»Austernschneckenlachsmuränen-
Essighonigrahmgekröse-
Butterdrosselnhasenbraten-
Hahnenkammfasanenkälber-
Hirnfeldtaubensiruphering-
Lerchentrüffelngefüllte Schüssel.«
Guten Appetit!

Das deutsche Verbum kann vielfältige Zusammensetzun-     *Präpositionen*
gen eingehen, etwa mit einem Substantiv (»Fahrschule«),
mit einem Adjektiv davor (»festhalten«, »bereithalten«).
Das griechische Verbum kann sich nur mit Präpositionen
verbinden, auch mit mehreren. Die meisten griechischen
Präpositionen können eine örtliche, eine zeitliche und eine
übertragene Bedeutung annehmen, ähnlich die deutschen,
vgl. »auf« in örtlicher Bedeutung: »Die Uhr liegt auf dem
Tisch«; in zeitlicher: »Auf Regen folgt Sonnenschein«; in
übertragener: »Ich baue auf dein Versprechen«. Vielleicht
haben sich die drei Bedeutungen in dieser Abfolge allmählich herausgebildet?
Ich möchte hier einige wichtige Präpositionen in Form
einer Übersicht bringen, weil sie allesamt heute im Deutschen fortleben:
ἀμφί [amfi] »um … herum«, vgl. »Amphitheater« (verwandt mit lat. *ambo* »beide«; vgl. »ambivalent«).
ἀνά [ana] »auf, hinauf«; vgl. »Analyse« (»Auflösung«).
Anmerkung: Die meisten Fremdwörter, die mit an- beginnen, haben nicht diese Vorsilbe zum Bestandteil, sondern
die verneinende Vorsilbe ἀν [an], die dem lateinischen *in*-
entspricht (inaktiv) und dem deutschen un- (»ungehor-
sam«); Beispiele: »anorganisch«, »Anämie«.
ἀντί [anti] »gegenüber, angesichts«; vgl. »Antithese«,
»Antagonist«.
ἀπό [apo] »von … her, ab«; vgl. »Apostel« (»Abgesand-
ter«), »Apokalypse«.
διά [dia] »durch«; vgl. »Diameter« (wörtl. »Durchmesser«).
ἐν [en] »in«; vgl. »Energie« aus *en* und *ergon* »Werk«.
ἐπί [epi] »an, nach«; vgl. »Epilog« (»Nachwort«).
κατά [kata] »herab, hinab«; vgl. »Katarakt«, »Katastro-
phe«.

μετά [mɛtá] »nach ... hin«; vgl. »Metaphysik«, »Meteor«, »Methode« (*hodos* »der Weg«, »Methode« = »der Weg zu etwas, zum Ziel«), »Metamorphose«.

περί [pɛrí] »um ... herum, wegen«; vgl. »Peripherie«, »Periskop«.

ὑπέρ [hypɛ́r] »über ... hinaus«; vgl. »Hyperbel«, »Hypertrophie«.

ὑπό [hypɔ́] »von, unter«; vgl. »Hypothek«, »Hypotenuse«, »Hypotonie« (»Unterblutdruck«).

*Ein Blick auf griechische Namen*

Das Thema Eigennamen paßt in diesen Zusammenhang, weil diese häufig Zusammensetzungen darstellen, auch weil nicht wenige griechische Namen bei uns fortleben.

Um mit dem Höchsten zu beginnen: Mit *theos* »Gott« sind gebildet »Theodor (os)« (»Gottesgeschenk«) mit den zahlreichen Nebenformen »Theodora«, »Thea«, aber auch »Dorothee« mit den Nebenformen wie »Dora«, »Dorrit«; ferner »Theophil(os)« (»Freund Gottes«), ins Deutsche übertragen im Zeitalter pietistischer Frömmigkeit als »Gottlieb«; Mozart hatte als zweiten Taufnamen nach Wolfgang »Theophil«, änderte das später unter italienischem Einfluß in »Amadé«; die lateinische Entsprechung »Amadeus« hat er kaum benutzt.

Griechisch ist der Name »Philipp(os)«, »der Pferdefreund« (zu *hippos* »Pferd«) mit Parallelformen in fast allen Sprachen: frz. *Philippe,* ital. *Filippo* (daraus *Pippo*), span. *Felipe,* ungar. *Fülöp.*

Mit *nike* »Sieg« ist gebildet »Nikolaus«, aus *margarithes* »Perle« wurde »Margarethe« mit den zahllosen Ableitungen wie »Gitta«, »Greta«, »Margret«, »Maret«, »Maggy«, »Rita« u. a.

Die Silbe *-kles* deutet auf Ruhm, Ehre: »Themisto*kles*«; Sopho*kles* hat seinem Namen »berühmt durch Weisheit« wahrhaft Ehre gemacht.

*Noch mehr Vorzüge Ausdrucksfähigkeit, Geschmeidigkeit*

Je besser ausgebaut die Flexion einer Sprache, desto mehr Freiheit kann sie der Anordnung der Wörter im Satz gewähren. Folgerichtig erlaubt das verzweigte Verbalsystem des Griechischen mit seinen zahllosen Formen, auch Partizipien, deren es viel mehr gibt als die kümmerlichen zwei des Deutschen, eine freie Wortstellung, wie sie fast immer auch noch durch Übersetzungen altgriechischer

Texte ins Deutsche hindurchklingt. Das griechische Partizip kann dekliniert und konjugiert werden, es kann einen
ganzen Nebensatz ersetzen oder regieren. Dies, im Verein
mit dem Vorhandensein zahlreicher Partikeln, erlaubt einen kunstvollen Bau von ineinandergeschachtelten Haupt-
und Nebensätzen mit Infinitiv- und Partizipialkonstruktionen, ein freies und – in Meisterhand – kunstvolles Aufbau-
en vielschichtiger sprachlicher Gebilde und Perioden.

So ist das Altgriechische nicht nur eine der schönsten
Sprachen, sondern zugleich in der Zeit seiner höchsten
Blüte, im klassischen Zeitalter Athens, eine der reichsten.
Dem Philosophen wie dem sprachschöpferischen Dichter
stellt sie eine unglaubliche Vielfalt, feinste Differenzierung
und Nuancierung zur Verfügung. In fast allen Literaturgat-
tungen haben die Griechen Vorbilder geschaffen, die
nachfolgende Zeiten günstigenfalls erreichen, kaum aber
übertreffen konnten: in der öffentlichen Rede, im Dialog,
im Epos, in Tragödie und Komödie, in Brief und Gedicht,
Anekdote und Epigramm.

»Die Griechen« – so der britische Philologe Gilbert
Murray – »haben eine Sprache geschaffen, die in erstaun-
lichem Maße fähig ist, den verschiedensten Ausdrucksweisen des Menschengeistes gerecht zu werden. Exaktheit in
der Prosa, Zauber und Leidenschaft in der Poesie, die Verbindung von Genauigkeit und bohrendem Fragen, die das
Wesen der Philosophie ausmacht, die raffinierten oder
deftigen Späße der Komödie, welche die Menschen noch
nach zweitausend Jahren zum Lachen bringen. Wie kam
das zustande, durch bewußte Anstrengung oder durch Zufall? Eines ist klar: der Reichtum an Flexionsmöglichkei-
ten gibt dem Sprechenden die Möglichkeit, die Wörter im
Satz mit viel Freiheit anzuordnen und damit eine Akzentu-
ierung und eine Eindringlichkeit zu erreichen, die den beu-
gungslosen Sprachen verwehrt ist«. *(Greek Studies)*

Wer Griechisch nur aus Übersetzungen kennt, etwa sol-          *Kürze und Prägnanz*
chen Homerscher Verse oder platonischer Dialoge oder hi-
storischer Berichte, z. B. des Thukydides, der hat vielleicht
den Eindruck einer gewissen Weitschweifigkeit erhalten.
Dem ist aber entgegenzuhalten, daß das Griechische auch
einer beachtlichen Kürze und Prägnanz fähig war, hierin
dem Lateinischen ähnlich. Dies möchte ich an einigen Beispielen zeigen; ohne diesen Punkt wäre mein Ruhmeslied
auf diese Sprache unvollständig.

Ἄνθρωπος μικρὸς κόσμος *(anthropos mikros kosmos),* wörtlich »Mensch – kleine Welt«; sinngemäß: »Der Mensch ist eine ganze Welt im Kleinen, ein ›Mikrokosmos‹«. Ausspruch des Philosophen Demokrit, 5. Jh. v. Chr. Die übereinstimmenden Endungen deuten auf das System der Deklination (hier O-Deklination).

Ἦθος ᾿ανθρώπῳ δαίμον *(ethos anthropo daimon),* wörtlich: »Wesen (dem) Menschen Schicksal«, sinngemäß: »Des Menschen Schicksal liegt in seinem Wesen«, freier: »In deiner Brust sind deines Schicksals Sterne« (Schiller).

Μέτρον ἄριστον *(metron ariston),* wörtlich: »Maß ... bestes«; sinngemäß: »Maß(halten) ist am besten«.

Zum Schluß ein Wort, das in die Weltgeschichte eingegangen ist, und eines aus der Bibel. Die Grabschrift zu Ehren der 480 v. Chr. bei Thermopylae gefallenen 300 Spartaner (Lakedämonier) lautet im Original:

*Thermopylae-Inschrift*

Ὦ ξεῖν᾿ ἀγγέλλειν Λακεδαιμονίοις, ὅτι τῇδε/κείμεθα τοῖς κείνων ῥήμασι πειθόμενοι.

*(O ksein angellein lakedaimoniois hoti tede/keimetha tois keinon remasi peithomenoi.)*

Cicero hat das unter Erhaltung des Rhythmus ins Lateinische übersetzt:

*Dic, hospes, Spartae nos te hic vidisse iacentes,*
*dum sanctis patriae legibus obsequimur.*

Deutsche Fassung von Friedrich Schiller:
»Wanderer, kommst du nach Sparta, verkündige dorten, du habest/uns hier liegen gesehn, wie das Gesetz es befahl.«

Das klingt pathetischer als das Original, welches schlicht besagt:
»Fremder, melde den Bürgern Lakedaimons, daß hier wir liegen, den heiligen Gesetzen gehorchend.«

Nicht umsonst kommt unser Wort »lakonisch« (»nüchtern, kurz und bündig«) von *Lakedaimon,* es heißt wörtlich: »nach Art der Spartaner«.

*Im Anfang war das Wort*

Der Anfang des Johannes-Evangeliums lautet im griechischen Urtext:

Ἐν ἀρχῇ ἦν ὁ λόγος καὶ ὁ λόγος ἦν πρὸς τὸν θεόν, καὶ θεὸς ἦν ὁ λόγος.

»Im Anfang war das Wort, und das Wort war bei Gott, und Gott war das Wort.«

*Von der Koine zum Neugriechischen*

Mit dem politischen Niedergang Athens fielen die Griechen erst unter makedonische, dann unter römische Herrschaft. Wie oft in der Geschichte gingen aber die politische und die kulturell-sprachliche Entwicklung ganz verschiedene Wege. Während Griechenland zur Provinz herabsank, verbreiteten Alexanders Heere griechische Sprache und Kultur über weite Länder des Orients – und als die Römer Griechenland erobert hatten, als sie die kulturelle Überlegenheit des unterworfenen Volkes bemerkten, kehrte sich fast Niederlage in Sieg: Das Griechische wurde für lange Zeit die Sprache des gebildeten Römers, ähnlich wie das Französische lange Zeit die Sprache der deutschen und russischen Oberschicht war. *Graecia capta ferum victo-* *rem ceperit et artis intulit agresti Latio.* »Hellas, eben bezwungen, bezwang den trotzigen Sieger und brachte die Künste ins bäurische Latium« (Horaz).

*Sentenz des Horaz*

In der Entwicklung des Griechischen unterscheidet man eine Periode des *Mittelgriechischen,* die von 300 bis 1453 gerechnet wird, dem Jahr, in dem die Türken Byzanz eroberten und damit die letzte Bastion griechischer Bildungstradition zum Einsturz brachten. Längst schon war die Stellung des Griechischen stark geschwächt. Große Teile der hellenistischen Welt waren arabisch, dann türkisch geworden, hatten eine andere Sprache und einen anderen Glauben angenommen. Ja, selbst im griechischen Mutterland hatten sich Slawen und Albaner niedergelassen. (In unserem Jahrhundert ist das Griechische nach einem griechisch-türkischen Krieg auch noch aus Kleinasien verdrängt worden.)

In dieser Periode hat sich eine folgenreiche Sprachspaltung (*diglossia,* Zweisprachigkeit) herausgebildet. Die im Volk gesprochene Sprache hatte sich inzwischen weit vom alten, klassischen Griechisch fortentwickelt – wen wundert das in Anbetracht der Tatsache, daß seit ihrer Blüte bald zweitausend Jahre verstrichen waren? Die gebildete Schicht hielt aber, vor allem im schriftlichen Verkehr und in der Literatur, weitgehend an der überlieferten Sprache der Vorfahren fest.

*Diglossie*

Die zweite Periode, die des *Neugriechischen,* reicht von 1453 bis zur Gegenwart. Als die Griechen 1832, unter leidenschaftlicher Anteilnahme und auch aktiver Mithilfe vieler dem alten Griechentum zugetaner Westeuropäer (Lord Byron war einer von ihnen) das türkische Joch abschüttelten und nationale Unabhängigkeit erlangten, wurde durch Gesetz die auf dem Attischen beruhende Hochsprache zur Staats- und Unterrichtssprache erklärt. Die Volkssprache *(dimotiki)* konnte man damit freilich nicht abschaffen, nicht einmal zurückdrängen; im Gegenteil, immer mehr Schriftsteller schrieben in der Volkssprache, die heute alleinige Unterrichtssprache ist.

Das Griechische hat auf seinen langen Wegen erhebliche Wandlungen durchgemacht, im Lautsystem, bei Konjugation und Deklination, bei der Betonung, schließlich auch, durch Übernahmen aus dem Türkischen, Italienischen und aus weiteren Sprachen, im Wortschatz. Wer Altgriechisch in der Schule gelernt hat, kann zwar hoffen, in Athen die Straßenschilder entziffern zu können (die Schrift ist im wesentlichen unverändert geblieben), nicht aber, mit einem Athener ein Gespräch führen zu können. Seinem Sprachtypus nach hat das heutige Griechische die grundlegenden Wesenszüge seiner großen Mutter bewahrt.

*Das Fortleben des klassischen Griechisch* Das Altgriechische ist heute gewiß eine tote Sprache, es wird nirgends im täglichen Umgang gesprochen, und dies seit 500 Jahren. Ist es also eine tote Sprache? Ja und nein. Seine Wirkung auf unsere abendländische Kultur einschließlich unserer Sprachen ist so stark und so nachhaltig, daß der Ausdruck »Fortleben« wohl gerechtfertig ist.

*Die Humanisten* Es ist eine unzulässige Vereinfachung, zu sagen, die Vertreibung vieler gebildeter Griechen aus Byzanz 1453 und ihre Übersiedlung in Länder am westlichen Mittelmeer hätten den Anstoß gegeben zu jener Wiederbelebung des Interesses am griechischen Altertum und der gelehrten Beschäftigung mit ihm, wie sie in der Tat um jene Zeit zu beobachten ist. Natürlich hat das Einströmen griechischer Gelehrter und Schreiber befruchtend gewirkt. Doch setzt das Wiedererwachen des Interesses am Griechischen – das im Mittelalter fast zum Erliegen gekommen war – schon früher ein, nämlich mit dem Erwachen der großen Geistesbewegung, die wir, etwas mehrdeutig, *Humanismus* nennen. Sie keimt zuerst in Italien auf und greift dann auf die Länder nördlich der Alpen über. Während Dante und Petrarca ihre Werke teils in Latein, teils in der Volkssprache schrieben, auch das lateinische Altertum, seine Literatur und Kunst hochschätzten, beherrschten sie das Griechische überhaupt nicht, Petrarca hat ausdrücklich beklagt, ja beweint, daß Homer für ihn stumm sei.

Die Geschichte verzeichnet als ersten Westeuropäer, der

Griechisch studierte - um griechische Dichter in ihrer
Sprache lesen zu können - den Verfasser der berühmten
Novellensammlung *Decamerone,* Giovanni Boccaccio -          *Boccaccio*
und der lebte von 1313 bis 1375! Eine Generation nach
ihm gab es mit Leonardo Brumi bereits einen Italiener, der
Werke des Platon und des Aristoteles aus dem Griechischen übersetzen konnte. Sein Lehrer Chrysoloras wirkte
in Florenz als Lehrer des Griechischen. Er war 1396 nach
Italien gekommen.

Französische und deutsche Humanisten folgten diesem
Vorbild. Johann Reuchlin, Haupt der deutschen Humanisten, beherrschte das Griechische - neben Latein - vollendet (er begründete auch das Studium des Hebräischen in
Deutschland). Zwischen Erasmus und Reuchlin wurde ein
erbitterter Streit um die richtige Aussprache des Altgriechischen ausgefochten. Sollte man das *Eta* als [i] sprechen,
wie es im Mittel- und Neugriechischen geschieht (sogen.
*Itazismus,* vertreten durch Reuchlin) oder als [e]? Das war
der von Erasmus verfochtene Standpunkt, *Etazismus* genannt, der sich schließlich durchgesetzt hat.

In England gab es schon im 13. Jahrhundert zwei Ge-
lehrte, die Griechisch lasen: Robert Grosseteste und Roger
Bacon, *Doctor Mirabilis* genannt, der sich auch um das
Hebräische bemüht hat.

Erst im Laufe des Mittelalters war ein wesentlicher Teil          *Übersetzungs-*
der griechischen Hinterlassenschaft in Literatur, Historio-       *wege*
graphie und Philosophie dem Abendland bekanntgewor-
den, zuerst weitgehend auf dem Umweg über das Arabische - denn die Araber hatten große Teile des griechischen
Erbes in ihre Sprache übersetzt, und mangels Kenntnis des
Griechischen übersetzte man in Europa viele griechische
Werke aus den arabischen Ausgaben ins Lateinische. Erst
als sich die Kenntnis des Griechischen mit dem Humanismus wieder belebte, setzten Übertragungen unmittelbar
aus dem Griechischen ein, zuerst in das Latein der Gelehrtensprache, später in die europäischen Nationalsprachen.

In immer neuen Wellen sind griechische Wörter ins          ***Griechisches***
Deutsche und in unsere Nachbarsprachen (besonders          ***Wortgut im***
stark ins Englische) eingedrungen, seit griechische Sprache ***Deutschen***
und Bildung - neben der lateinischen, im Grunde aber vor
und über dieser - im Mittelpunkt des humanistischen Bil-
dungsideals standen, und der Bedarf, griechisches Wortgut

zu übernehmen, stieg rapide an, als die Fortschritte der Naturwissenschaften ständig bis dahin unbekannte Phänomene zutage förderten, für die es galt, passende und möglichst international einheitliche Namen zu finden: »Elektrizität« (von *elektron* »Bernstein«), »Atom« (*a-tomos* »unteilbar«) sind die nächstliegenden Beispiele.

Das älteste griechische Wortgut in unserer Sprache, das auf dem Weg über das Lateinische eingewandert ist, wurde im Laufe der Jahrhunderte so eingedeutscht, daß die fremde Herkunft dieser Wörter nur noch dem Sprachgelehrten bekannt ist. Dazu gehören u. a. »Kiste« aus griech. κίστη über lat. *cista;* »Leier« aus griech. λύρα über lat. *lyra;* »Musik« aus griech. μουσική über lat. *musica;* oder das *Atlas* Wort »Atlas« für ein Landkartenwerk, in dieser Bedeutung bei uns gebräuchlich, seit Mercator die Gestalt dieses sagenhaften Riesen, der das Himmelsgewölbe auf seinen Schultern trug, 1595 auf dem Titelblatt seines in Duisburg erschienenen epochemachenden Kartenwerkes abbildete.

Ob das übernommene Wort wirklich urgriechisch war oder dem Griechischen in grauer Vorzeit von anderen Völkern und aus anderen Sprachen zugewachsen war, hat dabei keine Rolle gespielt, ja war wohl meist unbekannt. So sind z. B. *chrysos* »Gold« (daher »Chrysantheme«), *kyparissos* »Zypresse«, *daphne* »Lorbeer«, *phoinix* »Palme« (aus dem Lande der Phöniker), *tapis* »Teppich« schon als Lehnwörter ins Griechische gelangt.

Die vielen Wörter in Theologie und Kirche, die aus dem Griechischen zu uns gekommen sind, werde ich beim Deutschen erwähnen.

*Chaos* Das Wort »Chaos« ist griechisch, aber nicht jeder weiß, daß unser Wort »Gas« aus ihm entstanden ist, gebildet von dem in Brüssel wirkenden Chemiker J. B. van Helmont (1577–1644); er wollte damit, nachdem der berühmte Arzt Paracelsus ein Jahrhundert früher die Luft mit dem griechischen Wort *chaos* bezeichnet hatte, eine Bezeichnung schaffen für die verschiedenen Arten von »Luft«, aus denen – wie man damals zu erkennen begann – die atmosphärische Luft zusammengesetzt ist.

Ohne allzuviel Rücksicht auf das alte Griechisch hat die moderne Medizin griechische Ableitungssilben wie *-osis* und *-itis* adoptiert und zur Schaffung zahlloser neuer Komposita benutzt: »Arthritis«, »Appendizitis«. Diese Suffixe sind so populär, daß der Volksmund sie spielerisch

auch an deutsche Wortstämme anfügt: »Die leidet an Rederitis.«

Daß wir einen großen Teil des griechischen Erbes, den *Vermittlung durch*
größeren wohl, auf dem Wege über das Lateinische ange- *das Lateinische*
nommen haben, ist deutlich an unserer Betonung griechischer Namen und Begriffe abzulesen. Als griechische
Sprache, Bildung, Philosophie, Literatur nach Italien
strömten und die Römer zu gelehrigen Schülern der Griechen wurden, sind griechische Namen und Wörter vielfach
der lateinischen Sprechweise angepaßt worden; besonders
Cicero hat in diesem Prozeß eine Schlüsselrolle gespielt,
indem er für Hunderte griechischer Wörter treffende lateinische Entsprechungen prägte; er hat damit der späteren
abendländischen Philosophie in weitem Ausmaß das Vokabular geliefert.

Die eigenartige Betonungsweise des Griechischen, das
ja meist die Endsilben, nicht selten die letzte Silbe heraus-
hebt, lag den Römern nicht. So wurde aus [hɔmerɔs] lat.
*Homerus* und nach Weglassen der Endung deutsch »Homer«; aus [hɛraklɛ̄s] lat. *Hercules;* aus [sokratɛs] lat. *Socra-
tes,* aus [fɛɪdias] wurde *Phidias.*

Die Liste läßt sich fast beliebig weiterführen. In »Alexander« betonen wir die dritte Silbe, nicht die zweite wie die
Griechen, in »Theater« betonten die Griechen die erste
Silbe, in »Helena« die zweite, in *tyrannos* die erste, in
*kamelos* (»Kamel«) die erste.

Bei manchen Wörtern und Namen spielt es eine Rolle,
daß wir sie auf dem Wege griechisch-lateinisch-franzö-
sisch-deutsch übernommen haben. So bei griech. [filɔ-
sofɔs], lat. *philosophus,* franz. nach Wegfall der Endung,
von der nur ein tonloses *e* kündet, *philosophe* [filozɔf],
deutsch »Philosoph«. Ähnlich bei den Namen »Euklid«,
»Hesiod« u. v. a.

Ich muß noch als Mittel der Wortbildung das Suffix
-ισμός erwähnen, da die -ismen bei uns zur Seuche geworden sind und sich täglich vermehren. Im Griechischen war
dieses Suffix sehr selten; wir können es nicht mehr entbeh-
ren.

Es ist eine lange debattierte Streitfrage, ob wir richtig *»Graeca graece«*
handeln, wenn wir griechische Wörter so »entstellt« aussprechen, ob wir also wieder [zokratɛs] sprechen sollen,
nicht [ɛʃylus] sagen, sondern [aisxylɔs]; ob wir »Iphyge-
nie« auf dem »ge« betonen sollen oder auf der Schlußsil-

be. Hier stehen sich zwei Prinzipien gegenüber; einerseits die Forderung *graeca graece,* wörtlich »Griechisches auf griechisch«, nämlich zu schreiben und auszusprechen – und der andere, im Bereich der Sprache weithin gültige Satz: Was sich allgemein eingebürgert hat, ob bei der Schreibung, der Aussprache oder der Bedeutung eines Wortes, muß als »richtig« gelten – ein anderer, absolut verbindlicher Maßstab ist nicht aufzufinden.

# FÜNFTES KAPITEL

# Latein – Mutter Europas

Beispiellos ist der Siegeszug des Lateinischen, von der *Der Siegeszug* Sprache – oder sollen wir sagen, dem Dialekt? – eines bescheidenen bäuerlichen Gemeinwesens auf ein paar Hügeln am Tiber zur Staats- und Verwaltungssprache eines Weltreiches und zur Umgangssprache der Mehrheit seiner Bewohner. Übertroffen wird dieser Siegeszug nur noch durch den des lateinischen Alphabets. Dieses hat den größten Teil der bewohnten Erde erobert (und die ist heute von sechs Milliarden Menschen bewohnt statt von etwa 150 Millionen in der Blütezeit des Römerreiches), nämlich beide Amerika, Australien und Neuseeland, große Teile Afrikas und Asiens (zuletzt Indonesien und Malaysia, möglicherweise bald China) und natürlich den überwiegenden Teil Europas.

Die Römer haben ihre Buchstaben aus den griechischen *Das lateinische* entwickelt. Es ist nicht entschieden, ob sie das griechische *Abc* Vorbild direkt übernommen haben, etwa über *Cumae* (griech. Κύμη, heute *Cuma*), die älteste griechische Kolonie auf dem italienischen Festland, die schon im 8. Jahrhundert v. Chr. bestand – oder aber durch Vermittlung der Etrusker, die etwa im 7. Jahrhundert v. Chr. bereits eine an die griechische eng angelehnte Schrift verwendeten.

Man schrieb jahrhundertelang nur mit *Versalien* (Großbuchstaben). Diese haben ihre Grundform bis in unsere heutige Schrift hinein bewahrt. Als *capitalis quadrata* hat diese Schrift in den Inschriften der frühen Kaiserzeit ihre monumentale Prägung erreicht. Die kleinen Buchstaben *(Minuskeln)* sind Schöpfungen viel späterer Zeit, entstanden durch allmähliches Umformen der Versalien unter dem Einfluß des manuellen Schreibens, das eine Abrundung der meisten Winkel und ein flüssiges Verbinden der Zeichen anstrebt.

Die Gewohnheit, von links nach rechts zu schreiben, hat sich erst allmählich durchgesetzt. Die ältesten lateinischen Inschriften sind linksläufig oder aber bustrophedon.

*Tironische Noten, die Stenographie des Altertums: Liste von Zeichen mit lateinischer Erklärung aus einer Handschrift des 8. Jahrhunderts.*

**Kurzschrift**

Die Römer besaßen auch bereits eine Kurzschrift. Der Dichter Ennius, vor allem aber Tiro, ein Freigelassener, der Cicero als Schreiber diente, haben diese Kurzschrift entwickelt. Man nannte sie *Tironische Noten* und benutzte sie bis ins Mittelalter. Das Wort »Stenographie« besteht zwar aus griechischen Bestandteilen (»Engschrift«), ist aber erst 1602 von dem Engländer John Willis eingeführt worden.

**Geschichte**
**Archaisches Latein**

Die älteste uns faßbare Periode in der Entwicklung der lateinischen Sprache rechnet man von den Anfängen (etwa 6. Jahrhundert) bis etwa 250 v. Chr. Die älteste bekannte Inschrift steht auf einer Fibel, die in Praeneste, dem heutigen Palestrina, gefunden wurde und um 600 v. Chr. entstanden ist. Die Inschrift ist linksläufig geschrieben, selbstverständlich in Großbuchstaben, und lautet, in Rechtsläufigkeit umgesetzt:

MANIOS : MED : FHE⫶ FHAKED : NUMASIOI.

Auch wer in der Schule klassisches Latein gelernt hat, tut sich nicht ganz leicht, das zu verstehen: *Manius me fecit Numasio* = »Manius hat mich für Numasius gemacht«, d. h. »angefertigt«. Die Endung *-os* ist später zu *-us* geworden *(Manios > Manius); med* hat das *-d* abgeworfen; der Name *Numasios* wurde später umgeformt zu *Numerius*.

*Anmerkung: Nach neuen italienischen Forschungen soll die Fibel eine Fälschung sein.*

Beim Verbum fällt die Verdoppelung der Stammsilbe *(fhe-fhaked)* zur Bildung der Vergangenheitsform auf. Diese *Reduplikation* findet sich im klassischen Latein zwar nicht beim Verbum *facere* »machen«, aber bei einer Reihe anderer Verben (z. B. *tangere* »berühren«, Vergangenheitsform *tetigi*) und parallel auch im Griechischen und in anderen indogermanischen Sprachen.

Nach einer Übergangszeit, deren Sprache man *Altlatein* nennt, erlangt das Lateinische um 100 v. Chr. die Form, die aus den Werken der großen römischen Dichter – wie Catull, Vergil, Horaz, Ovid – und Historiker (wie Cäsar, Sallust, Livius) bekannt ist. Gemessen an dem über tausend Jahre umspannenden Entwicklungsgang der lateinischen Sprache (wenn man vom Mönchs- und Vulgärlatein des Mittelalters absieht) erscheint dieses Zeitalter der klassischen Latinität erstaunlich kurz. Man rechnet es vom Auftreten Ciceros bis zum Tod des Kaisers Augustus im Jahre 14 n. Chr., das ist ein rundes Jahrhundert.

*Das klassische Latein: eine kurze Blütezeit*

Der folgende Abschnitt, *nachklassisch* genannt, wird bis 200 n. Chr. gerechnet, der letzte, *Spätlatein,* von 200 bis 500. In dieser Zeit machte die Sprache starke Wandlungen durch. Auf die Folgezeit mit dem Übergang zu den *romanischen* Sprachen aus dem Vulgärlatein kommen wir später zurück.

*Die Folgezeit*

Der Siegeszug der lateinischen Sprache begleitet den Siegeszug der römischen Legionen – oder folgt ihm. Der Stamm der *Latiner,* die zu Beginn des Aufstiegs das Gebiet zwischen Albanerbergen, dem Tiber und dem Meer bewohnten, dürfte um 1000 v. Chr. aus dem Norden nach Italien eingewandert sein. Seine Sprache wurde zunächst nur in diesem bescheidenen Bezirk mit einem Durchmesser von einigen Dutzend Kilometern gesprochen. Unter den Städten dieser Landschaft, *Latium* genannt, hat Rom erst allmählich, unter manchen Rückschlägen, seine führende Stellung errungen. Das Lateinische war zunächst nicht mehr als ein Dialekt unter anderen. Südlich von Rom wurde *Oskisch* gesprochen, nordöstlich von Rom *Umbrisch* – beide, nach den spärlich erhaltenen Denkmälern zu schließen, dem Latein sehr ähnlich. Man führt die verschiedenen Dialekte des frühen Italien auf ein hypothetisches *Ur-Italisch* zurück, und, soweit man es rekonstruieren kann, erweist sich dies als dem ältesten (archaischen) Griechisch sehr ähnlich. *Faliskisch* und *Venetisch* sind weitere Spra-

*Die Sprache des Imperiums*

chen oder Dialekte, von denen Spuren – in Inschriften – erhalten sind.

*Die Etrusker*     Die *Etrusker* hingegen, die ihre Wohngebiete weiter nördlich hatten, Städte besaßen, deren kulturelle Überlegenheit, zeitweise auch politische Übermacht lange Zeit den Aufstieg Roms, ja seine pure Existenz gefährdete, sprachen eine Sprache, die mit keinem dieser indogermanischen Dialekte, überhaupt mit keiner anderen Sprache verwandt ist. Sie benutzten ihr vom griechischen abgeleitetes Alphabet, so daß man die erhaltenen Inschriften lesen, damit freilich noch nicht notwendigerweise verstehen kann. Mit ihrer blutigen Unterwerfung durch die Römer, an der Sulla als Diktator einen beträchtlichen Anteil hat, ist ihre Sprache erloschen, im wesentlichen schon im Jahrhundert Ciceros, wenn auch Reste sich erhalten haben mögen, besonders in der Toscana, deren Name auf die *Tuscer* (andere Bezeichnung für die Etrusker) zurückgeht.

Nachdem sie und das Bergvolk der Samniten unterworfen waren, konnten die Römer ihren Machtbereich auf ganz Italien ausdehnen, auch den ihrer Sprache mit Ausnahme derjenigen Teile Unteritaliens, die das Griechische beibehielten. Die Eroberung Italiens war etwa 250 v. Chr. abgeschlossen. Die Expansion ging aber sogleich weiter, griff auf die Inseln Sardinien, Korsika, Sizilien über. Nachdem Karthago, die wichtigste mit Rom konkurrierende Macht im westlichen Mittelmeer, niedergeworfen, ja ausgelöscht war, wurden Nordafrika, Spanien, Gallien (in etwa das heutige Frankreich), Teile Germaniens und Britanniens, die Balkanhalbinsel und auch Griechenland und die Randländer des östlichen Mittelmeers einschließlich Ägypten dem Reich einverleibt. So können wir heute römische Baudenkmäler und Ruinen in allen diesen Ländern bewundern.

Die römischen Kolonien, zentral von der Hauptstadt des Imperiums aus verwaltet, wurden durch feste Straßen mit ihr verbunden. Diese Straßen und der Handel und Verkehr auf ihnen, die militärische Besetzung der Provinzen, die römische Verwaltung und Rechtsprechung, schließlich auch Besiedlung, – umgekehrt auch das Hereinströmen Hunderttausender von Menschen nach dem Mittelpunkt Rom: dies alles wirkte zusammen dahin, daß die lateinische Sprache überall – außer in den östlichen Reichsteilen – die bisher dort gesprochenen Sprachen überlagert und großenteils verdrängt hat, nicht ohne dabei Einflüsse, auch Lehnwörter, aus den Sprachen der unterworfenen Völker, z. B. auch aus dem Etruskischen, aufzunehmen. Der Westen des Reiches und die Donauländer sprachen nun überwiegend lateinisch – im Osten blieb das Griechische herrschend, zumal die Römer es für ihre östliche Reichshälfte zur zweiten Amtssprache erklärten.

Das klassische Latein in der Form, die es im Zeitalter Ciceros erreicht hatte, war die herrschende Sprachnorm; zur Bildung hiervon weit abweichender Dialekte scheint es zunächst nicht gekommen zu sein.

Schon mancher hat sich wohl die Frage gestellt: Wenn ein deutscher Schüler eines humanistischen Gymnasiums einen klassischen lateinischen Text laut vorläse (im Altertum kannte man *nur* lautes Lesen) und wenn ein wiedererstandener Römer ihm zuhörte: würde er seine Sprache sofort erkennen und den Text mühelos verstehen? Oder sprachen die Römer vielleicht ganz anders? Dem Schriftbild des heutigen Französisch etwa läßt sich auch nicht ansehen, wie die Franzosen es aussprechen. Woher können wir z. B. wissen, ob Caesar diesen Namen [kɛzar] oder [tsɛzar] aussprach, ob Cicero sich [k̲ikero] oder [tsi̲tsero] (oder auch noch anders) nannte? *Die Franzosen sprechen ein *c* vor *e* oder *i* heute als scharfes [s] aus, die Italiener wie [tʃ], die Spanier wie ein englisches [θ]. *Irgendwann* muß die »Erweichung« des [k] zu einem Zischlaut eingetreten sein: in späterer Zeit – oder sprach schon Cicero so?

Die Forschung verfügt über zahlreiche Anhaltspunkte, um diese Frage zu beantworten.

Ein Indiz bilden Fälle, in denen lateinische Texte mit griechischen Buchstaben niedergeschrieben wurden. Ein Grieche hätte für den k-Laut stets das griechische *Kappa,* für den z-Laut ein *Zeta* verwendet. Hinweise lassen sich insbesondere auch gewinnen aus Lehnwörtern, die aus dem Lateinischen in andere Sprachen übernommen wurden. Daß das deutsche Wort »Kaiser« nichts anderes darstellt als die Übernahme des Namens Caesar (die Verschiebung der Bedeutung vom Namen einer Person zur Funktion des Herrschers ist vielleicht bei den germanischen Stämmen, nicht bei den Römern eingetreten), läßt darauf schließen, daß *zur Zeit dieser Übernahme* die

*Wie sprachen die Römer?*

*k oder z?*

Römer den Anlaut als [k] (und den Vokal wahrscheinlich als Diphthong) gesprochen haben. Ähnliches gilt dann für Wörter wie »Kiste« aus lat. *cista* oder »Keller« aus lat. *cellarium*. Andererseits ist aus dem lateinischen *cella* unser Wort »Zelle« gekommen (nicht »Kelle«!).

Die Übernahme solcher Lehnwörter läßt sich niemals auf den Tag genau datieren, aber ihr erstes Auftauchen in der zweiten Sprache gibt doch starke Anhaltspunkte. So sind die Fachgelehrten heute der Meinung, daß die Römer der klassischen Zeit das *c* stets als k-Laut gesprochen haben, daß die »Erweichung« einer späteren Sprachepoche angehört. »Kaiser« gilt übrigens als ältestes lateinisches Lehnwort in den germanischen Sprachen.

*Nasale*    Es wird auch angenommen, daß Silben auf *-m* und *-n* mit *Nasalvokal* gesprochen wurden, so daß der Anfang des Spruches *Dulce et decorum est pro patria mori* (»Süß und ehrenvoll ist es, für das Vaterland zu sterben«) im Munde eines Römers etwa [dulkɛt dɛkorūst ...] geklungen hätte (nur fünf Silben!).

*Vokale*    Während man, dies zugrundelegend, die Konsonanten vermutlich annähernd »echt« aussprechen kann, kann man die *Länge der Vokale* einem Text, solange man die lateinische Sprache nicht beherrscht, nicht ansehen. Es macht aber einen wesentlichen Bedeutungsunterschied aus, ob ein Vokal kurz oder lang gesprochen wird: In dem Satz *Europa antiqua historia sua clara est* stehen die Wörter *Europa antiqua ... clara ...* im Nominativ: das *a* am Ende ist kurz zu sprechen; *historia sua* steht im Ablativ, das *a* ist lang zu sprechen. Beachtet man das nicht, wird der Satz für den Hörer unverständlich oder auch mehrdeutig. Er bedeutet, richtig ausgesprochen: »Das alte Europa ist durch seine Geschichte berühmt«.

*Der Niedergang*    Der Zusammensturz des Weltreiches, der sich früh in den Einfällen »barbarischer«, vor allem germanischer Stämme über die Reichsgrenzen hinweg ankündigt, zieht schließlich das Ende des Lateinischen als einer »lebenden«, d.h. von großen, geschlossen siedelnden Bevölkerungsgruppen im Alltagsleben gesprochenen Sprache nach sich. Die Wissenschaft setzt den Zeitpunkt, zu dem das Latein zur »toten« Sprache wird, um 500 oder 600 n.Chr. an.

Eine solche Zäsur zu setzen, befriedigt unser Bedürfnis nach Gliederung und Periodisierung – aber kann man im Ernst vom »Tod« des Lateinischen sprechen? Die Sprecher dieser Sprache werden ja nicht plötzlich ausgerottet, sie leben und sprechen weiter; sie nehmen auch keine andere Sprache an. Aber die Sprache, die sie sprechen, ist *anders*. Verändert hat sich die Sprache immer, auch in den ersten nachchristlichen Jahrhunderten, und das *gesprochene* Latein *(Vulgärlatein)* war schon zur klassischen Zeit vom geschriebenen, literarischen durchaus verschieden. Aber nun haben die Veränderungen ein Ausmaß erreicht, das es angezeigt erscheinen läßt, sie nicht mehr einfach *Latein* zu nennen.

Längst vor dem oben berührten Einschnitt war das Lateinische, die Sprache des heidnischen Imperiums, zur Sprache der christlichen Kirche - jedenfalls im westlichen Europa - geworden. Damit öffnet sich einer der Wege, auf denen das Latein über das Mittelalter hinweg bis in die Gegenwart mindestens für einen breiten Bereich Leben und Lebenskraft bewahren konnte. Etwa vom 2. Jahrhundert ab ist diese Entwicklung zu beobachten. Tertullian, einer der frühen »Kirchenväter«, ein Karthager, der etwa 160 n. Chr. geboren ist, hat an der Formung dieses *Kirchenlatein* einen bedeutenden Anteil.

*Die Sprache der Kirche*

*Tertullian*

Während das Latein sich allmählich im Raum der Kirche gegenüber dem Griechischen - der Sprache des Neuen Testamentes! - durchsetzte, nahm es zugleich mit den christlichen Ideen und Begriffen zahlreiche Wörter aus dem Griechischen in sich auf, Wörter wie *apostolus, diaconus, episcopus, evangelium, propheta,* die in der Form »Apostel«, »Diakon«, »Bischof«, »Evangelium«, »Prophet« so fest in unserer deutschen Sprache eingewurzelt sind, daß sie kaum noch als Fremdwörter empfunden werden. Auch »Almosen« (aus griech. *eleemosyne*) gehört in diese Reihe.

Das Lateinische ist die Sprache der Patristik, der Kirchenväter der römischen Zeit, und der Scholastik, der christlichen Philosophie des Mittelalters. Es wurde zur Sprache der kirchlichen Verkündigung und des Gottesdienstes und zu einem Instrument der päpstlichen Herrschaft. Die erste Rundfunkansprache eines Papstes wurde 1931 in lateinischer Sprache gehalten.

Erst in unserer Zeit ist durch das II. Vatikanische Konzil die Monopolstellung des Lateinischen eingeschränkt worden. Das Lateinische war zwar alleinige Verhandlungssprache des Konzils (es fand keine Simultanübersetzung der Ansprachen und Diskussionen in andere Sprachen statt), doch wurde für die Meßfeier der Gebrauch der jeweiligen Landessprache neben der lateinischen zugelassen – eine bis heute noch umstrittene Entscheidung.

Die festgehaltene Tradition, nach der der Papst amtliche Verlautbarungen, insbesondere Enzykliken, weiterhin in Latein hinausgehen läßt, hat, da die Kirche sich mit allen Erscheinungen des modernen Lebens auseinandersetzen muß, dazu geführt, daß für viele technische Gegenstände lateinische Namen gebildet wurden. *Accedat ad microphonium Eminentissimus* ... (»Es trete ans Mikrophon Eminenz ...«), so kündigte der leitende Sekretär einen neuen Redner an. »Mikrophon« ist natürlich ein griechisches Wort. ...

*Die Einheit geht verloren*    Um die zweite Entwicklung außerhalb der Kirche schildern zu können, muß man jetzt unbedingt eine Differenzierung vornehmen, und zwar sowohl nach Sprachschichten wie auch nach Regionen. *Sprachschichten:* Etwa vom 6. Jahrhundert ab entfernt das Lateinische als Sprache der Literatur, der Wissenschaft, der Geistlichkeit sich verstärkt von der gesprochenen Sprache, oder besser umgekehrt: Die sich wandelnde vulgärlateinische Volkssprache entfernt sich noch weiter vom schriftlich tradierten Latein. Es wird angenommen, daß etwa bis zum Jahre 800 ein Bürger Spaniens, Italiens, Frankreichs eine lateinisch gehaltene Predigt noch verstehen konnte; danach entfernen sich die Zweige immer weiter vom Latein und voneinander. Die zwei Jahrhunderte von 600 bis 800 werden als Übergangszeit bezeichnet; mit ihrem Ablauf zeichnet sich das Entstehen einer vom schriftlichen Latein – und auch vom mündlichen, soweit es, z. B. in den Klöstern, weiterhin gesprochen wurde – deutlich abgehobenen Volkssprache ab, die allmählich auch zur Schriftsprache wird.

Und hier muß nun die oben angekündigte *regionale* Differenzierung einsetzen: Die Entwicklung verläuft in den verschiedenen Regionen verschieden, es entsteht nicht *eine* Nachfolgesprache des Lateinischen, es entsteht eine ganze Reihe solcher Sprachen. Ihnen gilt das Sechste Kapitel.

*Das Latein des Mittelalters*    Während das Vulgärlatein, die gesprochene Sprache, mit dem Ende der Übergangszeit erlischt, um den nun

selbständig werdenden Tochtersprachen Platz zu machen
(diese Phase ist, bei regionalen Unterschieden im einzelnen, ungefähr mit dem 9. Jahrhundert erreicht), besteht das
Schriftlateinische nicht nur weiter; nein, es setzt zu einer
neuen, reichen Entfaltung, ja zu einem neuen Siegeszug an
und wird für ein knappes Jahrtausend das Verständigungsmittel des ganzen gebildeten Europa. Man nennt das Lateinische dieser Epoche, nicht sehr glücklich, *Mittellatein*.
Horizontal betrachtet, nach seinem Herrschaftsgebiet, erfaßt es ein noch größeres Gebiet als das Latein der Spät-
antike: Es hat diese Stellung von Irland im Westen bis
nach Ungarn und Polen im Osten, von Sizilien und Süd-
spanien (Nordafrika ging mit der Eroberung durch den
Islam dem lateinischen Europa verloren) bis nach Skandinavien.

Natürlich spielt es hierbei eine entscheidende Rolle, daß
die christliche Kirche das Lateinische zu ihrer Sprache gemacht hatte. Darin lag auch ein Anspruch des Papsttums,
der eigentliche Erbe des einstmals weltbeherrschenden
Rom zu sein. In der *Roma aeterna* (dem »Ewigen Rom«)
hatten einst Konsuln, Könige und Cäsaren geherrscht,
jetzt residierte dort das Oberhaupt der Christenheit.

Daß die Kirche das Lateinische pflegte und damit am
Leben hielt, ist nicht etwa nur für den Bereich des kirchlichen Lebens wichtig. Da weltliche Schulen oder gar Hochschulen im Mittelalter praktisch nicht existierten, war das
gesamte Schul- und Bildungswesen den Männern der Kirche anvertraut. In den Klöstern bewahrten Generationen
frommer und fleißiger Mönche große Teile des antiken
Schrifttums durch liebevolles handschriftliches Kopieren
vor dem Untergang. In den Klosterschulen lernte jeder
Schüler, der den geistlichen Beruf ergreifen oder eine Universität beziehen wollte, Latein, den Schlüssel, der allein
ihm Zugang zur höheren Bildung verschaffte.

Die Entwicklung verlief nicht gradlinig, sondern in Wel-     *Karolingische*
len. Einen ersten Aufschwung bildet die Erneuerungs-          *Renaissance*
bewegung, die Karl dem Großen wesentliche Impulse ver-
dankt und *karolingische Renaissance* genannt wird. Der
Kaiser berief Gelehrte aus England (Alkuin) und aus Italien an seinen Hof, aus Ländern, in denen lateinische Gelehrsamkeit sich besser bewahrt hatte als in Mitteleuropa.
Er selber erlernte die lateinische Sprache und soll sie so
fließend wie das Fränkische gesprochen haben - gespro-

chen, nicht geschrieben, denn, obwohl er sich bemühte, die Kunst des Schreibens zu erlernen, gelang es ihm nicht; er pflegte, wenn er Dokumente zu unterzeichnen hatte, seinem vom Schreiber vorgezeichneten Monogramm eigenhändig nur einen Strich – als Siegel der Authentizität – beizufügen.

Diese Erneuerungsbewegung reinigte das Latein von Einflüssen des Vulgärlateinischen. Das Latein der klassischen römischen Autoren galt wieder als Richtschnur. Schulen wurden eingerichtet – mit Latein als alleiniger Unterrichtssprache –, die über tausend Jahre leben sollten. Der äußerste Westen, Britannien und das bereits im 5. Jahrhundert christlich gewordene Irland, bildeten ein neues Zentrum, von dem aus das Christentum, und mit ihm das Lateinische, das mittlere und nördliche Europa eroberten.

*Scholastik*  Einen wichtigen Anteil an der oben erwähnten Bereicherung des Lateinischen hat die unter dem Namen *Scholastik* zusammengefaßte Theologie und Philosophie des Mittelalters. »Philosophie« ist dabei so weit zu fassen, daß sie fast alle Wissensgebiete noch einschließt, die heute als selbständige Wissenschaften existieren. Die jahrhundertelange Denkarbeit der großen Köpfe des Mittelalters vollzog sich in lateinischer Sprache und schlug sich in lateinisch geschriebenen Werken nieder. Das Lateinische wurde dabei verfeinert, rationaler, abstrakter, zum Ausdruck feiner Nuancen wie strenger Logik tauglich gemacht, zugleich reicherte es infolge einer blühenden Übersetzertätigkeit seinen Wortbestand mit zahlreichen Wörtern aus dem Griechischen wie dem Arabischen an.

**Humanismus**  Neue Anstöße zur Pflege des Lateinischen und zu einer Rückbesinnung auf klassische Vorbilder, im Mittelpunkt die Schriften Ciceros, brachte die als *Humanismus* bezeichnete Geistesbewegung, die von Italien ausgehend das ganze Abendland ergriff. Einer der Ahnherren dieser großen Bewegung ist der Dichter Francesco Petrarca (1304–74), der zugleich aber neben Dante zu den Begründern der modernen italienischen Sprache und Literatur zählt. Um die Wiederbelebung des klassischen Latein hat sich auch Lorenzo Valla (1407–57) verdient gemacht. Aus einer erbitterten Fehde Vallas mit seinem Zeitgenossen Poggio Bracciolini soll die verächtliche Bezeichnung

»Küchenlatein« stammen. Mit ihr sollte das entartete Latein karikiert werden, das in den Klöstern, und besonders
von den Laienbrüdern in den Klosterküchen, gesprochen
wurde. Dieses (am klassischen Latein gemessen) »verderb-
te« Latein, wie es später auch in den Dunkelmännerbrie-     *Dunkelmännerbriefe*
fen *(Epistulae obscurorum virorum)* von Ulrich von Hutten
und anderen deutschen Humanisten verulkt wurde, hatte
freilich den Vorzug, eine quicklebendige (und damit stän-
digem Wandel unterworfene) Sprache zu sein, während
das Latein der Wissenschaft immer der Gefahr einer Er-
starrung ausgesetzt blieb.

Die Universitäten des Mittelalters, wie sie vom 12. Jahr-     ***Hochschule und***
hundert an aufblühen, an der Spitze damals Bologna,     ***Wissenschaft***
Oxford, Paris, kennen als Unterrichtssprache nur das Lateinische. Das sorgte für eine Einheit - der Sprache wie des
Gedankens - im ganzen Abendland. Albertus Magnus
konnte in Paris ebenso wirken und lehren wie in Köln,
Nicolaus Copernicus absolvierte seine Studien - Theologie, Jurisprudenz, Mathematik, Astronomie und Medizin -
in Krakau, Bologna, Padua und Ferrara.

Grob gesprochen kann man sagen, daß alle wichtigen
Werke der Philosophie und der Wissenschaft etwa von 800
bis 1700 im ganzen Abendland in lateinischer Sprache erschienen. Was die Werke des Mittelalters anlangt, etwa die
von Thomas von Aquin, Wilhelm von Ockham oder Kaiser Friedrich II., so weiß das jedermann; es gilt aber auch
für die späteren Jahrhunderte:

Das Hauptwerk des Copernicus erschien in seinem To-     *Latein als*
desjahr 1543 unter dem Titel *De revolutionibus orbium*     *Wissenschafts-*
*coelestium* (»Über die Umdrehungen der himmlischen     *sprache*
Kreise«).

Ebenfalls 1543 erschien das Hauptwerk des in Brüssel
geborenen Andreas Vesalius *De humani corporis fabrica*
*libri septem* (»Sieben Bücher über den kunstvollen Bau des
menschlichen Körpers«). Es legt den Grund für die moderne Anatomie.

1600 erschien die grundlegende Schrift des Engländers
William Gilbert *De magnete magnetisque corporibus et de*
*magno magnete tellure* (»Über den Magneten, die magneti-
schen Körper und den großen Magneten Erde«); sie bringt
erste Erkenntnisse über Erdmagnetismen und Elektrizität.

Die Werke Johannes Keplers erschienen lateinisch:

*Mysterium cosmographicum, Harmonices mundi* (»Weltharmonik«), 1619.

Das Hauptwerk Francis Bacons, das die Erneuerung der gesamten Wissenschaft auf empirischer Grundlage fordert und das Zeitalter der modernen Wissenschaft einleitet, wurde 1620 angekündigt: *Instauratio magna* (»Die große Erneuerung«); es blieb unvollendet.

William Harvey gab seine bahnbrechende Entdeckung des Blutkreislaufs 1628 unter dem Titel *De motu cordis et sanguinis in animalibus* (»Über die Bewegung des Herzens und des Blutes bei den Tieren«) bekannt.

Der Tscheche Johann Amos Comenius (der Name ist nach humanistischem Brauch latinisiert aus tschechisch *Komenský*), Bahnbrecher der modernen Pädagogik, nannte sein 1658 erschienenes Grundwerk *Orbis sensualium pictus* ... (»Die sichtbare Welt in Bildern«; der genaue Titel ist viel länger); es wurde bis ins 19. Jahrhundert im Schulunterricht benutzt.

Benedictus de Spinoza (Name ebenfalls latinisiert aus *Baruch d'Espinoza;* er entstammte einer in den Niederlanden lebenden jüdischen Familie, deren Vorfahren aus Portugal vertrieben worden waren) nannte sein Hauptwerk *Ethica, ordine geometrico demonstrata* (»Ethik, nach Art der Mathematik dargestellt«), 1677.

Isaac Newton schrieb sein Hauptwerk, das die klassische, bis Einstein beherrschende Physik begründete, als *Philosophiae naturalis principia mathematica* (»Mathematische Grundlagen der Naturphilosophie«) im Jahre 1687.

Carl von Linné ließ sein Werk, mit dem er die Systematik in Botanik und Zoologie begründete, im Jahre 1735 als *Systema naturae* erscheinen; es wuchs ihm unter den Händen von einer bescheidenen Broschüre bis zum zwölfbändigen Werk mit 6000 Seiten.

Noch im 18. Jahrhundert hat der Schweizer Leonhard Euler seine mathematischen Hauptwerke in lateinischer Sprache veröffentlicht, auch im 19. Jahrhundert wählte sein Fachgenosse Carl Friedrich Gauß das Lateinische.

Dissertationen mußten in all diesen Jahrhunderten stets in lateinischer Sprache eingereicht und anschließend in einer Disputation mündlich verteidigt werden.

*Übergang zur Nationalsprache*   Mit dem Erstarken des Nationalgefühls wurde die Monopolstellung des Lateinischen in der Welt der Wissenschaft erst unterhöhlt und schließlich gebrochen. In

Deutschland hielt Christian Thomasius (1655–1728), einer
der Vorkämpfer gegen den Hexenwahn, an der Universität
Leipzig erstmals Vorlesungen in deutscher Sprache, womit
er sich allerdings zunächst eine schändliche Ausweisung
aus Stadt und Hochschule einhandelte. Leipzig ist für den
Übergang vom Latein zur Volkssprache auch insofern
kennzeichnend, als seine älteste Zeitung, die bereits um
1650 gegründete »Leipziger Zeitung«, in den ersten hundert Jahren ihres Bestehens zweisprachig – lateinisch und
deutsch – erschien.

Als Christian Thomasius und seine Kollegen in anderen *Lebendiges Latein*
Ländern vom Lateinischen als Sprache der Wissenschaft
zu den jeweiligen Landessprachen umschalteten, war die
Rolle des Lateinischen im Abendland damit keineswegs
ausgespielt. Wie und wo es weiterlebte, will ich in diesem
Schlußabschnitt an einigen Beispielen zeigen. Dabei geht
es nicht um die umfassende Frage: Was verdankt unsere
abendländische Kultur den Römern, und was lebt von ihrem Erbe fort? Darauf wäre eine zureichende Antwort nur
in der Form eines ganzen Buches zu geben. Es geht nur um
das Weiterwirken und die heutige Rolle der lateinischen
Sprache.

Wenig bekannt ist, welche Rolle das Lateinische in *Von Budapest bis*
Ungarn, also einem nichtromanischen Land, gespielt hat. *Washington*
Nachdem das Reitervolk der Magyaren in seinem heuti-
gen Siedlungsgebiet seßhaft geworden war, begann mit
Stephan I., dem Heiligen (ungar. *Szent István* [sɛnt iʃtvaːn],
wobei *Szent* eine Übernahme des lateinischen *sanctus* darstellt) die führende Rolle der Kirche (1001 Gründung des
Erzbistums Esztergom) und damit des Lateinischen, das
nicht nur Kirchensprache, sondern zugleich Verwaltungs-
und Kanzleisprache wurde. Bis 1840, über 800 Jahre lang,
führte das ungarische Parlament seine Debatten in lateinischer Sprache. Ein Jahrhundert früher, 1741, spielte sich
ein berühmt gewordener Vorfall ab: Kaiserin Maria Theresia, nach dem 1740 erfolgten Einmarsch der Preußen unter
Friedrich II. (dem Großen) in Schlesien, bat vor dem Preß-
burger Landtag um den Beistand »der tapferen und ritterlichen ungarischen Nation« – in lateinischer Sprache. Und
ihr antwortete der Zuruf: *Vitam nostram et sanguinem con-
secramus* – »Wir weihen (dir) unser Leben und Blut«. Einige
Anekdoten ranken sich um dieses Ereignis, und boshafte

Historiker kommentieren, die Ungarn hätten so lange am Lateinischen festgehalten, um nicht deutsch reden zu müssen. Auch heute erscheinen die Veröffentlichungen der Ungarischen Akademie der Wissenschaften unter lateinischem Titel.

*Polen*     Eine bedeutsame Rolle hat das Lateinische auch in Polen gespielt, wohl Hand in Hand mit, aber nicht ausschließlich bedingt durch das dort besonders enge Verhältnis zur katholischen Kirche – wird doch Maria, die Mutter Jesu, bis heute als Königin von Polen bezeichnet und im Gebet angeredet. Die wissenschaftliche Beschäftigung mit der lateinischen Sprache ist in Polen bis heute intensiv. Polens Nationaldichter Adam Mickiewicz wurde Professor für lateinische Literatur an der Universität Lausanne. Besonders Krakau ist heute noch eine Pflegestätte der klassischen Philologie. Als die Unesco um Spenden zur Wiederherstellung der Krakauer Altstadt bat, wurde Krakau als TOTIUS POLONIAE URBS CELEBERRIMA bezeichnet (»die berühmteste Stadt ganz Polens«).

Am Gegenpol unserer Zivilisation, in den USA, ist lateinisches Erbe an Schulen und Hochschulen ebenfalls lebendig. Auch pflegt man dort – ähnlich wie in Europa –, wenn es um Inschriften geht, die für die Dauer gedacht sind, sich gern des Lateinischen zu bedienen. Dollarnoten wie Münzen tragen ein lateinisches Motto.

Hinzugefügt sei, daß die Werbung fast überall, wenn sie nach Marken- oder Firmennamen Ausschau hält, auf lateinische Wörter zurückgreift. Man denke nur an »Lux«, »Facit«, »Eterna«, »Multimix«, »Continental«, »Victoria«.

*Medizin, Biologie,*     Alle Fachausdrücke der Medizin sind lateinisch (soweit
*Astronomie*     sie nicht griechisch sind). Die Anatomie bezeichnet alle Körperteile lateinisch. Der Arzt schreibt die allgemeinen Anweisungen auf Rezepten lateinisch. *Rp.* beginnt er: *Recipe* »Man nehme«. Sogar die Zahlen schreibt er römisch: nicht 10 Tabletten, sondern X.

Die Nomenklatur in Botanik und Zoologie ist lateinisch. Wie sollte eine internationale Verständigung möglich sein, wenn jeder Forscher die Pflanzen und Tiere (es gibt über eine Million Arten) in seiner Muttersprache benennen wollte – zumal die »Vulgärnamen« sogar innerhalb eines Sprachgebietes manchmal durcheinandergehen? Auch die Rangordnungen, in die die Lebewesen eingestuft werden (tagtäglich werden ja neue Arten entdeckt und beschrieben) sind lateinisch bezeichnet.

| | |
|---|---|
| *Regnum* | »Reich« |
| *Classis* | »Klasse« |
| *Ordo* | »Ordnung« |
| *Familia* | »Familie« |
| *Tribus* | »Stamm« |
| *Genus* | »Gattung« |
| *Species* | »Art« |
| *Varietas* | »Abart, Spielart« |

*Rangstufen der biologischen Nomenklatur*

Auch Sternbilder werden in der Astronomie mit ihren lateinischen Bezeichnungen angeführt, die international einheitlich sind. Und obwohl die Einteilung des Sternhimmels nach Sternbildern naturwissenschaftlich gesehen völlig willkürlich ist, bedienen sich die Astronomen doch bis heute, um einen bestimmten Stern zu identifizieren, dieses Hilfsmittels: α *Leonis* = der Stern »alpha (Regulus)« im Sternbild des Löwen.

*Das Recht*

Unser Rechtswesen hat jahrhundertelang unter dem bestimmenden Einfluß des großartigen Rechtssystems gestanden, das die Römer entwickelt haben. In vielen Bereichen ist es für unser Recht grundlegend geblieben. Vor unseren Gerichten wird zwar längst nicht mehr in lateinischer Sprache verhandelt, aber manche lateinischen Rechtsgrundsätze sind so populär geblieben, daß man ihnen alle Augenblicke auch in Tageszeitungen begegnen kann, etwa *In dubio pro reo* »Im Zweifelsfall zugunsten des Angeklagten« (bis heute gültiger Rechtsgrundsatz für das Urteil in Strafprozessen); *Minima non curat praetor* »Um Kleinigkeiten kümmert sich der Prätor nicht; Nebensächlichkeiten gehören nicht vor den Richter«; *Ultra posse nemo tenetur* (oder *obligatur*) »Über sein Vermögen (Können) hinaus ist niemand verpflichtet«. Weitere Beispiele am Schluß dieses Kapitels.

Am stärksten wirkt die lateinische Sprache fort in ihren romanischen Tochtersprachen und durch die Beiträge, die sie zur Entwicklung auch anderer, nicht-romanischer Sprachen geleistet hat. Darauf komme ich bei der Behandlung der deutschen und englischen Sprache zurück.

*Unser Kalender*

Der Kalender gehört zum allgemeinen Kulturerbe und zugleich zum sprachlichen Erbe. Sache und Namengebung durchdringen sich hier. Darum schalte ich einige Sätze zu diesem Thema ein.

Unser Kalender stammt in den wesentlichen Grundzügen von den Römern. Schon das Wort haben wir von ihnen: *Kalendae* hieß der erste Tag eines jeden Monats. Das Wort kommt von *calare* »rufen«. Warum es mit *k* geschrieben wurde (statt mit *c*) und warum es in der Mehrzahl steht, ist nicht aufgeklärt. Ausgerufen wurde am ersten jedes Monats, auf welchen Tag die Monatsmitte *Idus* (ein Plural; Wort unbekannten, nicht lateinischen Ursprungs, wahrscheinlich etruskisch) fiel (je nach Monatslänge), genauer, auf welchen Tag die *Nonae,* der 9. Tag vor den Iden, fielen. Wie umständlich! In der Tat zählten die Römer die Tage rückwärts: Es gab für sie den »16. Tag vor den Kalenden des August« oder »den 3. Tag vor den Iden des März«. – Die Redensart »etwas *ad calendas graecas* aufschieben« (d. h. bis zum St. Nimmerleinstag) hat sich bis heute erhalten.

*Die Monate* Unsere Monatsnamen sind bis heute lateinisch. Versuche, sie einzudeutschen, die schon mit Kaiser Karl dem Großen begannen, haben sich nicht durchgesetzt, ebensowenig wie die Monatsnamen der Französischen Revolution (z. B. *Brumaire*). Warum heißt aber der 9. Monat des Jahres »September« = »der siebte«, der 10. Monat »Oktober« = »der achte«, usw.? Das römische Jahr begann ursprünglich mit dem 1. März. An diesem Tag traten auch die jeweils neugewählten Konsuln ihr Amt an. Im Jahre 154 v. Chr. (die Römer zählten natürlich die Jahre anders, häufig *ab urbe condita,* Ton auf *con* = »von der Gründung der Stadt an«, welche die Sage in das Jahr 753 v. Chr. verlegt) brach in der Provinz Hispania ein Aufstand gegen die römische Herrschaft aus, und zwar im Dezember. Dem Senat erschien es zweckmäßig, mit der Niederschlagung lieber gleich die beiden neuen Konsuln zu betrauen, die ihr Amt bei Jahresbeginn, also am 1. März, antreten sollten; um das schneller herbeizuführen, beschloß man, das Jahr (154 v. Chr.) solle nur zehn Monate haben. Seither feiern wir Neujahr am 1. Januar. Es hat allerdings lange gedauert, bis sich das überall eingebürgert hat.

Dem September gingen ursprünglich *Quintilis* und *Sextilis* (also: »der 5. bzw. 6. Monat«) voraus; ersterer wurde zu Ehren Cäsars in *Julius,* letzterer zu Ehren des Kaisers Augustus in *Augustus* umbenannt.

*Julianischer und Gregorianischer Kalender* Das römische Jahr hatte bis Cäsar zwölf Monate von entweder 29 oder 31 Tagen (nur der Februar hatte 28), zusammen war es mit 355 Tagen – da es sich am Mond orien-

tierte – um rund 10¼ Tage gegenüber dem wirklichen Son-
nenjahr zu kurz. So mußte man jedes zweite Jahr einen
ganzen Schaltmonat von 22 oder 23 Tagen einschieben.
Die Reform, die Cäsar mit Hilfe des alexandrinischen Ma-
thematikers Sosigenes durchführte, gab den Monaten ihre
bis heute gültige Länge – das ergab fürs Jahr zehn Tage
mehr. Der verbleibende Vierteltag wurde durch einen alle
vier Jahre einzuschiebenden Schalttag ausgeglichen. Dieser »Julianische Kalender« trat in Kraft, nachdem Cäsar
im Jahr 46 v. Chr. 90 (neunzig) Schalttage eingeschoben
hatte. Er war so gut, daß Papst Gregor XIII. ihn im Jahre
1582 – nachdem er durch Wegfall von zehn Tagen die
Übereinstimmung mit den astronomischen Tatsachen wie-
derhergestellt hatte – nur noch geringfügig zu korrigieren
versuchte: alle vier Jahre ein Schalttag, beim vollen Jahrhundert fällt der Schalttag aus, aber nach je 400 Jahren tritt
er ein; also auch im Jahre 2000.

Die siebentägige Woche ist nicht römischen Ursprungs,     *Die Woche*
sondern geht wohl über das Christentum auf das Juden-
tum zurück, das den siebten Tag als Sabbath begeht. Unsere Namen für die Wochentage sind allerdings Übersetzungen der entsprechenden spätlateinischen Namen: »Montag« = *dies lunaris,* »Dienstag« = *dies Martis* (»des Kriegs-
gottes Mars«, ersetzt durch »Ziu«), »Donnerstag« = *dies
Iovis* (»des Jupiter«, ersetzt durch »Donar«), »Frei-
tag« = *dies Veneris* (»der Venus«, ersetzt durch »Freya«).
Aus der Reihe tanzen der »Mittwoch« *(dies Mercurii)* als
rein deutsche Wortbildung, und der »Sonntag« (*dies dominica,* »Tag des Herrn«). In unseren Nachbarsprachen
sind römische Namen unmittelbar erhalten: frz. *lundi,
mardi, mercredi … engl. Saturday (dies Saturni).*
Die 7-Tage-Woche führte Konstantin der Große verbindlich ein, sie begann mit dem Sonntag. Erst seit 1976
beginnt bei uns – nach einer damals in Kraft getretenen
DIN-Norm – die Woche mit dem Montag.

Daß das Latein in seiner Blütezeit eine Sprache von     *Prägnant und*
sprühender Vitalität war, geschmeidig, elegant, gleich ge-     *monumental*
eignet zu tiefem Ernst wie zur Ironie und zum Obszönen,
machtvoll hallend im Munde des großen Redners, präzise
und nüchtern im Munde des Historikers, des Staatsman-
nes, des Juristen – dies alles vermag sich mancher, der in
der Schule stöhnend lateinische Vokabeln gepaukt oder

Verbalformen memoriert hat, nur schwer vorzustellen – denn wer hat es schon so weit gebracht, daß er Horaz oder Cicero mühelos lesen kann, so daß er nebenbei auf den lebendigen Fluß und den Wohlklang der Sprache lauschen könnte?

In der Erinnerung von uns späten Nachfahren ist eher haften geblieben, daß diese Sprache zu äußerster Knappheit und Prägnanz taugte, zu Prägungen, die wie in Stein gemeißelt oder in Bronze gegossen klingen, die manchmal etwas Monumentales, für die Ewigkeit Geschaffenes an sich haben.

Tatsächlich sind nicht nur zahllose Wörter unserer Sprache römisches Erbe – oft in ihrer eingedeutschten Form gar nicht mehr als solche kenntlich wie etwa »Mauer«, »Fenster«, »Straße«; es haben vielmehr auch ungezählte rein lateinische Aussprüche, Maximen, Redensarten, Sprichwörter die Zeiten überdauert, sind bis heute lebendig geblieben und fließen bei passender Gelegenheit in unsere Rede ein. Ich möchte eine Auswahl solcher lateinischer Kern- und Merksätze hier vorführen und ordne sie der Einfachheit halber alphabetisch nach ihren Anfängen an, mit deutscher Übersetzung und soweit nötig mit kurzem Kommentar.

*»Geflügelte Worte« – lateinisch*

*Ab ovo* »Vom Ei an«. Dieses Wort des Horaz wird bei uns oft in der verkürzten Form gebraucht und soll dann etwa sagen »Von Adam und Eva an« (weit ausholend). Vollständig lautet es *Ab ovo (usque) ad mala* »Vom Ei bis zu den Äpfeln« und bezieht sich darauf, daß die Römer ihre Gastmähler mit Ei als Vorspeise zu eröffnen, mit Obst zu beschließen pflegten. An anderer Stelle lobt Horaz Homer, daß er seine Geschichte nicht *ab ovo* beginne, d. h. mit dem Doppelei, dem Helena entschlüpft war.

*Audiatur et altera pars* »Auch der andere (Teil) soll (an)gehört werden«, bezogen auf Streitfälle, besonders auf Gerichtsverfahren. Der Spruch stand jahrhundertelang über dem Portal vieler Gerichtsgebäude, ist aber im Wortlaut im römischen Recht nicht nachzuweisen, allerdings in etwas poetisch gedehnter Form bei Seneca.

*Cesare Borgia*

*Aut Caesar aut nihil* »Entweder Caesar oder gar nichts«. Wahlspruch des Papstsohnes Cesare Borgia, dessen ehrgeiziges Ziel es war, Alleinherrscher über ganz Italien zu werden; er ließ diese Worte auf Münzen prägen.

*Mäzen*

*Beatus ille qui procul negotiis* »Glücklich, wer fern von

den Geschäften«. Dieses Lob der Muße sang der Dichter Horaz, dem sein Gönner Maecenas (von dessen Namen unsere Worte »Mäzen«, »Mäzenatentum« abgeleitet sind) ein Landgut geschenkt hatte.

*Bella gerant alii, tu felix Austria nube* »Mögen andere Kriege führen – du, glückliches Österreich, heirate!« An einen Vers des Ovid angelehnter Leitsatz der Politik der Habsburger, die ihr Reich durch geschickte dynastische Heiraten mehrten. Entstanden im 14. Jahrhundert oder früher. *Die Devise der Habsburger*

*Bis dat qui cito dat* »Doppelt gibt, wer schnell gibt«. Römisches Sprichwort.

*Carpe diem* »Nutze den Tag«. Aus einer Ode des Horaz.

*Ceterum censeo Carthaginem esse delendam* »Im übrigen bin ich der Meinung, daß Karthago zerstört werden muß«. Nicht schriftlich belegter, aber seit dem Altertum überlieferter Ausspruch des älteren Cato, mit dem er fast jede seiner Reden vor dem Senat abschloß. *Karthago*

*Cogito ergo sum* »Ich denke, folglich bin ich (existiere ich)«. Kernsatz des französischen Philosophen René Descartes.

*Credo quia absurdum* »Ich glaube (gerade), weil es absurd ist«. Dem christlichen Kirchenlehrer Tertullian zugeschrieben, in seinen erhaltenen Schriften allerdings nicht nachzuweisen. *Credo quia absurdum*

*Cui bono?* »Wem nützt es? Wer hat den Vorteil davon?« Kriminalistischer Merksatz: Prüfe stets, wer bei einem Verbrechen (z. B. einem Mord) etwas gewinnt (vielleicht der Erbe?). In diesem Sinne bei Cicero gebraucht, soll auf Lucius Cassius zurückgehen. Manchmal auch benutzt in dem Sinne »Was soll's?«, »Wozu das alles?«

*Cuius regio, eius religio* Grundsatz der absolutistischen Politik, nach dem durch Reformation und Gegenreformation die Bevölkerung Deutschlands konfessionell gemischt war: »Wessen Land, dessen Religion«. Die Untertanen mußten sich der Religion des Herrschers unterwerfen. Auch in der Form *Cuius regio, illius et religio*. *Absolutismus*

*Cum grano salis* »Mit einem Körnchen Salz«: Man soll einen Satz, einen Ausspruch nicht zu wörtlich nehmen, sondern »mit einer Prise Salz«, d. h. mit Verstand, sinngemäß. Auf Plinius zurückgeführt.

*De mortuis nil nisi bene* »Von den Toten nur gut«, d. h. über Verstorbene soll man nicht schlecht sprechen. Wahr-

scheinlich nach griechischem Vorbild geformter Satz;
manchmal zitiert *De mortuis nil nisi bonum* – und von
einem englischen Schüler übersetzt als *In the dead there is
nothing but bones.*

*Difficile est satiram non scribere* »Es ist schwer, keine
Satire zu schreiben«, d. h. es liegt nahe, hier zum Satiriker
zu werden. Von dem Satiriker Juvenal.

*Teile und herrsche*  *Divide et impera* »Teile und herrsche!« In alten römi-
schen Quellen nicht nachzuweisen, aber als Grundsatz rö-
mischer Politik, z. B. bei der Behandlung des besiegten
Griechenland, deutlich erkennbar. Vielleicht erst in der
Renaissancezeit geprägt, Wahlspruch vieler erfolgreicher
Staatsmänner, besonders auch der Habsburger.

*Do ut des* »Ich gebe, damit (auch) du (mir) gibst«.
Rechtsgrundsatz bei der Einteilung und Auslegung von
Verträgen.

*Duo cum faciunt idem, non est idem* »Wenn zwei dasselbe tun, ist es nicht dasselbe«. Nach Terenz.

*Ecce homo*  *Ecce homo* »Siehe, welch ein Mensch!« Wort des Pontius Pilatus über Jesus Christus.

*Errare humanum est* »Irren ist menschlich«. Sprichwort.

*Exegi monumentum aere perennius* »Ich habe (mir, mit
meinem Lebenswerk) ein Denkmal errichtet, dauerhafter
als Erz«. Stolzes Wort des Horaz.

*Ex oriente lux* »Aus dem Osten (kommt das) Licht«. Soll
besagen, daß (von Rom aus gesehen) höhere Bildung, Kultur, Zivilisation aus dem Osten gekommen sind.

*Ex ungue leonem* »Aus der Kralle das (ganze) Tier (den
Löwen)«. Nach einer griechischen Anekdote über einen
Künstler, der aus der Tatze allein den ganzen Bau dieses
königlichen Tieres zu rekonstruieren vermochte. Heute
meist verwendet in dem Sinne »Aus den Spuren, aus der
Handschrift erkennt man, wer hier am Werke war«.

*Fiat iustitia pereat mundus* »Die Gerechtigkeit nehme ihren Lauf, selbst wenn die Welt darüber zugrunde geht«. In
positiver Auslegung, als Bekenntnis zu höchster Gerechtigkeit, Wahlspruch des Kaisers Ferdinand I.; heute meist als
Ironisierung einer allzu formalen Rechtsauslegung und
Rechtsprechung.

*Fortiter in re, suaviter in modo* »Fest in der Sache, verbindlich in der Form«. Auf Horaz zurückgeführt.

*Habent sua fata libelli* »Büchlein haben ihre Schick-
sale«. Zurückgeführt auf einen Grammatiker Terentian,

gemeint in dem Sinne: Es hängt vom Leser ab, was er aus einem Buch macht.

*Homo homini lupus* »Der Mensch ist dem Menschen Wolf«. Wort des englischen Staatsphilosophen Thomas Hobbes.

*Iacta est alea* »Der Würfel ist gefallen«. Nach Sueton Ausspruch Cäsars, als er 49 v. Chr. das Flüßchen Rubikon – und damit die Schwelle zum blutigen Bürgerkrieg – überschritten hatte. Manche Forscher vermuten, Cäsar habe nicht diesen Satz gesprochen, sondern – in Anlehnung an ein bekanntes griechisches Sprichwort (er sprach gut Griechisch) vielmehr gesagt: »Jetzt mögen die Würfel fallen«. *Cäsar am Rubikon*

*Ignoramus, ignorabimus* »Wir wissen es nicht, (und) wir werden es nicht wissen«. Ausspruch des Naturforschers Emil du Bois-Reymond, eines Hugenotten, 1873 in Leipzig, der besagen sollte: Die Geheimnisse der Natur kennen wir (Naturforscher) nicht, wir werden sie auch nie ergründen. »Ins Inn're der Natur dringt kein erschaff'ner Geist.«

*In hoc signo vinces* »In diesem Zeichen wirst du siegen«. Nach der Überlieferung erschien dem Kaiser Konstantin vor einer Schlacht im Jahre 312 n. Chr. in einer Vision das Bild des Kreuzes (als Symbol des Christentums) und dazu die genannte Inschrift. Der Kaiser siegte, trat zum Christentum über und machte es zur Staatsreligion. *Kaiser Konstantin*

*Inquietum (est) cor nostrum, donec requiescat in Te* »Unruhig ist unser Herz, bis es ruhet in Dir«. Wort des Kirchenvaters Augustinus in seinen »Bekenntnissen«, wahrscheinlich angelehnt an ein Wort Ciceros.

*INRI* Abkürzung für *Iesus Nazarenus Rex Iudaeorum* »Jesus von Nazareth, König der Juden«. Inschrift der Tafel, die auf Geheiß des Pontius Pilatus am Kreuz Christi angebracht wurde. *INRI*

*In vino veritas* »Im Wein ist Wahrheit«, d. h. der Wein löst die Zunge und bringt die Wahrheit ans Licht. Dem Plinius zugeschrieben, vielleicht griechischen Ursprungs (Alkaios).

*Iustitia est fundamentum regnorum* »Die Gerechtigkeit ist die Grundlage der Reiche (der Herrschaft)«. Wahlspruch des Kaisers Franz I. von Österreich.

*Manus manum lavat* »Eine Hand wäscht die andere«. Schon bei antiken Autoren belegtes Sprichwort.

*Medias in res* »Mitten hinein in die Sache!« Wort des

Horaz als Mahnung an den Dichter wie für den, der gewandt und amüsant unterhalten möchte.

*Medicus curat, natura sanat* »Der Arzt kuriert, (nur) die Natur heilt«. In griechischer Fassung dem Hippokrates zugeschrieben.

*Beim Triumphzug*   *Memento te hominem esse* »Denke daran, daß du (nur) ein Mensch bist!« Wenn ein Feldherr nach einem bedeutenden Sieg durch einen Triumphzug geehrt wurde und, in die Purpurtoga gekleidet und mit Lorbeer bekränzt, im vierspännigen Prunkwagen zum Capitol fuhr, mahnte ihn dieser ständig wiederholte Zuruf daran, nicht hochmütig zu werden und sich nicht den Göttern gleich zu fühlen.

*Mens sana in corpore sano* »Gesunder Geist in gesundem Körper«. Meist falsch angewendet in dem Sinne: Gesundheit des Geistes setze einen gesunden Körper voraus, oder gar: Gesundheit des Geistes stelle sich als Folge körperlicher Gesundheit quasi von selber ein. Der von Juvenal stammende Satz lautet vollständig *Orandum est, ut sit mens sana in corpore sano* »Zu erflehen ist (man soll die Götter bitten um) einen gesunden Verstand in einem gesunden Körper«, soll heißen: Gesundheit des Leibes und gesunder Verstand sind für den Menschen am wichtigsten, ja das einzig Wichtige.

*Das Lächeln*   *Mirari, quod non rideret haruspex* »Es ist zum Wundern,
*der Auguren*   daß der *Haruspex* (der Opferbeschauer, der wahrsagende Priester) nicht lacht«. Eine Weisheit, die auch in dem Wort vom »Lächeln der Auguren« steckt.

*Mors certa, hora incerta* »Der Tod ist gewiß, (seine) Stunde ist ungewiß«. Häufig als Inschrift auf alten Uhren.

*Multum non multa* »Vieles, nicht vielerlei«. Wahlspruch des jüngeren Plinius, auf die Lektüre bezogen: Man soll viel oder vieles lesen, aber nicht vielerlei! Motto Arthur Schopenhauers für sein Hauptwerk.

*Mundus vult decipi* »Die Welt will betrogen werden«. Manchmal Paracelsus zugeschrieben, manchmal dem päpstlichen Legaten Caraffa (später Papst Paul IV.); stammt aber aus Sebastian Brants »Narrenschiff« (1494), lat. Fassung bei Sebastian Franck (»Paradoxa...«, 1534).

*Naturam expellas furca, tamen usque recurret* »Du magst die Natur mit der Forke (Heugabel) austreiben, sie wird doch stets zurückkehren«. Horaz hat dieses Wort auf den Garten gemünzt, es paßt aber auch auf die »Natur« des Menschen.

*Natura non facit saltum* »Die Natur macht keinen Sprung«. Urheber nicht bekannt. Von Goethe gerühmter Spruch: In der Natur geht alles stetig, in gesetzmäßiger Entwicklung, in fließenden Übergängen zu.

*Ne bis in idem* »Nicht zweimal für dasselbe«. Rechtsgrundsatz: Eine rechtskräftig abgeschlossene Sache ist endgültig erledigt, sie darf nicht wieder aufgegriffen, insbesondere darf ein Verurteilter nicht nochmals wegen derselben Tat angeklagt werden.

*Nemo ante mortem beatus* »Niemand ist vor seinem To- *Krösus* de glücklich zu preisen«. Nach der Überlieferung Antwort des weisen Solon auf die Frage des reichen Königs Krösus *(Kroisos),* wer der Glücklichste unter den Sterblichen sei. Und Krösus endete in schmachvoller Gefangenschaft.

*Nervus rerum* »Der Nerv (aller) Dinge«. Gemeint ist das Geld, das heute noch oft so genannt wird. Von Cicero geprägt in Anlehnung an Demosthenes.

*Noli me tangere* »Rühr mich nicht an!« Nach dem Johannes-Evangelium Worte Jesu zu Maria Magdalena.

*Non olet* »Es stinkt nicht«. Kaiser Vespasian besteuerte *Non olet* die Handwerker (Gerber u. a.), die den Urin aus den in den Straßen Roms als Pissoirs aufgestellten Amphoren verwerteten. Als sein Sohn Titus ihn deswegen tadelte, hielt der Kaiser ihm ein Geldstück unter die Nase: »Riechst du etwas? Es stinkt nicht.« Heute: Dem Geld merkt man seine - vielleicht anrüchige - Herkunft nicht an.

*Non scholae sed vitae discimus* »Nicht für die Schule lernen wir, sondern für das Leben«. Pädagogisches Motto. Freilich hatte der Urheber, Seneca, voll bitterem Spott über das Bildungswesen seiner Zeit geschrieben: *Non vitae sed scholae discimus* »Da lernt man für die Schule anstatt fürs Leben!«

*Nuda veritas* »Die nackte Wahrheit«. Redewendung von Horaz.

*Ora et labora* »Bete und arbeite!« Wahlspruch des Heili- *St. Benedikt* gen Benedikt von Nursia, Begründer des Benediktiner-Ordens in seinem Stammkloster auf dem Monte Cassino und damit des abendländischen Mönchtums.

*O tempora, o mores* »Was für Zeiten, was für Sitten!« Ausruf des Cicero über die beklagenswerten Zeitumstände, in einer Rede im Jahre 63 v. Chr., von seinem später freigelassenen Sklaven Tiro in Kurzschrift festgehalten.

*Panem et circenses* »Brot und Spiele«. Ausruf des Juvenal: Brot und Spiele sind alles, was die Menge braucht und verlangt.

*Pars pro toto* »Der Teil für das Ganze«. Grundsatz römischer Philosophen und Logiker: Man kann aus einem Teil auf das Ganze schließen.

*Principiis obsta* »Widerstehe den Anfängen!« Wenn sich ein Übel, ein Laster erst festgesetzt haben, sind sie nur noch schwer auszurotten (Ovid).

*Nero*    *Qualis artifex pereo* »Welch ein Künstler geht mit mir zugrunde!« Von Sueton überlieferter Ausspruch des Kaisers Nero, der sich als Dichter und Sänger produzierte, vor seinem Selbstmord.

*Qui tacet, consentire videtur* »Wer schweigt, stimmt offenbar zu«, d. h. wird so angesehen oder behandelt, als habe er zugestimmt. Grundsatz aus dem Kirchenrecht.

*Quod licet Iovi, non licet bovi* »Was Jupiter zusteht, steht dem Ochsen (noch lange) nicht zu«. Sprichwort.

*Quod non est in actis, non est in mundo* Rechtsgrundsatz: »Vor Gericht findet nur Berücksichtigung, was vor Gericht vorgebracht wurde und in den Akten festgehalten ist«. Heute oft ironisch verwendet.

*Relata refero* »Ich berichte (nur), was (mir) berichtet wurde«. Nach Herodot.

*Repetitio est mater studiorum* »Wiederholung ist die Mutter des Studierens«, oder: »Übung macht den Meister«. Wahrscheinlich Sprichwort.

*Roma locuta, causa finita* »Rom hat gesprochen, die Sache ist damit endgültig entschieden«. Rechtsspruch, der den Primat des Bischofs von Rom in der ganzen Christenheit unterstreicht.

*Semper aliquid haeret* »Es bleibt immer etwas hängen«. Ein Ratschlag für Verleumder, nach Plutarch, erneuert durch Francis Bacon.

*Sine lege nulla poena* »Ohne Gesetz keine Strafe«. Rechtsgrundsatz aus dem *Corpus iuris* in stark verkürzter Form. Eine Strafe darf nur verhängt werden für eine Tat, die durch ein Gesetz (das vor der Tat ergangen ist) ausdrücklich unter Strafe gestellt ist. Heute eine der Grundlagen jedes Rechtsstaates.

*Der Snob*    *Sine nobilitate* »Ohne Adel(sprädikat)«. In der abgekürzten Form *s. nob.* Eintrag in die Matrikeln (Schüler-, Studentenlisten) englischer Schulen und Universitäten, die überwiegend von Angehörigen des Adels besucht wurden.

Weil junge Leute mit diesem Vermerk ihre adligen Kommilitonen oft an Schneid, Aufwand und Marotten zu übertrumpfen suchten, soll sich aus dieser Abkürzung das Wort »Snob« entwickelt haben.

*Si tacuisses, philosophus mansisses* »Hättest du geschwiegen, wärest du ein Philosoph geblieben: Hättest du den Mund gehalten, könntest du noch heute für einen gescheiten Menschen gelten«. Wahrscheinlich zurückgehend auf den »Trost der Philosophie« von Boethius.

*Societas leonina* »Löwenartige Gesellschaft«: Sprichwörtliche Bezeichnung für einen Zusammenschluß sehr ungleicher Partner, bei dem der Stärkere alle Vorteile (den »Löwenanteil«) einheimst.

*Sub specie aeternitatis* »Unter dem Gesichtspunkt der *Spinoza* Ewigkeit gesehen«. Ausspruch des niederländisch-jüdischen Philosophen Baruch d'Espinoza (Benedictus de Spinoza).

*Suum cuique* »Jedem das Seine«. Abgewandelt aus einem Wort Ciceros, wörtlich in einem Satz des Kirchenvaters Ambrosius von Mailand: *Iustitia suum cuique tribuit* »Die Gerechtigkeit weist jedem das Seine, das ihm Gebührende zu«. *Suum cuique* war auch die Devise des preußischen Schwarzen Adlerordens.

*Tabula rasa* »Glatte Tafel« = die mit dem breiten Ende des Griffels geglättete Wachstafel, wie sie die Römer zum Schreiben benutzten: alles Frühere ausradiert, die Tafel bereit, Neues aufzunehmen. Heute: *Tabula rasa* machen = »Reinen Tisch machen, dann gründlich neu beginnen«.

*Tempora mutantur nos et mutamur in illis* »Die Zeiten ändern sich und wir uns mit ihnen«. Satz des Ovid über die Vergänglichkeit und den ewigen Wandel alles Menschlichen.

*Ubi bene ibi patria* »Wo es mir gut geht, da ist mein Vaterland«. Sprichwort, ähnlich ein Ausspruch des Cicero: Kennzeichen des römischen Kosmopolitismus.

*Ut desint vires tamen est laudanda voluntas* »Wenn auch die Kräfte fehlen, so bleibt doch der (gute) Wille zu loben«. Ausspruch von Ovid.

*Vae victis* »Wehe den Besiegten!« Das Wort wird zurückgeführt auf Brennus, einen gallischen Fürsten, der im 4. Jahrhundert v. Chr. Rom eroberte und plündern ließ. Als das Lösegeld abgewogen wurde, soll er sein Schwert auf die Waagschale geworfen und dabei diesen Ausspruch getan haben.

*Caesars Lapidarstil*     *Veni, vidi, vici* »Ich kam, sah, siegte«. Dieses Wort Caesars stammt aus einem Bericht über seinen Blitzfeldzug in Pontus.

*Videant consules* »Die Konsuln mögen zusehen«. Kurzformel für *Videant consules ne quid res publica detrimenti capiat* »Die Konsuln mögen sich darum bemühen, daß dem Staat kein Schaden geschieht«. So lautete der Beschluß, mit dem der Senat bei Gefahr im Verzug den Konsuln diktatorische Gewalt übertrug.

Meine kleine Blütenlese mag zeigen, wie vieles aus dem römischen Leben in seiner originalen sprachlichen Gestalt bis heute seine Lebenskraft und Gültigkeit bewahrt hat. Natürlich haben wir im Deutschen zahlreiche Redensarten und Zitate auch aus unseren Nachbarsprachen: *Time is money; Last not least; L'Etat c'est moi; Noblesse oblige; Se non è vero è ben trovato* usw.; das wundert niemanden, während die Fortwirkung des Lateinischen durch die Jahrhunderte doch erstaunlich ist.

*Humanistische*     Durch Jahrhunderte galt bei uns nur der als gebildet, der
*Bildung*     die Sprachen, die Literatur, die Geschichte der »Alten Welt«, also Griechenlands und Roms, kannte. Bis zum Ausgang des 19. Jahrhunderts war dieses Bildungsideal gültig.

Der englische Historiker Arnold Toynbee, geboren 1889, hat, mit einem Gefühl von Dankbarkeit, festgestellt, daß um die Jahrhundertwende, als er Schule und Universität absolvierte, nicht nur in Großbritannien, sondern in der ganzen westlichen Welt eine Art von Bildung tonangebend war, »die 500 Jahre vorher in Italien entstanden war«. Der Studierende sollte mit dem Griechischen und Lateinischen vertrauter gemacht werden als mit Deutsch und Französisch, er sollte in der Lage sein, in beiden Sprachen gute Prosa wie Verse zu verfassen. Warum? Der höchste Vorzug dieser »klassischen« Erziehung ist nach Toynbee, daß sie den Menschen in den Mittelpunkt stellt.

Dieses Ideal wird höchstens noch in den wenigen »humanistischen« Gymnasien hochgehalten. Als Grundlage unseres Bildungswesens haben wir es aufgegeben. Ob dieser Schritt richtig war – darüber sind bis heute die Meinungen geteilt.

Kann Europa zur Einheit zusammenwachsen, wenn es die sprachliche Vielfalt beibehält? Gewiß – um das zu begründen, verweist man gern auf das Vorbild der Schweiz, in der vier Sprachgruppen einträchtig unter einem staatlichen Dach vereinigt sind; überdies gibt es viele Staaten auf der Erde mit mehrsprachiger Bevölkerung.

*Latein und die Einheit Europas*

In welcher Sprache sollen aber die Institutionen eines vereinigten Europa sprechen? Es ist schwer vorstellbar, daß in einem »Europa der Zehn, der Zwölf oder Sechzehn« jede Sprache als Verhandlungssprache gleichberechtigt ist. Man wird sich auf Englisch, Französisch, Deutsch als Arbeitssprachen einigen; die Vertreter kleinerer Länder müssen sich anpassen.

Wäre es nicht besser, eine einheitliche europäische Gemeinsprache zu haben, die mit keiner der Nationalsprachen zusammenfällt und damit keiner Nation einen Vorteil verschafft?

Dafür wird von manchen Seiten Latein vorgeschlagen. Ist es nicht seit langem eine »tote« Sprache? Antwort: Haben nicht die Israeli die schon seit viel längerer Zeit tote hebräische Sprache wieder erweckt und zur Sprache eines modernen Staates gemacht?

Die Befürworter einer »lateinischen Lösung« des Problems machen geltend: Latein ist die Muttersprache Europas. Das lateinische Erbe hält Europa zusammen. »Keine politische oder wirtschaftliche Organisation kann jemals leisten, was die kulturelle Einheit uns gibt« – dieses Wort des englischen Nobelpreisträgers T. S. Eliot wird dazu zitiert.

Stoff zum Nachdenken!

# SECHSTES KAPITEL

# Die stolzen Töchter

Wir wenden uns jetzt zurück zu der Übergangszeit, in der sich die lateinische Schrift- und Hochsprache, obzwar auch sie sich wandelte, von dem gesprochenen Volkslatein immer weiter entfernte. Diese Volkssprache ist es, aus der in stetiger Entwicklung unsere heutigen *romanischen* Sprachen hervorgewachsen sind, und da sich die Volkssprache in den verschiedenen Teilen des weiten Römerreichs in verschiedene Richtungen entwickelte, haben wir heute nicht eine Nachfolgesprache des Lateinischen, sondern mehr als ein halbes Dutzend. Warum erfolgte diese Aufspaltung in verschiedene – heute beträchtlich verschiedene – Sprachen? Einmal dürften die Sprachgewohnheiten der Völker aus der Zeit, bevor sie das Lateinische übernahmen, noch nachgewirkt haben. Die Forschung nimmt an, daß solches Nachwirken noch anhalten kann, wenn die frühere Sprache bereits so gut wie ausgestorben ist. Dialektunterschiede bei den römischen Besatzungstruppen können eine Rolle gespielt haben.

*Vom Latein zu den romanischen Sprachen*

Mit dem Verfall der zentralen Autorität Roms verringerte sich auch die Kommunikation unter den Reichsteilen, und es ist ein überall zu beobachtendes Phänomen: Zwei Sprachgemeinschaften, seien es nun große Bevölkerungsgruppen oder die Bewohner eng benachbarter, aber durch schroffe Bergketten getrennter Gebirgstäler, nehmen, sobald sie voneinander isoliert werden, eine immer stärker divergierende sprachliche Entwicklung. Auf diese Weise war im 9. Jahrhundert eine beträchtliche Anzahl vulgärlateinischer Dialekte entstanden. Welche von ihnen zu »Sprachen« im vollen Wortsinne wurden, also zu Staats-, Schrift-, Literatursprachen, wurde durch außersprachliche Faktoren bestimmt: politische, verwaltungsmäßige und soziale.

Im allgemeinen wird das *Französische* unter ihnen an erster Stelle genannt – nicht wegen der Zahl seiner Sprecher, die ist für das Spanische, nimmt man Lateinamerika hinzu, viel größer, sondern wegen seiner zwei Jahrhunderte lang führenden Rolle als Sprache der Höfe und der Diplomatie, der feineren Bildung und der oberen Gesellschaftsschichten in vielen Ländern einschließlich des Zarenreiches. Zu Staatssprachen sind ferner *Spanisch, Italienisch, Portugiesisch* und *Rumänisch* aufgestiegen, dazu das *Rätoromanische,* das die Schweiz seit 1938 neben Deutsch, Französisch und Italienisch zur vierten Landessprache erhoben hat.

Das *Katalanische,* das um seine Anerkennung lange ringen mußte, das im Spanien Francos unterdrückt war, aber heute gesprochen wie geschrieben wieder lebendig ist (in Katalonien und Andorra ist es Amtssprache), hat eine eigene Literatur; eine wichtige Literatursprache war im Mittelalter auch das *Provenzalische* im Süden Frankreichs.

In weitem Ausmaß kann man auch das heutige *Englisch* als Tochtersprache des Lateinischen ansehen; wir besprechen es später in einem eigenen Kapitel.

*Gemeinsamer* *Wortschatz* Die romanischen Sprachen haben ihren Grundwortschatz aus dem Lateinischen übernommen, nicht immer allerdings aus der Schriftsprache; z. B. ist das lateinische Wort für »Kopf« *caput* zwar im span. *cabeza* erhalten, aber ital. *testa* und frz. *tête* gehen auf lat. *testa* zurück, das »Scherbe« bedeutet und wahrscheinlich von römischen Soldaten in abwertender Weise benutzt wurde wie im Deutschen »Birne« oder »Rübe« für »Kopf«.

*Das Schriftbild* *konserviert* Die Gemeinsamkeit des Wortschatzes tritt im Schriftbild meist klarer hervor als im gesprochenen Wort, weil die »konservative« (bewahrende) Rechtschreibung besonders im Französischen ältere Wortformen festhält, von denen sich die gesprochene Sprache inzwischen weit entfernt hat. Als Beispiel kann das Zahlwort für 5 dienen, das im Lateinischen *quinque* lautet. Daraus wurde

| *»Fünf« als* *Beispiel* | | Schreibung | Aussprache |
|---|---|---|---|
| | französ. | *cinq* | [sɛ̃k] oder [sɛ̃] |
| | ital. | *cinque* | [tʃiŋkwe] |
| | span. | *cinco* | [θiŋkɔ] |
| | portug. | *cinco* | [sĩku] |
| | rumän. | *cinci* | [tʃĩtʃ] |

Die Aussprache des Stammvokals läßt es glaubwürdig erscheinen, daß schon die Römer einen Vokal, dem ein *n* folgt (oder auch ein *m*), nasal ausgesprochen haben sollen.

Das Phänomen: Schreibung ähnlich oder gleich, Aussprache verschieden – tritt deutlich hervor bei den Konsonanten *c* und *g*, sofern ihnen ein *e* oder *i* folgt. Die lateinische Aussprache von *c* und *g* als [k] bzw. [g] vor *o, u* hat sich erhalten: Aus lat. *corvus* »der Rabe« wurde frz. *le corbeau*, ital. *il corvo*, portug. *o corvo* und span. *el cuervo* – im Spanischen ist meist ein *ue* an die Stelle eines lateinischen betonten *o* getreten, vgl. *fuerte* »stark«, *puerto* »Hafen«. Ein *c* vor *a* im Lateinischen ist im Französischen meist zu *ch* [ʃ] geworden: *champ* aus *campus, château* aus *castellum* (für das verlorene *s* steht als »Grabstein« der *accent circonflexe;* vgl. unten). Das *c* vor *e* und *i* wird dagegen heute noch in den wichtigsten romanischen Sprachen jeweils anders gesprochen, aber in keiner wichtigen mehr als [k]. Aus lat. *centum,* [kɛntum] (»hundert«) wird frz. *cent* [sã], ital. *cento* [tʃɛnto], span. *cien* [θiɛn] usw. Soll ein *g* vor *e* oder *i* als echtes [g] gesprochen werden, so muß der Franzose vor dem Vokal ein *u,* der Italiener ein *h* einschieben: ital. *la giacca* [dʒaka] »die Jacke«; aber *il ghiaccio* [giatʃo] »das Eis«. Entsprechend im Französischen: *gêner* [ʒene] »stören, in Verlegenheit bringen«, aber *guérir* [gerir] »heilen«.

Es lassen sich Dutzende von Seiten füllen mit Beispielen dafür, wie sich lateinische Wörter in den Tochtersprachen teils erhalten und teils verwandelt haben, und dabei lassen sich Gesetze des Lautwandels auffinden wie das oben erwähnte von *o* zu *ue* im Spanischen, wie die Erweichung eines anlautenden *c,* lat. [k], im Französischen: aus *causa* »die Sache« wird *chose* [ʃoz].

Die Verwandtschaft des Lateinischen mit seinen Tochtersprachen wird auch sehr sinnfällig, wenn man die Vaterunser-Bitte »Unser tägliches Brot gib uns heute« in fünf Sprachen untereinanderschreibt:

| lat.: | *Da nobis hodie panem nostrum quotidianum* | *Vaterunser* |
|---|---|---|
| französ.: | *Donne-nous aujourd'hui notre pain quotidien* | |
| span.: | *Danos hoy nuestro pan cotidiano* | |
| ital.: | *Dacci oggi il nostro pane quotidiano* | |
| portug.: | *O pão nosso de cada dia dai-nos hoje* | |

Während der Grundwortschatz des Französischen – wie seiner Schwestersprachen – überwiegend aus der (vulgär)lateinischen Sprache des Altertums und des Mittelalters stammt, ist eine zweite Welle von Lehnwörtern aus    *Dubletten* dem Lateinischen in der Zeit des Humanismus und der Renaissance eingedrungen, vielfach mehr Wörter der Schriftsprache, der Gelehrtensprache. Es kam dabei vor, daß ein lateinisches Wort, das schon längst im Französischen lebte, noch ein zweites Mal übernommen wurde, nun in einer dem lateinischen Original recht ähnlichen Form, während das alte Erbwort schon mannigfache Lautwandels- und -verschiebungsprozesse durchlaufen hatte. Solche Dubletten sind z. B.

| *Beispiele* | Lateinisch | Älteres Erbwort | Neues Lehnwort |
|---|---|---|---|
| | *causa* | *la chose* »die Sache« | *la cause* »der Grund, der Prozeßgegenstand« |
| | *sacramentum* | *le serment* »der Eid« | *le sacrement* »das Sakrament« |
| | *hospitalis* (Adj.) | *l'hôtel* »die Herberge« | *l'hôpital* »das Krankenhaus« |

Ähnliche Erscheinungen gibt es im Englischen. Das Beispiel *hospitale,* das wir hier gerade vor Augen haben, gibt Anlaß zu der Feststellung, daß der Zirkumflex, frz. *accent circonflexe,* das dachförmige diakritische Zeichen über einem Vokal, in der Regel als Zeichen für ein im Lateinischen vorhandenes, dann untergegangenes *s* (zuweilen auch für einen anderen ausgefallenen Laut) anzusehen ist; so auch in *asinus* »der Esel«, frz. *âne; costa,* frz. *côte* »die Küste«; *festum* »das Fest«, frz. *fête; testa* »die Scherbe, das irdene Gefäß«, frz. *tête* (»Kopf«); presbyter (urspr. griech.) »der Priester«, frz. *prêtre* usw.

Wir wollen aber, damit wir nicht allzutief in die *Romanistik,* die Lehre von den romanischen Sprachen, hineingeraten und, bevor wir sie als einzelne noch etwas genauer mustern, den Blick zunächst auf das richten, was die Tochtersprachen ungeachtet der Gemeinsamkeiten im Wortschatz (im *Lexikon* oder auch in der *Lexik*) viel tiefer von ihrer gemeinsamen Mutter unterscheidet als die Wandlungen der Aussprache. Sie haben nämlich, in unterschiedlichen Graden, ihren Bau, ihre Struktur verändert.

***Wandlungen im Sprachbau*** Auf die Frage: Welche unter den heutigen europäischen Sprachen steht ihrem Sprachtypus nach dem Latein am nächsten? erhalten wir vom Linguisten, vermutlich etwas

zögernd, eine überraschende Antwort: vielleicht das Neugriechische oder einige slawische Sprachen! Etwa das Russische, das ein ausgeprägtes Kasussystem hat, sogar mit
sechs Fällen gegenüber den fünf des Latein. Nun – selbstverständlich haben alle heutigen romanischen Sprachen
auch eine Deklination. Worin liegt der Unterschied?

Das Lateinische zeigt die Fälle (und damit die Beziehungen des betreffenden Wortes zu anderen Satzbestand-
teilen) in der Weise an, daß zum Wortstamm ein zweites
Formelement *(Morphem)* hinzutritt und mit ihm verschmilzt: *amicus* »der Freund«, *amici* »des Freundes«; *lex*
»das Gesetz«, *legis* »des Gesetzes«, *legem* »das Gesetz«
(Akk.). Und im Französischen? Da bleibt der Stamm (im
Singular) ganz unverändert, der Kasus wird lediglich
durch das hinzutretende *de* (beim Genitiv), *à* (beim Dativ)
ausgedrückt. Die Flexion erfolgt im Lateinischen *synthetisch* (durch Verschmelzung der Formelemente), im Französischen *analytisch* (die Elemente bleiben getrennt). Die
Ursachen einer solchen Wandlung sind vielfältig, sie dürften u. a. darin liegen, daß die analytische Flexion einfacher
ist, leichter zu lernen, leichter zu handhaben: *de* und *à*
kommen immer zur Anwendung, während im Lateinischen, je nach der Deklinationsklasse, der ein Substantiv
angehört (und die meistens, aber nicht immer, an der
Nominativendung zu erkennen ist) eine jeweils andere Abwandlung erfolgen muß: Singular auf *-us,* Plural auf *-i*
(oder aber auch auf [-u:s]), Singular auf *-a,* Plural auf *-ae*
usw. Das analytische Verfahren hat auch den Vorzug der
Eindeutigkeit. Im Lateinischen hat dasselbe Morphem
mehrere Funktionen: *amici* kann sowohl »des Freundes«
wie »die Freunde« heißen – welches davon, kann nur der
Satzzusammenhang ergeben. Die Ablativ-Endung stimmt
häufig mit der Endung eines anderen Falles überein:
*gladio* kann »dem Schwert« meinen, aber auch »mit dem
Schwert, durch das Schwert«.

Eine Entwicklung vom synthetisch-flektierenden Typus
hin zum analytischen hat sich in allen romanischen Sprachen vollzogen. Und wie steht es bei den Verben, bei der
Konjugation? Im Lateinischen herrscht wiederum ein
weitgehend synthetisches Verfahren: *amo, amas, amat,*
»ich liebe, du liebst, er liebt«, sind eindeutig durch das mit
dem Stamm verschmolzene Morphem festgelegt, so eindeutig, daß das Lateinische auf das Hinzusetzen des Perso-

*Vom synthetischen
zum analytischen
Sprachtypus*

nalpronomens im allgemeinen verzichten kann, wie es auf die Artikel, den bestimmten wie den unbestimmten, verzichtet, eben wegen der (freilich nicht immer ganz eindeutigen) Endungen – auch hierin ist das Russische ihm gleich. Aber auch andere Verbalformen erscheinen im Lateinischen als ein Wort, z. B. die Vergangenheit von *legere* »lesen«: *legi* »ich habe gelesen« (mit langem [e]), frz. *j'ai lu;* sogar der passive Infinitiv: *legi* »gelesen werden« (mit kurzem [ɛ]), frz. *être lu.*

Ein solcher Wandel wie der hier geschilderte ist immer (nur) tendenziell, nicht absolut. Denn auch das Lateinische hat analytische, also zusammengesetzte Verbalformen: *factum est* (von *facere*) »es ist gemacht worden«, frz. *cela a été fait,* und andererseits bewahren z. B. das Französische und das Spanische in Vergangenheitsformen eine synthetische Flexion: frz. *je bois* (von *boire*) »ich trinke«; *je bus* »ich trank«; span. *entro* (von *entrar*) »ich trete ein«; *entré* »ich trat ein«.

Zusammenfassend (und wie immer vereinfachend): Das Lateinische bewirkt Deklination und Konjugation größtenteils durch Morpheme, die mit dem Wortstamm verschmelzen (wobei sich manchmal auch der Stamm verändert wie in *lex, legis*). Seine Tochtersprachen bevorzugen für diesen Zweck Morpheme, die im Satz selbständig bleiben, wie die Präpositionen bei den Kasus, Hilfsverben bei vielen Verbalformen wie Passiv und Futurum.

*Französisch*     Fast jeder Franzose wird es gern hören, wenn man seine
*Das Lautsystem*   Muttersprache als die bedeutendste, die stolzeste unter den Töchtern der Mutter Latein bezeichnet. Weniger gern wird er zugeben, daß ausgerechnet diese Tochtersprache sich in mannigfacher Hinsicht am weitesten von der Mutter fortentwickelt hat; darüber täuscht manchmal die konservative Orthographie des Französischen hinweg.

Die Franzosen verwenden im Prinzip dasselbe lateinische Alphabet wie wir. Viele Konsonanten sprechen sie auch ähnlich aus wie die Deutschen. Allerdings, das *g* vor *e* und *i* wird zum [ʒ]; das *v* ist immer [v] und nicht wie im Deutschen manchmal auch [f]; das *h* bleibt stumm; trotzdem gibt es zwei Arten von *h*: das *h* in *héros* (»Held«) ist ein *h aspiré*, es wird zwar nicht wirklich behaucht wie ein deutsches [h], macht sich aber bemerkbar, indem es die Bindung *(liaison),* das Herüberziehen eines vorangehenden Konsonanten nicht zuläßt – man spricht also den Plural *les héros* [le ero], während der Plural von *harmonie,* geschrieben *les harmonies,* [lezarmoni] zu sprechen ist.

Die Unterschiede liegen hauptsächlich bei den Vokalen. In der Schrift kommen zwar nur die fünf Grundvokale *a, e, i, o, u* vor. Aber das führt irre. Nicht in erster Linie deswegen, weil das *e* durch diakritische Zeichen ergänzt werden kann: *é* mit dem *accent aigu* [aksã(t) egy] wird gesprochen etwa wie das deutsche e in »Lehm«; mit dem *accent grave* [aksã grav] wird es oft wie unser ä gesprochen, ohne Akzent verkümmert es meist zum fast tonlosen [ə] wie der Endvokal im deutschen Wort »Stube«. Das Auffallende des französischen Vokalsystems liegt aber in den Nasalvokalen, von denen es vier gibt und die den meisten Ausländern Ausspracheschwierigkeiten bereiten, jedenfalls wenn sie nicht wie Polen oder Portugiesen Nasale auch in ihrer eigenen Sprache haben. Die Nasale werden nicht durch eigene Schriftzeichen markiert, sondern durch das auf den Vokal folgende *m* wie in *nom* [nõ] »Name« oder durch folgendes *n* wie in *non* [nõ] »nein«. Aber so einfach ist die Sache nicht! Das *n* wirkt nasalierend auf den vorangehenden Vokal, wenn es das Wortende bildet wie im Beispiel *non,* auch wenn ein Konsonant folgt wie in *mont* [mõ] »Berg« oder *monde* [mõd] »Welt«, nicht aber, wenn ein Vokal folgt wie in *une* [yn] »eine« oder wenn das *n* (bzw. das *m*) verdoppelt folgt wie in den Flußnamen *Garonne* [garɔn] und *Somme* [sɔm].

Die französische Orthographie ist im wesentlichen historisch. Sie hält einen Lautstand fest, von dem sich die mündliche Sprache in vielen Fällen weit entfernt hat. *Orthographie*

So bewahrt die Schrift weitgehend Konsonanten am Wortende, die nicht mehr gesprochen werden: *front* [frõ] »Stirn«, *vert* [vɛr] »grün«. Das allein muß schon dazu führen, daß die Sprache eine Vielzahl von Homonymen, gleichklingenden Wörtern, aufweist. So kann das gesprochene Wort [vɛr] vier verschiedene Bedeutungen haben, wobei bei der Schreibung die Unterschiede hervortreten: *ver* heißt »Wurm«, *vers* bedeutet »gegen (gen)«, *verre* »Glas«, *vert* »grün«. Im allgemeinen ergibt im gesprochenen Text der Satzzusammenhang, welches Wort gemeint ist. Aber ein Franzose kann die mündliche gestellte Frage »Wie schreibt man [vɛr]?« nur mit einer Gegenfrage beantworten. *Viermal [vɛr]*

Hier sei angemerkt, daß diese Eigenart das Französische leicht, elegant und schnell sprechbar macht (darauf kommen wir gleich noch zurück), aber doch einen Verlust an Eindeutigkeit mit sich bringt, wie besonders deutlich wird, wenn man die entsprechenden italienischen Wörter daneben stellt: *verme* [vẹrme] »Wurm«; *verso* [vẹrso] »gegen«; *vetro* [vẹtro] »Glas«; *verde* [vẹrde] »grün«.

Nicht nur hat das gesprochene Französisch auf Endvokale verzichtet – auch die geschriebene Sprache hat Laute fallen lassen wie in *père* [pɛr] aus lat. *pater* »Vater«; in *vie* [vi] aus lat. *vita* »Leben«.

*Homonyme*  Die Homonyme im gesprochenen Französisch sind zahllos. Man kann spaßeshalber einen Anfangskonsonanten wählen und dazu einen Vokal und stellt dann schnell fest, daß es meist zwei oder gar drei Wörter gibt, die phonetisch diesem Muster entsprechen, aber sich in Schreibung und Bedeutung radikal unterscheiden:

*peau* »Haut«, *pot* »Topf«, beide gesprochen [po]; *saut* »Sprung«, *sceau* »Siegel«, *seau* »Eimer« und *sot* »Dummkopf«, alle gesprochen [so].

*Keine Komposition*  Mühelos können wir im Deutschen durch Zusammenleimen von zwei oder mehr Wörtern ein neues Wort *(Kompositum)* bilden. Dem Französischen fehlt dieses Mittel. Wo wir »sonnenverbrannt« sagen können, muß der Franzose *brûlé par le soleil* sagen, für »Sonnenfinsternis« *éclipse de soleil,* für »Feuerversicherung« *assurance contre l'incendie* »Versicherung gegen die Feuersbrunst«, statt »Feuerversicherungsgesellschaft« (denn das Spiel läßt sich im Deutschen *ad libitum* fortsetzen) *compagnie d'assurance contre l'incendie.*

Diese Leichtigkeit, Komposita zu bilden, fehlt schon im Lateinischen. Für »Haushaltung« muß(te) der Lateiner sagen *administratio rerum domesticarum;* ähnlich übrigens der Russe домашнее хозяйство, auch seine Sprache muß hier umständlicher sein. Diejenigen, die Latein modernen Bedürfnissen anpassen wollen, haben inzwischen schon die komplizierten lateinischen Benennungen moderner technischer Einrichtungen durch Verkürzung handlicher gemacht; sie sagen für den »Fernsehempfänger« nicht mehr *instrumentum televisionis* (griech.-lat. Neubildung) *excipiendae,* wörtlich »Vorrichtung zum Empfang des Fernsehens«, sondern einfach *televisorium,* für den »Reißverschluß« *clausura tractilis.*

*Akzent und*
*Sprachmelodie*

Für die Bedeutung eines Wortes hat der Akzent (die Tongebung) im Französischen keine entscheidende Bedeutung. Der Sprecher kann deshalb Tonstärke und -höhe weitgehend frei variieren. Zu dem eleganten, fließenden Klang, den das Französische aufweist, trägt das bei; doch hauptsächlich ist er durch zwei andere Eigentümlichkeiten bedingt: Zum einen durch die bereits oben erwähnte Übung, einen Konsonanten am Wortende, der normalerweise stumm bleibt, doch auszusprechen, wenn das folgende Wort mit einem Vokal beginnt, und so eine nahtlose Verbindung beider Wörter herzustellen. »Es ist drei Uhr« – wenn wir das sagen, müssen wir im Deutschen zwischen »drei« und »Uhr« pausieren und den Luftstrom ein wenig unterbrechen. Der Franzose, der sagen möchte *il est trois heures* stünde vor derselben Situation, denn das *s* von *trois* ist stumm, und das *h* von *heures* ebenfalls. Stünde – denn in Wirklichkeit spricht er bei *trois* das *s* als weichen Konsonanten aus, schließt das [œ] von *heures* an und sagt [ilɛtroazœr].

Noch stärker wird der charakteristische Fluß der französischen Rede durch eine Erscheinung bedingt und ermöglicht, die wir schon berührt haben: die Stummheit der meisten Endkonsonanten führt dazu, daß die große Mehrzahl aller französischen Silben (ca. 80%) offene Silben sind: sie enden auf einen Vokal (sie beginnen mit einem Konsonanten, können aber auch – was wir im Deutschen kaum kennen, überhaupt nur aus einem Vokal bestehen wie *est* [ɛ] »ist«, *ou* [u] »oder«, *as* [a] »hast« usw.).

So entstehen beim Sprechen Sätze, die weitgehend aus Konsonant-Vokal-Konsonant- usw. bestehen. *Il ne me l'a pas dit,* »Er hat es mir nicht gesagt«, klingt dann, besonders wenn das *l* von *il,* wie neuerdings zu beobachten, noch unterdrückt wird: [inəmələpadi]. Vergleichen Sie das mit dem deutschen Satz, wenn Sie ihn laut und möglichst bühnendeutsch, mit klaren Endkonsonanten, aussprechen: »Er hat es mir nicht gesagt«. Das ist viel schwerfälliger, freilich auch deutlicher; das einzelne Wort bewahrt seine Selbständigkeit oder, wie man auch sagt, seinen Körper.

Andere romanische Sprachen können wir aus Raumgründen nicht mit der gleichen Ausführlichkeit behandeln wie das Französische (wenngleich der Liebhaber dieser Sprache hier noch vieles vermißt), wollen aber auf jede einen kurzen Blick werfen.

*Italienisch*
*Werdegang*

Die Entwicklung vom Vulgärlatein zum *Italienischen* hat sich stetig, in kleinen Schritten, sozusagen fugenlos vollzogen. Als die französische Volkssprache schon als etwas vom Latein deutlich Verschiedenes empfunden wurde (vgl. die »Straßburger Eide«, die ich im Kapitel über die deutsche Sprache erwähnen werde), empfanden die Bürger Italiens anscheinend Schriftsprache und Volkssprache noch als nahe verbunden: das Volk sprach eben, wie überall, etwas einfacher, etwas nachlässiger, seine Sprache wurde *lingua vulgaris,* »Vulgärsprache« genannt.

So liegt der Zeitpunkt, von dem ab man von einer selbständigen italienischen Sprache sprechen kann, hier etwas später als beim Französischen. 1960 proklamierte man in Italien als »Jahrtausendjahr« der Sprache, weil aus dem Jahre 960 ein Dokument erhalten ist, in dem beide Sprachformen nebeneinander auftreten. Es handelt sich um eine Urkunde, im Zusammenhang mit dem Landbesitz des Klosters Monte Cassino, genauer einiger Filialklöster desselben in der Gegend von Capua. Der Text ist lateinisch, aber die Aussagen einiger Zeugen, die in der Nähe ansässig waren, sind in deren Sprechweise in das Protokoll eingegangen. Ein Zeuge sagte: *Sao ko kelle terre, per kelle fini que ki contene, trenta anni le possette parte sancti Benedicti.* Das *k* fällt auf, an seiner Stelle steht im heutigen Italienisch *qu* oder *ch.* Heute würde dieser Bauer so sprechen: *So* (»Ich weiß«) *che quelle terre* (»daß diese Ländereien«) *per quei confini descritti in questo* (»in den Grenzen, wie sie in diesem« – d.h. in dieser Karte – »beschrieben sind«) *trent'anni* (»30 Jahre«) *furono possedute dai Santi Benedettini* (»den Benediktinern gehört haben«).

*Der Sonnengesang*

Der berühmte Sonnengesang des Franz von Assisi (1181/82–1226) stellt die älteste erhaltene Dichtung in der Volkssprache dar. Eine Probe:

*Laudato sie, mi Signore, cum tuncte le tue creature*
*spetialmente messor lo frate sole,*
*lo qual' è iorno, et allumini per lui;*
*et ellu è bellu e radiante cum grande splendore;*
*de te, Altissimo, porta significatione.*

»Gelobt seist Du, mein Gott, mit all Deiner Kreatur –
Erstlich unserer Schwester, der Sonne,
Die am Tag Du entzündest für uns
Und die schön ist und strahlet mit großem Glanze:
Von Dir, Erlauchtester, trägt sie Bedeutung.«

Anmerkung: Statt »Schwester« steht im Original *frate* »Bruder«, weil *sole* im Italienischen männlichen Geschlechts ist.

Wer ein wenig von beiden Sprachen weiß, erkennt deutlich, wie dieser Text etwa in der Mitte zwischen dem klassischen Latein und dem modernen Italienisch steht.

Nicht Umbrien allerdings, wo der Heilige wirkte - nicht weit von Perugia und dem Trasimenischen See - und in dessen Dialekt er predigte und dichtete, sondern die Toskana wurde zur Wiege der heutigen italienischen Hochsprache. Florenz wurde im 13. und 14. Jahrhundert zu einem literarischen Mittelpunkt, gefördert durch seine politische Macht und sein wirtschaftliches Gewicht als Finanz- und Handelszentrum. Dante Alighieri (1265-1321) mit seiner »Göttlichen Komödie« *(Divina Commedia),* Petrarca und Boccaccio, letzterer durch seine kunstvolle Prosa, machten den Dialekt ihrer toskanischen Heimat zur Literatursprache, die zu der ganz Italiens wurde, in einem langen Entwicklungsgang freilich. Noch im 19. Jahrhundert hat Italiens berühmtester Romancier Alessandro Manzoni sein Werk *I promessi sposi* (»Die Verlobten«, wörtlich »Die versprochenen Gatten«) zunächst im Dialekt seiner lombardischen Heimat geschrieben, es dann in jahrelanger Mühe, von Freunden unterstützt, von den »Lombardismen« gereinigt (»die Wäsche im Arno spülen« nannte er das) und erst 15 Jahre später in der heute allein noch verbreiteten schriftsprachlichen (toskanischen) Fassung neu erscheinen lassen. Goethe, der das Werk über alles schätzte, hat nur die ältere Fassung gekannt.

*Die Toskana - Wiege des Italienischen*

Ein wiedererstandener Römer würde wohl in einem Text in heutigem Italienisch leichter als in anderen romanischen Sprachen der Gegenwart seine Sprache wiedererkennen. Dafür spricht, daß viele italienische Wörter die ursprüngliche lateinische Form buchstabengetreu bewahrt haben, z. B. unter den Verben *amare* »lieben«, *cadere* »fallen«, *cantare* »singen«, *cedere* »weichen«, *finire* »beenden«, *lavare* »waschen«, *mandare* »schicken«, *perdere* »verlieren«, *ridere* »lachen«, *sapere* »wissen«, *servire* »dienen«, *tacere* »schweigen«, *venire* »kommen«, *vivere* »leben«.

*Der Mutter am nächsten*

Andere Wörter weichen von der lateinischen Ursprungsform so geringfügig ab, daß der Zusammenhang mit Händen zu greifen ist: *habere - avere* »haben«, *amor - amore*

»Liebe«, *habitare - abitare* »bewohnen«, *aqua - acqua*
»Wasser«, usw.

Die vier Konjugationstypen des Italienischen entsprechen den ebenfalls vier des Lateinischen: Es gibt Infinitive
auf *-are (amare), -ere (sapere), -ere* (unbetont wie in *crede-
re*) und *-ire (venire).*

*Schreibung und*   Dem Ideal, daß die Schreibung die Aussprache eines
*Aussprache*   Wortes eindeutig anzeigt, kommt das heutige Italienisch
sehr nahe. Um einen Text laut lesen zu können, muß man
nur wenige Regeln beachten, etwa: *c* ist [tʃ] vor *e* und *i,*
sonst [k]; *g* ist [dʒ] vor *e* und *i,* sonst [g]; *h* ist stumm; *sci*
wird [ʃi] gesprochen, *schi* aber [ski]. Ein Doppelkonsonant
wird auch in der Aussprache markiert: bei *nonna,* »Groß-
mutter«, wird das *n* länger ausgehalten, auch bei *sette,*
»sieben«, verweilt man auf dem [t].

Die zahlreichen italienischen Dialekte, die sich eines
munteren Lebens erfreuen und unter sich sehr verschieden
sind, haben sich überwiegend vom Lateinischen weiter
entfernt als die Hochsprache.

*Sardisch*   Auf der Insel Sardinien spricht man *Sardisch* – von den
Linguisten als eigene Sprache behandelt, nicht als italienischer Dialekt. Das Sardische ist dem alten Latein unter allen heutigen romanischen Sprachen am ähnlichsten. Auch
in der Kirche kann man es dort heute hören. Am Ende der
Messe erklingt: *Sa missa es finida, andais in paxe* – »Die
Messe ist beendet, gehet in Frieden«; *sa* als bestimmter Artikel ist vom Lateinischen *ipsa* abgeleitet, der weiblichen
Form von *ipse* »selbst«.

*Regelmäßigkeit der*   Während man die Konjugation der Verben im Italieni-
*italienischen Flexion*   schen doch erst mit einiger Mühe erlernen muß, ist die
Beugung des Substantivs sowie des zugehörigen Adjektivs
von großer Einfachheit und Regelmäßigkeit. Die meisten
Substantive enden auf einen Vokal: die männlichen haben
ein *-o* und bilden den Plural auf *-i: l'anno* »das Jahr«, *gli
anni* »die Jahre«. Die weiblichen haben ein *-a* und bilden
den Plural auf *-e: la corona* »die Krone«, *le corone* »die
Kronen«. Endet das Wort auf *-e,* tritt im Plural ein *-i* ein: *il
fiore* »die Blume«, *i fiori* »die Blumen«. Endet der Singular
auf einen Konsonanten oder betonten Vokal, bleibt das
Wort unverändert, nur der Artikel zeigt den Plural an: *la
città* »die Stadt«, *le città* »die Städte«.

Natürlich gibt es eine Reihe von Ausnahmen, die man
notgedrungen auswendig lernen muß; z.B. ist *mano*

(»Hand«) trotz des Endvokals *o* Femininum – wie schon
das lateinische *manus.*

Mit seinen offen, klar gesprochenen Vokalen, Schön-
wettervokalen gewissermaßen, eignet sich das Italienische
in besonderem Maße dazu, gesungen zu werden. Für das
Ohr ist es ein größerer Genuß, eine italienische Oper in der
Originalsprache zu hören als in einer Übersetzung. Unsere
musikalischen Vortragsbezeichnungen wie »moderato«,
»adagio«, »andante«, »presto«, »vivace«, »ritardando«,
»sostenuto«, »staccato« sind alle italienisch.

*Die Sprache der*
*Musik*

Die Provinz Hispania hat rund sechs Jahrhunderte lang,
von 200 v. Chr. bis 400 n. Chr., unter römischer Herrschaft
gestanden. Vor den Römern waren die Karthager als Eroberer dort, nach ihnen erst Goten, dann Araber. Die Sprache der römischen Eroberer hat die vorher gesprochenen
(keltischen) Sprachen vollständig verdrängt. Lediglich im
Norden haben die Basken, die sich selbst als *Euskaldunak*
bezeichnen, seit der vorrömischen Zeit ihre Sprache und
Eigenart bis heute bewahrt; nach massiver Unterdrückung
durch das Franco-Regime leben sie seit 1979 unter einem
Autonomie-Statut. Ihr Siedlungsgebiet erstreckt sich über
die Pyrenäen auch nach Frankreich hinein. Ihre Sprache
ist mit keiner Nachbarsprache verwandt, das Baskische ist
eine der wenigen auf europäischem Boden lebenden nichtindogermanischen Sprachen. Seit dem 19. Jahrhundert haben die Basken eine eigene Literatur in ihrer Sprache. Das
*Baskische* wird am Anfang des Zehnten Kapitels näher behandelt.

*Spanisch*
*Vom Vulgärlatein*
*zur Weltsprache*

Bis auf das Baskenland hat das Lateinische die Iberi-
sche Halbinsel vollständig erobert. Dieser Prozeß muß
schnell abgelaufen sein. Nach einem Bericht des Tacitus
soll ein Bauer aus der Gegend von Tarragona unter der
Folter in der Sprache seiner Ahnen geschrien haben. Daß
dies eigens berichtet wird, spricht dafür, daß diese Sprache
damals schon weitgehend erloschen war.

Unter den vulgärlateinischen Dialekten der Übergangszeit hat das *Kastilische,* das in der Gegend um Madrid und
Burgos gesprochen wurde, schließlich eine Vorrangstel-
lung erreicht. Es wurde, wie das Toskanische in Italien,
Grundlage und Vorbild der Schriftsprache, die im Spanischen *Castellano,* also *Kastilisch,* heißt. Gesprochen wird
auch heute in ausgeprägten Dialekten, von denen das *Gali-*

*cische* ganz im Westen Spaniens dem Portugiesischen näher steht als der spanischen Hochsprache und auch als selbständige Sprache angesehen werden kann.

*Verbreitung heute*     *Spanisch* wird heute nicht nur in Spanien und auf den Kanarischen Inseln gesprochen. Es ist Staats- und Umgangssprache in ganz Lateinamerika, von Mexiko bis Feuerland, mit der allerdings bedeutenden Ausnahme Brasiliens. Wo die Spanier einst als Kolonialherren geherrscht haben, auch auf vielen wichtigen Inseln der Karibik, ist ihre Sprache geblieben. Auf den Philippinen ist ihr Einfluß allerdings im Zurückgehen. Doch reicht das spanische Sprachgebiet heute weit über Mexikos Nordgrenze hinaus in die USA hinein und ist dort noch im Vordringen. In einigen Südstaaten der USA ist es zu Hause geblieben, seit Mexiko 1848 New Mexico, Texas, Arizona und den besseren Teil Kaliforniens an die USA abtreten mußte. Heute ist das Spanische im Vordringen, nicht nur in Florida durch dort aufgenommene kubanische Flüchtlinge, sondern im ganzen Süden, als Folge der unkontrollierten Einwanderung riesiger Heerscharen von arbeitsuchenden Mexikanern, Jahr für Jahr. Stellenweise bilden die *Hispanos* schon eine Mehrheit und erheben die Forderung, das Spanische neben dem Englischen im amtlichen und öffentlichen Gebrauch zuzulassen. Und in New York ist Spanisch infolge des Zuwandererstroms aus Puerto Rico nächst dem Englischen die meistgesprochene Sprache.

*Spanisch und Latein*     Das heutige Spanisch steht dem Latein in vielerlei Hinsicht näher als das Französische, aber nicht so nahe wie Italienisch. Es hat seinen eigenen Entwicklungsgang genommen, vielleicht bedingt durch die periphere Lage im gesamten Herrschaftsbereich des Lateinischen, vielleicht durch Einflüsse vorrömischer Sprachen, vielleicht durch eine andersartige Zusammensetzung der römischen Soldaten und Siedler, die hierherkamen; sicher aber durch die

*Einfluß des*     lange Herrschaft des Islam und damit der Araber, die 711
*Arabischen*     bei Gibraltar einfielen, dem Land eine wirtschaftliche und kulturelle Blüte brachten und erst vom 11. bis 15. Jahrhundert *(Reconquista)* durch christliche Heere wieder vertrieben wurden. Die Araber haben in der Sprache Spaniens - und nicht nur in der Sprache - deutliche Spuren hinterlassen. Zwar stammt der überwiegende Teil des spanischen Grundwortschatzes aus dem Lateinischen, viele Wörter haben ihre lateinische Form sogar recht getreu bewahrt,

aber arabische Lehnwörter – neben solchen keltischer und griechischer Herkunft – drangen in beträchtlicher Zahl ein, auch als Folge der zeitweise starken kulturellen Überlegenheit der Araber. So sind nicht nur geographische Bezeichnungen wie *Gibraltar* oder *Alcázar* arabischer Herkunft (*Dschebel-al-Tarik*, »Felsen des Tarik«, des Anführers der arabischen Eroberer beim ersten Eindringen; *alcázar* »Festung«), sondern auch wichtige Wörter der Umgangssprache, die oft mit der bezeichneten Sache selbst übernommen wurden – wie bei der Übernahme vieler lateinischer Wörter durch die Germanen. So wurde aus dem *amir-al-bahr,* wörtlich »Emir des Meeres«, im Spanischen über mehrere Zwischenstufen *almirante,* daraus über das Englische schließlich unser »Admiral«. Arabische Wörter sind auf diesem Wege in die meisten übrigen europäischen Sprachen, nicht nur die romanischen, eingebürgert worden, z. B. »Algebra«, »Alkohol«, »Magazin«, »Tarif«, »Ziffer« und »Zucker«.

Einige kennzeichnende Wandlungen vom Latein zum Spanischen:

Die Pluralbildung durch Wechsel des Endvokals wird aufgegeben zugunsten der vereinfachten Regel: Die Mehrzahl wird durch Anhängen von *-s* gebildet – *hijo* [ixɔ] »Sohn«, *muchos hijos* [muʧɔs ixɔs] »viele Söhne«.

Das Beispiel zeigt gleich eine zweite Lautwandlung: lateinisches *f* (lat. *filius* »Sohn«) am Wortbeginn wird unter bestimmten Bedingungen zu *h,* und dieses wird nicht ausgesprochen: aus *facere* wird *hacer,* »machen«; aus *farina* wird *harina,* »Mehl«.

Lateinisches kurzes betontes *e* bzw. *o* werden zu den Doppellauten *ie* und *ue:* aus *terra* wird *tierra* »Erde«; aus *tempus* wird *tiempo* »die Zeit, das Wetter«; aus *pons* (Gen. *pontis*) wird *puente* »Brücke«.

Viele Wörter verlieren eine Silbe und werden kürzer, kompakter, aus *insula* wird *isla* »Insel«.

Das Spanische ist eine knappe Sprache. Geschrieben nimmt sie relativ wenig Raum ein, wie jeder sieht, der einmal ein zweisprachiges Buch in die Hand nimmt, in dem der spanische und der deutsche Text nebeneinander stehen, etwa Ortega y Gassets geistvollen Aufsatz *Miseria y esplendor de la traducción* (»Elend und Glanz der Übersetzung«) in der meisterhaften Übersetzung von Gustav Kilpper.

*Eine knappe Sprache*

*Laut und Schrift*    Das Spanische weist eine nahezu perfekte Kongruenz
von Orthographie und Aussprache auf: Wer weiß, wie der
Spanier einige Laute abweichend vom Deutschen ausspricht und dazu die ganz simplen Betonungsregeln kennt,
kann einen spanischen Text so vorlesen, daß ein Spanier
ihn versteht – wenn es auch dem Ausländer höchstens
nach Jahren gelingt, den unnachahmlichen Tonfall und die
blitzschnelle Sprechweise des Spaniers perfekt zu erlernen.

*Katalanisch*    Das *Katalanische,* in dem seit Francos Sturz und dem
Autonomiestatut für Katalonien auch wieder Zeitungen
und Bücher gedruckt werden dürfen, wird in Katalonien
und auf den Balearen gesprochen; mancher deutsche Tourist auf Mallorca mag sich schon über die merkwürdig un-
spanischen Inschriften an Häusern gewundert haben. Seinem Charakter nach steht es zwischen dem Spanischen
und dem einstmals bedeutenden Provenzalischen.

*Portugiesisch*    Wer Spanisch gelernt hat, wird vielleicht eine portugiesische Zeitung mit einiger Mühe entziffern können; gespro-
chenes *Portugiesisch* wird er kaum verstehen. Sogleich werden ihm die zahlreichen Vokale und Diphthonge auffallen,
von denen die meisten auch nasaliert auftreten. Im Unterschied zum Französischen können auch *i* und *u* nasal vorkommen; Nasale gibt es auch vor einem anderen Vokal,
sie werden dann durch das diakritische Zeichen ˜(Tilde)
markiert: leão [liãu] »Löwe«.
    Ungewohnt für ein an Spanisch gewöhntes Ohr sind fer-
ner die zahlreichen Zischlaute, da *s* im Wortauslaut oft wie
[ʃ] gesprochen wird; in Brasilien spricht man jedoch [s].
    Schließlich betont der Portugiese die akzenttragende Sil-
be so stark, daß die übrigen Silben fast geflüstert klingen,
die Vokale unbetonter Silben können – ähnlich wie im
Russischen – ihre Klangfarbe ändern.
    Da das Portugiesische in ganz Brasilien – dem Riesen-
land mit über hundert Millionen Einwohnern, die sich mit
kaum zu verantwortender Geschwindigkeit vermehren –
Staatssprache und vorherrschende Umgangssprache ist,
gehört es nach der Zahl seiner Sprecher zu den wichtigen
Sprachen der heutigen Welt. Vorherrschend, sagte ich, weil
nicht nur Indio-Dialekte noch fortleben, sondern auch viele Einwanderer noch ihre Heimatsprache aufrechterhal-
ten. In einer Riesenstadt wie São Paulo kann man auf der

Straße Portugiesisch, Italienisch, Spanisch, Deutsch, Polnisch und ein halbes Dutzend weiterer Sprachen hören.

Die östlichste der Lateintöchter ist in ihrem Entwicklungsgang nicht so gut dokumentiert wie die meisten ihrer Schwestern. Fest steht, daß die Römer diese ferne Provinz, die Kaiser Trajan im Jahre 107 n. Chr. eroberte und *Dacien* nannte, nicht nur besetzt, sondern alsbald auch besiedelt haben. Seither hat sich hier, abgetrennt von den anderen romanischen Sprachen, zwischen slawisch und ungarisch sprechenden Nachbarvölkern, eine Sprache entwickelt, die auf der einen Seite viele Eigenarten des Lateinischen bewahrt, auf der anderen vielfältige fremde Einflüsse aufgenommen hat. Diese kommen hauptsächlich aus dem Ungarischen, Türkischen, Griechischen und aus slawischen Sprachen (Bulgarisch, Russisch), auch aus dem Italienischen und Französischen. Diese Einsprengsel, hauptsächlich im Wortschatz, machen etwa zehn Prozent aus, doch ist der im Alltag am häufigsten verwendete Grundwortschatz ganz überwiegend lateinischer Herkunft. *Rumänisch*

Diese in ihrem Klang sehr klare und ausgewogene Sprache wurde früher mit kyrillischen Buchstaben geschrieben. Das Moldauische, eine Variante des Rumänischen, wird in der Republik Moldawien gesprochen. Als man dort im 19. Jahrhundert offiziell das lateinische Abc übernahm, hat man dies benutzt, um eine Orthographie einzuführen, die mit der gesprochenen Sprache in hervorragendem Ausmaß übereinstimmt. Von 1940 bis 1990 wurde für das Moldauische die kyrillische Schrift verwendet. *Schrift*

Einige Besonderheiten dieser Sprache will ich noch erwähnen: *Besonderheiten*

Im Gegensatz zu den anderen romanischen Sprachen, die nur Maskulinum und Femininum kennen und das lateinische Neutrum nicht weiterführen, hat das *Rumänische* ein drittes Geschlecht, das außer neutral auch *ambigen* heißt, »doppelstämmig« oder »doppelgeschlechtlich«; die Substantive dieser Kategorie haben im Singular männliche, im Plural weibliche Form.

Der bestimmte Artikel wird im Rumänischen nachgestellt und verschmilzt mit dem Hauptwort: *realitate* »Wirklichkeit«, *realități* »Wirklichkeiten«, *realițile* »die Wirklichkeiten« (*ț* wird [ts] ausgesprochen).

Das Rumänische hat einen eigenen Kasus für die Anre-

de *(Vokativ),* wie ihn auch das Lateinische, wenn auch nur
für eine bestimmte Klasse von Substantiven, besitzt. Zwei
solcher lateinischer Vokative sind in geflügelte Worte eingegangen: Cäsars Frage *Et tu, Brute?* »Auch du, Brutus?«
und die Frage des Petrus *Quo vadis, domine?* »Wohin gehst
du, Herr?« enthalten den auf -*e* endenden Anredefall. Er
lebt fort in der rumänischen Anrede *domnule* »Herr«.

***Spaniolisch oder***   Daß jemand den Nobelpreis für Literatur bekommt für
***Ladino***   Werke, die er nicht in seiner ursprünglichen Muttersprache
geschrieben hat, ist schwer vorstellbar. Selbst Joseph
Conrad, der mit seinen englisch geschriebenen Büchern
Weltruhm erntete, aber als Józef Konrad Korzeniowski in
Polen geboren wurde, ist das nicht vergönnt gewesen. Nun
ist es doch eingetreten. Elias Canetti erhielt für seine in
deutscher Sprache – in vorbildlichem Deutsch – geschriebenen Werke den Nobelpreis. Geboren wurde er 1905 in
Rustschuk (Bulgarien). Seine Muttersprache ist, obwohl
sie selbst in Lehrbüchern manchmal übersehen wird, ein
wichtiges und interessantes Mitglied der romanischen
Sprachfamilie.

Als nach der Rechristianisierung Spaniens und Portu-
gals die dort ansässigen Juden nur noch die Wahl zwischen
Verfolgung (oder Übertritt zum Christentum) und Emigration hatten, wanderten sie in Gruppen aus: nach den Niederlanden (Spinoza entstammte einer solchen jüdischen
Familie), nach Italien, nach Nordafrika (von wo sie nach
dem Zweiten Weltkrieg vertrieben wurden), nicht wenige
in das damalige Osmanische Reich. Zu diesem gehörte
jahrhundertelang auch die Dobrudscha, wo Canetti auf-
wuchs, als Kind einer jüdischen Familie, die bei ihrer
Flucht aus Spanien ihre damals in Spanien gesprochene
Sprache mitgenommen und seither bewahrt hatte. Man
nennt sie *Jüdisch-Romanisch,* auch *Ladino,* auch
*Gudezmo.*

Rustschuk (heute Ruse) war sicher eine Stadt, die einem
sensiblen Kind das Gehör für Sprachen schärfen konnte.
Man konnte dort an einem Tage sieben oder acht Sprachen
hören. Canetti: »Außer den Bulgaren, die oft vom Lande
kamen, gab es noch viele Türken, die ein eigenes Viertel
bewohnten, und an dieses angrenzend lag das Viertel der
Spaniolen, das unsere. Es gab Griechen, Albanesen, Armenier, Zigeuner. Vom gegenüberliegenden Ufer der Donau

kamen Rumänen, meine Amme … war eine Rumänin. Es gab, vereinzelt, auch Russen.«

Obwohl über weit entfernte Länder verstreut, konnten diese *Spaniolen,* wie sie auch genannt wurden (ihre Sprache danach auch *Spaniolisch*) den Charakter ihrer Sprache inmitten aller fremden Umwelten bewahren. Mit dieser Sprache ist auch Canetti aufgewachsen, wie er in seinen Jugenderinnerungen unter dem Titel »Die gerettete Zunge« berichtet; das Deutsche hat er wesentlich später in Österreich und der Schweiz erlernt.

Die spanisch-jüdischen Gemeinden in Osteuropa sind heute großenteils ausgelöscht, anderswo aber, u. a. in Griechenland, in den USA und neuerdings vor allem in Israel, ist ihre Sprache lebendig geblieben. Dort erscheint auch eine Zeitung *La Luz de Israel* – der Titel zeigt, wie ähnlich die Sprache dem Spanischen ist, in diesem Fall sogar identisch.

Die Gemeinschaft der romanische Sprachen sprechenden Völker wird manchmal als *Romania* bezeichnet. Nicht beschrieben habe ich das *Okzitanische (Provenzalische)* in Südfrankreich, einst die Sprache der Troubadour-Poesie, das durch Frédéric Mistral u. a. im 19. Jahrhundert zu neuem literarischem Leben erweckt wurde; sodann das bis heute lebendige Rätoromanisch, seit 1939 vierte Landessprache der Schweiz. Es wird hauptsächlich in Graubünden gesprochen. Ihm verwandt sind das in Südtirol (Grödnertal) erhaltene *Ladinisch* und das im Nordosten Italiens gesprochene *Friaulisch (Friuli),* das je nach Betrachtungsweise als ausgeprägter Dialekt des Italienischen oder auch als eigene Sprache angesehen wird. Auch das *Sardische* (auf Sardinien zuhause), das im 19. Jahrhundert ausgestorbene *Dalmatinische* und das *Galicische* (im Westen Spaniens, dem Portugiesischen nahestehend) gehören zur Romania. Schließlich ist das *Korsische* zu nennen, dem Italienischen nahestehend, heute – auch von der französischen Verwaltung – als selbständige Sprache anerkannt.

*Weitere Glieder der Romania*

# SIEBENTES KAPITEL

# Germanisch und Deutsch

Es liegt nahe, dieses Kapitel mit der Frage zu beginnen, warum unsere Sprache »Deutsch« heißt, genauer: wann, wo, wie die Bezeichnungen »deutsch«, »die Deutschen«, »Deutschland« geschichtlich aufgekommen sind, welche ursprüngliche Bedeutung darinsteckt; auch, ob das Adjektiv oder der Eigenname zuerst da war.

*Was heißt »deutsch«?*

Eine Menge Forschungsarbeit und auch viel Spekulation sind jahrzehntelang für diese Frage aufgewendet worden. Es scheint, daß man drei Entwicklungsstränge unterscheiden kann, die allmählich zusammenfließen. Schauplatz des Geschehens ist mit Sicherheit das Frankenreich, und der Zeitabschnitt, in dem es spielt, reicht vom 7. bis zum 11. Jahrhundert.

Im Westteil des Frankenreiches hat sich um 700 das Adjektiv *\*þeudisk* oder *\*þiuðisk* (die Form ist nur erschlossen, nicht schriftlich belegt, darum das Sternchen) verbreitet, das »dem eigenen Stamm zugehörig« bedeutete und alsbald in ein Verhältnis des Gegensatzes zu *walhisk* (Ursprung des Wortes »welsch«) trat. Das Wort ist dann in der Form *theodiscus* ins Lateinische übergegangen. Ein früher Beleg für diese lateinische Form findet sich in dem Bericht des päpstlichen Legaten Georg von Ostia an den Papst Hadrian I. aus dem Jahre 786, der in Abschrift erhalten ist. Berichtet wird über eine Synode, die in England stattgefunden hat und bei der bestimmte Dokumente verlesen wurden *tam latine quam theodisce,* d. h. sowohl auf lateinisch wie – ja, wie ist *theodisce* hier zu übersetzen? Es meint offenbar die Volkssprache, also das Angelsächsische jener Zeit, vielleicht auch allgemeiner die Sprache der germanischen Stämme unter Einschluß der Angelsachsen.

*»Deutsch« und »welsch«*

Der nächste Schritt vollzieht sich unter der Herrschaft Karls des Großen, der in seine Hof- und Amtssprache dieses lateinische Wort übernimmt, gewiß in der Absicht, damit eine einheitliche Bezeichnung für die germanischen Stämme einzuführen, soweit sie in seinem Reich zusammengeschlossen sind, und damit das Bewußtsein der Zusammengehörigkeit zu erzeugen oder zu stärken. Zunächst wird das Wort vorwiegend zur Bezeichnung der Sprache – *theodisca lingua* – verwendet.

*Teutonen, teutonisch*   Etwa gleichzeitig ist zu beobachten, daß das lateinische Wort *teutonicus* »teutonisch«, das schon im klassischen Latein vorkommt (u.a. in Vergils *Aeneis*) und einen germanischen Stamm bezeichnet, allerdings manchmal auch auf die Kelten bezogen wurde – daß dieses Wort jetzt zur Bezeichnung der Germanen schlechthin dient und allmählich mit *theodiscus* gleichbedeutend wird, ja dieses Wort verdrängt und ersetzt, so daß in lateinischen Texten des Mittelalters die Deutschen meist als Teutonen *(teutonici)* auftreten.

Mitte des 10. Jahrhunderts finden sich dann erste Belege für *diutisk* als deutsches Wort, aus dem sich unser heutiges Wort »deutsch« entwickelt hat. Ab 1100 häufen sich die Belege in Verwendungen wie *diutschiu land*. Im »Annolied«, das vor 1100 im Gebiet von Köln entstanden ist, kommen Ausdrücke wie *in diutischemi lande, diutischiu sprechin* mehrfach vor.

Auf diesen Wegen hat sich die Entwicklung von einem ursprünglichen Adjektiv, das kein Eigenname war, sondern »zum eigenen Stamm gehörig« bedeutete, zu unserem heutigen Volksnamen vollzogen.

*Die Straßburger Eide*   Ein Schlaglicht auf die Zeit, in der sich im Frankenreich allmählich die romanische Westhälfte und die germanische Osthälfte sprachlich (und auch politisch) auseinanderentwickelt haben, werfen die »Straßburger Eide« aus dem Jahre 842. Damals wurde ein Bündnis zwischen dem westfränkischen König Karl II., genannt der Kahle, und dem ostfränkischen König Ludwig II., genannt der Deutsche, durch feierliche Eide bekräftigt, und damit die angetretenen Heerscharen beider Herrscher der Eidesleistung folgen konnten, bediente man sich nicht der (dem Volke schon fremd gewordenen) lateinischen Sprache; vielmehr wurden die Eidesformeln in einer romanischen (volkssprachlichen) und in einer ebenfalls volkssprachlichen althochdeutschen Fassung gesprochen. (Jeder Herrscher leistete den Eid in der Sprache des Partners.) Die erstgenannte Fassung ist dem Lateinischen noch sehr nahe. Sie beginnt: *pro deo amur et pro christian poblo et pro nostro commun salvament,* etwa: »In der Liebe Gottes und des Christenvolkes und zu unser aller Heil und Erlösung«. Der ostfränkische Text beginnt: *in godes minna ind in thes chri-stianes folches ind in unser bedhero gehaltnissi* ...

Mit diesem Blick auf das Frühstadium in der Entwicklung des Deutschen haben wir etwas vorgegriffen: Deutsch ist ja nicht – wie Griechisch und Albanisch – als Einzelsprache Mitglied der großen indoeuropäischen Familie; es gehört vielmehr einem Zweig an, der aus etwa einem Dutzend eng verwandter Sprachen besteht: es gehört zu den *germanischen* Sprachen und damit zu derjenigen Gruppe, die unter allen Zweigen des Indogermanischen, mindestens was weltweite Verbreitung anlangt, die Spitzenstellung einnimmt.

Die heute lebendigen germanischen Sprachen lassen sich einfach einteilen. Sie bilden zwei Gruppen, eine westliche und eine nördliche. Die westliche umfaßt die beiden am weitesten verbreiteten Mitglieder: das *Englische* und das *Deutsche,* dazu das *Niederländische,* welches – als Hoch- und Schriftsprache – mit dem *Flämischen* identisch ist, schließlich das aus dem Niederländischen hervorgegangene *Afrikaans (Kapholländisch)* und das *Friesische.* Zur nördlichen Gruppe gehören *Schwedisch, Norwegisch, Dänisch, Isländisch* und *Färöisch.* *Die germanischen Sprachen Heutiger Bestand*

Nach der Zahl der Sprecher steht das Englische an der Spitze; infolge seiner Ausbreitung über die USA, Kanada, Australien und Neuseeland, Südafrika und weitere Teile des früheren britischen Kolonialreiches, z. B. in der Karibik, wird es heute von schätzungsweise 320 Millionen Menschen als Muttersprache gesprochen; außerdem ist es die bei weitem wichtigste Zweitsprache der heutigen Welt. Es gibt keine Statistik darüber, aber es ist sicher, daß viele Millionen, z. B. in Indien, in Kenia, in Singapur und Hongkong, das Englische als Zweit- und Verkehrssprache beherrschen und benutzen. An zweiter Stelle unter den germanischen Sprachen rangiert das Deutsche mit etwa 100 Millionen Sprechern, von denen die Masse in der Bundesrepublik, in Österreich und im deutschsprachigen Teil der Schweiz lebt. Deutschsprechende gibt es außerdem in den 1945 abgetrennten deutschen Ostgebieten (Polen, Böhmen), in Rumänien (Siebenbürgen, Banat), in der ehemaligen Sowjetunion, auch in Übersee (Südwestafrika, Chile, USA, wo das *Pennsylvania Dutch* sich fast zu einer eigenen Sprache entwickelt hat). Deutsch als Zweit- und *Sprecherzahlen*

*An einer Autostraße in Pennsylvania: Das Schnellrestaurant lädt – außer mit dem Anpreisen von strawberry pie – auch in Pennsylvania Dutch zur Einkehr ein: Kumm esse!*

Verkehrssprache spielte bis zum Zweiten Weltkrieg eine
führende Rolle in Osteuropa; als Zweitsprache im Unterricht ist es auch heute noch wichtig, u. a. in Rußland. Die
Zahl der Menschen, die das Deutsche als Fremdsprache erlernen, dürfte 18 Millionen erreichen. In dieser Zahl sind
allerdings die in der Bundesrepublik lebenden Ausländer
und deren Kinder enthalten.

An dritter Stelle steht das Niederländisch-Flämische mit
etwa 20 Millionen Sprechern. Die übrigen Sprachgemein-
schaften haben Sprecherzahlen zwischen 8,5 Millionen
(Schwedisch) und wenigen zehntausend (Färöisch, auf den
Färöer-Inseln, die heute, bei weitgehender Autonomie, zu
Dänemark gehören).

*Entstehung*  Daß die germanischen Sprachen eine zusammengehörige Gruppe bilden, daran besteht kein Zweifel, denn sie
werden einander, je weiter man in die Vergangenheit zurückgeht, immer ähnlicher – so ähnlich, daß der Schluß
auf eine gemeinsame Mutter, *Urgermanisch* genannt, zwingend ist, auch wenn diese Sprache nicht schriftlich belegt
ist (wie es dagegen beim Lateinischen für dessen Tochtersprachen der Fall ist), sondern nur erschlossen werden
kann. Woraus erschlossen? Dafür können – außer der Vergleichung der Wortstämme und der grammatischen Formen in den verschiedenen germanischen Sprachen und in
deren geschichtlicher Entfaltung – eine Reihe weiterer Anhaltspunkte benutzt werden:

1. Erwähnungen germanischer Wörter bei Schriftstellern
und Historikern der Antike wie Cäsar: *urus* (»Ur, Auer-
ochs«), *alces* (»Elche«, Plural), *glesum* (»Bernstein«, daraus unser Wort »Glas«), *ganta* (»Gans«), *medus* (»Met«),
*harpa* (»Harfe«), *runa* (»Rune«).

2. Orts- und Flurnamen.

3. Wörter, die von nichtgermanischen Sprachen in früher Zeit aufgenommen wurden: so repräsentiert das finnische Wort für »König« *kuningas* eine sehr ursprüngliche
Form dieses germanischen Wortes, ebenso finnisch *rengas*
(»Ring«).

*Die gotische Bibel*  Vereinzelt existieren schriftliche Belege aus den ersten
vor- und nachchristlichen Jahrhunderten: die Inschrift auf
einem in der Steiermark gefundenen Helm, der gegen 300
v. Chr. angefertigt sein soll – die Deutung ist jedoch umstritten; Inschriften in Runenschrift (es gab mehrere verschiedene Runenalphabete), die bis in die ersten Jahrhun-

*Der »Codex argenteus« ist das älteste schriftliche Zeugnis einer germanischen Sprache (des Gotischen), niedergeschrieben um 600 in Italien. Ausschnitt aus einem Einzelblatt, das im Dom von Speyer aufgefunden wurde.*

derte christlicher Zeit zurückführen; weitaus am wichtigsten ist jedoch die gotische Bibelübersetzung, die ein Bischof *Ulfilas* (oder *Wulfila*) um die Mitte des 4. Jahrhunderts angefertigt hat. Sie ist in der Gegend des heutigen Bulgarien entstanden; das Gotische, die Sprache dieser Übersetzung, wurde damals an der Westküste des Schwarzen Meeres gesprochen. Das Westgotische bildet gemeinsam mit anderen ebenfalls untergegangenen Sprachen die Gruppe des Ostgermanischen.

Die Handschrift ist im Original nicht erhalten, jedoch in Abschriften, die um 600 in Italien entstanden sind, in der Zeit, als die Goten dort herrschten. Das wertvollste Teilstück ist der *Codex argenteus,* geschrieben auf purpurfarbenem Pergament in silbernen und goldenen Lettern, den heute die Universitäts-Bibliothek in Uppsala verwahrt. Er umfaßt auf 188 Blättern Teile der vier Evangelien. Der Bischof, der dem arianischen Christentum anhing, hat für diese Niederschrift ein eigenes, an das griechische Vorbild angelehntes Alphabet entworfen. Diese Übersetzung ist bei weitem das älteste erhaltene Dokument des frühen Germanischen; alle anderen Sprachen sind frühestens vom Jahre 700 ab schriftlich bezeugt. Die Überschrift des Matthäus-Evangeliums lautet in gotischer Fassung: *Aiwaggeljo pairh Mappaiu.*

Der Zeitraum, in dem das Germanische sich als selbständiger Zweig aus dem vorher anzunehmenden Ur-Indogermanischen herausgebildet hat, liegt weit vor der durch Dokumente erfaßbaren Zeit. Es ist anzunehmen, daß dieser Prozeß sich zwischen 2000 v. Chr. und 500 v. Chr. abgespielt hat. Das Stichwort »Lautverschiebung«, dem wir hier zum ersten Mal begegnen (zum zweiten Mal treffen wir es bei der Entstehung des Hochdeutschen an), bedarf einer Erläuterung. Man versteht darunter eine durchgehende, gleichartige Veränderung von Lauten

*Die germanische Lautverschiebung*

(gewöhnlich Konsonanten) einer Sprache; es handelt sich also nicht um Einzelfälle, wie sie hie und da plötzlich auftreten, manchmal unerklärbar bleiben, sondern um eine gesetzmäßige Veränderung, wobei »Gesetz« freilich in Anführung zu setzen ist. Wichtig ist auch, daß man sich eine solche Veränderung nicht als in einem Ruck, in kurzer Frist ablaufend vorstellen darf, sondern als ein allmähliches Geschehen, das sich, von einem Zentrum (oder mehreren Zentren) ausgehend, allmählich über ein ganzes Sprachgebiet ausbreitet. Die germanische Lautverschiebung ist ein recht verwickeltes Phänomen. Sie vollständig zu beschreiben, würde die Geduld jedes Lesers, der nicht Germanist werden will, gewiß überfordern.

Der Kern der Sache besteht darin, daß an die Stelle der drei Konsonanten [p], [t], [k], wo sie in der indoeuropäischen Ursprache vorkommen, andere Konsonanten treten, und zwar nicht Verschlußlaute, sondern Reibelaute, nämlich: im Anlaut eines Wortes werden sie ersetzt durch [f], [θ] und [x], im Inlaut durch die entsprechenden stimmhaften Konsonanten [v], [ð], [γ]. Weitere Veränderungen betreffen die im ursprünglichen Indogermanischen vorhandenen, »behauchten« Konsonanten [bh], [dh], [gh].

Am Beispiel läßt sich das besser verstehen: Dem [p] in lat. *pater* entspricht ein [f] in deutsch »Vater«, engl. *father;* dem [t] in lat. *frater* entspricht ein [ð] in engl. *brother,* ein [d] in deutsch »Bruder«; dem [k] in lat. *cornu* entspricht ein [h] in deutsch »Horn« (got. [hauru]). Die wichtigsten Erkenntnisse über diese erste Lautverschiebung, auch »germanische« genannt, stammen von Jacob Grimm, ergänzende von dem Dänen K. Verner.

*Weitere Eigenheiten der germanischen Sprachen* Die Gruppe der germanischen Sprachen hat einige weitere Züge gemeinsam, die sie sowohl vom Allgemein-Indogermanischen wie auch von den übrigen Zweigen der Familie abheben. Dazu gehören – abgesehen von Verschiebungen im Vokalsystem – vor allem drei Züge:

1. Der *Wortakzent,* der im Indogermanischen grundsätzlich auf jeder Silbe eines Wortes liegen konnte, fällt jetzt einheitlich auf die erste Silbe eines Wortes (Ausnahme: grundsätzlich unbetonte Vorsilben); das führt im weiteren Verlauf dazu, daß klangvolle Endsilben – die nun keinen Ton mehr tragen – geschwächt werden oder ganz entfallen.

2. Die *Deklination* wird vereinfacht. Die ursprünglichen acht Fälle gehen auf sechs, später noch weniger, zurück.

3. Das *Konjugationssystem* der Verben wird ebenfalls
stark vereinfacht. Im Ur-Indogermanischen gab es neben
Singular und Plural den Dual, der nun allmählich aufgegeben wird; es gab fünf Modi, von denen nur Indikativ, Konjunktiv und Imperativ erhalten bleiben; es gab eigene Formen für das Passiv, die in den germanischen Sprachen
durch Konstruktionen mit Hilfsverb ersetzt werden; es gab
eine Anzahl von Infinitiven und Partizipien.

4. Gegenüber diesen Vereinfachungen steht etwas, das
eher eine Komplizierung darstellt: es entwickelt sich die
doppelte Deklination des *Adjektivs.* Sie läßt sich am heutigen Hochdeutschen, das dieses Phänomen bewahrt hat,
am besten erläutern. Warum sagen wir »das klein*e* Mädchen«, aber »ein klein*es* Mädchen«? Grundsätzlich haben
wir das *Kongruenzprinzip:* Satzglieder oder deren Bestandteile werden in ihrer grammatischen Form aufeinander ab-
gestimmt, im besonderen: Begleiter des Substantivs wie
Artikel (oder Pronomen) und das als Attribut beigefügte
Adjektiv werden in Genus, Numerus und Kasus dem Substantiv angeglichen. Beispiele für Kongruenz des Artikels:
»der Garten, des Gartens, die Gärten«; des Pronomens:
»mein Garten, meines Gartens, meine Gärten«.
Jetzt zum Adjektiv. Auch dieses folgt (jedenfalls in seiner Verwendung als Attribut, denn im Prädikat bleibt es
unflektiert: »Der Garten ist schön«) dem Substantiv: »verdammt*er* Unsinn – verdammt*e* Kurve – verdammt*es* Gerede«. Setze ich aber den bestimmten Artikel davor, so kennzeichnet dieser schon eindeutig das Geschlecht: »der
verdammte Unsinn – die verdammte Kurve – das verdammte Gerede«. Ebenso kennzeichnet der bestimmte Artikel auch bereits den Kasus und den Numerus. Die deutsche Sprache begnügt sich damit, wenn diese Kennzeichnung *einmal* erfolgt, in diesem Fall beim Artikel. Geschieht
das, so kann das Adjektiv auf kennzeichnende Endungen
verzichten, es unterliegt jetzt der sogenannten »schwa-
chen« Deklination (die nur -e und -en als Endungen
kennt). Dies mag zur Erklärung des Prinzips genügen.
In älteren Lehrbüchern und Nachschlagewerken findet      *Zur Einteilung der*
man eine verhältnismäßig simple Einteilung in Nord-,      *germanischen*
West- und Ostgermanen. Die neuere Forschung, gestützt     *Sprachen*
auch auf Ausgrabungsbefunde, hat eine differenziertere
Einteilung an deren Stelle gesetzt. Diese teilt das »Germa-
nenvolk« in fünf Gruppen auf: Nordgermanen, Nordsee-

germanen, Weser-Rhein-Germanen, Elbgermanen und Oder-Weichsel-Germanen, benannt natürlich nach ihren (vermuteten) frühesten oder jedenfalls sehr frühen Wohngebieten.

Auf diese Ausgangslage folgen die Jahrhunderte, in denen Wanderungen und Eroberungszüge das Bild immer wieder verschieben. Die Nordgermanen bleiben in dieser Zeit noch lange in ihrer skandinavischen Heimat, brechen aber aus dieser schließlich zu den Wikingerzügen auf, die sie bis nach Nordamerika im Westen und bis ins Mittelmeer im Süden führen. Zu den Nordseegermanen gehören die Friesen sowie die Angeln und Sachsen, die Britannien erobern; von den Sachsen bleibt jedoch ein Teil auf deutschem Boden zurück (Festlandsachsen) und bildet hier einen der stärksten und wichtigsten Stämme, der schließlich den Franken unter Karl dem Großen unterliegt. Aus den Weser-Rhein-Germanen, die sich nach Süden und Westen vorschieben, geht als wichtigster der Frankenstamm hervor. Die Elbgermanen, die sich ebenfalls nach Süden ausdehnen, erst bis zu den deutschen Mittelgebirgen, dann bis an die Alpen, bringen die Kernstämme der Alemannen im Westen und der Baiern im Osten hervor; zu ihnen zählen auch die Langobarden, die große Teile Italiens erobern und zeitweise beherrschen. Die Oder-Weichsel-Germanen schließlich haben sich nach Osten und Süden bewegt, bis ans Schwarze Meer, bis Süditalien, Spanien, Afrika, haben sich als Volk aber nirgends behaupten können. Ihre Sprachen sind erloschen, nur das Gotische zeugt von ihrer Eigenart und ihrer Klangschönheit, während die Sprachen der Burgunden, Heruler, Gepiden, Wandalen und viele andere unwiederbringlich verklungen sind.

*Herkunft der heutigen Sprachen* Wie verhalten sich die heute lebenden germanischen Sprachen zu dem soeben andeutungsweise geschilderten Stadium? Eindeutig ist die Zuordnung im Norden: Auf die Dialekte der Nordgermanen gehen die fünf heute lebenden, zusammenfassend auch als »nordgermanisch« bezeichneten Sprachen zurück: *Schwedisch, Dänisch, Norwegisch, Isländisch, Färöisch.* Einfach ist die Beziehung auch bei den Nordseegermanen: Aus den Dialekten der alten Angeln und Sachsen ist das heutige *Englisch* hervorgewachsen (das später allerdings noch zahlreichen anderen Einflüssen unterworfen war), sowie das in Resten noch lebende *Friesisch.*

Wie steht es mit den beiden hier nicht zugeordneten Sprachen, dem *Deutschen* und dem *Niederländischen?* Diese beiden Sprachen lassen sich nicht von einer der erwähnten fünf Stammesgruppen herleiten. Zu ihrer Entstehung haben vielmehr beigetragen die Sachsen, die zu den Nordseegermanen gehören (soweit sie nicht nach England zogen, sondern auf dem Festland verblieben), die Alemannen und die Baiern, die auf die Elbgermanen zurückgehen, die Franken, die auf die Weser-Rhein-Germanen zurückgehen, sowie die Thüringer (auch Thüringe), deren Abgrenzung zu den Franken hin problematisch ist. Zu beachten ist, daß alle hier genannten Hauptstämme in der Völkerwanderungszeit erst zusammengewachsen sind aus wesentlich kleineren Stämmen, die sich zu Verteidigung oder Eroberung zusammengeschlossen und einheitlicher Führung unterstellt hatten.

Von einer niederländischen Sprache als selbständiger Sprache neben der deutschen kann man erst seit wenigen Jahrhunderten sprechen; mit der lange erstrebten, aber rechtlich erst mit dem Westfälischen Frieden von 1648 verwirklichten Unabhängigkeit der Niederlande vom Reich wurde die dort gesprochene Sprache, bis dahin eine der niederdeutschen Mundarten, zur Staats- und Schriftsprache erhoben.

Bevor wir zur Entstehung des Deutschen übergehen, werfen wir einen Blick auf die nordgermanischen Sprachen sowie auf das Niederländische als wichtigste germanische Nachbarsprache des Deutschen.

Die heutigen *skandinavischen* Sprachen (auch *nordgermanische* Sprachen genannt, etwas mißverständlich, weil dies zugleich ein sprachgeschichtlicher Terminus ist) sind in ihrem frühesten für uns greifbaren Entwicklungsstadium bezeugt durch eine Anzahl von Inschriften in einem Runenalphabet. Sie stammen aus der Zeit zwischen 200 und 600 n.Chr., sind damit teilweise älter als der gotische Bibeltext. Sie stehen auf Gebrauchsgegenständen und Waffen oder sind in Stein gemeißelt, bezeichnen oft den Eigentümer oder Hersteller. *Ek Hlewagastiz Holtijaz horna tawido* – dies steht auf einem goldenen Horn, gefunden bei Gallehus in Dänemark, um das Jahr 400 gefertigt: »Ich, Hlewagastiz, Sohn des Holti, habe (dieses) Horn gemacht«. Die bekannten Runentexte enthalten nur wenige

*Skandinavische Sprachen*

*Eine der Deutungen der Runen von Gallehus*

hundert Wörter. Soweit man aus diesem spärlichen Material Schlüsse ziehen kann, gab es noch keine klaren sprachlichen Unterschiede zu benachbarten Dialekten.

Diese bilden sich aus vom 7. Jahrhundert ab. Es entsteht
ein Gemein-Nordgermanisch, das mit der unerhörten Expansion der Wikinger – etwa zwischen 750 und 1050 – von
Skandinavien aus auf Länder übergreift, wo es die Basis
der heute dort gesprochenen Sprache geworden ist: Island,
die Färöer-Inseln; dazu auf zahlreiche Gebiete, wo die Wikinger zwar einfallen und Staaten bilden, sich auf die Dauer aber nicht halten können: Shetland- und Orkney-Inseln,
die Hebriden, Grönland, Teile von Schottland, Irland,
England, Frankreich (Normandie) und Rußland. Hier ist
das Nordgermanische wieder verschwunden, hat freilich,
besonders im Englischen, in den obsiegenden Sprachen
Spuren hinterlassen.

*Aufspaltung*  Mit der großen wikingischen Expansion setzt die Diffe-
*in Dialekte*  renzierung in Dialekte ein, zuerst wohl in einen *westlichen*
Bereich (Norwegen, Island, Nordseeländer) und in einen
*östlichen* (Schweden und Dänemark), dann in die einzelnen Sprachen.

Im Laufe dieser Jahrhunderte währenden Entwicklung
nehmen diese Sprachen viel Wortgut aus anderen auf,
vereinzelt im Zuge der Christianisierung aus dem Englischen, in Folge der engen Wirtschaftsbeziehungen im Zeitalter der Hanse ferner aus dem Niederdeutschen; im
Zeitalter der Reformation unter dem Einfluß von Luthers
Bibelübersetzung, die starke Wirkung übte, auch aus dem
sich bildenden Hochdeutschen. Überschlägig betrachtet
haben sich die Isländer in bezug auf Lehnübernahmen am
stärksten zurückgehalten; sie haben sich – bis heute – bemüht, fremde Wörter ihrer Sprache anzugleichen oder an
ihrer Stelle Neubildungen und Lehnübersetzungen zu verwenden.

Die Unterschiede zwischen den Einzelsprachen sind
heute zum Teil beträchtlich. Ein Schwede, ein Däne, ein
Norweger werden unter sich, wenn jeder seine Muttersprache gebraucht, eine gewisse Verständigung erzielen können; mit einem Sprecher des Isländischen oder Färöischen
wird ihnen das nicht gelingen.

*Ähnlichkeiten*  Die Ähnlichkeiten zwischen den nordischen Sprachen,
*im Schriftbild*  besonders im Wortschatz, treten deutlicher im Schriftbild
hervor, weil die Rechtschreibung aller dieser Sprachen ei-

nen historischen Einschlag hat, also einen früheren Lautstand im Schriftbild bewahrt. Dies ist auch im Deutschen
der Fall, noch ausgeprägter im Englischen, und auch für
den Menschen deutscher wie englischer Muttersprache
gilt, daß er die Verwandtschaft der nordischen Sprachen
mit seiner eigenen im Schriftbild leichter wahrnimmt als
beim Hören.

| Schwedisch | Dänisch | Isländisch | Englisch | Deutsch | *Beispiele* |
|---|---|---|---|---|---|
| *dag* | *dag* | *dagur* | *day* | Tag | |
| *snö* | *sne* | *snjór* | *snow* | Schnee | |
| *fisk* | *fisk* | *fiskur* | *fish* | Fisch | |

Was man für das Isländische an diesem Beispiel erraten
kann, trifft zu: Es hat die klangvollen Endungen aus früheren Sprachstadien am besten bewahrt. Das gilt auch für die
Formen des Verbums. Das Isländische hat im Präsens für
vier der sechs Personen eine eigene Endung als Kennzeichnung – im Gegensatz z. B. zum Englischen, das nur
noch die 3. Person Singular mit einem -*s* markiert.

| Isländisch | Deutsch | Englisch |
|---|---|---|
| *ég kalla* | ich rufe | *I call* |
| *þú kallar* | du rufst | *you call* |
| *hann kallar* | er ruft | *he calls* |
| *við köllum* | wir rufen | *we call* |
| *þið kallið* | ihr ruft | *you call* |
| *þeir kalla* | sie rufen | *they call* |

Das Erkennen von »Wortgleichungen« wird in manchen Fällen dadurch erschwert, daß die Nordmänner bestimmte Konsonanten im Anlaut fallengelassen haben. So
entsprechen sich:

| Deutsch | Englisch | Schwedisch | Dänisch |
|---|---|---|---|
| Jahr | *year* | *år* | *år* |
| Joch | *yoke* | *ok* | *åg* |

Hier ist das anlautende *j* weggefallen; in anderen Wörtern ist - vor *o* und *u* - ein *w* abgestoßen worden:

| Deutsch | Englisch | Schwedisch | Dänisch |
|---------|----------|------------|---------|
| Wort | *word* | *ord* | *ord* |
| Wolle | *wool* | *ull* | *uld* |

Kann der Deutsche oder Engländer so in einem gedruckten schwedischen, dänischen, norwegischen Text zumindest eine ganze Reihe vertrauter Elemente entdecken –
ganz abgesehen von den zahlreichen gemeinsamen Fremdwörtern griechischer und lateinischer Wurzel –, so wird
ihm das beim Hören der gesprochenen Sprache nur gelegentlich gelingen. Die Intonation, die Sprechmelodie, die
Verwendung des Akzents lassen die Sprachen fremdartig
klingen, und in dieser Beziehung sind darüber hinaus auch
die Unterschiede innerhalb der skandinavischen Sprachen
deutlich ausgeprägt.

*Zweimal Norwegisch* Zum *Norwegischen* möchte ich noch einen Hinweis anfügen. Es gibt genau genommen nicht *eine* norwegische
Sprache, sondern deren *zwei* – bis heute bestehen beide nebeneinander und sind nach dem Gesetz gleichberechtigt.
Die Gründe sind historischer Art. Die ältere Form, *Riksmål* [ri̱ksmɔ:l] genannt, geht auf die lange dänische Herrschaft über Norwegen zurück, die bis 1814 bestanden hat.
Bis dahin war das Dänische in Norwegen Schriftsprache.

*Bokmål* Riksmål, heute *Bokmål* genannt, entstand auf dänischer
Grundlage durch Anpassung an den Wortschatz und die
Aussprache der norwegischen Dialekte. Dem wachsenden
nationalen Selbstbewußtsein der Norweger im Zeitalter
der Romantik genügte dieses »norwegisierte« Dänisch
nicht. Um 1850 veröffentlichte *Ivar Aasen,* ein damals
noch junger Mann, Autodidakt in der Sprachwissenschaft,
nach sorgfältigen Vorarbeiten den Vorschlag für eine neue
Sprache auf der Grundlage der gesprochenen Dialekte. Er
bot zugleich ein Wörterbuch und eine Grammatik an, dazu
eine Auswahl literarischer Texte in dieser neuen Sprache,
die man zunächst *Landsmål* nannte; die heutige amtliche

*Nynorsk* Bezeichnung lautet *Nynorsk.* Die Sprache fand Anklang
und 1907 staatliche Anerkennung, ist durch gute Schriftsteller verfeinert und weitergebildet worden, hat aber das
Riksmål nicht verdrängt. Die großen Dichter des 19. Jahrhunderts wie Ibsen haben sich der älteren, dem Dänischen
näherstehenden Sprachform bedient.

In seinen Anfängen ist das Niederländische nicht gut belegt. Es hat seine Wurzeln wesentlich im Fränkischen und damit bei den Rhein-Weser-Germanen, ist aber erst um 1200 in Dokumenten und in einer damals aufblühenden eigenen Literatur faßbar.

*Niederländisch/ Flämisch*

Die weitere Entwicklung der Sprache ist eng verflochten mit dem politischen Schicksal dieser Region. Im Zuge des niederländischen Freiheitskampfes gegen die spanische Herrschaft (16. Jahrhundert) sagten sich die protestantischen Nordprovinzen von Spanien los und bildeten eine »Republik der Vereinigten Niederlande«, die mit dem Westfälischen Frieden von 1648 endgültig aus dem Verband des Deutschen Reiches ausschied und seither als souveräner Staat besteht. In diesem Staat wurde, abgesehen von bescheidenen friesischen Sprachinseln, nur Niederländisch gesprochen; daß es zur Staatssprache wurde – und sich damit als selbständige Schriftsprache neben dem Deutschen konstituierte –, erscheint folgerichtig.

Der südliche Teil des Sprachgebiets hatte ein wechselvolles Schicksal. Er wurde in den Revolutionsjahren, nachdem er bis dahin zu Österreich gehört hatte, von Frankreich annektiert, 1815 mit dem Nordteil des Sprachgebiets zu einem »Königreich der Vereinigten Niederlande« zusammengeschlossen. Das hatte aber nur kurz Bestand. Der konfessionelle Gegensatz – Norden protestantisch, Südteil katholisch – und der kulturell-sprachliche Gegensatz – Norden niederländisch, Süden wallonisch, also französisch sprechend – sprengte das künstliche Gebilde bereits 1830. Das Königreich Belgien entstand. Die eben erwähnten Gegensätze decken sich in territorialer Hinsicht nicht. Die nun zu Belgien gehörenden katholischen Flamen mußten fast ein Jahrhundert kämpfen, bis schließlich 1922 ihre Sprache gesetzlich als zweite Amtssprache Belgiens der französischen gleichgestellt wurde. Bekanntlich bedroht der Gegensatz zwischen Flamen und Wallonen bis heute die politische Einheit Belgiens.

Das Niederländische als Staatssprache der Niederlande und das Flämische als zweite Amtssprache Belgiens unterscheiden sich kaum; es handelt sich um dieselbe Sprache. Das flämische Sprachgebiet reicht an der Südgrenze Belgiens auch nach Frankreich hinein. Niederländisch ist schließlich noch Amtssprache in einigen ehemaligen niederländischen Kolonien. Die einheitliche Standardform

*Die Hochsprache*

der Sprache (Schrift-, Hochsprache) wird *Algemeen Beschaafd Nederlands* genannt, wörtlich »Allgemeines kultiviertes« (genauer »geschliffenes, geschabtes«) »Niederländisch«. Es gibt zahlreiche Dialekte, die jeweils an der Grenze zum deutschen Sprachgebiet nahtlos, unmerklich in die auf der deutschen Seite gesprochenen Dialekte übergehen.

Für das Verhältnis des Deutschen zum Niederländischen gilt ähnliches wie für das Verhältnis zu den skandinavischen Sprachen. Mündliche Verständigung ist allenfalls fragmentarisch möglich (sofern man nicht einen der auf deutscher Seite gesprochenen niederdeutschen Dialekte versteht), während im Schriftbild die Verwandtschaft ins Auge springt und ein oft weitreichendes – jedenfalls ungefähres – Verstehen des Textes ermöglicht. Als Beispiel ein Text im deutschen Original und in niederländischer Übersetzung.

*Textbeispiel deutsch und niederländisch*

»Dieses Buch wendet sich nicht an Fachphilosophen. Ihnen vermag es nichts Neues zu sagen. Es wendet sich an die vielen, die – ob akademisch gebildet oder nicht – inmitten der Arbeit und Sorge des Alltags und im Anblick der großen geschichtlichen Umwälzungen und Katastrophen unserer Zeit den Versuch nicht aufgeben, sich im Wege selbständigen Nachdenkens mit den Rätseln der Welt und den ewigen Fragen des Menschseins auseinanderzusetzen, und die die Annahme nicht von vornherein zurückweisen, daß die Gedanken und Werke der großen Denker aller Zeiten dabei Rat und Hilfe geben können. Die Frage ist, ob sie das können und in welchem Sinne.«

*Dit boek richt zich niet tot vakfilosofen. Hun heeft het niets nieuws te bieden. Het richt zich tot de talrijke personen die – academisch gevormd of niet – te midden van de arbeid en de zorgen van het dagelijks leven, en getroffen door de grote geschiedkundige omwentelingen en catastrofes van onze tijd, de pogingen niet opgeven om, langs de weg van zelfstandig nadenken, klaarheid te verkrijgen omtrent de raadselen van de wereld en de eeuwige vragen van de mensheid, en die niet zonder meer de onderstelling van de hand wijzen, dat de gedachten en werken van de grote denkers van alle tijden daarbij raad en hulp kunnen geven. Het is de vraag, of zij dat kunnen, en in welk opzicht ...* (H. J. Störig, »Kleine Weltgeschichte der Philosophie«, niederländ. Ausgabe, übersetzt von P. Brommer.)

Allerdings muß man sich bei der Beschäftigung mit einer der eigenen nahe verwandten Sprache besonders sorgfältig vor den »falschen Freunden« hüten: Wörtern, die einem so bekannt vorkommen, aber doch in beiden Sprachen gerade nicht synonym sind. Da gilt verstärkt, was ein kluger Mann gesagt hat: daß der gewissenhafte Übersetzer jedes Wort im Wörterbuch nachschlägt, ganz besonders aber die Wörter, die er gut zu kennen glaubt. *»Falsche Freunde«*

Seit Mitte des 17. Jahrhunderts haben holländische Kolonisten vom Kap der Guten Hoffnung aus Südafrika besiedelt. Deutsche Siedler und französische Hugenotten folgten ihnen bald. Um 1800 waren von den weißen Bewohnern über die Hälfte niederländischer Muttersprache, 28% deutscher, 15% französischer; ein ganz kleiner Rest verteilte sich auf andere sprachliche Herkunft. Erst nach 1800, als die Engländer die Kapkolonie in ihren Besitz gebracht hatten, folgten englische Siedler. *Afrikaans*

Die holländischen Siedler, *Buren* genannt, suchten sich dem englischen Druck zu entziehen, indem sie in dem berühmten »Großen Treck« neue Siedlungsgebiete weiter nördlich aufsuchten, wo sie sich nach blutigen Kämpfen mit den Kaffern niederließen.

Erst nach langwierigen kriegerischen Auseinandersetzungen (Burenaufstand 1880, Burenkrieg 1899–1902) kam es 1910 zur Bildung der Südafrikanischen Union, in der die vorwiegend burisch besiedelten Gebiete mit den vorwiegend britisch besiedelten zusammengeschlossen sind. In dieser Republik ist die eine Amtssprache das Englische, im wesentlichen in der Form, wie es die Kolonisten seit 1820 mitgebracht haben; die zweite Amtssprache ist *Afrikaans*, früher meist *Kapholländisch* genannt – eine Sprache, die natürlich aus der Sprache der ersten niederländischen Siedler hervorgewachsen ist, aber seit dem 17. Jahrhundert so starke Veränderungen durchgemacht hat, daß sie heute als eigene – wenn auch dem Niederländischen nah verwandte – Sprache anzusehen ist.

Die Sprache der Buren wurde sowohl von vielen nichtholländischen weißen Siedlern wie auch von zahllosen schwarzen Bewohnern des Landes (bzw. schwarzen Einwanderern) erlernt und gesprochen, und es trat das ein, was in solchen Fällen fast immer zu beobachten ist: die Sprache wurde verändert, und zwar in Richtung auf Vereinfachung, Verminderung des Formenschatzes, Beseitigung von Ausnahmen.

Die Vereinfachung zeigt sich einmal in der Verkürzung der Wörter. Aus niederländisch *wagen* (»Wagen«) wird *wa;* aus *leggen* (»legen«) wird *lê*. Sie zeigt sich weiter darin, daß die Konjugationsendungen praktisch vollständig wegfallen:

| Deutsch | Niederländisch | Afrikaans |
|---------|----------------|-----------|
| ich laufe | *ik loop* | *ek loop* |
| er läuft | *hij loopt* | *hy loop* |
| wir laufen | *wij loopen* | *ons loop* |
| sie laufen | *zij loopen* | *sy loop* |

*Afrikaans*
*wird Amtssprache*

Afrikaans wurde 1925 anstelle des Niederländischen zur zweiten Amtssprache der Union erklärt. Bisher haben die beiden Sprachen eine so weitgehende Ähnlichkeit bewahrt, daß Verständigung zwischen dem europäischen Niederländer und dem Buren ohne große Schwierigkeit möglich bleibt. Langfristig gesehen führt aber die Aufgabe der Flexionsendungen in aller Regel zu weiteren Veränderungen in der Sprachstruktur, etwa im Satzbau – wie es an der Entwicklung des Englischen abzulesen ist.

*Die deutsche*
*Sprache: Werdegang*

Im Gedanken an meine erhofften deutschen Leser bin ich unsicher, wie ich den jetzt folgenden Kernteil dieses Kapitels anfassen soll. Soll ich ihn sehr ausführlich halten in der Annahme, der Leser wolle viel wissen, weil es sich nun um seine Muttersprache handelt? Oder denkt er eher: »Wozu lange Ausführungen – Deutsch kann ich ja schon«?

Ich meine, es ist eine Sache, eine Sprache (mehr oder weniger) zu »können«, also mündlich und schriftlich zu »beherrschen« (ein kühner Ausdruck – ist es nicht eher so, daß die Sprache uns beherrscht?); es ist eine ganz andere Sache, über die Geschichte einer Sprache, über ihren Bau, über ihre Eigenheiten Bescheid zu wissen, besonders auch im Vergleich zu anderen (ihr nahestehenden oder extrem fernstehenden) Sprachen. Solche Kenntnisse braucht der normale Sprecher nicht (jedenfalls ist er in der Regel dieser Meinung); er bewegt sich in seiner Sprache so selbstverständlich wie ein Fisch im Wasser. Es ist übrigens wieder eine andere Sache, die eigene Sprache zu sehen mit den

Augen (und zu hören mit den Ohren) eines Ausländers, der sie erlernen will oder muß. Diesem wird manches rätselhaft, problematisch, sogar widersprüchlich erscheinen, was das heranwachsende deutsche Kind niemals als Problem empfindet und infolgedessen überhaupt nicht bemerkt.

Dieses »Fremdheitsprofil« (ein Ausdruck von Dietrich Krusche), das die Sprache dem Sprachfremden darbietet, ist von der Sprachwissenschaft eigentlich erst in jüngster Zeit entdeckt und zum Gegenstand der Forschung und Lehre gemacht worden: »Deutsch als Fremdsprache« (oder auch: »als Zweitsprache«) ist ein junges Fach, zur heutigen Bedeutung wohl erst aufgestiegen durch die mehreren Millionen Ausländer in der Bundesrepublik Deutschland.

Wie also dieses Kapitel gestalten? Ich möchte einen kurzen Überblick geben zuerst über den Werdegang der deutschen Sprache, unter besonderer Berücksichtigung der Einflüsse und Zuflüsse aus fremden Sprachen, danach auf die Gegenwart und auf einige Probleme eingehen, die sich aus dem heutigen Zustand der Sprache ergeben.

In den bisherigen Kapiteln dieses Buches sind wir immer wieder dem Phänomen begegnet, daß eine ursprünglich einheitliche Sprache sich aufspaltet in deutlich zu unterscheidende Zweige, aus denen sich womöglich wiederum eigenständige Sprachen herausdifferenzieren. Im Werdegang des Deutschen begegnen wir jetzt dem entgegengesetzten Prozeß: Das Deutsche ist zusammengewachsen aus den Dialekten verschiedener Stämme. Während das Frankenreich, vor allem unter der Herrschaft Karls des Großen, äußere Voraussetzung, sozusagen den Rahmen für diesen Werdegang bot und auch wichtige An-

*Althochdeutsch*

*Althochdeutsch: Textseite aus dem »Hildebrandslied«, dem ältesten, nur in Bruchstücken erhaltenen germanischen Heldenlied, niedergeschrieben um 810 von Mönchen des Klosters Fulda.*

stöße gab, ist doch die deutsche Sprache nicht aus dem fränkischen Dialekt hervorgegangen. Zu ihrer Entfaltung haben alle Stämme beigetragen, mal der eine führend, dann der andere.

Der älteste Abschnitt in der Entwicklung wird von 750 bis 1050 gerechnet. Die Sprache dieser Zeit wird *Althochdeutsch* genannt. Vorher kann man von einer »deutschen« Sprache noch nicht sprechen.

*Zweite Lautverschiebung*

Daß der Zug zur Integration sich durchsetzt, wird einerseits verständlich, sobald man sich die politischen Rahmenbedingungen (Reichsbildung), die wirtschaftlichen (Entwicklung des Fernhandels) und nicht zuletzt die geistigen (Vordringen des Christentums) genauer vergegenwärtigt. Es ist gleichwohl höchst bemerkenswert, weil sich kurz vorher – einsetzend etwa 550 n.Chr. – ein Prozeß vollzogen hat, der die verschiedenen germanischen Stammesdialekte zwischen Alpen und Meer einander nicht nähergebracht, sie vielmehr eher voneinander entfernt hat: die zweite Lautverschiebung (im Unterschied zur ersten, mit welcher sich die germanischen Sprachen als Gruppe aus dem übrigen Indogermanisch aussondern); die zweite wird auch »hochdeutsche Lautverschiebung« genannt.

*Hochdeutsche Lautverschiebung*

Sie besteht im Kern darin, daß die drei germanischen Konsonanten (Verschlußlaute) *p, t, k* sich in bestimmter Weise verändern, daß sie zu gedehnten Reibelauten (Spiranten) werden, nämlich zu ff, ss und hh [x]. Die Dehnung, durch Doppelschreibung angedeutet, fällt im Wortauslaut häufig weg.

Dieses Prinzip veranschaulichen folgende Beispiele:

| Altsächsisch | Althochdeutsch | Neuhochdeutsch |
|---|---|---|
| *opan* | *offan* | offen |
| *etan* | *ezzan* | essen |
| *makôn* | *mahhôn* | machen |

Beispiele für die Veränderung im Wortauslaut:

| | | |
|---|---|---|
| *skip* | *skif* | Schiff |
| *hwat* | *hwaz* | was |
| *ik* | *ih* | ich |

In anderen Fällen – abhängig von der Stellung des Lautes im Wort, seiner Nachbarschaft zu anderen Lauten – werden *p, t, k* ersetzt durch sogenannte Affrikaten, d.h.

Verbindungen von Verschlußlaut und Reibelaut. Aus *p* wird pf, aus *t* wird z [ts], aus *k* wird kch [kx] (heute nur in Dialekten vorkommend).

Beispiele hierfür:

| Altsächsisch | Althochdeutsch | Neuhochdeutsch |
|---|---|---|
| *plegan* | *pflegan* | pflegen |
| *kempio* | *kempfo* | Kämpe, Kämpfer |
| *tehan* | *zehan* | zehn |
| *herta* | *herza* | Herz |

Die Germanisten mögen mir verzeihen, daß ich diesen verwickelten Vorgang hier nur andeute. Worauf ich hinaus will: Diese Lautverschiebung hat ihren Ausgang offenbar im Alpenraum genommen. Sie hat sich voll durchgesetzt im heutigen Süddeutschland, also in den Dialektbereichen Bairisch, Schwäbisch, Alemannisch; im Fränkischen nur ungefähr im Bereich des heutigen Bundeslandes Bayern. Sie hat sich kaum oder gar nicht durchgesetzt im Niedersächsischen (auch nicht im Friesischen und Niederländischen, die heute nicht mehr zum deutschen Sprachbereich gehören). Sie hat sich teilweise durchgesetzt in einer mittleren Zone, die etwa (mit heutigen Bezeichnungen) Rheinfranken, Moselfranken, Thüringen, Obersachsen, Schlesien umfaßt.

Seitdem haben wir in Deutschland die Bereiche des Niederdeutschen und des Oberdeutschen, getrennt (oder besser: verbunden) durch einen mittleren Ost-West-Streifen, dessen Dialekte in vieler Hinsicht aber den oberdeutschen eher näherstehen als den niederdeutschen. Und seit jener fernen Zeit schon haben wir (im wesentlichen) die sogenannte *Benrather Linie,* benannt nach der Stadt Benrath, bei der sie ihren westlichen Ausgangspunkt hat und von der sie ungefähr über Kassel, südlich an Magdeburg vorbei nach Frankfurt/Oder verläuft. Nördlich dieser Linie herrscht das Niederdeutsche, dort hört man in der Volkssprache »ik« oder »ek« statt »ich«, »Water« statt »Wasser« usw. Jeder weiß wohl, daß unser heutiges Deutsch stärker auf dem Ober- und Mitteldeutschen ruht als auf dem Niederdeutschen. Man mag das – mit Kurt Tucholsky (»Schloß Gripsholm«) – bedauern.

Obwohl wir Heutigen Althochdeutsch nicht hören, sondern allenfalls mühsam lesen können – auch dabei wird

*Benrather Linie*

*Klangfülle*

uns noch deutlich, um wieviel voller und farbiger diese Sprache unserer Vorfahren geklungen hat, verglichen mit der heutigen, vor allem weil sie unbetonte Silben und klangvolle Vokale hat, die später zu einem matten [ə] verkümmert sind. Ein kurzes Beispiel habe ich schon mit den »Straßburger Eiden« gebracht, als zweites hier das Vaterunser in einer althochdeutschen (ostfränkischen) Fassung, die um 825 entstanden ist:

*Fater unser, thû thâr bist in himile, sî giheilagot thîn namo, queme thîn rîhhi, sî thîn uuillo, sô her in himile ist, sô sî her in erdu, unsar brôt tagalîhhaz gib uns hiutu, inti furlâz uns unsara sculdi ...*

Der eine Leser wird mehr die Konstanz über 1100 Jahre hinweg, der andere mehr die Abweichungen wahrnehmen.

*Christentum,* Unter den Faktoren, die in der althochdeutschen Peri-
*Mönchtum* ode unsere Sprache beeinflußt und geformt haben, scheinen mir am wichtigsten der Einfluß des Christentums und die mit seinem Vordringen verknüpfte Übernahme antiken Bildungsgutes – eine Aufgabe, die Karl der Große, ein Herrscher von seherischem Weitblick, bewußt mit der Übernahme der römischen Reichsidee seinem Volk (oder: seinen Stämmen) gestellt hatte.

Die Christianisierung schlägt sich nieder in der Übernahme vieler Wörter aus der christlichen Doktrin als Fremdwörter oder Lehnwörter; darauf komme ich im folgenden Abschnitt zurück. Hier möchte ich das Hauptgewicht darauf legen, daß damals eine Aufgabe gelöst wurde, deren Größe und Schwierigkeit von heute aus nur

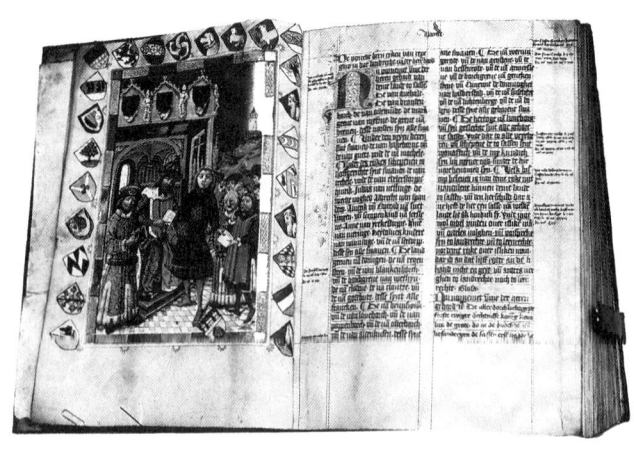

*Eines der wichtigsten Dokumente der deutschen Sprachgeschichte ist der zwischen 1220 und 1235 durch Eike von Repgow verfaßte »Sachsenspiegel« (hier niederdeutsche Handschrift; das Werk wurde zuerst in Latein niedergeschrieben).*

noch schwer zu ermessen ist: Den germanischen Stämmen
in ihrer kriegerischen Wesensart und ursprünglichen
Denkweise waren christliche Vorstellungen und Wertbe-
griffe wie Sünde, Schuld (im moralischen Sinne), Gnade,
Vergebung, Barmherzigkeit fremd. Wer Latein gelernt hat,
dem ist eine Wortgleichung wie lat. *misericordia* = dt.
»Barmherzigkeit« selbstverständlich; es war aber ein müh-
sames, tastendes, manchmal jahrzehntelanges geistiges
Ringen nötig, bis es gelang, ein solches deutsches Wort zu
prägen, zu erklären, zu verbreiten, es heimisch zu machen.

Diese Arbeit ist zum überwiegenden Teil von Mönchen
geleistet worden, in Klöstern ehrwürdigen Alters wie Fulda, Lorsch, Wessobrunn, Weißenburg im Elsaß, St. Gallen,
Reichenau. Nicht nur Wörter wurden in den Sprachschatz
aufgenommen und bereicherten ihn; auch die Satzmuster
des Lateinischen wirkten stark auf den deutschen Satzbau
ein, zumal in den Anfangszeiten das »Übersetzen« aus
dem Lateinischen sich überwiegend in *Glossen* und Interli-
nearversionen niederschlug, d. h. in deutschen Erläuterun-
gen oder so gut wie wörtlichen deutschen Entsprechungen
zum lateinischen Text.

Einer der Meister in dieser sprachschöpferischen Arbeit
ist Notker von St. Gallen, der sich weitgehend von der engen Anlehnung an das Lateinische löst und sich souverän
in der nun entstehenden deutschen Sprache bewegt.

Viereinhalb Jahrhunderte – 1050 bis 1500 – umspannt      *Mittelhochdeutsch*
der nächste Entwicklungsabschnitt. In der lautlichen
Struktur unterscheidet sich das Mittelhochdeutsche vom
Althochdeutschen in mehrfacher Beziehung. Es hat sich
also wieder allerlei verändert, und insofern sind die Begriffe »erste, zweite Lautverschiebung« ein wenig irreführend.
Die Sprache entwickelt sich dauernd – auch heute. Die
klangvollen Vokale schwächen sich vielfach schon zu [ə] ab
(aus *geban* wird »geben«). Dadurch verlieren manche Formen der Deklination und Konjugation ihre Unterscheidungskraft; damit werden Artikel und Pronomen wichtiger als vorher. Der Umlaut (*mahtig* wird »mächtig«)
verbreitet sich.

Wichtiger aber ist die innere Entwicklung der Sprache,
ihre geistige Durchbildung. Diese läßt sich an Hand von
vier Stichworten andeuten: Geistlichkeit – Mystik – Rittertum – Dichtung. Zu jedem ein paar Worte:

Neben den Ordensgeistlichen, den Mönchen, treten jetzt    *Die Geistlichen* die Geistlichen in den Gemeinden, die Weltgeistlichen, als Autoren in Erscheinung mit einem Schrifttum, das, die Grenzen der gelehrten Theologie hinter sich lassend, auch volkstümliche Predigt, Legenden, erzählende Darstellung biblischer Stoffe umfaßt.

*Die Mystiker*    Von kaum zu überschätzender Bedeutung ist das Wirken der christlichen *Mystiker,* unter denen Meister Eckhart (um 1260–1327, aus Thüringen) und seine Schüler Tauler und Seuse (lat. *Suso*) hervorragen. Das Denken der Mystiker kreist um Gott und Menschenseele und die Einheit beider, und es vollzieht sich überwiegend in deutscher Sprache, die allerdings erst dazu tauglich gemacht werden muß, die schwierigen, oft ans Unsagbare grenzenden Einsichten und inneren Erlebnisse zu vermitteln. Viele deutsche Abstrakta auf »-keit«, »-lich«, »-ung« haben die Mystiker geschaffen: »Geistigkeit«, »wesentlich«, »Anschauung« – um nur für jedes ein Beispiel zu bringen. Der Begriffs- oder Wortschatz der späteren deutschen Philosophie ist weitgehend damals neu geprägt oder mit neuem Bedeutungsgehalt erfüllt worden. Eine Probe davon, wie die Sprache in mittelhochdeutscher Zeit geklungen hat, sei den Schriften Eckharts entnommen, und zwar dem Traktat *Von Abegescheidenheit* (»Von der Abgeschiedenheit«) – darunter ist die tiefinnere Ruhe in der Vereinigung mit dem göttlichen Seinsgrund gemeint:

*Ich hân der geschrift vil gelesen, beidin von den heidenischen meistern und von den wîssagen und von den alten und niuwen ê, und hân mit ernste und mit ganzem vlîze gesuochet, welhiu diu hochste und diu beste tugent sî ...*

(*wîssagen* »Propheten«, *ê* »Testament«, *vlîze* »Fleiß«).

*Das Rittertum*    Mit dem Stichwort *Rittertum* stoßen wir darauf, daß das Bildungsmonopol der Geistlichkeit jetzt gebrochen ist. Es ist eine höfische Gesellschaft entstanden, die auch »höfische«, und das heißt weltliche, Dichtung hervorbringt und aufnimmt. Die drei großen Namen sind Hartmann von Aue, Wolfram von Eschenbach, Gottfried von Straßburg.

Die Sprache dieser Dichter ist überregional, von den Dialekten abgehoben und schon weitgehend einheitlich im ganzen deutschen Sprachgebiet.

Diese sprachliche und literarische Blütezeit ist nur von kurzer Dauer gewesen. Sie fällt ungefähr zusammen mit der Herrschaft der großen Kaiser der Sachsen und der Staufer, die erstmals wohl auch in breiteren Schichten so etwas wie deutschen Nationalstolz hat entstehen lassen, und sie endet mit dem politischen Niedergang im 14. Jahrhundert.

Auf Alt- und Mittelhochdeutsch folgt Neuhochdeutsch – so las man's früher, aber die neuere Forschung hat herausgefunden, daß es angemessen ist, noch eine Unterteilung vorzunehmen und eine *frühneuhochdeutsche* Periode einzuschieben, die bis zum Dreißigjährigen Krieg reicht und diesen noch einschließt. Einerseits wirkt der Verfall der Reichsgewalt in dieser Zeit, die Stärkung der einzelnen Territorien zersplitternd auch auf die Sprache. Dem wirkt aber entgegen, daß die Macht der Territorialherren sich festigt und daß von den »Kanzleien« der weltlichen und geistlichen Fürsten Anstöße zu einer Vereinheitlichung der Schriftsprache ausgehen. Und wenn es sich um ein bedeutendes Machtzentrum handelte wie Prag, Meißen, Köln, so konnten solche Anstöße weithin wirken.

Eine genauere Betrachtung der Rahmenbedingungen, als sie hier gegeben werden kann, wird den Aufstieg des städtischen Bürgertums in Betracht ziehen (damit die wachsende Bedeutung der nüchternen Sprache des Geschäftslebens, des Handels, weltweit entfernt von den Idealen ritterlicher Minne), das Aufkommen der Universitäten (1348 Prag, 1365 Wien, 1386 Heidelberg, es folgen Köln, Erfurt, Leipzig, Rostock, Löwen, Greifswald und noch weitere sieben bis zum Jahre 1506); die Geistesbewegung des Humanismus; schließlich auch die gewaltige Ausweitung des deutschen Sprachraums durch mehrere

*Frühes Neuhochdeutsch*

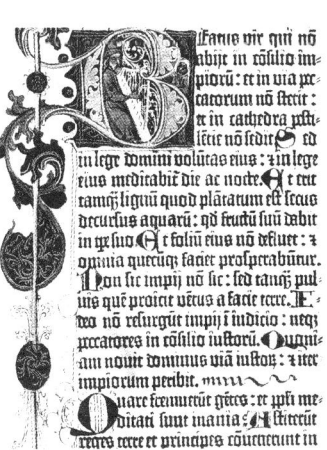

*Zur Erfindung des Buchdrucks: Teil einer Seite aus der 1452–55 durch Gutenberg in Mainz gedruckten sog. 42-zeiligen Bibel (lateinischer Text). Dieses erste Werk der Buchdruckerkunst ist in seiner künstlerischen Vollkommenheit niemals übertroffen worden.*

Jahrhunderte intensiver Ostkolonisation, denn Danzig, Riga, Breslau, Prag, sogar Krakau waren inzwischen zu Stätten deutscher Sprache und Kultur geworden.

Aus der zeitlichen Ferne betrachtet treten aber zwei andere Vorgänge als bestimmende Faktoren hervor: die Erfindung des Buchdrucks (dessen Wirkungsmöglichkeiten durch das inzwischen bekanntgewordene Papier als billigem Druckträger vervielfältigt wurden) und das Auftreten Martin Luthers; zeitlich eng aufeinanderfolgend: Gutenbergs Erfindung um 1450, Luthers Wirken einsetzend bald nach 1500.

*Maximilian und Meißen* Tendenzen in Richtung auf Vereinheitlichung der Sprache waren schon vor Luther sichtbar. Eines ihrer Zentren bildete der Hof des Kaisers Maximilian I. (1493–1519). Er selbst und mehrere seiner Mitarbeiter haben auf einen einheitlichen Sprachgebrauch in amtlichen Dokumenten gedrängt. Augsburg und Nürnberg waren Mittelpunkte des sich schnell entfaltenden Buchdrucks. Die Drucker selbst waren, um ein möglichst großes Publikum erreichen zu können, an Einheit des Sprachgebrauchs und der Rechtschreibung interessiert. Die Sprachform, die sich mit und durch Luther schließlich durchsetzt und zur Grundlage der *neuhochdeutschen* Sprache wird, ist jedoch nicht die des kaiserlichen Hofes, sondern die des östlichen Mitteldeutschland, von der Saale bis nach Schlesien, wie sie in der kursächsischen Kanzlei in Meißen gepflegt wurde. Luthers eigene Worte (aus einer seiner Tischreden): »Ich habe keine gewisse, eigene Sprache im deutschen, sondern brauche der gemeinen deutschen Sprache, das mich beide, Ober- und Niederlender, verstehen mögen. Ich rede nach der sechsischen cantzlei, welcher nachfolgen alle Fürsten und Könige in Deutschland«.

*Martin Luther* Keineswegs übernahm Luther einfach diese Vorlage. Seine unerhörte sprachschöpferische Kraft nahm sie aber als Ausgangspunkt für seine Bibelübersetzung (1522–34) und seine zahllosen Flugschriften, die der nun schon überall heimische Buchdruck schnell bis in die hintersten Winkel des Reiches verbreitete. Vor der Lutherschen waren insgesamt schon 18 Bibelübersetzungen ins Deutsche, darunter vier ins Niederdeutsche, im Druck erschienen, dazu Übersetzungen einzelner Bibelteile. Manches davon wie auch das verbreitete religiöse Erbauungsschrifttum zog Luther mit zu Rate, ließ sich von diesem ebenso anregen

*Luther-Bibel: Dieses
Exemplar, gedruckt
um 1700, enthält
Luthers Originaltext
samt seinen Randbe-
merkungen.*

wie von der urwüchsigen Redeweise des Volkes, dem er
»aufs Maul schaute«. Das mindert seine einzigartige Leistung nicht. Man kann sagen: Kein einzelner Mensch,
auch keiner der großen klassischen Dichter, hat die Entwicklung der deutschen Sprache so tief und so nachhaltig
beeinflußt wie Martin Luther, in dem religiöse Ergriffen-
heit, schöpferische Sprachkraft und die philologische
Sorgfalt des Übersetzers sich vereinten. Luthers Anliegen
war, die Heilige Schrift seinem Volk zu vermitteln –
sprachliche Regeln zu geben, lag ihm fern, doch hat sein
Werk in dieser Richtung gleichwohl stark gewirkt. Dazu
muß man nicht nur in Betracht ziehen, daß in den ersten
50 Jahren nach dem ersten Erscheinen der Lutherbibel allein durch den Drucker Hanns Luft in Wittenberg
100000 Exemplare von ihr gedruckt wurden, sondern hinzunehmen, daß die Bibeltexte, außer daß sie eifrig gelesen,
auch von vielen Menschen auswendig gelernt wurden.

AVISO
Relation oder Zeitung. 20
Was sich begeben vnd
zugetragen hat/in Deutsch/ vnd Welsch-
landt/ Spannien/ Niederlandt/ Engelland/ Franck-
reich/ Vngern/ Osterreich / Schweden/ Polen/ Item Rom
vnnd Venedig/ Wien/ Praag / Vndorff/ Cöln/
Franckfort vnd Gräffenhagen/ Lintz/ rc.
So von Nürnberg den 16. May anhero / vnnd
sonst Wochentlichen A...fert vnd angiangen.

Gedruckt im Jahr/ 1615.

*Eine der ersten deut-*
*schen Zeitungen, er-*
*schienen 1615 in*
*Nürnberg; das Blatt*
*ist 20 cm hoch.*

So beeinflußte Luthers schlichte, kraftvolle und treffende Sprache die Sprachgewohnheiten breiter Schichten.
»Bibelfest« zu sein, d. h. große Partien der Schrift auswendig zu wissen oder zu tausend Bibelworten sofort den
Fundort zu wissen: das war bis zur Zeit Goethes und darüber hinaus ein ehrendes Beiwort. Luthers Sprache wirkte
auch auf die katholischen Bevölkerungsteile. Er hat selbst
mit Befriedigung ausgesprochen, »das ich auch meine un-
dankbare Jünger, dazu meine Feinde reden gelert habe«.
Im nördlichen Teil Deutschlands, wo zu Luthers Zeit das
Niederdeutsche als Sprache der Kanzleien und des öffentlichen Lebens noch lebendig war, hat Luthers Einfluß die
Annahme der hochdeutschen Schriftsprache durch die
niederdeutschen Länder zumindest angebahnt, vollendet
hat sie sich erst später, auch unter dem Einfluß gelehrten
humanistischen Schrifttums. Luthers Wirkung reicht über
die alten Reichsgrenzen hinaus bis nach Siebenbürgen und
zu den Baltendeutschen. Der Schulunterricht, für den
Luther energisch eingetreten ist, festigte die nun gewonnene hochsprachliche Einheit.

*Das Narrenschiff* Aus der Literatur der frühneuhochdeutschen Epoche sei
wenigstens ein kleines Probestück angefügt. Es ist entnommen dem »Narrenschiff« von Sebastian Brant, das 1494
(also vor Luthers Auftreten) in Basel erstmals gedruckt
wurde und schnell eine weite Verbreitung erlangte dank
seiner zupackenden, dem einfachen Mann verständlichen
Sprache, unterstützt durch die zahlreichen eindrucksvollen
Holzschnitte. Auch der hier folgende Satz ist von einem
Holzschnitt begleitet:

*Der hütt der hewschreck an der sunn*
*Und schüttet wasser in eyn brunn*
*Wer hüttet das syn frow blib frum.*
»Der hütet Heuschrecken bei Sonnenschein
und schüttet Wasser in einen Brunnen,
wer aufpaßt, daß seine Frau brav bleibe«.
(Das Tun aller drei ist gleichermaßen vergeblich; der
Holzschnitt zeigt denn auch drei Narren).

*Opitz,* Obwohl die bewußte Pflege der Sprache durch gelehrte
*Sprachgesellschaften* Männer, ebenso der Kampf gegen ihre Überfremdung, ein
Hauptkennzeichen der Zeit nach dem Dreißigjährigen
Kriege ist, setzen solche Bestrebungen doch schon im 16.
und in der ersten Hälfte des 17. Jahrhunderts ein. Hier ragt
Martin Opitz hervor, geboren 1597, mit seinem 1624 er-

*Holzschnitt »Von Frauenhüten« aus Sebastian Brants »Narrenschiff« (1494).*

schienenen »Buch von der Deutschen Poeterey«, in dem er die Loslösung von lateinischen Vorbildern und eine dem Charakter der deutschen Sprache angemessene Dichtkunst fordert. Etwa gleichzeitig, im Jahre 1617, entstand die *Fruchtbringende Gesellschaft,* begründet nach italienischem Vorbild von dem Fürsten Ludwig von Anhalt-Köthen, eine überwiegend aus Adelskreisen zusammengesetzte Gemeinschaft, die sich bewußt der Pflege der Muttersprache widmete. Eine ganze Reihe ähnlicher Gründungen folgte.

Der Kampf gegen das Überhandnehmen von Fremdwörtern lebte bereits damals, und wie auch in späteren vergleichbaren Zeitabschnitten wurden zahlreiche Verdeutschungen vorgeschlagen, von denen viele vergessen sind, andere aber unsere Sprache für die Dauer bereichert haben wie »Verfasser« statt »Autor«, »Sinngedicht« statt »Epigramm«, »Briefwechsel« statt »Korrespondenz«.

Trotz Opitz' richtungweisendem Wirken läßt die Wissenschaft die neueste Periode der Sprachentwicklung erst nach seinem Tode (1641) beginnen, und zwar mit Justus

*Neuhochdeutsch (ab 1650); Schottel*

Georg Schottel, der sich auch *Schottelius* nannte, einem Niederdeutschen (Hildesheim, Hamburg, Leiden, Braunschweig sind die Stationen seines Lebensweges), der fast noch Zeitgenosse Opitz' war. Seine »Teutsche Sprachkunst« erschien 1641; 1663 folgte die grundlegende »Ausführliche Arbeit von der Teutschen Haubtsprache« (die Großschreibung der Substantive hatte sich seit Luther weitgehend durchgesetzt). Schottel plädiert für eine über den Dialekten stehende Hochsprache; er behandelt Rechtschreibung, Interpunktion, Wortbildung, Etymologie und Satzbildung (Syntax) sowie die Kunst des Versemachens.

*Thomasius*  Eine andere bahnbrechende Tat für die deutsche Sprache ist Christian Thomasius zu danken. Im Jahre 1687 hat dieser an der Universität Leipzig Vorlesungen in deutscher Sprache gehalten und damit einen wesentlichen Schritt dazu getan, daß die jahrhundertelange Alleinherrschaft des Lateinischen als Sprache der Wissenschaft gebrochen wurde. Thomasius hat zwei Jahre später auch die erste literarische Zeitschrift in deutscher Sprache herausgegeben. Thomasius, der als einer der mutigsten Kämpfer gegen den damals weitverbreiteten Hexenwahn nicht genug zu rühmen ist, steht mit seinem Schritt vom Lateinischen zum Deutschen natürlich nicht allein, sondern im Zuge einer allgemeinen Entwicklung, die in den meisten kulturell führenden Ländern Europas des Lateinische zugunsten der aufblühenden Nationalsprachen zurückdrängt, zeitweise schon wesentlich früher als in Deutschland. Auch in seinem Vaterland steht er nicht allein.

*Leibniz und*  So hat Gottfried Wilhelm Leibniz, einer der bedeutend-
*Christian Wolff*  sten Mathematiker und Philosophen der neuen Zeit, ein wahrhaft universaler Geist, seine Landsleute in zwei Schriften ermahnt: »Ermahnung an die Teutsche, ihren Verstand und ihre Sprache besser zu üben« (1683); »Unvorgreifliche Gedanken betr. die Ausübung und Verbesserung der teutschen Sprache« (1697 verfaßt, erst 1717 erschienen). Seine eigenen Werke hat er allerdings überwiegend in lateinischer oder in französischer Sprache geschrieben. Leibniz' Schüler Christian Wolff, einflußreicher Philosoph, hat die Sprache der Philosophie durch geglückte Wortprägungen bereichert und damit seinen großen Nachfolgern von Immanuel Kant an ihr Werk erleichtert.

Die gelehrte Welt, der diese Männer zugehören, hat im 17. Jahrhundert ein unvergleichlich größeres Gewicht als

je zuvor. Allein in einem Jahrhundert sind zu den oben genannten 14 neue Universitätsgründungen (nicht alle von
dauerndem Bestand) hinzugekommen. Es entsteht eine
breite bürgerliche Bildungsschicht, großenteils dem Staat
als Lehrer und Beamte dienend, als Träger der weiteren
sprachlichen Entwicklung.

Bleiben wir noch ein wenig bei den Gelehrten, bevor wir
uns den Männern zuwenden, die zum weiteren Werden
der deutschen Sprache vielleicht noch mehr als sie beigetragen haben: den Dichtern. Wenigstens vier Namen will
ich noch nennen, viele andere verschweigend und ihren
Trägern damit Unrecht tuend.

An Königsbergs Universität begann Johann Christoph       *Gottsched*
Gottsched als Fünfzehnjähriger zu studieren, aber Leipzig
wurde zur Stätte seines Wirkens, nachdem er Königsberg
fluchtartig hatte verlassen müssen, um den Werbern des
Preußenkönigs für seine berühmten »Langen Kerls« zu
entgehen. Gottsched war in Leipzig Professor und Rektor
der Universität; er begründete Zeitschriften, wirkte führend in Dichtergesellschaften mit, strebte eine Reform des
Theaters an. Für unseren Zusammenhang wichtig ist seine
»Grundlegung einer deutschen Sprachkunst, nach' den
Mustern der besten Schriftsteller des vorigen und jetzigen
Jahrhunderts abgefasset« (1748). Kein trockener Schul-
meister spricht hier, sondern ein Mann, der wohl weiß, daß
Vorbilder noch wichtiger sind als Regeln. Gottscheds Buch
ist das erste, das im gesamten deutschen Sprachgebiet als
maßgebend angesehen wurde.

Mehr als Sammler denn als kühner Denker ist Johann      *Adelung*
Christoph Adelung anzusehen, dessen »Deutsche Sprach-
lehre« 1781 erschien. Also nur kurze Zeit nach Gottsched -
doch in der deutschen Literatur eine entscheidende Zeit,
denn Lessing, Wieland, Goethe, Herder waren inzwischen
mit ihren ersten Werken hervorgetreten. Das von Adelung
geschaffene Wörterbuch wurde auch von den Klassikern
der deutschen Dichtung gern zu Rate gezogen (von Goethe
existiert ein Brief an Schiller, in dem er bittet, ihm »seinen
Adelung« bald zurückzugeben). Freilich, das Verhältnis
Adelungs zur Sprache - wie das seiner Vorgänger - ist im
Grunde unhistorisch, auf das Gegenwärtige eingeengt; es
fehlt ihm die historische Tiefendimension, die mit dem
Wirken der Brüder Grimm in die wissenschaftliche Betrachtung der deutschen Sprache kommt.

*Jacob und Wilhelm Grimm*

Der ältere der beiden Brüder, Jacob, ist 1785 geboren, Wilhelm 1786. Beide wurden 1837 ihres Amtes als Professoren der Universität Göttingen enthoben, weil sie zusammen mit fünf Kollegen (»Göttinger Sieben«) gegen einen Verfassungsbruch des Königs von Hannover protestiert hatten. Gemeinsam haben sie die »Kinder- und Hausmärchen« gesammelt und herausgegeben. Gemeinsam haben sie auch ihr monumentales »Deutsches Wörterbuch« geplant, das 1854 zu erscheinen begann und mehr als ein Jahrhundert danach, 1960, von ihren Nachfolgern abgeschlossen werden konnte. Als Sprachforscher ist Jacob der bedeutendere der Brüder. Aus seiner Feder stammen die »Deutsche Grammatik« (1819-37) und die »Geschichte der deutschen Sprache« (1848). Jacob Grimm, der als Ahnherr der Wissenschaft der Germanistik gilt, sieht als erster die deutsche Sprache – und die Sprache überhaupt – in der Einheit ihrer Entwicklung durch die Jahrhunderte. Neben die Sprachvergleichung, die die Verwandtschaft

*Die Brüder Wilhelm (1786-1859, links) und Jacob Grimm (1785-1863) nach einem Gemälde von Elisabeth Jerichau.*

aller indogermanischen Sprachen entdeckt hatte (und an
der er, wie früher bemerkt, einen entscheidenden Anteil
hat), setzt Grimm die Sprachgeschichte.

Es wird Zeit, daß wir unseren Blick auf die Dichter richten, die in dem hier betrachteten Zeitabschnitt die entscheidenden Beiträge zur Entwicklung und Formung der
deutschen Sprache geleistet haben. Auch hier kann ich nur
einige ausgewählte Namen nennen. Ich beschränke mich
auf fünf Männer, deren Werk jeweils einen Markstein in
der Sprachentwicklung darstellt. Über jeden lediglich ein
paar Worte.

Das Wirken Friedrich Gottlieb Klopstocks (1724–1803)     *Klopstock*
fällt zwar in die Zeit der Aufklärung, doch dem aufkläreri-
schen Ideal einer nüchternen, rationalen Sprache steht er
durchaus fern. Obwohl er auch ein Meister des knappen
Prosastils ist – in seinen großen Werken kommen Gefühl,
Leidenschaft und hohe Ideale zu ihrem Recht. Klopstocks
Auffassung der religiösen und nationalen Berufung des
Dichters, seine persönliche Souveränität, die ihn befähigte,
sich von Zeitströmungen und auch von modischen (französischen) Vorbildern freizumachen, schließlich seine
sprachschöpferische Kraft führten die deutsche Literatursprache zu neuer Freiheit. Im Formalen lehnte er sich
manchmal an antike Vorbilder an – so in seinem in Hexametern abgefaßten biblischen Epos »Der Messias«. Später
ging er zu freien Rhythmen über. Viele eigenwillige Wortprägungen, die seitdem in der Sprache der Dichtung Heimatrecht haben, gehen auf Klopstock zurück, so »still-
anbetend«, »sanftleuchtend«, »blütenumduftet« – wie
man sieht, Zusammensetzungen. Klopstocks Einfluß auf
die ihm folgenden bedeutenden Dichter ist kaum zu über-
schätzen. Allerdings macht davon gerade der, den ich als
nächsten nenne, eine Ausnahme.

Wenn die Sprache durch Klopstock an poetischem       *Lessing*
Höhenflug gewann, so verdankt sie seinem Zeitgenossen
Gotthold Ephraim Lessing (1729–1781) einen ganz andersartigen Gewinn: eine Befreiung von formaler Fessel und
Gängelung zu einer Prosa von Prägnanz, epigrammati-
scher Kürze, Klarheit, einfachem, durchsichtigem Aufbau
und einer persönlichen Färbung, die sich u.a. darin zeigt,
daß der Autor in der Ich-Form spricht und den Leser
durch direktes Ansprechen in einen persönlichen Dialog
zieht. »Halten Sie das für richtig? Ich nicht«. Eine solche

Sprechweise halten wir heute in einem Essay, einem Leitartikel für selbstverständlich, aber vor Lessing hat es sie
kaum gegeben. Lessing spielt mit der Sprache, ruft Dialekt
und Umgangssprache zu Hilfe. Auf der anderen Seite hat
er in seinen Dramen (vor allem in »Nathan der Weise«)
den fünffüßigen Jambus so vollendet und suggestiv verwendet, daß diese Form bis in die deutsche Klassik hinein
und über sie hinaus Geltung behalten hat. »Schnell fertig
ist die Jugend mit dem Wort« – diese Sentenz, die Schiller
seinen Wallenstein sprechen läßt, ist nach diesem Muster
gebildet.

*Wieland*   Lessing wird heute noch auf vielen Bühnen gespielt.
Klopstock wird vom großen Publikum kaum noch gelesen.
Auch Wieland nicht – leider, muß man hinzufügen, weil
man sich damit einen Lesegenuß entgehen läßt. Christoph
Martin Wieland (1733–1813), Shakespeare-Übersetzer,
Philosophieprofessor, Prinzenerzieher, ist unter seinen lite-
rarischen Zeitgenossen der weltmännische, geistreiche, oft
an französischen Vorbildern orientierte *Causeur*. Wenn die
Frage, was die deutsche Sprache ihm verdankt, mit einer
schrecklich vereinfachenden Formel beantwortet werden
muß, so lautet diese: Eleganz, Leichtigkeit und eine Prise
Frivolität.

*Zu Goethe und*   Gleich nach dem Zweiten Weltkrieg wurde mit den
*Schiller*   Arbeiten für ein Goethe-Wörterbuch begonnen. Es soll
Goethes gesamten Wortschatz erfassen, wie er sich in seinen dichterischen Werken, Tagebüchern, Briefen, Gesprä-
chen, naturwissenschaftlichen Schriften, amtlichen Äuße-
rungen – kurz, in der riesigen Menge von Texten aller Art,
die wir von Goethe besitzen, niedergeschlagen hat. Und
zwar sollen die Wörter nicht einfach zusammengestellt
werden, vielmehr wird jedes in seinem Kontext erscheinen,
in (natürlich ausgewählten) Beispielsätzen. 1978 ist der
erste Band erschienen (Buchstabe A). Einige Jahrzehnte
dürften wohl vergehen, bis dieses Riesenwerk – begonnen
als Gemeinschaftsarbeit von Gelehrten der DDR und der
Bundesrepublik – abgeschlossen vorliegt. Wer sich einen
Eindruck von dem Reichtum der Goetheschen Sprache
verschaffen will, braucht nicht die Vollendung des Wörterbuchs abzuwarten, dazu genügt eine eingehende Beschäftigung mit den bisher vorliegenden Teilen.

Der Zahl nach betrachtet ist Goethes Wortschatz um ein
Mehrfaches größer als der eines normalen Deutschspre-

chenden (das Wörterbuch soll etwa 80 000 Stichwörter behandeln). Er enthält viele von Goethe neu geprägte Wörter.

Es wäre vermessen, Goethes Bedeutung für die deutsche
Sprache mit einigen Sätzen beschreiben zu wollen. Wer
seine Werke liest, wird der deutschen Sprache in ihrer
höchsten Ausbildung, in ihrer bisher gelungensten Synthese von Freiheit, Tiefe des Gedankens und sprachlicher
Kunst begegnen.

Goethes Freund Friedrich Schiller, Kleist, Hölderlin,
Kafka haben sprachliche Kunstwerke gleichen Ranges geschaffen, doch Goethe hat in seinem langen Leben
(1749–1832) den Kosmos, soweit er dem Menschen
zugänglich ist, wohl am umfassendsten »zur Sprache
gebracht«.

Die Literaturgeschichte hört nicht mit der Klassik auf. *Die Vollendung*
Trotzdem breche ich die Darstellung hier ab, denn die
Autoren der letztvergangenen 150 Jahre haben zwar der
Sprache viele neue Seiten und Möglichkeiten abgewon-
nen, sie aber nicht in so tiefreichender Weise geformt oder
umgeprägt wie Klopstock oder Goethe. Vielmehr darf man
die Behauptung wagen, daß die deutsche Schriftsprache
mit Goethe und Schiller ihre höchste Entwicklungsstufe
erreicht hat (oder hatte?). Goethe selbst empfand wohl so,
denn in seinem Todesjahr 1832 schrieb er in einem Brief,
die deutsche Sprache habe jetzt einen so hohen Grad der
Ausbildung erreicht, »daß einem jeden in die Hand gegeben ist, sich … dem Gegenstande wie der Empfindung
gemäß nach seinem Vermögen glücklich auszudrücken«.
Bestand da nicht die Gefahr, daß die Mittelmäßigkeit sich
dieses nun vollendeten Instruments bemächtigen würde?
Das befürchtete wohl Goethe auch schon, als er schrieb,
»daß nun jedes mäßige Talent sich der vorliegenden Ausdrücke als gegebener Phrasen mit Bequemlichkeit bedienen kann«.

Es wäre ungerecht, wollten wir nur die Dichter als Bau- *Gelehrte als Meister*
meister und Meister unserer Sprache würdigen und andere *der Sprache*
nicht wenigstens erwähnen: Staatsmänner, Bismarck vor
allem, zahlreiche Gelehrte verschiedenster Fächer, Philologen mit Jacob Grimm an der Spitze, Historiker, Juristen,
auch Philosophen, in deren Schriften die deutsche Sprache
Glanz und Höhe erreicht hat. Von den Philosophen möchte ich Arthur Schopenhauer und Friedrich Nietzsche ausdrücklich nennen.

*Ein Streiflicht auf die weitere Entwicklung*

Es ist zweifelhaft, ob unsere Sprache seit den Tagen Goethes schöner geworden ist. Sicher ist, daß sie sich seither wesentlich verändert hat.

In den Jahren um 1830 starben die Großen der deutschen Literatur, Philosophie und Musik aus der Zeit ihrer höchsten Blüte; allein binnen fünf Jahren Beethoven (1827), Schubert (28), Clausewitz (31), Hegel (31), Goethe (32). Etwa von da ab greift die industrielle Revolution, in England schon im Gange, mit Macht auf Deutschland über (ob dies ein zufälliges Zusammentreffen ist?). Die Eisenbahn, die Maschine treten ihren Siegeszug an, die Menschen werden in großen Städten zusammengepfercht, tiefgreifende soziale Kämpfe und Veränderungen setzen ein. Sie wirken sich in mannigfacher Weise auf die deutsche Sprache aus.

Ich nenne, unvollständig nur und andeutend, ein paar kennzeichnende Züge aus diesem Wandlungsprozeß.

*Presse und Medien*

Im Zeitalter der allgemeinen Schulpflicht erreicht die nun entstehende Massenpresse, erreichen später auch die anderen »Medien« (das Wort ist ebenso neu wie die Sache) immer breitere Kreise und schließlich fast die gesamte Bevölkerung. Dadurch gewinnen Schriftsprache und Umgangssprache ein Übergewicht gegenüber der Mundart; bis etwa zur Goethezeit (deren Wortschatz uns schon in mancher Hinsicht fremd zu werden beginnt) war die Mehrzahl der Dorf- und Kleinstadtbewohner – der größere Teil der Bevölkerung – nur während des sonntäglichen Kirchgangs der Hochsprache ausgesetzt.

*Umwälzungen*

Im Zuge der politischen und sozialen Umwälzungen werden viele neue Wörter gebildet und bürgern sich schnell ein. Schlagworte wie »Kapitalismus«, »Sozialismus«, »Kommunismus«, »Anarchismus«, »Nihilismus«, wie »Streik«, »Klassenkampf«, »liberal« sind Kinder des 19. Jahrhunderts; andere wie »totaler Krieg«, »Eiserner Vorhang«, »Schwarzmarkt«, »Dritte Welt« sind erst in unserem aufgekommen.

*Technik*

Ebenso stark oder noch stärker ist das Eindringen neuer Wörter aus Technik und Naturwissenschaft in die Alltagssprache. »Elektrizität«, »Eisenbahn«, »Flugzeug«, »Automobil«, »Telefon« entstammen dem 19., »Atomenergie«, »Reaktor« und die zahlreichen Wörter, die die Problematik der »Umwelt« ins Bewußtsein heben (»Waldsterben«, »Saurer Regen«) dem 20. Jahrhundert.

Neue Wörter aus der Sprache des Sports wie »Spurt«, *Sport*
»Clinch«, »Finish«, »Profi«, »Training«, »Libero«,
»Rekord« werden Allgemeingut. Aus der Psychologie
kommen »Verdrängung«, »Komplex«, »Motivation«, aus
der Sprache der Werbung und der Medien kommen »Slo-
gan«, »Moderator«, »Spot«, »Live-Übertragung«, »Bildschirm«, »Recorder«, »Monitor«, aus der Elektronik
»Computer«, »Programmierung«, »Hardware« in die
Sprache jedermanns. Die ständig zunehmende Bürokrati-
sierung und »Verrechtlichung« des öffentlichen Lebens
bescheren uns viele Neuschöpfungen, darunter nicht wenige Mißgeburten.

Neben dem Anwachsen, ja der Vervielfachung des *Abschleifungs-*
Wortschatzes ist ein Abschleifen alter Formen, auch ihr *prozesse*
Verlust, ein Zug zur Vereinfachung zu beobachten. So
kommt z. B. das Dativ-e beim Substantiv außer Gebrauch,
man sagt und schreibt »an jenem Tag« (statt »Tage«) oder
»er gehorcht meinem Rat« (statt »Rate«). Der Konjunktiv
wird immer seltener, man sagt »wenn er offen sprechen
würde« (statt »spräche«). Auch das Schluß-e bei der
1. Person Singular wird vielfach weggelassen, man sagt
»ich trink keinen Schnaps, ich seh gern Krimis« statt »trinke«, »sehe«; »Krimi« ist übrigens eines der zahlreichen
Kurzwörter, die sich in unserer Sprache tummeln. Komposita werden im Übermaß gebildet, darunter so zweifelhafte
wie »pflegeleicht«.

---

Morgen werden sich die Krankenhäuser in *Gesundheitszentren* *Neudeutsch*
oder *Heilungsresidenzen* oder *Fitness-Oasen* umbenennen. Über-
morgen dann werden, nach dem Vorbild von *vollschlank,* die
Kranken als *Mattgesunde* aufstehen und wandeln. Die selber bereits reichlich euphemistischen Friedhöfe wird man zu *Ruhe-*
*parks* umstilisieren. Schon immer wurde das Sterben gern scho-
nend umschrieben … Wie könnte das moderne Wort für den Tod
lauten? *Steiflebendigkeit?* Oder *Vitalschwäche?*
Dieter E. Zimmer: Redens Arten, 1986. Buchfassung eines
Aufsatzes in der »Zeit«.

---

Es ist kein Kunststück, im Laufe eines Jahres viele hundert neue Wörter aufzusammeln, vor allem aus der Presse,
aus Zeitschriften wie dem »Spiegel«, aus der »Szene«, der
»Schickeria«, der Jugendsprache - Wörter, die vorher

noch nie gehört wurden. Man weiß`nie, welche davon
Eintagsfliegen sind.

Ich möchte mit diesen wenigen Hinweisen lediglich
meinen Lesern ein wenig die Augen öffnen für die Veränderungen, die sich in der Sprache fast täglich vollziehen,
von den meisten Zeitgenossen nicht bewußt wahrgenommen – es ist wohl auch auf diesem Gebiet so, daß für den
Diagnostiker, Historiker, Kulturkritiker das, was alle still-
schweigend hinnehmen oder schlicht für selbstverständlich halten, mindestens ebenso aufschlußreich ist wie das,
was man lautstark diskutiert, propagiert oder bekämpft.
Die Entwicklung unserer Sprache seit 150 Jahren und ihre
Gefährdung, besonders seit 1945, kann in einem Buch, das
Dutzende von Sprachen beschreiben möchte, nicht zu ihrem vollen Recht kommen.

*Die deutsche*        Jede Sprache, die wir kennen, ist durch andere Sprachen
*Sprache:*        beeinflußt, ist mit anderen Sprachen vermischt – wie sollte
*Fremde Zuflüsse*        das anders sein bei der Sprache der Deutschen, die rings-
um von Nachbarn anderer Zunge umgeben sind?

Fremde Einflüsse können auch den Bautyp, die Grammatik, den Satzbau einer Sprache verändern. In dieser kurzen Übersicht möchte ich mich auf den Wortschatz beschränken.

*Lehnwörter*        Es gibt verschiedene Möglichkeiten für die Art, wie
fremde Wörter in eine Sprache übernommen werden. Ein
Volk lernt bei einem anderen eine Sache, einen Begriff, eine Institution kennen, übernimmt sie und dazu die Bezeichnung aus der fremden Sprache. Das übernommene
Wort kann sich in Gestalt, Aussprache, Schreibung der
neuen Sprachheimat so vollständig angleichen, daß es
überhaupt nicht mehr als fremd empfunden wird, daß
höchstens noch die Sprachgelehrten um seine fremde Herkunft wissen. So sind zahlreiche Wörter aus dem Lateinischen von den germanischen Stämmen übernommen und
anverwandelt worden. Wer denkt heute daran, daß »Schule« (<lat. *schola*), »Probe« (<mittellat. *proba*), »Tisch«
(<lat. *discus* »Teller, Scheibe, Platte«) einmal »fremde«
Wörter waren? Solche eingedeutschten Wörter, die sich
auch in Aussprache und grammatischer Behandlung vollständig nach den entsprechenden Regeln der deutschen
Sprache richten, nennt man *Lehnwörter*. Ist so weitgehende Angleichung nicht eingetreten (oder erst auf halbem

Wege), spricht man von *Fremdwörtern*. Einfache Beispiele
sind »Philosophie« (griech.), »Operation« (lat.), »Ser-
geant« (frz.), »Spaghetti« (ital.), »Jeans« (engl.).

In anderen Fällen gelingt es, ein Wort einer anderen      *Nachbildungen*
Sprache mit Bildungsmitteln der eigenen Sprache perfekt
nachzubilden. So wird aus frz. *demi-monde* dt. »Halb-
welt«, aus lat. *compassio* dt. »Mitleid«. In solchen Fällen
spricht man von *Lehnübersetzung*. Im Unterschied dazu
liegt eine *freie Nachbildung* vor, wenn ein eigenes Wort sich
als Ersatz für ein fremdes einbürgert, ohne diesem nachgebildet zu sein. So kann »Automobil« durch »Kraftwagen«,
»Billett« durch »Eintrittskarte«, »Passagier« durch
»Fahrgast« ersetzt werden.

Was die deutsche Sprache alles dem Lateinischen und
dem Griechischen verdankt, habe ich schon bei der Behandlung dieser Sprachen angedeutet. Ich gehe hier nicht
noch einmal darauf ein, erst recht nicht auf die Frage, ob
die so übernommenen Wörter möglicherweise gar keine
»echten« lateinischen oder griechischen darstellen, sondern in diese Sprachen wiederum von außen hineingelangt
waren. Ich möchte aber darauf hinweisen, daß die germanischen Stämme, bevor aus deren Sprache das Deutsche
hervorgewachsen ist, schon eine Menge lateinischen Wort-
gutes aufgenommen hatten, so daß die Basis des Deutschen schon mit lateinischen Bestandteilen durchsetzt ist.

Die Übernahmen jener frühen Zeit konzentrieren sich      *Frühe Übernahmen*
auf bestimmte Lebensbereiche. Einige möchte ich nennen
und mit Beispielen belegen.

Blicken wir zuerst auf den Bereich von Haus und Hof,
von Familien- und Arbeitsleben. Es kann nicht verwun-
dern, daß die Grundbegriffe des Weinbaus, den die Germanen erst durch die Römer kennenlernten, überwiegend
auf lateinische Wörter zurückgehen. Die Herkunft dieser
uralten Lehnwörter ist dem heutigen Sprecher nicht mehr
bewußt. Wenn er den »Kelch« ( <lat. *calix*, Genitiv *calicis*)
erhebt, um »Wein« ( <lat. *vinum*) oder auch »Most«
( <lat. *vinum mustum*) zu trinken, der zuvor beim »Win-
zer« ( <lat. *vinitor*) durch die »Kelter« ( <lat. *calcatura*)
gegangen und durch einen »Trichter« ( <lat. *tractarius*)
abgefüllt worden ist - er ahnt kaum, daß er sich hier ganz
nach Art der alten Römer und in ihrer Sprache »delek-
tiert« (lat. *delectare*, eine spätere Übernahme).

Im Gartenbau sind u. a. die »Kirsche« ( <lat. *ceresia*)

und die »Pflaume« (<lat. *prunum*) römischer Herkunft, von den Kräutern die »Minze« (<lat. *menta*), vom Gemüse der »Kohl« (<lat. *caulis*), »Rettich« und »Radieschen« (<lat. *radix,* Gen. *radicis*).

Viele Bezeichnungen aus dem Bauwesen sind lateinischer Herkunft, denn die Germanen lernten den Steinbau erst von den Römern: »Mauer« (<lat. *murus*), »Keller« (<lat. *cellarium*), »Pfeiler« (<mittellat. *pilarium*), »Fenster« (<lat. *fenestra*), »Ziegel« (<lat. *tegula*), »Pflaster« (<lat. *plastrum*), »Straße« (<lat. *via strata* »gepflasterte Straße«).

In der Küche finden wir lateinisches Erbe u. a. in diesem Wort selbst (<lat. *coquina*), »Kessel« (<lat. *catinus,* Verkleinerungsform *catillus*), »Schüssel« (<lat. *scutella*).

Auch im Handel sind zentrale Begriffe von den Römern entlehnt: der »Kaufmann« selbst (<lat. *caupo* »Schankwirt, Händler mit Eßwaren«), die »Münze« (<lat. *moneta*), das »Pfund« (<lat. *pondo*).

Seltener sind Entlehnungen im Militärwesen; aber immerhin ist ein von vielen als »urgermanisch« empfundenes Wort wie »Kampf« vom lat. *campus* (Schlachtfeld) abgeleitet.

*Mittelalter*  In althochdeutscher Zeit, als sich das geistige Leben in den Klöstern konzentrierte, sind viele Wörter aus diesem Lebensbereich zu uns gekommen. So »Abt« und »Nonne« und natürlich »Kloster« selbst (von *claustrum* »Schloß, Riegel, verschlossener Raum«); im Zusammenhang mit den Klosterschulen Ausdrücke wie »Schule«, »Tinte«, »Tafel«, »Brief«. In dieser Zeit wurden auch geglückte Lehnübersetzungen geschaffen wie etwa »Gewissen« für *conscientia* (eine genaue Nachbildung), »geistlich« für *spiritualis*. In die mittelhochdeutsche Zeit fallen die Kreuzzüge und die Blüte des Rittertums. In dieser Periode sind viele Wörter aus dem Französischen übernommen worden. Beim Blick auf das Ursprungswort müssen wir beachten, daß es sich um das Altfranzösische jener fernen Zeit handelt. Beispiele: »Abenteuer« (<altfrz. *aventure*), »Lanze« (<*lance*), »Banner« (<*bannière;* das Wort war allerdings früher aus dem Westgermanischen ins Romanische gelangt; »Banner« war im 18.Jahrhundert veraltet; 1801 hat es Schiller in der »Jungfrau von Orléans« wieder belebt; »Panier« ist mit »Banner« verwandt), »Flöte« (<*flaüte,* ursprünglich ein provenzalisches Wort). Manche Wörter

wurden in jener Zeit übernommen, die vorher aus dem
Germanischen in den fränkisch-französischen Bereich gekommen waren, so »Harnisch« und »Seneschall«. Die
Endung »-ieren« für Verben drang damals aus dem Französischen ins Deutsche ein und ist bis heute lebendig und
fruchtbar, hat allerdings in manchen Wörtern einen Beigeschmack des Fremdartigen und Gekünstelten bis heute
behalten.

Französischem Einfluß ist es auch zuzuschreiben, daß in
diesem ritterlichen Zeitalter neben die altdeutsche Anrede
mit »du« die distanziertere Form mit »ihr« tritt (damals *ir*
geschrieben), die dann im 17. Jahrhundert durch »Sie« ersetzt wurde; heute ist in der jüngeren Generation eine allgemeine Nivellierung zum »du« hin zu beobachten – ein
sprachliches Phänomen, in dem sich ein gesellschaftlicher
Wandel anzeigt.

Das Zeitalter der Kreuzzüge bringt auch Entlehnungen         *Kreuzzüge*
aus entlegeneren Sprachen mit sich. Aus dem Persischen
haben wir »Schach«, aus dem Arabischen u. a. »Zucker«,
aus dem Italienischen »spazieren« übernommen. Andererseits führt die vordringende deutsche Ostkolonisation
nicht nur zu starkem Einfluß des Deutschen auf osteuro-
päische Sprachen (darüber sprechen wir hier nicht), sondern auch zu Übernahmen aus diesen ins Deutsche.
»Grenze« kommt aus dem Polnischen, »Dolmetsch« über
das Ungarische aus dem Türkischen. Der Name »Zeisig«
geht auf den tschechischen, »Stieglitz« auf den sloweni-
schen Namen des Vogels zurück.

Die Übernahmen aus dem Lateinischen laufen durch all
die Jahrhunderte weiter. Als Beispiel aus dem kirchlichen
Leben: »Orden«, »Kardinal«; aus dem staatlichen: »Ma-
jestät«, »Zepter«; aus dem Schulwesen: »Aula«, »Pult«;
aus Medizin und Pharmazie: »Körper«, »Puls«, »Baldri-
an«. Dazu kommen weitere Lehnübersetzungen, z. B.
»Überfluß« für *abundantia*, »Fegefeuer« für *ignis purgato-
rius*.

Mit der wachsenden Verselbständigung des Niederlän-        *Neuere Übernahmen*
dischen im 14. und 15. Jahrhundert wird diese Sprache nun
auch zur Quelle von Lehnwörtern. Seit dieser Zeit sind
»Kante«, »Plakat«, »Stoff«, »Karotte« u. v. a. im Deutschen heimisch geworden.

Dem Französischen des 17. Jahrhunderts entstammen        *Französisch*
»Truppe«, »Garde«, »Appetit«, »Audienz«; dem Italieni-

schen zahlreiche Ausdrücke des Geld- und Bankwesens, in dem die Italiener damals führend waren: das Wort »Bank« selbst, »Giro«, »Konto«, »netto« und »brutto«, »Risiko«, »Kredit«, »Bilanz«. Auch zur seemännischen Sprache hat das Italienische beigesteuert: »Kompaß«, »Fregatte«, »Havarie«. Die Soldatensprache übernimmt viele romanische Wörter, ohne daß immer feststellbar ist, ob sie aus dem Französischen, Spanischen, Italienischen gekommen sind. Dies gilt für »Kanone«, »Granate«, »Alarm«, »Kommando«, »Brigade«, »Kartusche«, »Garnison«, »Leutnant«.

Durch romanische, vorwiegend italienische Vermittlung erwirbt die deutsche Sprache arabische Wörter wie »Alkohol«, »Lack«, »Matratze«.

*Italienisch* Der italienische Einfluß bleibt weiterhin spürbar im 17. Jahrhundert, als u. a. zahlreiche musikalische Fachausdrücke ins Deutsche übernommen werden: »Viola«, »Violine«, »Violoncello«, vor allem auch fast sämtliche Vortragsbezeichnungen: »adagio«, »lento«, »presto«, »andante«, »largo«, »forte«, »piano«.

*Englisch* Das Englische hat bis 1700 wenig Einfluß auf das Deutsche gehabt. Wörter der Seemanns- und der Kaufmannssprache hat es geliefert. Vom 19. Jahrhundert an strömt eine Fülle englischer Wörter ein, die mit dem Sport zu tun haben: das Wort »Sport« selbst, dazu u. a.: »Training«, »Start«, »Jockey«, »Hockey«, »Match«, »fair«. Ferner wird England jetzt tonangebend in Gesellschaft und Mode, und so übernehmen die Deutschen Wörter wie »Gentleman«, »flirten«, »Dandy«, »Cut«, »Ulster«, »Raglan«, »Pullover«. Das weltumspannende englische Kolonialreich hat Wörter aus exotischen Sprachen ins Englische gelangen lassen, die nun von dort ins Deutsche kommen: »Punsch« aus dem Indischen (wegen der fünf Zutaten), »Pyjama«, »Dschungel« ebenso; andere wie »Khaki« und »Schal« aus dem Persischen. Das Niederländische bereichert weiterhin die Sprache der Seefahrt mit Wörtern wie »Kai«, »Küste«, »bugsieren«, »baggern«.

*Exotisch* Die exotischen Einsprengsel ins Deutsche entstammen so vielen Sprachen, daß man sie kaum alle aufzählen kann. Nur einige Beispiele: Den Arabern verdanken wir »Gamasche«, »Sofa«, »Razzia«; den Türken »Kaviar« und »Joghurt«; aus einheimischen Sprachen Altamerikas kommen

»Tabak«, »Kautschuk«, »Kanu«, »Tomate«, »Schokola-
de«, »Mahagoni«, »Zigarre«; aus afrikanischen Sprachen
»Gnu«, »Schimpanse«, »Zebra«; aus Australien »Kängu-
ruh«, aus Japan »Bonze« und »Harakiri«.

Zeitweilig haben sich fremde Wörter in so mächtigem *Überfremdung und*
Strom nach Deutschland hinein ergossen, daß man fürch- *Gegenwehr*
ten mußte, die Sprache werde durch Überfremdung ihre
Eigenart verlieren. Dagegen haben viele bedeutende Männer angekämpft, die dann als »Puristen« verschrien und
lächerlich gemacht wurden. So hat sich sogar Goethe über
den Sprachreiniger J. H. Campe lustig gemacht, der um
1800 für viele Fremdwörter Verdeutschungen suchte und
vorschlug. Im Laufe der Zeit haben viele seiner kühnen
und geschickten Neubildungen sich eingebürgert. Campe
setzte für die »Guillotine« das »Fallbeil«, für das »Ren-
dezvous« das »Stelldichein«, für den »Supplikanten« den
»Bittsteller«; er hat die deutsche »Umgangssprache«
(auch dieses Wort hat er geschaffen) reicher und schöner
gemacht. Romantik und wachsendes Nationalgefühl
brachten eine Rückbesinnung auf die eigene Vergangenheit und die angestammte Sprache. So wurden halb oder
ganz vergessene alte deutsche Wörter wie »Minne«, »Fehde«, »Recke«, »Kür« wiederbelebt. Auch Richard Wagner
hat in dieser Richtung gewirkt.

Das Deutsche ist Amts- und Verkehrssprache in der **Heutiger Bestand**
Bundesrepublik Deutschland, in Österreich, in den *Sprachgebiet*
deutschsprachigen Teilen der Schweiz und in Liechten-
stein sowie neben dem Italienischen in Südtirol.

Das geschlossene deutsche Sprachgebiet ist damit grob
bezeichnet. Sieht man genauer zu, deckt sich die Sprachgrenze streckenweise mit den politischen Grenzen, auf große Strecken hin aber nicht.

Im Norden fällt die deutsch-dänische Staatsgrenze bis *Norden*
auf kleine Minderheiten mit der Sprachgrenze zusammen,
ebenso im Westen gegen die Niederlande und Belgien, hier
mit Ausnahme des Gebiets von Eupen-Malmedy, das seit
dem Versailler Vertrag zu Belgien gehört, aber deutschsprechende Bevölkerung hat. Luxemburg gehört historisch
zum deutschen Sprachgebiet; Umgangssprache ist überwiegend ein moselfränkischer Dialekt. Amtssprachen sind
Französisch, Deutsch und Letzeburgisch; in den Schulen
wird sowohl deutsch wie französisch unterrichtet.

*Westen und*     Gegenüber dem Französischen ist das Deutsche seit
*Süden*     Jahrhunderten im Zurückweichen. In Lothringen – seit 1918 (wieder) zu Frankreich gehörend – gibt es noch eine kleinere, im Elsaß eine beträchtliche Zahl deutschsprechender Bürger. In der Schweiz grenzt das Deutsche zunächst ans französische Sprachgebiet (Bern, Biel, Freiburg), dann ans italienische und rätoromanische. Die Kantone Wallis und Graubünden sind zwei- oder dreisprachig. Im Süden deckt sich die deutsche Sprachgrenze im großen und ganzen mit der Südgrenze der Republik Österreich, doch gehört das 1918 zu Italien geschlagene Südtirol zum deutschen Sprachgebiet (heute offiziell zweisprachig), während andererseits in Kärnten eine kleine slowenische, im Burgenland eine kroatische Minderheit leben.

*Osten*     Im Osten ist infolge der Vertreibungen nach 1945 alles Land jenseits der Grenzen Deutschlands und Österreichs heute fremdes (tschechisches, polnisches) Sprachgebiet, doch sind, teils aus dem früheren deutschen Sprachgebiet, teils aus bedeutenden geschlossenen Sprachinseln in Böhmen, Polen (hauptsächlich Schlesien), in Rumänien (hauptsächlich Siebenbürgen) und in der bisherigen UdSSR, viele Deutsche zurückgeblieben, deren Zahl auf drei Millionen geschätzt wird.

Außerhalb Europas haben deutsche Kolonisten ihre Sprache bewahrt in Teilen der USA (Pennsylvanien), in Südamerika (bes. Chile, Südbrasilien), im ehemaligen Deutsch-Südwest-Afrika.

Grob gesprochen hat das Deutsche sich ein Jahrtausend lang immer weiter nach Osten ausgedehnt; das so gewonnene Sprachgebiet ist mit dem Verlust des durch Hitler vom Zaun gebrochenen Weltkrieges zum überwiegenden Teil wieder verlorengegangen. Im Westen hat das Deutsche durch die Verselbständigung des Niederländischen und das Vordringen des Französischen starke Einbußen erlitten.

*Wortschatz*     Die Frage, wieviel Wörter eine Sprache hat, ist ebenso wenig eindeutig zu beantworten wie die Frage, wieviel Sprachen es auf der Erde gibt. Die Antwort hängt u. a. davon ab,

1. ob man jede Beugungsform eines Wortes – z. B. »schlagen, schlage, schlägst, geschlagen, schlug, schlüge« usw. – als eigenes Wort zählt oder nicht;

2. wie man Zusammensetzungen (Komposita) erfaßt und zählt – bei der Komponierfreudigkeit des Deutschen, das täglich neue Bildungen zuläßt und auch hervorbringt, gibt es hier keine feste Grenze;

3. wie man den eigenen Wortschatz der Dialekte ausgliedert oder mitzählt – auch hier gibt es nur fließende Grenzen (»Kappes«, »Kren«, »Obers«: Mundart oder regionale Varianten der Hochsprache?);

4. wieweit man die möglicherweise vergänglichen Neubildungen, die fast täglich hervorsprießen, erfassen soll (und kann);

5. – und dies ist heute vielleicht das am schwersten wiegende Abgrenzungsproblem –, wieweit man den Wortschatz der Fachsprachen mitrechnen soll. Hier ist zu beachten, daß Wörter aus Fachsprachen ohne Unterlaß in die Umgangssprache eindringen, etwa aus dem Sport: »Endspurt«, »Handikap«, »Clinch«; aus Werbung und Medien: »Schlagzeile«, »Aufmacher«, »Moderator«, »Talkshow«, »Live-Sendung«; aus der Technik, besonders der Elektronik: »Video-Recorder«, »Bandbreite«, »Hardware«; aus der Psychologie: »Fehlleistung«, »Minderwertigkeitskomplex«, »Verdrängung«. Weite Teile der Fachsprachen, etwa die riesig ausgedehnte Terminologie der Botanik, Zoologie, Chemie, bleiben dagegen dem Nichtfachmann fast völlig unbekannt.

Als Anhalt mögen folgende Zahlen dienen: Ein einfacher Bürger kommt im täglichen Leben mit wenigen tausend Wörtern aus. Ein Gebildeter, beispielsweise ein Gelehrter oder Schriftsteller, kann mehrere zehntausend Wörter benutzen (aktiver Wortschatz) und sehr viel mehr verstehen, wenn sie ihm begegnen (passiver Wortschatz). Große Wörterbücher, seien es einsprachige Wörterbücher des Deutschen, seien es zweisprachige Wörterbücher (Deutsch-Englisch usw.), weisen 100 000 bis 200 000 Wörter nach – wobei alte, heute untergegangene Wörter großenteils ausgelassen sind, soweit sie nicht in der heute noch von vielen gelesenen klassischen Literatur eine Rolle spielen. Der Wortschatz der Fachsprachen erreicht zusammengenommen eine Größenordnung von Millionen. *Zahlenangaben*

Auch heute, im Zeitalter der Massenmedien, erscheint das deutsche Sprachgebiet dem, der auf die gesprochenen Dialekte hört, als ein bunter Teppich, ein vielfältiges, kaum überblickbares Muster von weiträumigen Dialektgruppen *Regionale Gliederung: Mundarten*

und lokalen Spracheigentümlichkeiten, die fast von Dorf
zu Dorf verschieden sind. Geschichtlich sind die heutigen
Dialekte abzuleiten aus den Dialekten der germanischen
Stämme in der Völkerwanderungszeit und den darauf be-
ruhenden Mundarten, die schon das Althochdeutsche aufweist; doch sind das ursprüngliche Bild und die räumliche
Verteilung stark verändert durch Faktoren wie Binnen-
wanderung, Ostkolonisation, gegenseitige Beeinflussung,
Ausstrahlung wirkungskräftiger Zentren. Das einschnei-
dendste Ereignis in der Mundartgeschichte ist allerdings
die zweite (altdeutsche) Lautverschiebung. Seit diesem Ereignis haben wir (wie schon beim Althochdeutschen be-
*Drei Gürtel* merkt) die Hauptgliederung in drei in West-Ost-Rich-
tung verlaufende Gürtel: im Norden das *Niederdeutsche* –
das von der Lautverschiebung nicht oder kaum berührt
wurde; im Süden das *Oberdeutsche,* in dem sie sich mehr
oder weniger voll durchgesetzt hat, dazwischen das *Mitteldeutsche,* in dem sie teilweise wirksam gewesen ist. Ober-
und mitteldeutsche faßt man als hochdeutsche Dialekte
zusammen – ein Sprachgebrauch, der den Laien irritieren
kann, der unter »Hochdeutsch« die Schriftsprache versteht.
   Die Grenze zwischen Niederdeutsch und Mitteldeutsch
bildet eine Linie, die (wenn man das alte Reichsgebiet von
1938 zugrundelegt) ungefähr von Düsseldorf über Siegen,
Göttingen, Quedlinburg verläuft, dann einen Bogen nördlich um Berlin herum schlägt (das dann zum mitteldeutschen Bereich gehört – für manche Forscher aber zum niederdeutschen) und weiter über Landsberg, Thorn zur Südgrenze Ostpreußens. Die Grenze zwischen Mittel- und
Oberdeutsch verläuft etwa von Karlsruhe nach Ellwangen,
biegt dann nach Nordosten, läuft östlich an Nürnberg vorbei nach Hof, von da wieder ostwärts Richtung Karlsbad.
   Die Kluft zwischen dem gesprochenen Dialekt und der
Schriftsprache ist naturgemäß am größten beim Niederdeutschen, weil die Schriftsprache auf mittel- und oberdeutschen Grundlagen ruht (und insofern zu Recht
»Hochdeutsch« genannt werden darf).
   Obwohl die Mundartforschung ein höchst lebendiger
und interessanter Zweig der Sprachforschung ist, kann ich
sie in diesem Rahmen doch nur streifen, und wenn ich dabei von Regionen und ihren Grenzen spreche, muß das immer mit einem Körnchen Salz verstanden werden. Der
Mundartforscher, wenn er sich »im Felde«, in der Land-

schaft, unter den Menschen bewegt und ihre Sprechweise belauscht und aufzeichnet, geht in der Regel von einzelnen Wörtern oder deren besonderer Aussprache aus, wie sie für eine Mundart kennzeichnend sind, etwa von dem Wort »Pfinztag« (bairisch für »Donnerstag«), von »Jause« (österreichisch für »Vesper«) oder von der Scheidelinie zwischen »Dorf« und »Dorp« usw. Verbindet man auf der Landkarte alle Orte, in denen eine bestimmte Eigentümlichkeit zuhause ist, so entsteht eine *Isoglosse* genannte Linie. Die Isoglosse für fast jede beobachtete Eigenheit verläuft etwas anders als andere. Die Isoglossen verlaufen aber doch nicht chaotisch durcheinander, sondern in Bündeln, lassen also eine Großgliederung erkennen. Es ist ähnlich wie bei Isothermen, Isobaren und anderen Linien in der Meteorologie (abgesehen davon, daß diese schnell wandern): überall nur fließende Übergänge, und doch zeigt die Wetterkarte insgesamt deutlich zu scheidende Zonen.

Grob gesprochen lassen sich folgende Dialekte unterscheiden:

Im niederdeutschen Gürtel am weitesten westlich das *Niederfränkische,* das Basis der niederländischen Schriftsprache geworden ist, aber nicht etwa mit dieser zusammenfällt. Es umfaßt die Hälfte Belgiens (flämisch) und reicht auch ziemlich weit ins deutsche Staatsgebiet hinein. Im Osten schließt sich an das *Westniederdeutsche,* unterteilt in *Niedersächsisch* (Bremen, Hamburg), *Westfälisch* (Münster, Dortmund) und *Ostfälisch* (Hannover, Magdeburg). Das *Ostniederdeutsche* zieht in verschiedenen Ausprägungen durch Mecklenburg, die Mark Brandenburg, Pommern und (ehemals) weiter nach Osten. *Niederdeutsch*

Der mitteldeutsche Gürtel umfaßt im Westen mehrere Spielarten des *Fränkischen:* das *Mittelfränkische,* unterteilt in *Ripuarisch* (Köln) und *Moselfränkisch* (Trier), und das *Rheinfränkische,* unterteilt in *Rheinpfälzisch* (Pfalz, Saarland, Mainz) und *Hessisch* (Fulda, Frankfurt). Nach Osten schließen sich *Thüringisch* und *Obersächsisch* an; und jenseits der Neiße beginnt – begann – der Bereich des *Schlesischen.* *Mitteldeutsch*

Der oberdeutsche Gürtel beginnt im Westen mit dem Bereich des *Alemannischen* (Elsaß, Südbaden, deutschsprachige Schweiz, Vorarlberg), in sich dreigegliedert von Norden nach Süden in *Niederalemannisch, Hochaleman-* *Oberdeutsch nisch* und *Höchstalemannisch* – dieser Zweig, zuhause hauptsächlich im Wallis und in Graubünden, gilt als altertümlichste deutsche Mundart. Nach Osten zu folgt das *Schwäbische,* das bis zum Lech herrscht und manchmal mit dem Alemannischen zu einer Großgruppe zusammengefaßt wird. Nördlich grenzen an das *Südrheinfränkische* (Heilbronn) und das *Ostfränkische* (Würzburg, Bamberg). Der ganze Ostteil des oberdeutschen Gürtels wird vom *Bairischen* beherrscht, das von Ober- und Niederbayern sowie Tirol bis an die Grenzen Österreichs im Osten reicht, das darüber hinaus untergehende deutsche Sprachinseln im Osten und Südosten einschloß.

*Schicksal der Mundarten*    Trotz des Zustroms von Millionen Heimatvertriebenen aus dem Osten und Südosten des ehemaligen deutschen Sprachgebiets sind die früher dort – vor allem im Baltikum, in Ostpreußen und Danzig, in Schlesien, dem Sudetenland, in Siebenbürgen und dem Banat – gesprochenen Mundarten zum Untergang verurteilt. Die Generation der Vertriebenen hat zwar die angestammte Mundart beibehalten; ihre Kinder aber, die in Hessen, Franken, Bayern usw. aufwachsen, nehmen die Sprechweise der neuen Umgebung an und gehen sprachlich in dieser auf.

Gehen die Mundarten allgemein dem Untergang entgegen, tritt an ihre Stelle infolge Mobilität, Einwirkung der Medien u. a. ein mehr oder weniger einheitliches, höchstens noch nach Bildungsschichten und Generationen differenziertes Medium? Der Untergang der Mundarten ist schon öfters prophezeit worden. Es sieht so aus, als ob sie sich zwar verändern, aber doch lebendig bleiben.

*Vertikale Gliederung: Sprachschichten, Schichtsprachen*    Wie in jeder Kultursprache kann man auch im heutigen Deutschen eine »gehobene« Sprachschicht erkennen, die sich in Drama, Gedicht, Predigt, Festansprache zeigt. Zwischen ihr und der Sprache des täglichen Lebens, der »Umgangssprache«, liegt eine Zwischenschicht, die sich erkennen läßt im Essay, Leitartikel, im wissenschaftlichen oder populärwissenschaftlichen Vortrag, im Vorbringen vor Gericht, bei den professionellen Sprechern in Funk und Fernsehen – man könnte sie »gehobene Umgangssprache« nennen. Unterhalb der noch am Schriftdeutsch orientierten Umgangssprache beginnt der Übergang zum Dialekt. Die mündliche Sprache fast jedes Deutschen ist durch den Dialekt seiner Heimat gefärbt, auch dann, wenn er diesen Dialekt weder gesprochen hat noch spricht.

Nicht in ein solches Schichtschema einzuordnen sind die traditionellen Sondersprachen etwa der Bergleute, der Seeleute, der Jäger. An Bedeutung werden sie heute durch die neu aufgekommenen Fachsprachen weit übertroffen.

Nicht in eine »vertikale« (d. h. soziale) Gliederung einzuordnen ist das Aufkommen einer Jugendsprache, mit der sich eine heranwachsende Generation eigene Ausdrucksmöglichkeiten schafft und zugleich gegen Ältere abgrenzt.

In diesem Schlußabschnitt will ich auf einige Tendenzen in der neuesten Entwicklung der deutschen Sprache aufmerksam machen, auch bedenkliche und gefährliche, ohne wesentlich mehr geben zu können als Stichworte und vielleicht Denkanstöße – denn das Thema könnte ein eigenes Buch füllen und wäre das auch wert. *Heutiges Deutsch: Trends und Probleme*

An die Spitze möchte ich die Tatsache stellen, daß 1945 mit dem Verlust wesentlicher Teile des deutschen Sprachgebiets nicht einfach eine regionale Verkleinerung eingetreten ist; eher kann man den Vorgang mit einer mehrfachen Amputation vergleichen. Noch immer gilt – vielleicht gegen frühere Zeiten etwas abgeschwächt –, daß die Mundarten die lebendigen Quellflüsse sind, die den Hauptstrom der Gemeinsprache speisen und erneuern. Daß so geprägte, traditionsreiche Zweige der deutschen Sprache wie das Baltendeutsche, das Ostpreußische, Pommersche, Schlesische, die Sprache der Siebenbürger, Banater, Egerländer Deutschen in Kürze (mit dem Aussterben der ältesten »Heimatvertriebenen«) tot sein werden – niemand kann die Folgen berechnen, aber daß sie einen nicht wiedergutzumachenden Schaden und Verlust bedeuten, scheint unbestreitbar. *Amputation am Sprachkörper*

Mit dem Ende des Zweiten Weltkrieges hat die einstige Weltgeltung des Deutschen als Sprache der Philosophie, großer Dichtung und vor allem als Sprache der Wissenschaft einen empfindlichen, kaum mehr aufzuholenden Rückschlag erlitten. Sieht man genauer zu, so wird klar, daß dieser Rückschlag nicht nur auf den verlorenen Krieg zurückgeht, sondern auch auf den Antisemitismus, der eine Elite führender Gelehrter und Schriftsteller in die Emigration zwang; daneben auf die ideologische Intoleranz des nationalsozialistischen Regimes, die auch nichtjüdische Intellektuelle in die äußere oder innere Emigration *Rangverlust des Deutschen*

trieb und ihrer Wirkungsmöglichkeit beraubte. Die Er-
schütterung des deutschen Ansehens durch das Bekannt-
werden der nationalsozialistischen Greueltaten kam hinzu.
Zwar wird Deutsch auch heute, u. a. in Osteuropa und in
China, vielfach von jungen Menschen gelernt, deren Pläne
und Hoffnungen auf wissenschaftliches Arbeiten zielen;
das Englische hat auf jeden Fall den ersten Rang als Sprache der Wissenschaft inne, von dem es auf absehbare Zeit
kaum verdrängt werden wird. Zunehmend werden natur-
wissenschaftliche Publikationen deutscher Naturwissenschaftler gleich in englischer Sprache geschrieben und
gedruckt.

*Gefährdete Einheit*    Die Teilung des 1945 gebliebenen Rumpfdeutschland
in zwei Staaten, die grundverschiedene Gesellschaftssy-
steme aufwiesen und einander feindlichen Blöcken angehörten, hatte Auswirkungen auf die Sprache. Während in
der Bundesrepublik ein starker, überstarker Einfluß des
amerikanischen Englisch zu bemerken ist, blieb in der
DDR der direkte Einfluß des Russischen, etwa in Form
von Entlehnungen, gering, doch durchdrang die marxisti-
sche Ideologie das ganze tägliche Leben, ebenso die Literatur – und damit die Sprache. Neue Wörter kamen auf,
viele Abkürzungen darunter, ältere wurden mit veränder-
tem Inhalt erfüllt. Das Wörterbuch der deutschen Gegen-
wartssprache, eine beachtliche wissenschaftliche Leistung,
bekannte sich als erstes Wörterbuch, das konsequent auf
dem Boden der marxistisch-leninistischen Weltanschauung stand. Entsprechend eingefärbt waren Artikel über
politische Schlüsselbegriffe wie etwa »Freiheit«, »Demo-
kratie«, »Grundrechte«, »Gewerkschaft«. Im ganzen hat
jedoch die deutsche Teilung die Einheit der deutschen
Sprache nicht zerstören können.

*Rechtschreibreform*    Die Normen der deutschen Rechtschreibung, wie sie seit
Bismarcks Reichsgründung, u. a. auf Betreiben Konrad
Dudens, entwickelt und 1901 durch eine Vereinbarung zwischen Österreich-Ungarn, der Schweiz und dem Deutschen
Reich in Kraft gesetzt worden sind, gelten in den deutschsprachigen Ländern im wesentlichen bis heute. Duden und
andere Urheber jener Regelung hielten sie nur für einen
ersten Schritt auf dem Weg zu einer besseren und einfacheren
Rechtschreibung. Fast ein Jahrhundert lang ist über weitere Reformschritte diskutiert worden. 1996 ist unter den
deutschsprachigen Ländern eine maßvolle Reform verein-

bart worden, die ab 1998/99 in den Schulen und in den Medien zugrunde gelegt wird.

**Vollständiges**

## Orthographisches Wörterbuch

der

**deutschen Sprache**

von

**Dr. Konrad Duden,**

Director des Königl. Gymnasiums zu Hersfeld.

Nach den neuen preußischen und bayerischen Regeln.

Preis kart. 1 Mark.

**Leipzig.**

Verlag des Bibliographischen Instituts.

1880

*Der »Ur-Duden«: Titelblatt des bescheidenen ersten »Orthographischen Wörterbuchs« von Konrad Duden (1880), das nur knapp 200 Seiten hatte.*

*Großschreibung*

Im Mittelpunkt der Reformdiskussion stand die deutsche Gepflogenheit, außer Satzanfängen und Eigennamen auch Substantive sowie als Substantive fungierende andere Wortarten (»das Ich«, »die Sieben«, »das eben Gesagte«, »ein helles Grün«) mit großen Anfangsbuchstaben zu schreiben – eine Eigenart des Deutschen, die sich seit der Zeit Martin Luthers herausgebildet hat. Die jetzt in Kraft gesetzte Reform hält am Prinzip »Substantive groß« fest, gestaltet aber die Regeln einfacher und folgerichtiger. Das zum Teil hiermit zusammenhängende Problem der Getrennt- oder Zusammenschreibung ist ebenfalls neu geregelt; der Grundsatz lautet: »im Zweifel getrennt«. Vereinfacht wurden zudem verschiedene Laut-Buchstaben-Zuordnungen wie zum Beispiel die allgemeine Gültigkeit des Stammprinzips (»Band« – »Bändel«; »Schnauze« – »schnäuzen«), der Gebrauch von ss und ß (»dass«, »Kuss«, aber: »Gruß«, »Straße«) sowie die Regeln für Kommasetzung, Silbentrennung am Zeilenende und die Schreibung von Fremdwörtern. Es ist zu hoffen, daß der Kompromiß zwischen den Forderungen nach radikaleren Reformen (insbesondere Kleinschreibung und durchgängige Ersetzung von ß durch ss) und den beharrenden Kräften für Jahrzehnte Bestand hat. Für Schulen, Verlage und Behörden bringt die Reform trotz ihres gemäßigten Charakters wesentliche Aufwendungen mit sich.

*Laut und* 　Viel weiter gehen Forderungen, die auf ein grundsätz
*Schrift* lich anderes Verhältnis zwischen Laut und Schrift (Phonem und Graphem) zielen. Hier wäre u. a. zu denken an eine Abschaffung des v (neben f und w überflüssig), des x (Ersetzung durch ks, cks oder chs), des q (Ersetzung durch kw), Ersetzung der Buchstabenkombinationen sch und ch durch neue Zeichen; folgerichtige Kennzeichnung der langen Vokale, die jetzt mal durch Vokalverdoppelung (»Moor«, »Waage«), mal durch Dehnungs-e (»Wiese«), mal durch Dehnungs-h (»Hohn«, »Bühne«) und mal gar nicht erfolgt (»war«, »wir«, »Los«, »Mal«). Diese Andeutungen reichen aus, um deutlich zu machen, daß eine Reform dieser Art die geschriebene Sprache fast bis zur Unkenntlichkeit verändern könnte. Eine so weitgehende Umgestaltung dürfte auch auf längere Sicht in der Sprachgemeinschaft nicht durchzusetzen sein.

*Überfremdung* 　Die führende Stellung der USA unter den Siegermächten des Zweiten Weltkrieges, ihre wirtschaftliche und technische Führungsrolle, der schnelle Wandel von Anschauungen und Gewohnheiten im Verhältnis der Geschlechter, der Generationen, das Aufkommen neuer »Subkulturen« unter jungen Menschen – dies und manches andere in Amerika, was in Deutschland, mindestens in den ersten zwei bis drei Jahrzehnten nach Kriegsende, als richtungweisend, vorbildlich, nachahmenswert empfunden wurde: dies alles hat dazu geführt, daß angloamerikanische Wörter in großer Zahl ins Deutsche übernommen wurden. Gegen ein vergleichbar starkes Anwachsen amerikanischer Einflüsse ins Französische hat sich der französische Staat seit Präsident de Gaulle mit der Kampagne gegen das *Franglais* gewehrt – mit zweifelhaftem Erfolg.

　Die Vorliebe der Deutschen für amerikanische Wörter war zum Teil eine Sache der Mode und des Zeitgeistes, sie wurde aber sehr begünstigt durch die große Anzahl griffiger, kurzer Wörter, die das Englische, besonders in seiner amerikanischen Ausprägung, bereithält. Man denke nur an »Tip«, »Trip«, »Hit«, »Pop«, »Rock«, »Gag«. Beson

ders stark war und ist die amerikanische Einwirkung in der
Sprache der Werbung, des Sports, der »Rauschgiftszene«,
der Wirtschaft (»Input«, »Floating«), der Medien, der
Raumfahrt und Elektronik.

Lange Zeit wurde völlige Beherrschung von Orthographie und Grammatik als untrügliches Kennzeichen von
Bildung gewertet. Wenn heute Rechtschreibfehler in der
Schule nicht mehr als Todsünden, sondern eher als läßliche Sünden bewertet werden, so mögen manche in einem
Zeitalter der »Permissivität« sich damit abfinden. Den zunehmenden Klagen über den Verfall von Sprachbewußtsein und Sprachkultur kann man aber mit diesem Hinweis
nicht begegnen. Wenn Lehrfirmen und Berufsschulen,
Gymnasien, Hochschulen, Bundeswehr und Behörden,
die Anwärter für Beamtenlaufbahnen einzustellen haben,
übereinstimmend feststellen, daß ein Großteil der Bewerber über unzureichende Kenntnisse und Fähigkeiten im
Deutschen verfügt, und wenn man dabei nicht nur auf einen Mangel an Rechtschreibkenntnissen, sondern auch an
Ausdrucksfähigkeit hinweist, dann ist das Symptom einer
gefährlichen, ja alarmierenden Entwicklung. In unserem
Zeitalter, da geschriebene Sprache auf Papier und Bildschirm in vorher unvorstellbaren Massen auf die Menschen einströmt, da andererseits das Überleben als Industriestaat davon abhängt, ob man in den Bereichen
fortgeschrittenster Technologie zur Spitzengruppe zählt –
in solcher Zeit kann es nicht gleichgültig sein, wie richtig,
wie gut, wie klar gesprochen und geschrieben wird. Vielmehr ist Verfall der Sprache Anzeichen für gesellschaftlichen und kulturellen Verfall.

*Verfall der*
*Sprachkultur*

# ACHTES KAPITEL

# Jiddisch und Rotwelsch – und ein Blick auf die Zigeunersprache

Sachlich wäre es ohne weiteres gerechtfertigt, das *Jiddische* im Rahmen des Kapitels über das Deutsche zu behandeln, denn das Jiddische, hervorgegangen aus deutschen Dialekten vergangener Jahrhunderte, ist (wie die Sprachgelehrten sich ausdrücken) eine »Nah- und Nebensprache« des Deutschen. Kaum eine der germanischen Schwestersprachen des Deutschen steht ihm so nahe wie das Jiddische – mit Ausnahme vielleicht des Niederländischen. Die Verständigung mit einem Niederländer oder Flamen ist dem Deutschsprechenden heute noch möglich, sofern er das Plattdeutsche beherrscht. Eine Verständigung mit Angehörigen der jiddischen Sprachgemeinschaft wird dagegen einem Süddeutschen besser gelingen, denn das Jiddische stammt von mittel- und oberdeutschen Dialekten ab. Ich widme ihm ein eigenes Kapitel, auch wegen seines engen Zusammenhangs mit dem Rotwelschen, der deutschen Gaunersprache, vor allem aber, weil es sich hier um ein äußerst interessantes und zugleich wenig bekanntes Gebiet handelt.

*Jiddisch und Deutsch*

»Jiddisch« – so definiert Franz Joseph Beranek, einer der nicht zahlreichen Sachkenner unter den Sprachgelehrten – »ist die Sprache, der sich die nichtassimilierten aschkenasischen, das heißt mittel- und osteuropäischen Juden im Alltagsleben innerhalb der Familie und der jüdischen Gemeinschaft bedienen oder bis vor kurzem bedient haben«.

*Zur Klärung der Begriffe*

Schauen wir uns diese Definition näher an!

»Die *nichtassimilierten* Juden«. Das heißt: Soweit sich die Juden in europäischen Ländern in Sprache und Lebensgewohnheiten dem Volk, unter dem sie lebten, voll angepaßt – »assimiliert« – hatten, haben sie ihre Eigensprache aufgegeben; sie sprechen dann, auch im Alltag und unter sich, nur noch Deutsch, Französisch, Italienisch, Englisch usw., die Sprache des jeweiligen Gastlandes.

*Aschkenasim und*
*Sephardim*

»Die *aschkenasischen* Juden«: Dies ist im Zitat selbst erklärt. So bezeichneten sich, und bezeichnet man, die Juden Ost- und Mitteleuropas; das sind diejenigen, die im deutschen Sprachgebiet leben oder lebten oder aus ihm, unter Mitnahme ihres deutschen Idioms, nach Osten ausgewandert sind. Der Gegenbegriff zu den *Aschkenasim* (eine hebräische Pluralform) lautet *Sephardim:* so bezeichnet man die in Spanien und Portugal lebenden oder von dort stammenden Juden, deren Eigensprache das *Spaniolische* ist; wir haben es im Sechsten Kapitel kennengelernt.

Übrigens hat die Entwicklung vom Deutschen zum Jiddischen nicht nur eine Parallele in der Geschichte der Sephardim, die ihr altertümliches Spanisch bei ihrer Vertreibung mitnahmen, es festhielten und in der Fremde zum Spaniolisch oder »Judenspanisch« fortentwickelten. Eine weitere Parallele findet sich außerhalb Europas, im Iran, wo die dort ansässigen Juden ebenfalls ein vom Persischen abzweigendes, eigenes »Judenpersisch« hervorgebracht haben. Ansätze zu einer Parallelentwicklung hat es auch in Italien gegeben; sie haben jedoch nicht bis zur Ausbildung einer eigenen Sprache geführt.

»Im *Alltagsleben* innerhalb der Familie und der jüdischen Gemeinschaft«: Hiermit ist eine Abgrenzung nach zwei Seiten hin ausgesprochen: »Im Alltagsleben« steht hier im Gegensatz zu »im religiösen Bereich, im Kultus«. Hier nämlich bediente und bedient sich der Jude des ehrwürdigen Hebräisch, der Sprache des Alten Testaments, sowie des diesem eng verwandten Aramäischen, der Sprache des Talmud, in dem das nachbiblische religiöse Schrifttum der Juden gesammelt ist. Da dieses Schrifttum in den Talmudschulen Grundlage des Unterrichts war, nicht nur des Religionsunterrichts, kann eine - mehr oder weniger gute - Kenntnis des Hebräischen und Aramäischen bei der jüdischen Bevölkerung Europas vorausgesetzt werden, allerdings nur bei ihrer männlichen Hälfte.

»*Innerhalb der Familie und der jüdischen Gemeinschaft*«: Hierin liegt eine zweite Abgrenzung. Außerhalb dieses Bereichs, im Umgang mit Nichtjuden, mußten sich die Juden der Sprache ihrer deutschen, polnischen, ungarischen usw. Umgebung bedienen, die sie in der Regel auch erlernten und beherrschten.

*Verwirrung der*
*Namen*

Das »Jiddische Wörterbuch« von Siegmund A. Wolf heißt im Untertitel: »Wortschatz des deutschen Grundbe-

standes der jiddischen (jüdischdeutschen) Sprache«.
Bezeichnungen wie »Jüdischdeutsch«, »Judendeutsch«,
»Judenteutsch« begegnet man häufig; entsprechend im
Französischen *Judéo-Allemand,* im Englischen *Judaeo-
German.* Meinen sie alle dasselbe wie »Jiddisch«? Mehr
oder weniger ja, der Sprachgebrauch ist nicht einheitlich.
Es scheint sich aber die Differenzierung durchzusetzen,
daß man die Bezeichnung »Judendeutsch« usw. reserviert
für die älteren Stufen der Sprache, für die Zeit, als die Juden unter der deutschen Bevölkerung lebten, noch nicht
ins Ghetto verbannt; in diesen Zeiten gaben sie wohl ihrem Deutsch schon eine gewisse Eigenfärbung, doch waren die Unterschiede zur Sprechweise ihrer nichtjüdischen
Nachbarn noch gering. »Jiddisch« meint dagegen die
Sprache in dem späteren Stadium, als sie sich gegenüber
dem Deutschen verselbständigte, u. a. durch Aufnahme
hebräischer und später auch slawischer Bestandteile. Der
Name »Jiddisch« hatte sich im 19. und 20. Jahrhundert
unter den osteuropäischen Juden eingebürgert, daneben
nannten sie ihre Sprache auch *Mameloschen,* wörtlich　　*Mameloschen*
»Muttersprache«. »Mameloschen« ist auch der Titel eines
Buches von Otto F. Best über die jiddische Sprache und
Literatur; ein zweites dem Laien besonders entgegenkom-
mendes Buch ist von Salcia Landmann verfaßt und heißt
»Jiddisch – das Abenteuer einer Sprache«.

Um die Verwirrung voll zu machen: Die Juden haben
ihre Sprache lange Zeit hindurch einfach *taitsch* genannt,
und das Verbum für »in die eigene«, d. h. jiddische, »Sprache übersetzen« heißt bis heute *taitschen* – also »verdeut-
schen«.

Die Jiddisten – so nennt man die Leute, die das Fach der　　*Jiddistik:*
*Jiddistik* wissenschaftlich betreiben – unterscheiden inner-　　*Dialekte*
halb des Jiddischen ein halbes bis ganzes Dutzend verschiedener Dialekte, etwa vom *Elsässisch-Jiddischen* im
Westen bis zum *Kurländisch-Jiddischen* im Baltikum. Damit wollen wir uns hier nicht aufhalten; wohl aber muß ich
den grundlegenden Unterschied zwischen *West-* und *Ost-
jiddisch* erwähnen. Das westjiddische Sprachgebiet umfaßt
den deutschen Sprachraum nebst einigen Randgebieten,
vor allem den Niederlanden, Belgien, dem Elsaß, der
Schweiz, Südfrankreich (Rhônegebiet), der Lombardei sowie Böhmen und Ungarn im Osten. Die in diesem Bereich
lebenden Juden haben sich ganz überwiegend seit dem

Aufklärungszeitalter emanzipiert (die bürgerlich-rechtliche Gleichstellung errungen) und assimiliert; sie haben die Sprachen ihrer Umgebung angenommen und ihre hergebrachte jüdische Redeweise, oftmals unter erleichtertem Aufatmen und nicht ohne Scham, abgelegt. Das Westjiddische ist damit praktisch ausgestorben, ohne die Entwicklungsstufe einer voll ausgebildeten Umgangs-, Schrift- und Literatursprache erreicht zu haben.

Ganz anders die Entwicklung des Ostjiddischen! Aus ihm hat sich das eigentliche Jiddisch herausgebildet. Damit sind wir beim Hauptthema und müssen jetzt ziemlich weit in die Geschichte zurückgreifen.

*Auftreten der Juden in Deutschland* Seit wann gibt es Juden in Deutschland? Obwohl dokumentarische Belege nur spärlich erhalten sind, gilt es als sicher, daß bereits im Gefolge der Römer Juden in Gebiete an Rhein und Donau gekommen sind und sich dort niedergelassen haben. Sichere Nachweise für ihre Anwesenheit gibt es dann wieder aus dem frühen Mittelalter; offen ist, ob Juden auch die Zeit der Völkerwanderung und die »dunkle« Epoche von 400 bis 800 – in der gleichwohl rückblickend schon Grundlagen eines werdenden Europa erkennbar werden (z. B. mit dem Entstehen des Benediktinerordens) – auf deutschem Boden überdauert haben. Jedenfalls war zur Zeit Karls des Großen der Fernhandel offenbar wesentlich in jüdischen Händen, die Ausdrücke *iudaeus* (»Jude«) und *mercator* (»Kaufmann«) wurden manchmal als Synonyme verwendet. Für 965 sind jüdische Kaufleute in Magdeburg bezeugt.

In jener Zeit lebten die Juden unter den Deutschen, ohne unterdrückt oder entrechtet zu sein; es ist anzunehmen, daß auch ihre Sprechweise – abgesehen vom religiösen Bereich – sich nicht nennenswert von der ihrer deutschsprachigen Nachbarn unterschieden hat.

*Erste Verfolgungen* Das Zeitalter eines friedlichen Nebeneinander endete mit dem Beginn der Kreuzzüge, deren erster 1096 stattfand. Als »Mörder des Herrn« wurden Juden von da an grausam verfolgt, es kam zu regelrechten Blutbädern unter ihnen. Es ist zu beachten, daß der damals zuerst vehement ausbrechende Antisemitismus (er führte diesen Namen noch nicht) in erster Linie aus religiösem, also christlichem Eiferertum gespeist war – abgesehen von Aberglauben und primitivem Haß gegen Andersartige. Auch in folgenden Jahrhunderten hatten antisemitische Bewegungen und Verfolgungen, die immer wieder aufflackerten, religiöse Motive als wirklichen Antrieb oder Vorwand.

Während dieser ersten Verfolgungswelle, die das 12. Jahrhundert füllt und in das 13. hineinreicht, sind Juden in großer Anzahl nach Osten geflüchtet und haben sich in Osteuropa, zuerst besonders in Polen, niedergelassen. Sie begründeten eigene, kleinstädtische Siedlungen, man ließ sie zunächst in Ruhe. Sie brachten ihre deutsche Sprache mit und behielten sie bei, sei es aus der dem Judentum eigenen konservativen Grundeinstellung, sei es aus Treue zur früheren Heimat, sei es um der Verbindung mit den in Deutschland zurückgebliebenen Glaubensbrüdern willen. Die polnische Sprache anzunehmen, hatten sie wenig Anlaß; sie empfanden die deutsche Kultur, die sie mitbrachten, wohl der des bäuerlichen Polen gegenüber als überlegen.

In dieser ersten Vertreibungswelle, die mit dem Einfall der Tataren (1241) ihr Ende fand, müssen wir den Anfang zur Entwicklung eines eigenständigen Jiddisch sehen; seine Sprecher waren nun aus der deutschen Umwelt in eine slawische versetzt. Ihre Sprache löste sich von der deutschen und nahm einen eigenen Entwicklungsgang, in dessen Verlauf slawische Wörter, hauptsächlich aus dem Bereich des täglichen Lebens in Haushalt, Handwerk, Landwirtschaft, in das Jiddische eindrangen.

Ein zweiter Anstoß zu dieser Sonderentwicklung liegt jedoch in Deutschland selbst. Die verbliebenen Juden wurden hier vom 13. Jahrhundert ab (IV. Laterankonzil, 1215) zunehmend entrechtet, die schon vorher existierenden Judenviertel in geschlossene Ghettos verwandelt, die den Juden zwangsweise zugewiesen wurden. Diese Isolierung im Verein mit der Einschränkung der Erwerbsmöglichkeiten, u.a. durch das Zunftwesen, und der Tatsache, daß den Juden die meisten Berufe verschlossen waren, führte auch innerhalb Deutschlands eine stärkere Absonderung und Eigenentwicklung der Juden herbei. Sie sahen sich eingeengt auf ihren eigenen Kreis und ihre angestammte Religion. Der ersten jüdischen Wanderungswelle sind weitere gefolgt, u.a. im 16. Jahrhundert, als wiederum zahlreiche Juden aus dem deutschen Reichsgebiet einschließlich Böhmen und Österreich nach Osten flohen. Im Laufe der Zeit entstanden jüdische Siedlungen auch in Li-

*Isolierung in Ghettos*

tauen, in der Ukraine, sodann im eigentlichen Rußland bis zu einer Linie, die grob gesprochen von Sankt Petersburg (früher Leningrad) im Norden nach Rostow am Don im Süden verlief. Durch einen Erlaß des Zaren war den Juden 1794 die Niederlassung in diesem »jüdischen Ansiedlungsrayon« erlaubt worden. Diese Regelung hat bis zur Oktober-Revolution Bestand gehabt.

*Rückwanderungen*    Ich kann hier nicht auf die Siedlungsgeschichte im einzelnen eingehen, würde aber die Dinge grob verzeichnen, wenn ich den Eindruck erweckte, als seien Juden in immer neuen Wellen nur vor deutscher Intoleranz zu den friedvollen Slawen gewandert. Nein – es kam auch im Osten zu fürchterlichen Judenverfolgungen – *Pogromen* (das Wort ist russischen Ursprungs), vor allem im 17. Jahrhundert durch aufständische Kosaken unter dem Hetman (»Anführer«; dieses polnische und russische Wort geht auf das deutsche »Hauptmann« zurück) Chmjelnicki, doch auch noch im 19. Jahrhundert, und als Folge davon manchmal auch zu Rückwanderungen, also Fluchtbewegungen in westlicher Richtung, z. B. um 1650 aus Polen und der Ukraine nach Amsterdam. Sigmund Freud, Schöpfer der Psychoanalyse, der in Mähren geboren wurde und bis zu seiner erzwungenen Emigration in Wien wirkte, berichtet aus der mündlichen Überlieferung seiner Familie, diese habe lange Zeit in Köln gelebt, sei wegen der Judenverfolgungen im 14. oder 15. Jahrhundert nach Osten geflohen und im 19. Jahrhundert »von Litauen über Galizien nach dem deutschen Österreich« zurückgekehrt.

*Sprachliche*    Was die sprachliche Entwicklung anlangt – und nur um
*Sonderentwicklung*    diese geht es hier, aber sie muß ohne Kenntnis der zugrundeliegenden historischen Vorgänge unverständlich bleiben – so hat sich die Herausbildung eines Jiddisch, das den Namen einer eigenen Sprache neben dem Deutschen verdient, in einem Jahrhunderte dauernden Prozeß vollzogen, unter mannigfachen Verwicklungen und auch Rückschlägen. Die ersten Schritte dieses Prozesses liegen mangels erhaltener Dokumente großenteils im Dunkel. Faßbar wird die Entwicklung etwa ab 1400.

*Der kranke Löwe*    Eines der frühesten Dokumente ist ein heute in Cambridge verwahrtes Manuskript aus dem Jahre 1382 (handschriftlich natürlich, der Buchdruck wurde erst um 1450 erfunden). Es beginnt:

*Ein boser lew moelich der wart krank*
*gross jomer dass er rank.*
*di tir schouten sin gross not,*
*ob er lebt oder wer tot.*
*der hirz trat im in den munt ...*

Ein Unterschied vom zeitgenössischen Deutsch ist kaum zu bemerken. Aus etwa derselben Zeit stammt die älteste bekannte Fassung der deutschen »Gudrunsage«, in einer jüdisch-deutschen Handschrift – was man daran erkennt, daß sie nicht in lateinischen, sondern in hebräischen Buchstaben niedergeschrieben ist. (Auf die Rolle der hebräischen Schrift komme ich noch zurück.)

Das zweite Beispiel, das ich anführe, stammt schon aus dem Zeitalter des Buchdrucks, es ist entnommen dem 1601 in Basel gedruckten *Ma'asse-Buch* (*ma'asse* = hebr. »Geschichte, Begebenheit«). Der Verfasser ist nicht bekannt. Es beginnt:

*Das Ma'asse-Buch*

*ein schoen ma'asse buch.*
*kumt her, ir liben man un vrauen,*
*un tut das schen ma'asse buch*
*onschouen ...*

Ein drittes Beispiel aus der jüngsten Vergangenheit entnehme ich den von Salcia Landmann veröffentlichten – von drei jüdischen Sammlern zur Verfügung gestellten – jiddischen Anekdoten. Ich erläutere nur die wenigen dem heutigen deutschen Leser unverständlichen Wörter.

*»Der kleine Jossele«*

*Der klejner Jossele, as* (»als = wenn«) *er zekrigt sich* (»streitet sich«) *mit tate-mame* (»Papa und Mama«), *hot a tewe* (*tewe* = »Natur, Angewohnheit«) *zu sezn sich untern tisch un wejnen a ganze scho* (»Zeit, Stunde«).

*Treft sich amol a ness* ( = »Wunder«; *bal nejss* wurden wundertätige Rabbi genannt), *Jossele sezt sich untern tisch un noch* (»nach«) *finf minut rajsst er iber* (»reißt er über = unterbricht er«) *sajn gewejn.*

*»Jossele, hosst schojn ojfgehert zu wejnen?«*

*»Nejn, mame«, entfert* (»antwortet«) *doss sundl* (»Söhnlein«), *»ich ru mich nor op«* (wörtlich »ab = aus«).

Wer nur solche Beispiele aufnimmt und vielleicht dazu noch durch einen flüchtigen Blick in ein Wörterbuch erfährt, daß *schpil* »Spiel«, *schpot* »Spott«, *schtal* »Stall«, *gesunt* »gesund«, *geschwesterkind* »Vetter« oder »Base« ist, mag versucht sein zu fragen: Was ist das anderes

**Wortschatz und Bau des Jiddischen**
*Deutscher Grundstock*

als Deutsch, nur etwas konsequenter phonetisch geschrieben?

Ein solcher Eindruck ist teils richtig, teils ganz falsch. Richtig ist, daß der Wortschatz des Jiddischen (ich rede jetzt vom heutigen Jiddisch, nicht von früheren Stufen der Entwicklung) zu rund drei Vierteln aus deutschen Wurzeln besteht (manche altdeutschen Wörter haben im Jiddischen ihre ursprüngliche Bedeutung bewahrt, im Hochdeutschen dagegen einen Bedeutungswandel durchgemacht), und daß auch die Struktur der Sprache, also Grammatik und Satzbau, ganz stark vom Deutschen geprägt ist. Irreführend ist der Eindruck trotzdem, in sechsfacher Hinsicht.

*Religiöser Bereich* 1. Die angeführten Texte wenden sich an das einfache Volk oder jedenfalls an eine breite Leserschaft und sind rein weltlicher Natur. Sobald wir uns dem Bereich der Religion nähern, treten verstärkt hebräisch-aramäische Bestandteile in Erscheinung, etwa *b'róche* »Segensspruch«; *duchenen* »den Segen erteilen«; *chálef* (ein rituelles Schlachtmesser); *dájen* »Richter«; *jojm-kiper* »Tag der Vergebung« (jüdisches Fest). Allerdings wird der Anteil solcher Hebraismen kaum zehn bis 15 Prozent eines Textes überschreiten, und Siegmund A. Wolf, ein Sachkenner, gibt ihren durchschnittlichen Anteil für das moderne Jiddisch sogar nur mit rund 5,5% an.

*Logik* 2. Die deutschen Dialekte, die dem Jiddischen zugrundeliegen, stellen eine Volkssprache dar, dem Alltag entwachsen, ziemlich fern jeder Intellektualität. Die Juden, die in den Talmudschulen das nachbiblische Schrifttum studierten - manche setzten dieses Studium lebenslang fort - wurden dadurch zu scharfsinnigem theologischem, dogmatischem, auch moralischem und juristischem Debattieren angeregt. Die Wörter und Begriffe, die sie dazu benötigten, entnahmen sie ihrer religiösen Sprache, so etwa *hanacha* »Voraussetzung«; *hen-hen* »sowohl, als auch«; *musskam* »angenommen, daß …« oder *w'ha raja!* »dies ist der Beweis«. Man wird daran erinnert, daß wir in ähnlichen Fällen Formeln aus dem Lateinischen verwenden wie etwa *quod erat demonstrandum* »was zu beweisen war«; oder *tertium non datur* »ein Drittes (eine dritte Möglichkeit) gibt es nicht« (Satz vom ausgeschlossenen Dritten).

*Slawisches* 3. Außer den hebräischen Bestandteilen sind Wörter aus den Sprachen der slawischen Wirtsvölker der Juden, zuerst

vorwiegend aus dem Polnischen und Ukrainischen, später
auch aus dem Russischen, ins Jiddische eingewandert. Sie
gehören, wie schon gesagt, vorwiegend der Sphäre des
städtischen und ländlichen Alltags an. Als Beispiele sollen
genügen: aus polnischer Wurzel: *jarmulke* »Hauskappe«;
*palke* »Knüppel«; *klejt* »kleiner Laden«; aus russischer
Wurzel: *hosb* »Buckel«; *blinze* »Eierkuchen«; aus ukraini-
scher: *loksch* »Nudel«.

4. Weitere Bestandteile des Wortschatzes stammen aus    *Andere Einsprengsel*
romanischen Sprachen, vor allem dem Spanischen, Fran-
zösischen und Italienischen. Ihre Übernahme liegt bei
manchen so weit zurück, daß die genaue Herkunft nicht
mehr zu ermitteln ist. Diese Wörter gehören teilweise auch
den Bereichen der Bildung und der Religion an; insoweit
ist das einschlägige »Monopol« des Hebräischen hier
durchbrochen. Beispiele: *benschen* »segnen« (span.);
*fatscheijle* »Taschentuch« (ital.); *planchenen* »klagen«
(provenzalisch).

Manche Ausdrücke stammen auch aus dem Lateinischen wie *memern* »der Toten gedenken« (von *memorare*)
und aus dem Griechischen wie *apikojress* »Freigeist«, aus
dem Namen des Philosophen Epikuros.

So darf man das Jiddische seinem Wortschatz nach eine
Mischsprache nennen. Vielleicht ist es nützlich, hier anzumerken, daß es keine entwickelte Sprache gibt, für die
die Feststellung nicht ebenso zutrifft – das Deutsche eingeschlossen.

5. Daß das Jiddische heterogene Bestandteile nicht nur    *Grammatik*
vermischt, sondern zu einer Einheit verschmolzen hat,
zeigt die Tatsache, daß grammatische Kategorien und Mo-
delle auf Wörter verschiedenster Herkunft angewendet
werden können. So können Verben hebräischer oder slawischer Wurzel die deutsche Infinitiv-Endung -en erhalten:
*dawenen* »das Gebet verrichten«; die Herkunft des Wort-
stamms ist unsicher, deutsch ist er nicht. Umgekehrt kann
ein deutschstämmiges Wort wie *pojer, pouer* »Bauer« den
Plural mit der hebräischen Endung -im bilden: *pojerim,
pouerim* »die Bauern«; ebenso bei Wörtern lateinischen
Ursprungs: *doktorjim* »die Doktoren«. Und das jiddische
*klojsnik,* bestehend aus dem deutschen Wort »Klause«
und der slawischen Endung -nik, bezeichnet einen Menschen, der den ganzen Tag über in der Klause, d. h. im Bet-
saal sitzt.

Mit diesen Andeutungen zur Grammatik will ich mich hier begnügen.

*Die Schrift* 6. Am radikalsten würde dem Eindruck »Das ist ja fast reines Deutsch« entgegengewirkt, wenn der Leser die Beispieltexte nicht – wie oben gebracht – in einer Transkription in lateinischen Buchstaben vor sich sähe, sondern im jeweiligen Original: da sind sie nämlich in hebräischen Buchstaben geschrieben bzw. gedruckt.

Die Sitte, die Sprachen ihrer Gastländer in der ihnen vertrauten hebräischen Schrift aufzuzeichnen, haben die Juden nicht nur beim Deutschen, sondern für viele Sprachen befolgt. Die hebräische Schrift möchte ich im Zusam-

*Früher Druck eines jiddischen Buches in hebräischer Schrift: »Ein schoen fruen büchlein«, 1594 (Titelblatt).*

menhang mit den semitischen Sprachen abbilden und
erläutern (vgl. Zehntes Kapitel). Sie wird von rechts
nach links geschrieben, ihr Alphabet hat im wesentlichen
nur Zeichen für die Konsonanten. Die Vokale werden fort-
gelassen, der Leser ergänzt sie aus dem Zusammenhang
(»ch whn n mnchn« - ist das verständlich?); in anderen
Texten werden aber die Vokale durch Punktzeichen angedeutet.

Diese Sitte hat dazu geführt, daß die Wörter deutscher
Herkunft im allgemeinen rein phonetisch aufgezeichnet
wurden: »Schreibe wie du sprichst«. Dies tritt auch noch
in der Transkription hervor. Man schreibt *ler* und nicht
»leer«, *fukss* und nicht »Fuchs« (scharfes [s] wird immer
durch *ss* wiedergegeben). Zeitweise, zum Schaden der jiddischen Eigenart, sind Angleichungen an hochdeutsche
Schreibweisen versucht und propagiert worden.

Ich habe einen großen Sprung von den Anfängen zum      *Nachträge zur*
modernen Jiddisch gemacht und dabei einiges über-      *Entwicklungs-*
sprungen, was auch in einem gerafften Überblick erwähnt *geschichte*
werden sollte.

Die Zeit, in der das Neujiddische sich als eigene Sprache konsolidiert und auch eine eigenständige Literatur
zu entwickeln beginnt, mag man als etwa 1750 beginnend
annehmen. Vor dieser Zeit mögen die oft erhobenen Vorwürfe, es handle sich bei dieser Judensprache um nichts
anderes als ein verderbtes, verballhorntes Deutsch, ein
Kauderwelsch und übles Gemisch, einen zutreffenden
Kern gehabt haben. Nur muß man, um gerecht urteilen zu
können, wissen, daß diese sprachliche Entwicklung das
Produkt von Umständen war, die den Juden durch ihre
christliche Umwelt aufgezwungen waren. Es verhält sich
ganz ähnlich wie mit anderen Vorwürfen: Eigenschaften,
die man abwertend als »typisch jüdisch« einstufte, wie
Krämergeist, Wucherertum, Feigheit im Kampf, waren das
Ergebnis der den Juden aufgezwungenen Isolierung und
der Tatsache, daß die meisten Berufe ihnen verschlossen
blieben. Die Entwicklung des Staates Israel hat viele
dieser Vorurteile und Vorwürfe verstummen lassen.

Nach 1750 war es - für den rückblickenden Betrachter -
eine durchaus offene Frage, wie sich die sprachlichen Verhältnisse unter den Juden Osteuropas entwickeln würden.
Die große Geistesbewegung der Auflärung, die ausging

von England, dann nach Frankreich und Deutschland
übergriff und der Errungenschaften wie das Ende der
Hexenprozesse, die Abschaffung der Folter und der grausamen Leibesstrafen, schließlich auch der Sklaverei, die
Proklamierung allgemeiner »Menschenrechte« für jeden
zu verdanken sind, machte auch den Juden Hoffnung,
allmählich eine bürgerliche Gleichberechtigung zu erlangen. Der allgemeine Ruf nach religiöser Toleranz ließ die
Distanz zwischen Christen und Juden nicht mehr so un-
überbrückbar erscheinen. In Frankreich mit der Revolution, in Österreich mit dem Toleranzedikt Josephs II. - allmählich lockerte sich der auf den Juden lastende Druck.

*Moses Mendelssohn*     Ich möchte eine Gestalt herausheben, an der sich die damalige Situation der Juden, auch in sprachlicher Hinsicht,
deutlich abzeichnet: den Moses, Sohn des Mendel (oder
Menachim) Heymann, der sich später Moses Mendelssohn nannte. (Seine Söhne begründeten das Bankhaus
Mendelssohn, das bis 1933 als eine der führenden deutschen Privatbanken bestanden hat; sein Enkel war der
Komponist Felix Mendelssohn-Bartholdy.)

Dieser Moses, in dem kleinen jüdischen Ghetto in Des-
sau (Anhalt) geboren, wanderte als Vierzehnjähriger zu
Fuß nach Berlin, um bei einem berühmten Rabbi zu lernen. Eine wohlmeinende jüdische Familie nahm den bet-
telarmen Jungen auf, der bis dahin außerhalb der Talmud-
schule nur das in Mitteldeutschland übliche Judendeutsch
gesprochen hatte. Die jüdische Geistlichkeit sah streng
darauf, daß ihre Schüler nicht Deutsch lernten und sich
damit vielleicht weltlichem Wissen und Treiben, der Gefahr der Ketzerei und Entfremdung vom mosaischen
Glauben aussetzten. Moses Mendelssohn lernte entgegen
diesem Verbot Deutsch, so gut, daß er bald schon Bücher
in deutscher Sprache veröffentlichen konnte - eine Sensation. Er lernte ferner Latein, Griechisch, Englisch und
Französisch, studierte die zeitgenössische deutsche Philosophie, fand Eingang in das gebildete Berliner Bürgertum.
So wurde er mit Gotthold Ephraim Lessing bekannt, der
ihm in der Gestalt des Nathan (»Nathan der Weise«) ein
unvergängliches Denkmal gesetzt hat. Mendelssohn wollte
erreichen, daß seine Glaubensbrüder zwar ihrer Religion
treu blieben (das tat er auch, seine Söhne ließen sich und
ihre Kinder aber protestantisch taufen); im übrigen sollten
sie aber der äußerlichen und geistigen Enge des Ghettos

entfliehen und in die europäisch-aufgeklärte Geisteswelt
eintreten. Dazu sollten sie die Sprachen ihrer Umgebung
annehmen und das Judendeutsche oder Jiddische abwer-
fen. Mendelssohn übersetzte auch das Alte Testament in
ein sehr gutes Deutsch (mit hebräischen Buchstaben gedruckt).

Wie er dachten viele gebildete Juden im Osten, besonders in Litauen, wo das Judentum von Aufklärung und
Rationalismus am stärksten erfaßt war. Die jüdischen Auf-
klärer – *Maskilim* genannt – wollten ihre Landsleute auf
den von Mendelssohn gewiesenen Weg bringen. Um ihnen
diese Botschaft zu verkünden, mußten sie sich allerdings
notgedrungen der jiddischen Sprache bedienen. Diese
haßten sie zwar und wollten sie beseitigen, aber wie sollten
sie ihre weniger gebildeten Glaubensgenossen erreichen –
wenn nicht in Jiddisch? So kam es dazu, daß die Prediger
der Abschaffung des Jiddischen ihre Propaganda in dieser
Sprache betreiben mußten.

Diese Propaganda hat ihr Ziel nicht erreicht. Vielmehr
traten gerade in diesem geschichtlichen Augenblick nun
Männer auf, die die Schönheit und Eigenart dieser bisher
oft verachteten Sprache erkannten. Es entstand eine jiddische Literatur. Auf sie wollen wir noch einen kurzen Blick
werfen.

Die neuere jiddische Literatur hat zahlreiche Wurzeln   *Jiddische Literatur*
im jüdischen Schrifttum vergangener Jahrhunderte. Wich-   *Chassidismus*
tige Anstöße verdankt sie der mystischen religiösen Volks-
bewegung des *Chassidismus,* die vor allem im Süden des
jüdischen Siedlungsgebietes, etwa ab 1800 lebendig war.
Die von tiefer Frömmigkeit und Gottergebenheit durch-
drungenen einfachen Sprüche, Anekdoten, Gleichnisse
der Chassidim sind, wie es ihrem volkstümlichen Charakter entspricht, in Jiddisch verfaßt und überliefert. In unserem Jahrhundert hat sich Martin Buber um ihre Erhaltung
und Verbreitung verdient gemacht.

Anfang des 19. Jahrhunderts erschienen – nach Moses
Mendelssohns deutscher Übertragung – nun auch Über-
setzungen von Bibeltexten ins Jiddische. 1817 erschien das
erste weltliche und wissenschaftliche Werk in jiddischer
Sprache: die Übersetzung einer deutschen Darstellung der
Entdeckungsgeschichte Amerikas.

Breite Wirkung erreichte als einer der ersten jiddischen

Schriftsteller Israel Aksenfeld (1787 bis 1862), der mit Dramen und Erzählungen vor allem »die einfachen (jüdischen) Frauen, die keine andere Sprache kennen«, erreichen wollte. Er lebte in Odessa.

Als erster jiddischer Berufsschriftsteller gilt Isaak Meir Dik (1808–1893), dessen realistische Geschichten, in Heftform publiziert, große Auflagen erreichten.

Von da ab entwickelt sich der Strom des jiddischen Schrifttums so in die Breite – es entstehen Lyrik, Drama, sozialkritische und revolutionäre Schriften –, daß auch eine bloße Aufzählung von Namen nicht mehr sinnvoll ist. Deshalb möchte ich abschließend nur noch einige Dichter nennen, deren Werke eine gewissermaßen klassische Geltung erlangt haben. Mendele Mojcher Ssforin (ein Pseudonym, 1835–1917) ist einer der Schöpfer des modernen jiddischen Romans. Er schildert in vier großen Gesellschaftsromanen die jüdische Welt in Polen und Rußland.

Gedichte, Balladen, Legenden, vor allem aber Erzählungen hat Jitzhak Lejbusch Perez (1851–1915) geschaffen. Humor und tragisches Lebensgefühl durchdringen das Werk des Scholem Alejchem (1859–1916). Das Schaffen Schalom Aschs (1880–1957) gehört bereits unserem Jahrhundert an. Als erster jiddischer Schriftsteller hat er es zu weltweitem Ruhm gebracht.

Isaac Bashevis Singer (1904–1991), der jahrzehntelang in den USA lebte, aber in jiddischer Sprache schrieb, hat 1978 den Nobelpreis für Literatur erhalten.

*Theater* Jiddisches Theater gab es bis zum Zweiten Weltkrieg in mehreren Städten Osteuropas. Als Begründer der jiddischen Theatertradition gilt Abraham Goldfaden (1840–1908). In den Jahren 1910/11 erlebte Franz Kafka in Prag jiddische Theatergastspiele. Lange Passagen seiner Tagebücher spiegeln die dabei empfangenen tiefen Eindrücke. Auch ein Stück von Goldfaden – »Sulamith«, eine Art Oper – erlebte er mit. In einer amerikanischen Untersuchung über *Kafka and the Yiddish Theatre* von 1971 (Verfasser: Evelyn Beck) ist überzeugend dargelegt, wie Kafkas Stil und Eigenart sich unter diesen Einflüssen von 1912 ab (»Das Urteil«) herausgebildet und gefestigt haben.

*Zur Verbreitung des Jiddischen* Einigermaßen sichere Angaben über die Zahl der Menschen jiddischer (Mutter-)Sprache lassen sich für die Zeit vor der Ausrottung großer Teile des osteuropäischen Judentums unter Hitler machen. Sie soll damals elf bis zwölf Millionen betragen haben. Davon entfielen sechs bis sieben Millionen auf Mittel- und Osteuropa – einschließlich der asiatischen Teile der ehemaligen Sowjetunion: Nach der Revolution, als die Machthaber den zahlreichen »Nationalitäten« der Union weitgehende Autonomie versprachen, versuchte man in Birobidschan einen autonomen jüdischen Siedlungsdistrikt zu schaffen, der heute seine Eigenart verloren hat (keine jiddischen Schulen, Verwaltungssprache Russisch usw.); auch gab es außerhalb des »Ansiedlungsrayons« jüdische Gemeinden, v. a. in Großstädten wie Moskau, Baku, Tiflis.

Knapp drei Millionen Sprecher entfielen auf Nordamerika. Dorthin hatte sich ab 1880 ein starker Strom jüdischer Einwanderer ergossen, vorwiegend aus dem zaristischen Rußland, das den Juden im allgemeinen ebenso unfreundlich gegenüberstand wie das spätere sowjetische Regime.

Der Rest verteilte sich über alle Kontinente, mit je einem Schwerpunkt in Westeuropa und in Palästina.

Die heutige Zahl der Sprecher wird auf etwa vier Millionen geschätzt. Die wichtigsten Verbreitungsgebiete stellen jetzt die USA und Rußland dar. Dies leitet schon über zum tragischen Ende dieses Abschnitts.

Die Vernichtung von Millionen Juden, die vorwiegend **_Der Untergang_** Jiddisch sprachen, hätte den Untergang dieser bemerkenswerten Sprache kaum herbeiführen können. Daß alle Sachkenner ihn gleichwohl nahegerückt sehen, hat verschiedene Gründe. Die drei wichtigsten will ich aufzählen.

In den *USA* werden die jüdischen Bevölkerungsteile schnell assimiliert. Sie behalten zwar ihre Religion – soweit sie nicht religiös indifferent sind –, aber sie nehmen die Sprache und die Lebensgewohnheit dieses riesigen Schmelztiegels an und vergessen allmählich das Jiddische. Daß es in New York noch Theater gibt, die in jiddischer Sprache spielen, daß in New York das wichtigste wissenschaftliche Zentrum für die Erforschung des Jiddischen, einst in Wilna zuhause, eine neue Heimat gefunden hat (es heißt *YIWO*), daß es sogar seine Dokumente von unschätzbarem Wert über den Atlantik retten konnte, wird aller Voraussicht nach diese Entwicklung nicht aufhalten.

*Israel* hat, nachdem die Juden dort einen eigenen Staat hatten begründen können, das als tot geltende *Hebräisch* zu neuem Leben erweckt. In der Knesseth wird in diesem neuen Hebräisch *(Iwrith)* verhandelt. Diese Entscheidung hat dem Weiterleben des Jiddischen einen wohl tödlichen Schlag versetzt – denn wo hätte diese jüdische Sprache eine bessere Überlebenschance gehabt als in diesem (von der arabischen Bevölkerung abgesehen) jüdischen Staat? Es gibt orthodoxe Gruppen in Israel, die das geheiligte Hebräisch als Profansprache ablehnen und aus dieser Haltung heraus im Alltag Jiddisch sprechen. Sie bilden eine kleine Minderheit.

Das dritte Land, das zum tragischen Ende des Jiddischen maßgeblich beigetragen hat, ist die frühere *Sowjetunion*. Ihre jüdische Bevölkerung wird heute auf 2,5 Millionen geschätzt, davon etwa eine halbe Million in Moskau. Die erstrebte Auswanderung ist nur einem bescheidenen Teil gelungen. Denen, die im Lande blieben oder bleiben mußten, war – wie den übrigen Religionsgemeinschaften – die freie Ausübung ihrer Religion durch den Staat verboten. Eine wichtige Quelle, aus der sich das Jiddische bei seinem Aufstieg zur Schrift- und Literatursprache gespeist hat, versiegt, wenn die Schicht der Rabbiner und der wohlhabenden Juden, die in erster Linie Träger der hebräischen Traditionskomponente war, nicht mehr existiert, und wenn es den nachwachsenden Generationen verboten ist, das religiöse Schrifttum in der Sprache der Väter zu lesen. »Auch ohne den schrecklichen Untergang der Jidden in den Hitler-Jahren würde die jiddische Sprache im sowjetischen Osten allmählich absterben« (Salcia Landmann).

*Rotwelsch – die deutsche Gaunersprache Avé-Lallemant*

Um die Mitte des 19. Jahrhunderts diente ein deutscher Jurist mit dem schönen hugenottischen Namen Christian Friedrich Benedict Avé-Lallemant der Hansestadt Lübeck – damals ein selbständiger Staat – als höherer Polizeibeamter. Er interessierte sich für die Psychologie und Psychopathologie des Kriminellen und erkannte, daß er, wenn er der Polizei Wege zu wirksamerer Bekämpfung des Verbrechens weisen wollte, die gesellschaftliche Unterwelt eingehend studieren müsse. So versuchte er, Verbrecher zu beobachten, wo er konnte (z. B. ihre Geheimzeichen mit der Hand), ließ sich auch von ihnen belehren – sofern sie mitteilungswillig waren –, ebenso von einer diebischen alten Zigeunerin. Als Frucht langjähriger Studien erschien

1858 sein Werk »Das deutsche Gaunertum in seiner sozialpolitischen, literarischen und linguistischen Ausbildung
bis zu seinem heutigen Bestande«. Längst vergessen sind
die Romane und Sachbücher – darunter eines über Geheimschriften –, die er außerdem geschrieben hat, aber
sein »Gaunertum« ist bis heute eine Fundgrube für jeden,
der sich für die Geschichte der Kriminalität in Deutschland und für das Rotwelsch, die Gaunersprache, interessiert.

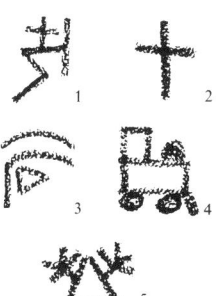

*»Gaunerzinken«
(hobo signs) in den
USA:
1. Hier gibt's Essen
gegen Arbeit.
2. Stell dich fromm,
und du kriegst zu
essen.
3. Du kannst im
Heuschober schla-
fen.
4. Hier kannst du gut
auf Züge aufsprin-
gen (die normale
Fortbewegungsart
der Hobos).
5. Vorsicht: Der
Mann hat ein
Gewehr.*

Der Leser des Buches über das Gaunertum, eines
gewichtigen Werkes, das in einer stark verkürzten Neuausgabe von 1914 immer noch zwei stattliche Bände umfaßt,
bekommt anschaulich vor Augen geführt und erklärt, daß
und warum von der Zeit Karls des Großen bis zur Zeit
Avé-Lallemants Deutschlands Landstraßen fast ununter-
brochen von vielerlei fahrendem Volk und Gesindel bevöl-
kert und unsicher gemacht wurden, von Bettlern und
Landstreichern, von fahrenden Scholaren, entlaufenen
Priestern oder Mönchen, Taschenspielern, Marktschreiern,
gegen deren Treiben die staatliche Gewalt oft nahezu ohn-
mächtig war; vom 12. Jahrhundert ab von Straßenräubern,
später von desertierten und marodierenden Soldaten – wobei oft genug zwischen dem Treiben organisierter Söldner-
heere und dem frei schweifender Banden kaum ein Unterschied war. Einen schrecklichen Blick in unsere Vergangenheit eröffnet das Buch, insofern es serienweise und
ausführlich von den Prozessen berichtet, die gegen organisierte Banden stattfanden, und von den Strafen von heute
unvorstellbarer Härte und Grausamkeit, die der Henker an
den Verurteilten – gewöhnlich im Angesicht von Zuschau-
ermengen – vollzog, wobei die Strafe oft genug Unschuldi-
ge traf, die unter der Folter (wie später die angeblichen He-
xen) alles gestanden hatten, was der Ankläger hören
wollte.

Lallemant bemerkte, daß sich das fahrende Volk und
insbesondere sein krimineller Anteil zur Verständigung
untereinander einer geheimen, den Außenstehenden unverständlichen Sprache bediente; er sah sich gezwungen,
diese zu untersuchen, und als er feststellte, daß sie einen
außerordentlich hohen Anteil von Wörtern aus dem Jiddischen enthält, beschloß er, beginnend mit den hebräischen
Schriftzeichen, diese Sprache zu erlernen. Den letzten Teil
seines Werkes in der Erstausgabe bildete eine jüdisch-

deutsche Grammatik nebst Wörterbuch, dazu Grammatik und Wörterbuch der Gaunersprache.

*Der Name*      Die Erscheinung, daß Bettler und Gauner eine besonde-
*»Rotwelsch«*   re Sprache ausbilden, eine Gruppen- oder Sondersprache, die von der Allgemeinsprache stark abweicht und deren Sprechern mehr oder weniger unverständlich ist, gibt es natürlich auch anderswo. Im Französischen nennt man diese Sprache *Argot,* im Englischen *Thieves' Latin* und anders. Im Deutschen ist seit dem Mittelalter der Name *Rotwelsch* eingebürgert, wobei »Rot« für den umherziehenden Berufsbettler steht (vielleicht, weil die Bettler sich häufig, um Mitleid zu erregen, mit Blut beschmierten oder eine blutdurchtränkte Binde um den Kopf schlangen). Und »welsch« heißt in diesem Fall nicht mehr als fremdartig, unverständlich. In Süddeutschland wurde diese Sprache auch *Jenisch* genannt. Irreführend ist es, wenn man von Diebssprache, Kundensprache, Bettlersprache spricht, als ob jede dieser Gruppen für sich eine Sondersprache entwickelt habe. Es handelt sich vielmehr um eine dem gesamten »fahrenden Volk« gemeinsame Sprache – mit einer wichtigen Ausnahme: Die Zigeuner (auf die ich am Schluß dieses Kapitels noch komme) haben zwar Ausdrücke zum Wortschatz des Rotwelschen beigesteuert, haben aber ihre eigene Sprache, die ganz anderer Art und Herkunft ist, bewahrt.

*Ältere Literatur*   Seit dem ausgehenden Mittelalter ist belegt, daß die Existenz der Gaunersprache den Bürgern und Behörden bekannt war. Im 14. und 15. Jahrhundert erschienen kleine Zusammenstellungen gaunerischer Wörter in Büchern. Aus dem Jahre 1450 ist ein »Baseler Rathsmandat wider die Gilen und Lamen« überliefert. *Lamen* bedeutet »Lahmen«; *gil* heißt wohl »fahl, bleich, gilb« und bezieht sich auf die Gewohnheit der Bettler (die damals schon eine gut organisierte Gilde bildeten), sich mit Lehm zu beschmieren, um kränklich zu wirken und Mitleid zu erwecken. Dieses Mandat enthält eine Liste rotwelscher Vokabeln.

Weithin bekannt wurde ein ab 1510 (Zeitalter des Buchdrucks) in vielen Auflagen verbreitetes Buch, *Liber vagatorum* geheißen: »Das Buch der Vaganten«, d. h. »der Fahrenden«. Es enthielt wiederum ein Miniatur-Wörterbuch der Gaunersprache. 1528 gab Martin Luther das Buch neu heraus mit einer eigenen Vorrede über seine Beweggründe: »… das solch büchlin nicht allein am tage bliebe, sondern

*Dem Text des »Liber vagatorum« ist diese hübsche Seite vorangestellt.*

Hie nach volgt ein hübsche büch
lin genant Liber vagatozum dicktiert von eim Hochwir
dige meister nomine expertus in trufis\ dem Adone zu
loß vnd ere\sibi in refrigerium et solacium/ allen menschen zu einer vnderweisung vnd lere\ vnd denen die di-
se stuck brauchen zu einer besserung vnd bekerung. Vnd
würt diß büchlin geteilt jn drey teil. Das erst teil saget
von allen narungen die die betler oder landtfarer brauch-
en\ vnd würt geteilt in.xx.capitel. et paulo plus. dañ es
seind.xx.narungē. et vltra\ da durch der mensch betrog
en vñ vberfüert würt. Das ander teil sagt etlich nota-
bilia die zu den vorgenanten narungen gehözen. Das
drit sagt võ eim vocabulari\ rotwelsch zu teütsch genāt.

auch fast uberall gemein werde, damit man doch sehe und greiffe, wie der teuffel so gewaltig ynn der welt regiert …« Also als Warnung und Information für den gesetzestreuen, frommen Bürger.

Einige Beispiele aus dem Rotwelsch des 16. Jahrhunderts mit der »Verdeutschung« in originaler Schreibweise:
*Beschocher* ›trunken‹; *Clafott* ›cleydt‹ (»Kleidung«); *Fetzen* ›arbeiten‹; *Gleidenboß* ›hurhauß‹ (»Bordell«); *Rot boß* ›betler herberg‹; *Sefeln* ›scheissen‹; *Wetterhan* ›hut‹; *Wunnenberg* ›hubsch jungfraw‹; *Zwicker* ›hencker‹.

Im Unterschied zum Jiddischen stellt Rotwelsch »keine natürlich gewordene, sondern eine künstlich gemachte, geheime, abgeschlossene Sprache« dar (Avé-Lallemant),

*Rotwelsch, Jiddisch und Deutsch*

also eine Art Geheimcode, nur für Eingeweihte bestimmt. Woher konnten die Schöpfer einer solchen Sprache ihre Wörter nehmen, wenn sie doch von der Umwelt nicht verstanden werden sollten? Deutsche Wörter waren nur dann geeignet, wenn sie ungebräuchlich, wenig bekannt, einem entlegenen Dialekt entnommen waren – oder wenn man sie umdeutete, sozusagen umfunktionierte. Die einzige »fremde« Sprache, mit der die Fahrenden dauernd in Berührung kamen, war die Sprache der jüdischen Händler und Hausierer, die wie sie von Ort zu Ort zogen; also Judendeutsch bzw. Jiddisch; am besten geeignet waren aber jiddische Brocken, die hebräischer Wurzel und deshalb dem Durchschnittsdeutschen unverständlich waren. Da diese Wörter nun aber häufig der religiösen Sphäre angehörten, welche die Gauner kaum interessierte, wurden sie ebenfalls umgedeutet, und zwar oft in ebenso boshafter wie witziger Weise. Ein Beispiel macht das am besten klar. Fromme Juden pflegen an den Türpfosten ihrer Häuser, auch einzelner Räume, eine Kapsel zu befestigen, in der sich ein Schriftröllchen mit einem Bibelwort befindet. Der Gläubige berührt bei jedem Vorbeigehen die Kapsel respektvoll mit der Hand – ähnlich wie der Katholik das Weihwasser. Der »Türpfosten« heißt im Jiddischen *mesusa;* dieses Wort bezeichnete aber bald auch diese Kapseln oder Schriftröllchen. Im Rotwelsch tritt das Wort wieder auf: *mesuse* »Straßendirne, Nutte«. Wieso? Steht am Türpfosten, und jeder kann sie anfassen …

Manche Erforscher des Jiddischen (im 19. Jahrhundert hat sich auch Hoffmann von Fallersleben, der Dichter des Deutschlandliedes, mit diesem Thema befaßt) haben die Bosheit, den Scharfsinn, den Witz – freilich regelmäßig eingesetzt zu bösartigem, blasphemischem Zweck – hervorgehoben, der sich in diesem Wortgut niedergeschlagen hat. Einer dieser Forscher, Gross, charakterisiert das Rotwelsch als ein Gebäude »von Geheimnisvollem und kindlich Unentwickeltem, von Umschreibungen und Andeutungen, von Unwahrem, Falschem und Geändertem, von Spott und Ironie, von Aalglattem und Unfaßbarem; sinnlich roh, widerstrebend, kosmopolitisch und strenge sich abschließend, überall verstanden und ohne Heimat«.

Als die Zigeuner auftraten – aber das war erst im 15. Jahrhundert – konnte man zusätzlich auf deren Sprache als Reservoir zurückgreifen.

Gegenüber Lallemants Kennzeichnung muß ich ein-
schränkend sagen, daß Rotwelsch keine Sprache im vollen
Sinne, etwa mit eigenen Regeln für Satzbau und Grammatik und mit einem durchgebildeten Wortschatz für alles
und jedes ist. Vielmehr stellt es, ähnlich wie die Sondersprachen der Jäger, Seeleute, Studenten, ein Vokabular
dar, reich bestückt für Gebiete, die den Bettler und Gauner
nahe angehen, vor allem für Dinge, die zu tun haben mit
Verbrechen, Polizei, Gericht, Gefängnis, dazu mit Essen
und Trinken (Saufen), mit dem Hurenhaus, mit Herbergen
und mit dem Geld.

*Mehr Vokabular*
*als Sprache*

Um Mißverständnissen vorzubeugen, muß ich hinzufügen: Der erstaunlich hohe Anteil von Wörtern jiddischer
Herkunft bedeutet nicht, daß die Sprecher des Rotwelsch
großenteils oder gar überwiegend selber Juden gewesen
wären. Es gibt keine Anzeichen dafür, daß Juden am fahrenden Volk und am Verbrechertum einen überproportio-
nalen Anteil gehabt hätten. Allerdings hat es vereinzelt
auch jüdische Banden gegeben – wen wundert das in
Anbetracht der Behandlung, der die Juden immer wieder
ausgesetzt waren?

Die Beherrschung der Gaunersprache bildete ein Kennzeichen, an dem ein Angehöriger der »Zunft« einen anderen fast unfehlbar erkennen konnte. In Franken ist einmal
eine Gruppe fahrenden Volks seßhaft geworden, und ihr
Rotwelsch hat sich in Gestalt des »Schillingsfürster
Jenisch« bis in die Gegenwart erhalten. Auch in einem
Stadtteil von Münster (Westfalen) kann man noch Rotwelsch hören; man nennt es dort »Masematte«.

Unter den zahlreichen gaunerischen Ausdrücken für
»Geld« sind ›Blech‹, ›Pulver‹ Umdeutungen deutscher
Wörter, ›Torf‹, ›Kies‹ und ›Moos‹, ›Pinkepinke‹, ›Zimt‹
dagegen jiddische Wörter hebräischen Ursprungs, ebenso
›Schmiere stehen‹ aus *schmira* »Bewachung«. ›Schlamas-
sel‹ (»Pech«) ist jiddisch/rotwelsch, ebenso ›aus-
baldowern‹ (»auskundschaften«), ›Bammel‹ (»Angst«),
›kess‹ (»frech, Bescheid wissend«), ›dof‹ (»dumm«),
›Fratze‹ (»Gesicht«), ›Kassiber‹ (»ein- oder ausgeschmug-
gelte schriftliche Nachricht«), ›Kluft‹ (»Kleidung«),
›Knast‹ (»Strafe, Gefängnis«), ›meschugge‹ (»verrückt«),
›Mischpoche‹ (»Sippe, Bande«), ›Mumpitz‹ (»Fehler, Unsinn«), ›nassauern‹ (»jmd. ausnehmen, auf eines anderen

*Kostproben*

Kosten zechen«), ›Pech‹ (»Unglück«), ›Penne‹ (»Her-
berge«), ›Pleite‹ (»Bankrott«), ›Schmus‹ (»dummes Ge-
schwätz«), ›einseifen‹ (»betrügen«), ›Tinnef‹ (»Schund«).

Auch Redensarten, die jedermann für deutsch hält, wie
etwa ›Das ist im Eimer‹; ›Wo der Barthel den Most holt‹;
›Jemandem wie einem kranken Gaul zureden‹ sind
höchstwahrscheinlich durch volkstümliche Umdeutung
aus jiddisch-rotwelschen Ausdrücken entstanden.

*Vom Jiddischen ins*     Ich möchte nicht den Eindruck erwecken, als seien alle
*Hochdeutsche*     Wörter jiddischen Ursprungs im heutigen Deutsch auf
dem Weg über das Rotwelsche hereingekommen. Sie kön-
nen auch – wie (höchstwahrscheinlich) ›Schmarotzer‹
oder ›bigott‹ – direkt übernommen sein. Schließlich können hebräisch-aramäische Wörter wie etwa ›Manna‹
(»Himmelsbrot«), ›Mammon‹ (»Reichtum«), ›Tohuwabo-
hu‹ (»Durcheinander«) über deutsche Bibelübersetzungen
zu uns gekommen sein, schließlich auch wie ›Jubiläum‹
aus hebr. *jobel* (»Widderhorn«, das zu Beginn eines Jubel-
jahres geblasen wurde) über das Lateinische (*iubilare*
»jauchzen«, *annus iubilaeus* »Jubeljahr«).

*Die Sprache der*     Es ist hier ähnlich wie beim Jiddischen: Ohne Wissen
*Zigeuner*     über dieses Volk und sein Schicksal ist es schwer, etwas
*Vorbemerkungen*     von der Eigenart seiner Sprache zu begreifen. Doch ge-
stattet es der diesem Buch gezogene Rahmen nicht, auf
dieses Volk, seinen Charakter, seine religiösen Vorstellungen, seine schönen Legenden über seine Herkunft und den
auf ihm lastenden Fluch, auf seine Wahrsagekunst und
Astrologie, seine Sitten und Gebräuche, näher einzugehen;
oder auf seine Rolle in der europäischen Musik (vgl.
Franz Liszt, der nicht nur *Ungarische Rhapsodien* kom-
poniert, sondern auch ein Buch über die Musik der Zigeuner in Ungarn geschrieben hat; Johannes Brahms; Bizets
*Carmen;* den *Zigeunerbaron* von Johann Strauß); und in
der Literatur (Victor Hugo, Prosper Mérimée), auf die
Verfolgung und Dezimierung in Vernichtungslagern der
Hitlerzeit.

Das erste Auftreten von Zigeunern in Europa ist für den
Anfang des 15. Jahrhunderts belegt. Nach dem Verfall der
Herrschaft der »Goldenen Horde« wanderten sie in die
Balkanländer ein, traten 1417 in Siebenbürgen auf, 1418 in
Zürich, Frankfurt, Magdeburg, Lübeck, ein Jahr später in
der Provence, 1420 in Holland, 1422 in Italien, 1433 in Dä-

nemark, 1447 in Spanien. Im 16. Jahrhundert wird Schweden erreicht. Wo immer sie auftraten, sogleich heftete sich
der Ruf, sie seien »diebisches Gesindel«, an ihre Fersen.
Man schob sie ab, mit Geldzahlungen oder mit Gewalt;
manche Länder versuchten erfolglos, sie seßhaft zu machen – Österreich unter Maria Theresia z. B. –, auch zu
Leibeigenen.

»Dem Mimen flicht die Nachwelt keine Kränze«. Was    *Zur Erforschung der*
dieses Schillerwort ausspricht, war zutreffend und im    *Zigeunersprache*
Grunde unvermeidlich, solange die Kunst des großen
Schauspielers mit seinem Abtreten oder Hinscheiden unwiederbringlich dahin war. Die Erfindung des Tonfilms
und des Magnetbands hat das geändert. Leider gilt der
Satz *mutatis mutandis* auch für den Sprachforscher, selbst
den bedeutenden, obwohl dessen Werk erhalten und
zugänglich bleibt. Bei Lebzeiten wird er wenigstens von
seinen Fachgenossen gekannt (wenn auch nicht immer
anerkannt), in der Öffentlichkeit kennt man nicht einmal
seinen Namen.

So genüge ich einer Ehrenpflicht, wenn ich hier einmal
drei Männer und die Titel eines ihrer Werke nenne, die
sich um die Entstehung und Entwicklung eines abgele-
genen Gebietes der Sprachwissenschaft verdient gemacht
haben: die *Romaniphilologie* – welch ein anspruchsvolles
Wort für die Wissenschaft von der Sprache eines herum-
streifenden, meist verachteten, allenfalls geduldeten Volkes! Die Zigeuner nennen sich in ihrer Sprache *Rom,* wörtlich »Mensch«, ihre Sprache das *Romani.* In der Bundesrepublik Deutschland nennen sie sich heute meist *Sinti.*

Das Wirken dieser drei Männer umspannt gerade ein
Jahrhundert:

1782 erschien in Leipzig von Jacob Carl Christoph
Rüdiger »Von der Sprache und Herkunft der Zigeuner
aus Indien«. Es enthält erste Erkenntnisse über den
Ursprung des Romani.

1844/45 erschien in Halle das Werk des auch auf anderen Forschungsgebieten bedeutenden August Friedrich
Pott: »Die Zigeuner in Europa und Asien. Ethnogra-
phisch-linguistische Untersuchung, vornehmlich ihrer
Herkunft und Sprache, nach gedruckten und ungedruck-
ten Quellen«.

Franz Xaver Ritter von Miklosich, auch er der Öffentlichkeit kaum bekannt, obwohl einer der Großen seines

Faches als Begründer der slawischen Philologie, brachte mit seinem 1872–81 in Wien erschienenen Werk »Über die Mundarten und die Wanderungen der Zigeuner Europas« die Erforschung zu einem gewissen Abschluß.

Selbstverständlich haben auch Forscher anderer Länder, Franzosen, Engländer, Polen, Italiener, Norweger u.a., wesentliche Beiträge zur Forschung geliefert, neuerdings auch Zigeuner.

*Die Sprache*  Einerlei nun, ob Zigeuner, wie in Spanien vom 18.Jahrhundert ab, als Gitarrenspieler und Tänzer einen Platz in der Gesellschaft errangen oder ob sie, verfolgt oder widerwillig geduldet, durch Jahrhunderte ruhelos umherzogen – stets beherrschte ein Zigeuner mindestens zwei Sprachen: die des jeweiligen Aufenthaltslandes für den Umgang mit dessen Bewohnern, eine eigene für den Verkehr mit anderen Zigeunern. Häufig aber mehr als zwei Sprachen! In einer siebenbürgischen Chronik von 1762 heißt es, es sei ein Trupp von Zigeunern angekommen, »150 an Zahl und mit vielen Kindern, allesamt kundig des Deutschen, Magyarischen und Böhmischen, einige sogar Türkisch redend …«

Erkenntnisse über die eigentliche Zigeunersprache zu erlangen, war für Außenstehende aus verschiedenen Gründen schwer. Einer liegt darin, daß die Zigeuner keine Schrift besaßen (heute gibt es jedoch Literatur in Romani); ein zweiter darin, daß Zigeuner Außenstehenden keinen Einblick in ihre Sprache gewährten; ein weiterer darin, daß es genau betrachtet eine Anzahl europäischer Zigeunerdialekte gibt (vgl. den Titel von Miklosichs Buch), aber keine darüberstehende Schrift- oder Hochsprache. Die Unterschiede zwischen den Dialekten sind deutlich, aber sie erlauben doch, daß Zigeuner aus ganz Europa sich untereinander mündlich verständigen können. Die Zahl der Sprecher wird für die Zeit nach dem Zweiten Weltkrieg auf drei Millionen geschätzt.

*Der Ursprung*  Was Rüdiger mehr vermutet als systematisch erwiesen hatte, ist durch die Arbeiten von Pott, Miklosich und weiteren Forschern zur Gewißheit geworden: Die Sprache der Zigeuner »wurzelt unwiderleglich in den Volksidiomen Vorderindiens, so daß sie, ungeachtet ihrer allgemeinen Verbasterung und Verworfenheit, doch zu der im Bau vollendetsten aller Sprachen, dem stolzen Sanskrit in blutsverwandtem Verhältnisse zu stehen, ob auch nur schüchtern, sich rühmen darf« (Miklosich).

Also: Es handelt sich um eine indogermanische
Sprache, dem Altindischen verwandt. Aus Indien sollen
die Zigeuner zwischen 500 und 1000 n.Chr. zu ihrer nicht
endenden Wanderung aufgebrochen sein.

Von Indien sind die Zigeuner zuerst nach Afghanistan,     *Die Beimischungen*
Iran und Armenien gelangt. Ein Teil ist dann nach Ägyp-
ten und weiter in andere nordafrikanische Länder gezogen. Ägypten hielt man längere Zeit für die Heimat der
Zigeuner, im Englischen heißt der Zigeuner deshalb *gipsy*
oder *gypsy*.

Die übrigen kamen über Kleinasien nach Griechenland
und von dort, wahrscheinlich erst mehrere Jahrhunderte
später, in die meisten Länder Europas. Aus allen wichtigen
Aufenthalts- und Durchzugsländern haben sie Wörter in
ihre Sprache aufgenommen, wie aus dem Armenischen
und dem Griechischen.

Die ganze Geschichte der Zigeuner stecke in ihrer Sprache, so ist gesagt worden, und tatsächlich spiegelt der
Wortschatz ihrer Sprache ihre Wanderungen, ja diese
konnten teilweise eben mit Hilfe der Sprach- und Wortfor-
schung erst ermittelt werden. Einige Proben machen das
anschaulich.

Nach Wolfs Wörterbuch der Zigeunersprache stammen     *Beispiele*
*batiriorum* »eintauchen« - aus dem Türkischen,
*batohoj* »Ranzen« - aus dem Slowakischen,
*dilos* »Mittag, Süden« - aus dem Ungarischen,
*befelis* »Befehl« - aus dem Deutschen,
*beléa* »Mißgeschick« - aus dem Rumänischen,
*berant* »Stange, Stütze« - aus dem Neugriechischen,
*kermuso* »Maus« - aus dem Persischen,
*kilma* »Markt« aus dem Jiddischen bzw. Rotwelschen.

Es gibt auch Wörter aus dem Finnischen, aus skandinavischen Sprachen, aus dem Spanischen und Italienischen,
auch aus dem Walisischen (in Wales leben viele Zigeuner).
Über 70% der Wörter sind jedoch altindischen Ursprungs.

Was hat der Abschnitt über die Zigeuner in diesem Ka-     *Beziehung zum*
pitel zu suchen, das vom Jiddischen und Rotwelschen han-   *Rotwelschen*
delte? Daß, jedenfalls vom Anfang des 15.Jahrhunderts
ab, sich die Züge der Zigeuner ebenfalls auf Deutschlands
Landstraßen bewegten, Zigeuner, die sich als Pferdehänd-
ler und Kesselflicker, Bärenführer, Musiker, Taschendiebe,
die Frauen mit Betteln und Wahrsagerei das Notwendige
verdienten (mehr als das Notwendige kann der Nomade

nicht brauchen); daß Lagerfeuer im nächtlichen Wald
ebensowohl von Landfahrern wie von Räubern wie von
Zigeunern angezündet sein konnten – und schließlich, daß
reisende jüdische Kaufleute und Hausierer sich zwischen
ihnen bewegten und sich wahrscheinlich zum eigenen
Schutz auch solchen Gruppen angeschlossen haben: dies
alles hat dazu geführt, daß das deutsche Gaunertum seine
Sondersprache auch mit Brocken aus dem Idiom der Zigeuner angereichert hat. So sind einige Andeutungen über
dieses Volk in meine Darstellung gelangt – ein Volk, das
im technisch-industriellen Zeitalter wohl dazu verurteilt
ist, seine Lebensweise – und damit seine Eigenart, und
vielleicht auch seine Sprache, aufzugeben. Wieder ein
Stück Natur wird damit »domestiziert«. In diesem Fall ist
es die Menschennatur. Vielleicht die ursprüngliche?

Um Mißverständnissen vorzubeugen, weise ich darauf
hin, daß die drei in diesem Kapitel behandelten Sprachen
zwar in gewissen Beziehungen zueinander stehen, aber im
Kern grundverschieden sind. Jiddisch: eine aus dem
Deutschen hervorgewachsene, heute selbständige Einzelsprache der germanischen Sprachfamilie; Rotwelsch: die
Sondersprache (der Soziolekt) der Fahrenden innerhalb
des Deutschen; Romani: eine dem Altindischen nahestehende, mit anderen Bestandteilen stark durchmischte indogermanische Sprache.

# NEUNTES KAPITEL

# Englisch –
# die neue Weltsprache

»Weltsprache« hat man wohl auch das Lateinische auf der Höhe der römischen Macht genannt, das Griechische in der Zeit der Diadochen, das Französische als Sprache der europäischen Höfe, des Adels, der Diplomatie vom 17. bis 19. Jahrhundert – aber nur das *Englische* hat eine wirklich die Erde umspannende Geltung erlangt und zugleich eine weltumspannende Verbreitung. Auf allen Kontinenten ist es zuhause, in Europa, Amerika, Australien, Afrika, Asien.

*Heutige Weltgeltung*

Nach der Zahl der Menschen, denen es Muttersprache ist, wird es vom Chinesischen übertroffen. Die Weltgeltung des Englischen beruht aber nicht allein auf der Zahl derer, die es als Sprache ihrer Eltern erlernt haben – das dürften etwa 320 Millionen sein. Man muß diejenigen hinzunehmen, die in den zahlreichen Ländern leben, wo das Englische als überregionale Verkehrssprache dient wie in Indien, wo große Teile der Bevölkerung es als Zweitsprache benutzen, und schließlich diejenigen, die es aus politischem, geschäftlichem, wissenschaftlichem oder sonstigem Interesse erlernt haben. Die drei Gruppen zusammen dürften 700 bis 800 Millionen Menschen zählen. (Die Länder, in denen Englisch Amtssprache ist, haben zusammen etwa 1,5 Milliarden Einwohner, aber nicht jeder von diesen spricht diese Sprache.)

Der Einfluß des Englischen zeigt sich auch darin, daß es nicht nur auf das Deutsche, sondern auch auf andere Sprachen fast übermächtig einwirkt, in sie eindringt – wie die Wortbildungen *Franglais* (»anglisiertes Französisch«), *Russlish, Japlish* bezeugen und daß es zunehmend als internationale Sprache der Wissenschaft benutzt wird. Bevor wir das heutige Englisch betrachten, ein Überblick über den Entwicklungsgang dieser Sprache, dessen Anfänge – ähnlich wie beim Lateinischen – eher unscheinbar sind und nichts von dem späteren Aufstieg zur Weltsprache ahnen lassen.

*Einwirkung
auf andere Sprachen*

*Entwicklungsgang*  Der besseren Übersicht halber stelle ich eine Tabelle
voran, die die wichtigsten Etappen der Entwicklung zeigt:

*Hauptstationen*

| | | |
|---|---|---|
| 5./6. Jahrhundert | Landnahme und Ansiedlung der Angeln, Sachsen und Jüten |
| 7. Jahrhundert | Christianisierung, damit Einfluß des Lateinischen |
| 9. Jahrhundert | Einfälle und Ansiedlung von Wikingern |
| 11. Jahrhundert | Beginn der normannischen Herrschaft |
| 14. Jahrhundert | das Englische wird Gerichtssprache |
| 15. Jahrhundert | Beginn des Buchdrucks in England |
| 16./17. Jahrhundert | Blütezeit der Renaissance, »King-James-Bibel« |
| 18. Jahrhundert | Samuel Johnsons Wörterbuch |
| 17.–19. Jahrhundert | Auswanderer tragen das Englische nach Amerika, Indien, Australien, Neuseeland, Südafrika |

In der Entwicklung der englischen Sprache unterscheidet man herkömmlicherweise (ähnlich wie beim Deutschen) drei Hauptperioden: *Altenglisch, Mittelenglisch, Neuenglisch.* Dabei wird das Altenglische vom Eindringen der Angeln und Sachsen (Mitte 5. Jahrhundert) bis zur normannischen Eroberung (Mitte 11. Jahrhundert) gerechnet; das Mittelenglische von dieser an bis 1500; das Neuenglische von 1500 bis heute. Man kann (wiederum ähnlich wie beim Deutschen, so verschieden auch sonst der Entwicklungsgang beider Sprachen ist) diese Einteilung dadurch verfeinern, daß man zwischen Mittel- und Neuenglisch eine Übergangsperiode annimmt, die dann etwa von 1400 bis 1660 zu rechnen ist.

*Vor den Angelsachsen*  Bevor die Angeln und Sachsen in England landeten, war die Insel, die wir heute »Großbritannien« nennen, über tausend Jahre lang von keltischen Stämmen bewohnt, die im 8. Jahrhundert vor Christus vom europäischen Festland her eingewandert waren. Sie hatten sich über die ganze Insel und über Irland ausgebreitet, doch keinen einheitlichen Staat gebildet. Von dem keltischen Stammesnamen »Briten« ist der heutige Name der Insel abgeleitet.

Die Mittelmeervölker der Antike kannten die Insel und trieben mit ihr Handel, besonders die Phönizier. Im Jahre 55 v. Chr. setzte Julius Cäsar, um die vollzogene Eroberung Galliens abzusichern, mit einem Heeresverband über den

Kanal; bei einem zweiten Feldzug drang er bis über die Themse vor und erzwang die Anerkennung der römischen Oberhoheit.

Ab 43 v. Chr. war Britannia unter diesem Namen römische Kolonie. Die Römer dehnten ihr Herrschaftsgebiet bis zum Firth of Forth aus und drangen um 210 n. Chr. bis zur Nordspitze Britanniens vor. Zahlreiche Städte wurden gegründet, auch herrschaftliche Landsitze. Dennoch hinterließen die Römer, als ihre Herrschaft nach 450 Jahren endete, in der Sprache der einheimischen Bevölkerung wenig Spuren - ganz im Gegensatz zum benachbarten Gallien. So trafen die landenden germanischen Stämme in Britannien eine keltisch sprechende Bevölkerung an. *Die Römer*

Die Angeln, Sachsen und Jüten kamen hauptsächlich aus dem heutigen Schleswig-Holstein und aus Jütland. Ihre Führer Hengist und Horsa sollen im Jahre 449 n. Chr. bei Ebbsfleet gelandet sein, in dem Isle of Thanet genannten Landstrich, der sich weit in die Nordsee vorschiebt (Ramsgate und Margate liegen heute dort). Allerdings - diese Angabe entstammt der »Englischen Geschichte«, die der Mönch Beda Venerabilis (»Beda der Verehrungswürdige«) im Jahre 730, also fast 300 Jahre nach dem Ereignis, in lateinischer Sprache niedergeschrieben hat. Die Jüten ließen sich im südlichsten Teil Englands nieder, die Sachsen beiderseits der Themse (woran die Namen *Essex, Middlesex, Sussex* erinnern), die Angeln besiedelten allmählich das ganze übrige England bis weit nach Norden. Die keltisch sprechende Bevölkerung wurde allmählich abgedrängt in den Norden und Westen Schottlands und Nordenglands, nach Wales, nach Cornwall - die Gebiete, in denen sich keltische Sprachen (außer in Cornwall) bis heute erhalten haben. *Altenglisch*

Aus der eben geschilderten Verteilung entwickelten sich die Dialekte des Altenglischen. 596 entsandte Papst Gregor I. den Benediktinermönch Augustinus (nicht zu verwechseln mit dem großen Kirchenlehrer, der von 354 bis 430 gelebt hat) als Missionar nach England. Er landete dort mit 40 Ordensbrüdern, wurde Bischof und Primas mit Sitz in Canterbury. Diese Mönche und ihre Nachfolger machten England zu einem christlichen Land; sie machten zugleich den Norden des Siedlungsgebietes der Angeln (es lag nördlich des Flusses Humber und wurde deshalb *Northumbria* genannt) zum kulturell führenden Teil ganz

Englands, ja zu einem Zentrum, von dem befruchtende Wirkungen bis auf den Kontinent ausstrahlten. Hier im Norden wirkte Benedikt Biscop, der ein Kloster gründete; sein Schüler war der schon genannte Beda Venerabilis, dessen Schüler Ecgbeorht von York, dessen Schüler Alkuin von Tours, dessen Schüler Hrabanus Maurus, Abt des Klosters Fulda, *Praeceptor Germaniae,* »Lehrer Deutschlands« genannt, dessen Schüler Strabo, Abt des Klosters Reichenau im Bodensee.

*Nord und Süd*  Die Einfälle skandinavischer Wikinger, die Lindisfarne südlich von Edinburgh an der Nordseeküste, die Pflanzstätte dieser Gelehrsamkeit, im Jahre 793 plünderten, setzten dieser Blütezeit ein Ende. Vom 9. Jahrhundert ab verlagerte sich der kulturelle Schwerpunkt in den Süden, nach Winchester in Wessex, das König Alfred der Große (871–99) zu seiner Hauptstadt machte. Der Dialekt von Wessex, das Westsächsische, wurde allmählich zur Hochsprache der altenglischen Periode.

*Sprachzustand*  Aus dieser Zeit sind schriftliche Zeugnisse nicht nur in lateinischer, sondern auch in altenglischer Sprache erhalten. Wer nur heutiges Englisch kennt und einen Blick in solche ehrwürdigen Dokumente wirft, wird mit Staunen gewahr, welche gewaltige Veränderung die Sprache im Verlauf von tausend Jahren durchgemacht hat. Er erkennt zugleich, um wieviel näher das damalige Englisch dem Deutschen (auch dem heutigen) steht.

Vielleicht am auffälligsten ist, daß jedes Substantiv damals (wie im Deutschen) einem der drei grammatischen Geschlechter angehörte, und zwar ohne Beziehung auf ein »natürliches« Geschlecht, so daß z.B. *wīf* (heute *wife,* sprachverwandt mit dt. »Weib«) und *mægden* (heute *maiden,* sprachverwandt mit dt. »Maid«, »Mädchen«, »Magd«) sächlich waren. Der »Fuß« war männlich: *sē fōt,* die »Hand« weiblich: *sēo hond,* das »Auge« sächlich: *þæt ēage.* Wie im Deutschen war die »Sonne« damals weiblich, der »Mond« männlich. Starke Pluralformen (mittels Ablaut gebildete) gibt es heute nur noch wenige (z.B. *goose/geese, mouse/mice),* damals gab es viel mehr. Die Deklination der Substantive kannte vier Fälle.

Die Adjektive waren nicht – wie heute – unveränderlich, sondern wurden flektiert, und zwar in zwei Reihen: stark und schwach (wie heute noch im Deutschen). Auch die Pronomina wurden voll flektiert. Da die Substantive im allgemeinen keine eindeutig das Geschlecht kennzeichnenden Endungen hatten (wie es im Lateinischen, auch Spanischen und Italienischen weitgehend der Fall ist), so waren es die Flektionsendungen des begleitenden Adjektivs und die des vorangehenden Demonstrativpronomens (das als Artikel diente), die das Geschlecht anzeigten. Als diese Endungen allmählich abgestoßen wurden, verloren auch die Substantive (bis auf Bezeichnungen lebender Wesen und wenige andere Bereiche) ihr grammatisches Geschlecht.

Diese Entwicklung, die dem Englischen eine starke Vereinfachung gebracht hat, ohne seine Klarheit zu beeinträchtigen, setzte schon im Altenglischen ein, vor allem im Norden des Sprachgebiets, und setzt sich bis ins Mittelenglische fort. Bei der Konjugation des Verbums sind entsprechende Vereinfachungen erst später eingetreten.

Die vorhin erwähnten Wikinger, die zuerst aus Dänemark, später aus Norwegen kamen – oder auch aus Irland, von den Hebriden, von der Insel Man (wo sie vorher Niederlassungen begründet hatten) – die Wikinger, die damals die Welt erschütterten und deren Eroberungszüge sie nach Süden ins Mittelmeer, nach Osten bis Konstantinopel, nach Westen bis nach Amerika führten, traten in England keineswegs nur als Krieger und Seeräuber auf. Sie haben sich vielmehr in England angesiedelt, haben zahlreiche Städte und Dörfer gegründet, wovon die Ortsnamen mit Endungen wie -by »Dorf« *(Derby)* oder -toft *(Lowestoft)* bis heute zeugen, und eine Menge Wörter, ja in Einzelfällen auch grammatische Formen, zur Entwicklung des Englischen beigesteuert. Darauf komme ich noch zurück. In den Ortsnamen sind vielfach auch noch keltische Wurzeln zu erkennen. *Wikinger*

. Noch wirksamer als der Beitrag der Wikinger war der der nächsten Eroberer: der Normannen. Die Normannen waren Germanen, waren Wikinger. Während die Sprache der von Norden eindringenden Wikinger aber der der Angelsachsen eng verwandt war, hatten die Normannen, bevor sie nach England kamen, in der von ihnen eroberten Normandie gesiedelt und dort das Französische in seiner damaligen Form angenommen. Die Normannen hatten die Kühnheit ihrer Vorfahren bewahrt, die aus den Fjorden des Nordens hervorgebrochen waren, dazu aber sich die römisch geprägte Kultur ihrer neuen Heimat angeeig- *Mittelenglisch: Die Normannen* net, seit einer ihrer Anführer namens Hrolf im Jahre 912 das später »Normandie« genannte Gebiet vom französischen König zu Lehen erhalten hatte. Sie hatten dort einen starken, hervorragend organisierten Staat aufgebaut. Einer der Nachfahren jenes Hrolf, William mit Namen, setzte mit seinen Kriegern 1066 nach England über, landete bei Pevensey und begründete durch seinen Sieg von Hastings die normannische Herrschaft über England. Von da ab ist England für drei Jahrhunderte von Königen regiert worden, die französisch sprachen und die – mit einer Ausnahme – ihre Frauen stets aus Frankreich holten.

England wurde so für Jahrhunderte ein zweisprachiges Land: französisch sprechende Oberschicht, englisch sprechende Bauern und Bürger. Nimmt man hinzu, daß das Lateinische in der Kirche wie auch im Gerichtswesen beherrschend war, so muß man England für diese Zeit als dreisprachiges Land bezeichnen.

*Englisch wird*    Dieser Zustand dauerte tatsächlich dreihundert Jahre.
*Amtssprache*   1362, mit dem *Statute of Pleading,* wurde das Englische zur alleinigen Verhandlungssprache vor Gericht bestimmt (während die Protokolle allerdings weiterhin lateinisch geführt wurden). Im selben Jahr wurde die Sitzung des Parlaments zum ersten Mal in englischer Sprache eröffnet. Wenn man will, kann man auch von einem viersprachigen Land sprechen, denn in Gegenden, wo Norweger gesiedelt hatten, namentlich im Norden, wurde noch bis in die Neuzeit hinein Norwegisch als Umgangssprache gesprochen.

Der Einfluß des Französischen in der Sprache des Hofes und des Rechts ist bis heute ablesbar an althergebrachten französischen Formeln wie *Dieu et mon droit* (Inschrift des königlichen Wappens), *Honni soit qui mal y pense* (Devise des Hosenbandordens), *Le roi le veult* (amtliche Formel für die Zustimmung des Königs zu vom Parlament beschlossenen Gesetzen) oder im schlichten Vermerk R. S. V. P. *(Répondez s'il vous plaît)* unter einer Einladung.

*Chaucer*    Geoffrey Chaucer (um 1340 bis 1400), geboren und gestorben in London, das nunmehr zum politischen und kulturellen Mittelpunkt geworden war, gilt als der Dichter, in dessen Werk sich die neue Entwicklungsstufe des Englischen verkörpert: das Verschmelzen der romanischen mit der germanischen Sprachschicht zu einer neuen Sprache. Chaucer beherrschte das Französische (neben Latein und Italienisch), dessen Kenntnis er bei seinen Lesern auch häufig voraussetzt, aber er bedient sich in seinen Werken *(The Canterbury Tales),* die das Leben im England seiner Zeit anschaulich darstellen, bewußt der englischen Sprache.

In der mittelenglischen Periode hat sich bei der Konjugation der Verben eine ähnliche Vereinfachung durchgesetzt wie vorher schon bei der Deklination. Auf andere Eigenheiten des Mittelenglischen, besonders auf die Aufnahme romanischer Wörter und ihre Auswirkungen, komme ich bei der Betrachtung des Wortschatzes zurück.

Chaucers Wirken markiert – oder besser: symbolisiert, *Übergangsperiode* denn sein Werk faßt Veränderungen, die sich über Jahrzehnte und Jahrhunderte hinzogen, wie ein Brennglas zusammen – das Ende der mittelenglischen Periode. Ab 1400 kann man von Neuenglisch sprechen, doch läßt sich eine Übergangsperiode erkennen, die etwa bis 1660 zu rechnen ist.

Eines ihrer Kennzeichen besteht darin, daß London *London, Oxford,* (wohl schon keltische Siedlung, von den Römern *Londini-* *Cambridge* *um* genannt, später auch Lundenburg geheißen) nun endgültig seinen Platz als Zentrum der weiteren sprachlichen Entwicklung einnimmt, als Sitz von Regierung und Parlament, als größte Stadt des Landes (mit 40 000 Einwohnern zu Chaucers Zeit), als Zentrum des Handels. Die Rolle Londons und des südlichen England, dessen Sprache und Aussprache bis heute als verbindlich gelten (aber nicht für das amerikanische Englisch), wurde unterstützt dadurch, daß die beiden führenden Universitäten Oxford und Cambridge in der Nähe liegen; ferner dadurch, daß William Caxton, der Pionier der neuen Kunst des Buchdrucks in England, seine erste Werkstätte in Westminster (heute ein Teil Londons) einrichtete.

Der auf Vereinheitlichung gerichtete Einfluß des Buch- *Buchdruck,* drucks ist das zweite Kennzeichen dieser Übergangszeit. *Renaissance* Das dritte ist das Aufblühen der klassischen Gelehrsamkeit, die Beschäftigung mit der griechischen und römischen Antike: die Renaissance, die, in Italien entstanden, in England sehr stark gewirkt hat. Das Griechische (im Mittelalter, wie in Deutschland, mehr gepriesen als wirklich gekannt) wurde nun eifrig studiert, griechische Wörter wurden in reicher Zahl adoptiert, sei es direkt, sei es über das Lateinische. Und das Lateinische selbst – es ist nur wenig übertrieben, zu sagen, daß es ins Englische inkorporiert wurde, und zwar diesmal nicht nur das Kirchenlatein, sondern das klassische Latein in seiner ganzen Fülle. So eifrig war man beim Übernehmen, daß lateinische Wörter, die über das Französische schon ins Englische übernommen waren, nun ein zweites Mal entliehen wurden, es entstanden Dubletten wie *frail* und *fragile, sure* und *secure* – auch darüber mehr im nächsten Abschnitt (vgl. auch S. 148).

*»King-James-Bibel«, Shakespeare*  Die genannte »Übergangszeit« bringt das Englische zu seiner vollen Reife in der 1611 vollendeten »King-James-Bibel«, in den Schriften von Gelehrten und vor allem im Werk William Shakespeares (1564–1616). Man braucht nur diesen Namen zu nennen, um klarzumachen, daß die weitere Entwicklung von hier an einen gewaltigen, fast unübersehbaren Strom darstellt. Es wäre vermessen, in die weitere Darstellung den ganzen Reichtum der englischen Literatur einzubeziehen.

Die Übergangszeit bringt auch die allmähliche Verdrängung des Lateinischen als Sprache der Wissenschaft durch das Englische. Francis Bacon und William Harvey veröffentlichten ihre Werke überwiegend in Latein. Isaac Newton ging nach seinem in Latein veröffentlichten Hauptwerk, den *Principia mathematica* von 1687, zu seiner Muttersprache über; *Opticks* erschien 1704 in englischer Sprache.

*18./19. Jahrhundert*  Wir richten jetzt unser Augenmerk auf die Sprachgelehrten und Wörterbuchmacher. Das Streben nach Ordnung und Einheitlichkeit in dem nun gewaltig gewachsenen Bau der modernen englischen Sprache zeichnet sie aus. Aus der Reihe der Gelehrten, die sich im 18. Jahrhundert um dieses Ziel bemüht haben, ragt ein Mann heraus: Samuel Johnson (1709–1784), zu seiner Zeit berühmt als Schriftsteller, Kritiker, Herausgeber einer großen Shakespeare-Ausgabe. Seinen Nachruhm verdankt er in erster Linie seinem um die Jahrhundertmitte erschienenen

*Johnsons Wörterbuch*  *Dictionary of the English Language.* Das Werk enthält und erklärt 43 500 Wörter. Es erklärt sie – und das war eine bedeutende Neuerung – mit Hilfe von nicht weniger als 118 000 Textstellen, herausgezogen aus der englischen Literatur. Diese Zitate erläutern den Gebrauch der Wörter und ihre Bedeutungsnuancen. Für das Verbum *to take* unterscheidet Johnson weit über hundert Bedeutungen.

*Webster*  Ab 1800 entstanden spezielle Wörterbücher für das amerikanische Englisch, darunter das bis heute führende von Noah Webster (heute *Merriam-Webster*). Um die Mitte des 19. Jahrhunderts entstand in London eine *Philological Society,* die sich als Ziel setzte, auf der Grundlage des inzwischen erreichten Standes der Sprachwissenschaft (der viele Kommentare Dr. Johnsons nun als naiv erscheinen ließ) ein umfassendes neues Wörterbuch zu schaffen. Mehrere Herausgeber, darunter J. A. H. Murray, haben ihre Kräfte dieser Aufgabe gewidmet. Über fünf Millionen Belegstellen wurden exzerpiert, ein Drittel davon ist in das Werk eingegangen, das 1882 zu erscheinen begann und 1928 vollendet wurde, 15 300 Seiten umfassend: das *Oxford English Dictionary (OED).* Es nützt die Erkenntnisse der seit Entdeckung des Sanskrit gewaltig aufgeblühten historischen Sprachwissenschaft (vgl. Zweites Kapitel) und gilt als eines der besten Wörterbücher der Welt.

*Oxford Dictionary*

Obwohl das Englische Wörter aus zahlreichen Sprachen aufgenommen hat – daß dies in weitem Umfang freizügig und fast problemlos geschehen ist und weiterhin geschieht, ist geradezu eines seiner Hauptkennzeichen –, ist doch die große Mehrzahl der englischen Wörter oder Wortstämme germanischer oder romanischer Herkunft. In welchem Verhältnis? Grob gesprochen 50:50, sagen Fachleute. Aber hier muß man differenzieren: In der Alltagssprache und in der Sprache des einfachen Mannes ist der germanische Anteil weit größer. Die Benennungen innerhalb der Familie *(father, mother, brother, sister, son, daughter)* sind germanisch, ebenso »Tag« und »Nacht« *(day and night),* »Liebe« und »Haß« *(love and hate),* die Grundzahlen *(one, two, three, four, five* etc.), die Personalpronomen *(I, you, he, she, it* etc.), die Präpositionen *(under, after, by, with* etc.), die Konjunktionen *(and, or, when, before* etc.), die Hilfsverben – kurz: die am häufigsten vorkommenden Wörter sind germanisch.

*Der Wortschatz des Englischen Germanisch und romanisch*

Stammt der Grundbestand also – da keltische Wortstämme außer in Ortsnamen *(Dover, York)* oder Flußnamen *(Thames, Avon)* ganz selten sind – von den Angeln, Sachsen und Jüten? Nein! Ein beträchtlicher Teil stammt von den Skandinaviern. Es ist nicht leicht, diesen Anteil abzusondern, denn die Sprachen der germanischen Stämme waren in der altenglischen Periode (ca. 450 bis 1050) einander noch sehr ähnlich, so daß zahlreiche Wörter völlig gleich lauten würden, einerlei ob sie aus angelsächsi-

*Angelsächsisch und skandinavisch*

scher oder skandinavischer Wurzel hervorgegangen sind. Dies gilt u.a. für *father* und *mother, summer* und *winter, tree* und *grass, green* und *white.* In anderen Fällen ist die Herkunft aus der Sprache der Wikinger eindeutig feststellbar. Dies gilt für viele sehr verbreitete Bezeichnungen alltäglicher Dinge wie z.B. *birth* (»Geburt«), *egg* (»Ei«), *knife* (»Messer«), *root* (»Wurzel«), *sky* (»Himmel«), *window* (»Fenster«, ›Windauge‹), um nur bei den Substantiven zu bleiben. Auch Ausdrücke aus dem Rechtswesen gehören dazu, darunter das Wort *law* (»Gesetz, Recht«) selbst. In einigen wenigen Fällen haben sich der angelsächsische und der skandinavische Stamm nebeneinander bis heute erhalten, z.B. *from* (»von ... her«) und *fro* (nur in der Wendung *to and fro*).

Der starke skandinavische Einfluß beruht natürlich nicht auf den anfänglichen Überfällen und Raubzügen der Wikinger, sondern auf ihrer anschließenden Siedlungstätigkeit. Wie verbreitet diese gewesen sein muß, läßt sich auch an der Fülle skandinavischer Orts- und Hofnamen ablesen. So deutet die Endung *-by* (»Dorf«) wie in *Derby, Whitby* (vgl. *Wisby* auf Gotland) klar auf eine skandinavische Siedlung, ebenso die Endungen *-beck* (»Bach«), *-fell* (»Hügel«), *-scale* (»Hütte«), *-thwaite* (»Waldlichtung«). Die heute unerhört verbreiteten Fügungen aus Verbum + Präposition oder Adverb wie *to take up, to blow up, to set out, to go in (for)* gehen ebenfalls auf die Skandinavier zurück.

*Normannisch und Französisch* Der Löwenanteil an den Wörtern romanischen Ursprungs stammt aus dem Französischen, aus der Zeit, als Französisch die Sprache des Hofes und der Oberschicht war (ca. 1050–1350), als in den Kirchen Englands teils in lateinischer, teils in französischer Sprache gepredigt wurde, aber kaum in englischer. *Vor bote a man conne frenss me telp of him lute* – hieß es damals: »Wenn nicht ein Mann Französisch kann, man hält (spricht) von ihm wenig«.

Die Normannen brachten das Französische ihrer Wahlheimat auf der Südseite des Kanals mit; als aber der Herrschaftsbereich ihrer Könige sich zeitweilig über große Teile auch Zentral- und Südfrankreichs erstreckte, nahm das Englische auch Wortgut aus deren Dialekten auf, mit der Folge, daß zuweilen ein Wort in zwei verschiedenen Fassungen übernommen wurde. Aus dem Normannischen kommt *catch* (»fangen«), aus Mittel- oder Südfrankreich *chase,* ebenso bei *warden* und *guardian* (»Wächter«) u. a. Wegen dieses Umstandes habe ich in der Überschrift »Normannisch und Französisch« gesagt.

Daß Englisch die Sprache der unteren Schicht (also vor *Soziale Schichtung* allem der Bauern), Normannisch = Französisch die der Oberschicht war, mag man daran ablesen, daß der »Ochse« als lebendes Tier *ox* heißt (germanisch), als Braten aber *beef* (aus dem Französischen), desgleichen bei *calf* und *veal.* Ähnliches zeigt sich bei den Bezeichnungen für Handwerker: einfache Gewerbe, die überall zuhause sind, haben englische Namen: *baker, miller, shepherd, shoemaker.* »Feinere« Handwerke, die mehr für die Wohlhabenden arbeiten, haben französische Bezeichnungen: *painter, tailor, sculptor.*

Der englische Wortschatz ist u. a. deshalb unerhört reich, weil für viele Dinge eine Bezeichnung germanischer Herkunft neben einer romanischen vorhanden ist, wobei meistens die an zweiter Stelle genannte romanische eine etwas andere, abstraktere, »vornehmere«, verfeinerte Nuance aufweist: *freedom* neben *liberty, depth* neben *profundity, happiness* neben *felicity.*

Kaum war zur Zeit Chaucers die Durchmischung der *Antikes Wortgut* beiden Sprachschichten vollbracht, belebte die Renaissance das Interesse an den alten Sprachen Latein und Griechisch neu. Das führte zu einer beinahe hemmungslos zu nennenden Aufnahme neuer Wörter ins Englische, sei es aus dem Griechischen direkt, sei es aus dem Griechischen über das Lateinische oder aus dem Lateinischen direkt oder aus Latein über Französisch oder auch aus Griechisch über Arabisch und ein oder zwei weitere Vermittlersprachen. Das betraf zwar zunächst mehr die Gelehrten, aber der Buchdruck sorgte für schnelle Verbreitung der neuen Wörter.

Griechische Wörter wurden u. a. übernommen für den Bereich des Theaters: *theatre* selbst, *drama, comedy, tragedy, catastrophe, episode, scene, dialogue, prologue* u. a., ähnlich für die Sprache der Philosophie, der Dichtung, der Medizin. Griechische Suffixe wie *-osis* und *-itis* wurden im Englischen heimisch, für Krankheiten zunächst, allmählich auch für ironische Ableitungen: *radioitis* (vgl. deutsch »der hat die Rederitis«).

Wieder entstanden Dubletten dadurch, daß ein lateini- *Dubletten* sches Wort, das schon über das Französische eingebürgert war, jetzt ein zweites Mal direkt aus dem Lateinischen übernommen wurde, so trat (wie schon angedeutet) *fragile* neben *frail, pauper* neben *poor, secure* neben *sure* usw.

Auch romanische Suffixe wurden adoptiert, insbesondere *-able, -ment* und *-ation,* auch für germanische Wörter *(understandable, fulfilment).* Vom 16. Jahrhundert ab ist die Zahl der lateinischen Wörter im Englischen Legion; beachtenswert ist dabei, wieviele ohne Veränderung adoptiert wurden: *error, horror, genius, vacuum, omen, census, referendum, veto, complex, ultimatum* – alle auch im Deutschen bekannt, aber bei uns für die Dauer und bis heute mit dem Beigeschmack des Fremden behaftet.

Dubletten gibt es auch zwischen Wörtern griechischer und lateinischer Wurzel, etwa bei *metamorphosis* und *transformation* oder *synchronic* und *contemporary;* hier klingt das griechische Wort meistens etwas »gelehrter«.

*Andere romanische Zuflüsse* Verglichen mit dem französischen ist der spanische und italienische Einfluß zwar geringer, aber er ist auf bestimmten Gebieten doch beträchtlich. Spanische Wörter im Englischen sind u. a. *armada, guerilla, tornado;* in anderen Fällen hat das Spanische als Vermittlersprache gedient für Wörter mehr exotischen Ursprungs; so bei *potato* und *tomato,* die aus indianischen Sprachen kommen. *Canyon, mustang, patio* kommen aus dem Spanischen. Dieses hat dem Englischen – wie dem Deutschen – auch viele arabische Wörter vermittelt, darunter *alcohol, assassin, cipher, elixir, sugar, zenith.* Italienische Benennungen durchdringen (wie im Deutschen) vor allem die Sprache der Musik.

*Deutsch, niederländisch* Die Zahl deutscher Wörter ist relativ gering, *rucksack, blitz, weltanschauung* dienen oft als Paradebeispiele. Eine Anzahl deutscher Wörter hat als Vorbild für Lehnübersetzungen gedient. Aus »sinnvoll« wurde *meaningful,* aus »Rundfahrt« *round trip,* aus »Wunschdenken« *wishful thinking.* Etwas zahlreicher sind Wörter niederländischer Herkunft, besonders in der Seemannssprache; zu diesen zählen *buoy* (»Boje«), *dock, freebooter* (»Freibeuter«), *yacht.*

*Exoten* Ähnlich wie für andere europäische Sprachen, auch das Deutsche, läßt sich für das Englische behaupten, daß es nur wenige Sprachen gibt, deren Wortschatz nicht irgendwelche Beiträge zum Englischen geliefert hat – wegen der zeitweise weltumspannenden Kolonialherrschaft der Engländer hier vielleicht noch stärker. Es gibt Wörter u. a. aus dem Russischen: *tsar, samovar;* dem Tschechischen: *robot;* dem Portugiesischen: *flamingo, veranda;* dem Türkischen: *coffee, kiosk, caviar;* dem Hindi: *nabob, guru, punch* (»fünf«, wegen der fünf Zutaten Arrak oder Rum, Zucker, Zitrone, Zimt, Wasser), *jungle, shampoo;* dem Persischen: *divan, bazaar;* dem Japanischen: *kimono, tycoon;* dem Malaiischen: *sago, bamboo;* weiter aus afrikanischen, indianischen, australischen Sprachen.

Es paßt zum vorhergehenden Abschnitt, wenn ich unter den insgesamt fünf besonderen Kennzeichen, die das (heutige) Englische im Vergleich zu anderen verwandten Sprachen aufweist, dies an die erste Stelle rücke: die Offenheit seiner Grenzen, was den Wortschatz anlangt; anders ausgedrückt: die Bereitwilligkeit, die Leichtigkeit, mit der es Wörter aus anderen Sprachen aufnimmt, sich einverleibt, wenn es gilt, eine neue Sache, Einrichtung, Mode zu benennen, und wenn eine fremde Sprache dafür ein passendes Wort anbietet. Daß die Übernahme das Wort sehr häufig unverändert läßt, es übernimmt, »wie es geht und steht«, das hängt mit einer zweiten Eigentümlichkeit zusammen: *(margin: Eigenheiten des heutigen Englisch / Offene Grenzen)*

Wenn das Deutsche ein Wort übernimmt wie z. B. *to jog* oder *to surf,* so wird die fremde Aussprache meist bewahrt, auch wenn sie den Regeln der deutschen Orthographie nicht entspricht [dʒɔg, sə:f]; aber das Wort muß, um im Satz benutzt werden zu können, die Flexionsendungen (in diesem Fall des deutschen Verbums) annehmen: »joggen, ich jogge, er joggt« usw. *(margin: Verlust der Flexionsendungen)*

Dem Englischen fällt die Adoption leichter, weil es im Zuge seiner Entwicklung die meisten Flexionsendungen abgestoßen hat und weil es, soweit solche noch existieren, einen hohen Grad von Regelmäßigkeit aufweist. Die englischen Substantive bilden – mit ganz wenigen, an den Fingern aufzählbaren Ausnahmen – den Plural durch Anhängen von -*s: dog* – *dogs; cat* – *cats; horse* – *horses.* Allerdings, bei der Aussprache tritt das Plural-*s* in diesen drei Beispielen verschieden auf: [dɔgz, kæts, hɔsɪz], je nachdem, ob ein weicher, ein harter Konsonant oder ein Vokal vorausgehen. Von den vier Fällen hat nur der Genitiv in Form des »sächsischen« Genitivs eine eigene Form: *the dog's leash* (»Leine«). Unregelmäßige Pluralformen gibt es eine Handvoll mit Ablaut: *man - men; woman - women; mouse - mice; louse - lice; foot - feet; tooth - teeth* und *goose - geese;* dazu die auf *-en: children, oxen, brethren.* Das Adjektiv ist nicht deklinierbar, wie schon früher festgestellt. Das Verbum kennt in den meisten Fällen außer dem Infinitiv, der dem Stamm entspricht *(ask),* nur die 3. Person Singular mit *-s (asks),* die Vergangenheit mit *-ed (asked)* und das Partizip/Gerundium mit *-ing (asking).* Im Vergleich dazu kann ein deutsches Verbum mehr als ein Dutzend Formen haben: »laufen, laufe, läufst, läuft, lief, gelaufen, laufend« usw. Umlautformen bei der Vergangenheit gibt es im Englischen allerdings ähnlich wie im Deutschen: *come - came, run - ran, give - gave* usw.

Die starke Vereinfachung bei den grammatischen Formen macht das Hantieren mit fremden Wörtern leichter.

*Wortarten*
*Wortartwechsel*

Mit dem weitgehenden Verlust der Flexionsendungen hängt eine weitere Besonderheit zusammen: Es gibt wenig die Wortart kennzeichnende Endungen wie das -en oder -n der deutschen Verben; *fire* »das Feuer«, *(to) fire* »feuern« (auch im Sinne von Hinauswerfen). Mühelos und fast unmerklich wechseln englische Wörter ihre Funktion im Satz (ihre Wortart - doch fragt sich, ob dieser Begriff richtig auf das heutige Englisch paßt). *I buy a book* (»ich kaufe ein Buch«: Substantiv); *I book a flight* (»ich buche einen Flug«: Verbum). Manchmal haben gleich geschriebene Wörter je nach Betonung verschiedene Bedeutung: *permít* (»erlauben«), *pérmit* (»Erlaubnis«). Man könnte von einem hohen Grad von Fungibilität der englischen Wörter sprechen.

*Wortbildung*

Das schnelle Anwachsen des englischen Wortschatzes wird erleichtert durch verschiedene Mittel zur Bildung neuer Wörter. Auf ähnliche Weise wie im Griechischen und Deutschen können Komposita gebildet werden, wobei die Bestandteile verschiedenen Wortarten entstammen können: *gentleman, aircraft, shipbuilding* mögen als Beispiele genügen. An Suffixen und Affixen ist ein reiches Sortiment vorhanden. In der Sprache der Wissenschaft und Technik werden heute - wie im Deutschen - gern griechische Präfixe wie *poly-, macro-, micro-, para-* neben lateinischen wie *maxi-, mini-* benutzt. Die althergebrachten Suffixe haben oft keine eindeutige Funktion: die Endung *-er* bezeichnet in *worker* den Mann, der arbeitet, in *diner* den Wagen, in dem man ißt, in *fiver* den Betrag der Banknote.

Besonderheiten der englischen Wortbildung sind:

a) Wortmischungen wie *brunch* aus *breakfast* und *lunch;* *smog* aus *smoke* und *fog;*

b) Rückbildungen, d. h. Ableitungen, die streng genommen auf einer falschen Voraussetzung beruhen: *fisher* ist abgeleitet aus *to fish.* Also gab es vor *bulldozer* ein Verbum *to bulldoze?* Nein, aber es entsteht aus dieser Annahme, wie *to televise* aus *television.*

c) Zusammenziehung aus zwei Wörtern; aus *cable telegram* wird *cablegram;* aus *biology* (oder *biological*) *electronics* wird *bionics.*

d) Kürzungen (vgl. »Bus« aus »Autobus«): aus *advertisement* (»Inserat«) wird *ad,* aus *examinations* wird *exams.* Bei uns neigen Schüler und Studenten zu solchen Verkürzungen: »wir haben Mathe«; »das Abi machen«.

e) Häufig sind aus Initialen gebildete Wörter *(Akronyme)* wie *NASA* aus *National Aeronautics and Space Administration.*

Je mehr eine Sprache auf Flexionsendungen verzichtet, um so starrere Regeln benötigt sie für die Wortstellung im Satz, um verständlich zu bleiben: »Der Jäger verfolgt den Bären«; dieser Satz verliert in der Umstellung »Den Bären verfolgt der Jäger« nichts von seiner Eindeutigkeit. Klingen Nominativ und Akkusativ aber völlig gleich, so muß die Zuordnung durch die Reihenfolge ausgedrückt werden: *The hunter pursues the bear* besagt das Gegenteil von *The bear pursues the hunter.* *Änderung des Sprachtypus*

Sprachen, die aus unflektierbaren Wörtern bestehen und den Satzzusammenhang durch die Reihenfolge der Wörter ausdrücken, nennt man *isolierende* Sprachen (mehr darüber im Zwölften Kapitel). Mit dem Verlust der Flexionsendungen ist das Englische diesem Sprachtypus nahegerückt. So wundert sich der Laie, wenn er in einem sprachwissenschaftlichen Werk, das Englische betreffend, den Satz liest: »Man kann es typologisch zwischen das Mongolische und das Chinesische stellen«.

Das gesprochene Englisch hat auf seinem Wege einschneidende Wandlungen durchgemacht (Lautverschiebungen), auf die ich in diesem Kapitel nicht eingegangen bin. Es weist heute nicht weniger als zwölf verschieden gefärbte Vokale und neun Diphthonge auf, insgesamt 21 »Vokalphoneme«. Wie sollen die klar in der Schrift wiedergegeben werden, wenn das lateinische Alphabet be- *Laut und Schrift* nutzt wird, das nur fünf Vokalzeichen zur Verfügung stellt? Dies ist eine Wurzel des Auseinanderklaffens zwischen Laut und Schrift, das das heutige Englisch für den Ausländer schwer erlernbar macht. Es gibt kaum Regeln, deren Kenntnis es dem Lernenden ermöglicht, neu begegnende Wörter richtig auszusprechen. Und derselbe Laut kann im Schriftbild ganz verschieden aussehen: das lange [i] erscheint in *we* als *e,* in *bee* (»Biene«) als *ee,* in *read* als *ea,* in *machine* als *i,* in *key* (»Schlüssel«) als *ey.*

Die heute herrschende Orthographie geht in den Grundzügen auf das 15. Jahrhundert zurück, später eingetretenen Änderungen der Aussprache ist sie nicht angepaßt worden. Dies ist die zweite Ursache dafür, daß *sound* und *spelling* heute weit auseinanderklaffen.

Rufe nach Reform sind aus allen Jahrhunderten bekannt. Besonders beißenden Spott hat Bernard Shaw über die englische Orthographie ausgegossen. Er legte dar, daß man das Wort *fish,* wenn man den Laut [f] aus *enough* nimmt, den Laut [ɪ] aus *women* und den Laut [ʃ] aus *nation,* ebenso gut als *ghoti* schreiben könne. In seinem Testament vermachte er einen namhaften Betrag demjenigen, der ein Alphabet erfände, das es erlaubt, die englische Sprache lautgetreu und eindeutig zu schreiben. Auf Grund dessen ist ein *Shaw Alphabet* entwickelt worden; es hat 49 Buchstaben, also rund doppelt so viel wie das lateinische. Ein anderer Entwurf, genannt *ITA (Initial Teaching Alphabet),* versucht es mit 44 Buchstaben. Beide Alphabete werden in Schulversuchen mit Anfangsklassen erprobt. Ein drittes System ist 1959 von Axel Wijk vorgeschlagen worden.

Es ist des Nachdenkens, ja des Staunens wert, daß eine Sprache mit so vertrackter, veralteter Orthographie zur unbestrittenen Weltsprache aufgestiegen ist.

*Zentrifugale* In England und Schottland besteht eine Vielzahl von
*Tendenzen* Dialekten, die große Unterschiede aufweisen. Dafür, wie Englisch »richtig« auszusprechen sei, ist herkömmlicherweise die *British Received Pronunciation (RP),* die anerkannte Aussprache, maßgebend. Sie beruht auf den Sprachgewohnheiten der gebildeten Schicht in London und Südwestengland.

In den USA gibt es ebenfalls ausgeprägte Dialektunterschiede. In Neuengland mit dem Zentrum in Boston klingt das amerikanische Englisch dem europäischen (und damit der *RP*) am ähnlichsten. Im Süden ist es selbst für den, der ein gutes Schulenglisch spricht, streckenweise *unintelligible*.

In Kanada ist Englisch (neben Französisch) Landessprache, in Australien und Neuseeland herrscht es allein. In Indien und Pakistan dient es weithin als Verkehrssprache. In Südafrika ist es Staatssprache neben Afrikaans. Kann eine Sprache ihre Einheitlichkeit behaupten, die von so vielen Menschen in so vielen Ländern (dazu u. a. auf mehreren karibischen Inseln) gesprochen wird?

Bis jetzt sind die Unterschiede zwischen dem britischen und dem US-amerikanischen Englisch in der Schrift gering. Noch weniger als in der Vergangenheit wird aber das selbstbewußte Amerika die *Received Pronunciation* als Ideal ansehen. Unter dem Einfluß der Massenmedien und der hohen Mobilität der Bevölkerung wird sich eher eine eigene amerikanische Norm herausbilden.

So ist im Hinblick auf die zukünftige Entwicklung des Englischen manches unsicher. Sicher scheint, daß die Bedeutung des Englischen in der heutigen Welt noch zunehmen wird, und daß der unermeßliche, jetzt schon kaum zu übersehende Wortschatz dieser Sprache noch weiter anwachsen wird. Dazu wird die rapide technische und wissenschaftliche Entwicklung ebenso beitragen wie die Freude der Amerikaner an neuen Wortschöpfungen; die Lexikographen haben alle Mühe, das unablässig neu Aufkommende zu sammeln und zu sichten. Mit den Neuprägungen kann man Jahr für Jahr einen neuen Ergänzungsband zu den ohnehin riesigen Wörterbüchern des Englischen füllen.

# ZEHNTES KAPITEL

# Sprachfamilien der Erde: Nichtindogermanische Sprachen in Europa und Asien

In den vorangehenden Kapiteln haben wir uns (mit Ausnahme des Ersten Kapitels) nur mit indogermanischen Sprachen befaßt – nicht aus dem egozentrischen Grunde, daß die deutsche Sprache dieser Familie zugehört, sondern deshalb, weil diese weitverzweigte Sprachenfamilie in der heutigen Welt eine führende Rolle spielt – wie jeder Blick auf eine Sprachenkarte der Erde bestätigt. Die Völker Europas mit ihrem Wagemut, ihrem Abenteuergeist (oder soll man sagen: ihrer Aggressionslust), mit ihrem Organisationstalent, mit ihrer technisch-zivilisatorischen und damit auch militärischen Überlegenheit haben die ganze Erde erschlossen und zu großen Teilen auch unterworfen, und wo sie herrschten, haben sie, ähnlich wie die Römer in den westlichen Provinzen ihres Reiches, ihre Sprachen eingepflanzt, vielerorts so fest, daß sie auch nach dem Ende des Kolonialzeitalters beherrschend blieben.

*Vorbemerkungen*

Dieses Kapitel handelt von »nichtindogermanischen« Sprachen; den bestimmten Artikel lasse ich bewußt weg (wie auch zweimal in der Überschrift dieses Kapitels), denn es ist weder sinnvoll noch möglich, eine Übersicht über alle Sprachen der Erde zu geben, auch nicht über alle Sprach*familien*.

Dieser Ausdruck »Sprachfamilien« ist natürlich am Modellfall der indogermanischen Sprachen entstanden. Er bezeichnet – ebenso wie das synonyme »Sprachstamm« – eine Anzahl von Sprachen, die auf Grund genetischer Zusammengehörigkeit von der Wissenschaft zusammengefaßt und damit von anderen Sprachen abgehoben werden. Was heißt »genetische« Zusammengehörigkeit? Man muß wohl hier drei Stufen unterscheiden:

*Was ist eine Sprachfamilie?*

1. *Genetisch verwandt* sind Sprachen, deren Herausbildung aus einer gemeinsamen »Mutter«sprache auf Grund vieler und nahezu lückenloser schriftlicher Zeugnisse vor

*Drei Grade der Gewißheit*

Augen liegt. Dies gilt für die Entstehung der romanischen Sprachen aus dem Lateinischen.

2. Eine *Familie* bilden Sprachen, bei denen die Entwicklung aus einer gemeinsamen Ursprache zwar nicht so lückenlos belegt ist wie im Fall 1, sich aber beim Studium der Einzelsprachen oder -zweige, besonders wenn man die frühesten noch zugänglichen Stufen betrachtet, zwingend aufdrängt. Dies gilt für die indogermanische Familie, deren ältestes Stadium ja nicht belegt, sondern nur erschlossen ist.

3. Auf Grund von Ähnlichkeiten, die sich im Wortschatz finden (Vorsicht! Wörter können übernommen, entlehnt werden), vor allem aber in der Grammatik und auch in der Lautung (Phonetik), kann man die Hypothese aufstellen, daß bestimmte Sprachen – auch wenn die Entwicklung nicht so gut belegt ist wie bei 1. und 2. oder die Belege nicht so gründlich durchforscht sind – ebenfalls eine Familie bilden. Eine solche Hypothese kann wie jede wissenschaftliche Arbeitsannahme von der weiteren Forschung bestätigt *(verifiziert),* aber auch widerlegt *(falsifiziert)* werden. Die Zusammenfassung z. B. indianischer, auch afrikanischer, auch längst ausgestorbener Sprachen zu Familien steht unter diesem Vorbehalt. In manchen Fällen muß die Wissenschaft – *faute de mieux* – einfach regionale Gruppen bilden, die Sprachen umfassend, die in demselben Großraum gesprochen werden.

*Auswahlprinzip*   Ich möchte versuchen, in einem geistigen Streifzug oder Spaziergang, der von Europa beginnend in Richtung von West nach Ost die ganze Erde umwandert, einige wichtige Sprachfamilien kurz vorzustellen. Was heißt »wichtig«? Eine Familie kann wichtig sein, wenn sie

1. mit Tochtersprachen in Europa vertreten ist; dies gilt z. B. für die uralischen Sprachen;

2. wenn sie kulturell und geschichtlich mit Europa besonders eng verbunden ist; dies gilt für die semitischen Sprachen, zu denen Hebräisch und Arabisch gehören;

3. wenn sie Sprachen bedeutender Kulturvölker umfaßt; dies gilt z. B. für die sino-tibetische Familie mit Chinesisch als Mitglied;

4. wenn sie von einer großen Menschenzahl gesprochen wird oder ein weites Gebiet überdeckt;

5. wenn sie Züge aufweist, die sprachwissenschaftlich (d. h. bei der Sprachvergleichung) bedeutsam sind.

Die Stoffmenge ist allerdings überwältigend. Es droht
die Gefahr, daß der Leser – oder gar der Autor – darin er-
trinkt. Man braucht als Anhalt einen roten Faden – dieser
Ausdruck rührt daher, daß in die Taue der britischen
Kriegsmarine im Zeitalter der Segelschiffe ein durchlau-
fender roter Strang eingeflochten war. Ich gebe deshalb
vorher an, auf welche Sprachen oder Familien ich hier zu
sprechen komme, und werde am Ende des nächsten Kapitels noch einen groben Überblick über von mir nicht
erwähnte Gruppen geben.

Vorgestellt werden 1. das *Baskische,* eine isolierte (kei-   *Übersicht*
ner Familie zuzurechnende) europäische Sprache, 2. die
*uralischen,* 3. die *hamitisch-semitischen,* 4. die *altaischen,*
5. die *kaukasischen* Sprachen, 6. das *Chinesische* als wichtigstes Glied der *sino-tibetischen* Sprachfamilie. Es folgt ein
Blick auf 7. die *drawidischen* Sprachen. Es folgen im nächsten Kapitel 8. die Sprachen des *pazifischen Raumes;* den
Schluß bilden 9. die *indianischen* Sprachen Amerikas und
10. die Sprachen *Schwarzafrikas.*

Im Südwesten Europas, beiderseits der westlichen Pyre-   *Baskisch –*
näen, wird eine Sprache gesprochen, die bisher allen Ver-   *ein Außenseiter*
suchen widerstanden hat, sie irgendeiner Familie oder   *Heutiger Bestand*
Gruppierung zuzuweisen: das *Baskische.* Solche Versuche
sind unternommen worden vor allem in Richtung auf eine
Beziehung des Baskischen zur hamito-semitischen Sprachfamilie, zu kaukasischen Sprachen und zum Iberischen,
der nur spärlich bekannten Sprache der Bewohner der
»Iberischen Halbinsel« vor ihrer Einnahme durch die
Römer. Bisher sind solche Zuweisungen wissenschaftlich
nicht gesichert.

Der größere Teil des baskischen Sprachgebiets liegt auf
der spanischen Seite in den Provinzen Vizcaya, Álava,
Guipúzcoa und Navarra (die aber nicht alle geschlossen
zum baskischen Gebiet gehören), der kleinere in Frankreich.

Die Zahl der Baskisch Sprechenden kann nicht exakt
angegeben werden, teils wegen des Fehlens ausreichender
statistischer Erhebungen, teils auch, weil ein großer Teil
der Sprecher das Baskische neben dem Spanischen oder
Französischen spricht. Ganz vorsichtig läßt sich sagen, daß
es mehr als eine halbe Million, aber weniger als eine Million Basken gibt (abgesehen von Auswanderern in Über-

see); davon 75 bis 80% auf der spanischen Seite. Einer offiziellen Autonomie haben sich die Basken nur ganz vorübergehend während des Spanischen Bürgerkriegs erfreut (1936/37). Nach dem Sturz Francos hat die neue spanische Verfassung den Basken weitgehende Autonomierechte zuerkannt, was bekanntermaßen einen radikalen Flügel nicht hindert, weiterhin mit gewaltsamen Mitteln für totale Unabhängigkeit zu kämpfen.

*Vielfalt der Dialekte*    Auffällig ist, daß das Baskische – trotz des relativ kleinen Sprachgebiets – in eine Anzahl von Dialekten zerfällt, die sich teilweise so stark voneinander unterscheiden, daß eine gegenseitige Verständigung ihrer Sprecher nur ganz begrenzt möglich ist; damit könnte man die Dialekte auch als eigene Sprachen klassifizieren. Einer der angesehensten Erforscher des Baskischen, Prinz Louis-Lucien Bonaparte (1813-91), hat acht Dialekte unterschieden.

*Geschichte*    Die Basken nennen ihre Sprache *Euskara,* sich selber *Euskaldunak.* Aus römischer Zeit sind einige Inschriften erhalten, die bezeugen, daß damals schon Baskisch gesprochen wurde. Vom Jahre 1000 ab sind sie zahlreicher, 1545 ist das erste Buch in baskischer Sprache gedruckt worden. Es scheint sicher, daß das baskische Sprachgebiet, besonders im Süden, sich früher bedeutend weiter erstreckt hat als heute, nämlich etwa bis Burgos.

*Eigenart*    In seinem Lautbild ist das heutige Baskisch vom angrenzenden Spanisch nicht allzu verschieden, doch mag dies auf Beeinflussung im Laufe zweitausendjähriger Nachbarschaft beruhen. Sprachbau und Grammatik sind für jeden nichtbaskischen Europäer fremdartig; das Baskische ist deshalb als Fremdsprache schwer erlernbar. Baskisch ist eine agglutinierende Sprache, d.h. grammatische Beziehungen werden (überwiegend) ausgedrückt durch Suffixe, die an den Wortstamm angehängt werden: *oin* bedeutet »Fuß«, *oina* »der Fuß« (der bestimmte Artikel wird also als Suffix angefügt), in *oinak* ist noch ein *k* als Suffix hinzugetreten, das wie eine Kasusendung (Deklinationsendung) aussieht, tatsächlich aber angibt, daß das Wort – in dem folgenden Satz – als Subjekt anzusehen ist, und zwar als Subjekt eines transitiven Verbums. Die Deklination erfolgt ebenfalls durch Suffixe, die an das Substantiv oder das begleitende Adjektiv treten: *etxe* bedeutet »Haus«, *etxe berria* »das neue Haus« (Artikel *a* am Adjektiv), *etxe berriari* »für das neue Haus« (Präposition *ri* hinten ange-

fügt). Auch das Verbum und seine Behandlung im Satz ist
voller Tücken (für den Ausländer).

Das Baskische hat schon zu römischer Zeit Lehnwörter *Wortschatz*
aus dem Lateinischen aufgenommen, was man an ihrer
Form erkennen kann: *bake* (»Friede«) vom lat. *pax* bzw.
dessen Genitiv *pacis* oder Akkusativ *pacem,* aus der Zeit,
als die Römer das *c* noch als [k] aussprachen. Lehnwörter
aus dem Baskischen in anderen Sprachen sind äußerst selten. Eigennamen wie *Bolívar* (der Befreier Südamerikas)
oder (»Che«) *Guevara* sind baskisch.

Die Reihe der Grundzahlen – die in den indogermanischen Sprachen deutlich die Sprachverwandtschaft erkennen läßt – klingt fremdartig: 1 *bat;* 2 *bi, bida* oder *biga;*
3 *hirur;* 4 *laur* (diese beiden Wörter reimen sich); 5 *bost*
oder *bortz;* 6 *sei(r);* 7 *zazpi;* 8 *zortzi;* 9 *bederatzi;* 10 *hamar.*
Das Zahlensystem baut auf der 20 auf (vgl. französisch
*quatre-vingt* »achtzig«), so daß 50 als »zweimal 20 plus 10«
ausgedrückt wird.


Diese Sprachen nehmen ein großes Gebiet der eurasi-        *Uralische Sprachen*
schen Landmasse ein, von Nordschweden bis zum Ob in
Sibirien, werden aber nur von schätzungsweise 25 Millionen Menschen gesprochen. Die *uralische Sprachfamilie* besteht aus zwei größenmäßig höchst unterschiedlichen
Zweigen, die manchmal auch jeder für sich als Familie bezeichnet werden.

Die *samojedischen* Sprachen, deren man vier unterschei-     *Samojedische*
det, haben insgesamt nur einige zehntausend Sprecher, die   *Sprachen*
sich, meist nomadisch lebend, über ein riesiges Gebiet etwa von Nowaja-Semlja bis zum Jenissej verteilen.

Den anderen Zweig betrachten wir etwas näher, weil      *Finnisch-ugrische*
diejenigen europäischen Kultursprachen zu ihm zählen,     *Sprachen*
die nicht indogermanischer Abkunft sind: das *Finnische*
sowie das ihm sehr nahestehende *Estnische* in Nordosteu-
ropa, andererseits, als weit nach Südwesten vorgeschobene
Sprachinsel, das *Ungarische.* Auch die Sprache der *Lappen*
gehört (neben weiteren im Wolga-Gebiet) zu dieser Familie. Lappen leben, als Nomaden dünn verteilt, in nördlichen Landstrichen Norwegens, Schwedens, Finnlands
sowie Rußlands.

»Ugrisch« und »Ungar« gehen wohl beide auf *ugra* zurück (alter slawischer Name für ein Gebiet östlich des
Ural, wo bis heute ugrische Sprachen gesprochen werden).

Es wird angenommen, daß die Gesamtfamilie auf eine als *Proto-Uralisch* bezeichnete, hypothetische Ursprache zurückgeht, die vor vielleicht 8000 Jahren im Gebiet des mittleren Ural verbreitet war. Die heutigen Einzelsprachen haben sich im Verlauf der Entwicklung weit voneinander entfernt, auch innerhalb des finno-ugrischen Zweiges. Der Vergleich von Wörtern für alltägliche Dinge wie auch der Grundzahlwörter – der bei indogermanischen Sprachen selbst für so weit entfernte Sprachen wie altes Sanskrit und heutiges Französisch noch die Verwandtschaft erkennen läßt – ergibt kaum Anhaltspunkte. Ungarisch und Finnisch sind in ihrem Wortschatz so verschieden, daß ein Ungar und ein Finne heute sich nicht verständigen können, ja auch aus ihrer Muttersprache beim Erlernen von Vokabeln der jeweils anderen Sprache kaum eine Hilfe haben.

*Phonologische Eigenart*  Wieso kann man dann hier von Familie und Verwandtschaft sprechen? Nun, die Gemeinsamkeiten treten – wenn auch wohl nur für den Linguisten – deutlich hervor, sobald man das Augenmerk auf das Lautbild (die Phonologie) und den Bau der Sprache (Morphologie, Grammatik, Syntax) richtet.

Auch der Laie kann sich vom Klang des Finnischen und des Ungarischen leicht eine Vorstellung verschaffen, wenn er weiß, daß die Orthographie in beiden Sprachen die heutige Aussprache genau wiedergibt. Beide Sprachen kennen dieselben Vokale wie das Deutsche, nämlich neben *a, e, i, o, u* auch *ä, ö* und *ü* (letzteres im Finnischen als *y* geschrieben). Die Vokale können kurz oder lang vorkommen. Im Finnischen werden sie zur Angabe der Länge konsequent verdoppelt, am Vorkommen von Doppelvokalen wie *ää* kann man einen finnischen Text erkennen. Die Ungarn benutzen ein diakritisches Zeichen, um die Länge anzugeben: á[a:] neben a[ɔ], é[e:] neben e([ɛ], sehr offen), ő[ø:] neben ö[œ] usw. Die Länge/Kürze eines Vokals ist bedeutungsunterscheidend (auch im Deutschen, was an Wortpaaren wie »Wall« – »Wahl«, »sich« – »siech«, »wirr« – »wir« sogleich deutlich wird). Im Estnischen gibt es sogar drei Quantitäten: einen kurzen, einen langen und einen extralangen Vokal. Die Finnen (auch die Ungarn) unterscheiden konsequent auch zwischen kurz oder lang auszusprechenden Konsonanten. Die letzteren werden ebenfalls in der Schrift verdoppelt. Einen Konsonanten »lang« aus-

zusprechen, ist einfach bei Lauten wie [m], [l], [r] – schwierig bei Verschlußlauten; hier bedeutet der Doppelkonsonant eine Art »Stop« – ähnlich wie im Italienischen.

Im Finnischen wie im Ungarischen trägt stets die erste
Silbe eines Wortes den Ton, sei das Wort auch noch so lang
wie z. B. *a viszontlátásra* [ɔ vi̦sontlaːtaːʃrɔ] ungarisch »Auf
Wiedersehen«, und lange Wörter gibt es in beiden Sprachen zuhauf. Dies führt auf ein wichtiges Charakteristi-
kum beider Sprachen. Lange Wörter sind häufig in Sprachen, die grammatische Beziehungen in erster Linie durch
das Anhängen von Bildungssilben (Suffixen) ausdrücken.
Im Ungarischen wird aus dem Nominativ (der dem Wortstamm gleicht) der Dativ durch Anhängen von *-nek* oder
*-nak* gebildet, der Akkusativ durch Anfügen von *-t,* der
Plural durch Anfügen von *-k.* Endet der Stamm auf einen
Konsonanten, tritt ein Bindevokal zwischen Stamm und
Suffix.

*Sprachbau*

Welcher? Das richtet sich nach dem Prinzip der Vokalharmonie, das in den meisten finno-ugrischen Sprachen
eine wichtige Rolle spielt (aber auch in anderen Sprachen
wie dem Türkischen). Zu *ember* [ɛmbɛr] »Mensch« gehört
als Plural *emberek* (eingefügtes *e*), zu *város* [vɑroʃ] »Stadt«
aber *városok* (eingefügtes *o*). Innerhalb des Wortes soll also Harmonie der Vokale herrschen: entweder nur »hinte-
re« oder nur »vordere« Vokale (die Bezeichnung bezieht
sich auf die Stellung der Zunge: bei hellen Vokalen wie *i, ä*
steht die Zunge weiter vorn im Mund als bei dunkel klin-
genden wie *o* und *u*). Die Suffixe werden aneinander gehängt, so daß der Dativ zu *emberek* (»die Menschen«) lautet: *embereknek* (»den Menschen«).

*Vokalharmonie*

Ein grammatisches Geschlecht gibt es nicht (dies ist ein
weiteres Familienkennzeichen). Man kann zahlreiche
Fälle bei der Deklination unterscheiden, bis zu 18. Da die
Fälle durch Suffixe markiert werden, räumliche, zeitliche,
Besitzbeziehungen aber ebenfalls durch Suffixe (die man
auch *Postpositionen* nennen könnte), ist eine Abgrenzung
schwierig.

*Weiteres*
*Kennzeichen*

Seit die Ungarn im 9. Jahrhundert von Osten her in ihr
heutiges Wohngebiet eingedrungen waren und dann, an
weiterem Vordringen nach Westen durch die Schlacht auf
dem Lechfeld (955) gehindert, seßhaft wurden und unter
ihrem ersten König Stephan dem Heiligen *(Szent István)*
das Christentum annahmen, haben sie trotz äußerst wech-

selvoller Geschichte ihre sprachliche Eigenart in völlig
fremder Umgebung bewahrt. Ihr Staatsgebiet hat zeitweilig Millionen nichtungarischer Minderheiten umschlossen,
während heute, nach dem Verlust des Ersten und des Zweiten Weltkriegs, viele Ungarn außerhalb der Grenzen des
ungarischen Staates leben.

*Afroasiatische Sprachen*  Unter dieser relativ neuen Bezeichnung werden über
300 Sprachen mit mehr als 300 Millionen Sprechern zusammengefaßt. Das Verbreitungsgebiet dieser Familie
reicht vom Atlantik im Westen bis zum Persischen Golf im
Osten, in Nord-Süd-Richtung vom Mittelmeer bis Somalia
und Äthiopien. Zu ihr gehören Sprachen, die seit Jahrtausenden bezeugt sind, insbesondere das *Altägyptische*, dessen älteste Denkmäler bis nahe an das Jahr 4000 v. Chr.
zurückreichen. Diese tote Sprache hat ihre »moderne«
Fortsetzung im *Koptischen*, der Kirchensprache der koptischen Christen. Fast ebenso ehrwürdigen Alters ist das *Babylonisch-Assyrische*, belegt seit dem 3. Jahrtausend v. Chr.
Das *Althebräische*, das als Sprache der meisten Bücher des
Alten Testaments lange Zeit als »älteste Sprache der
Menschheit« angesehen wurde, ist seit dem 9. Jahrhundert
v. Chr. belegt. Zur Familie gehört auch das *Aramäische*, die
Sprache Jesu und seiner Jünger, heute noch gesprochen
von kleinen Gruppen u. a. in Iran und Irak.

*Zweige*  Die Familie wurde früher »hamito-semitische« Sprachfa-
milie genannt, nach den Söhnen Noahs im Alten Testament,
Sem und Ham. Viele Forscher teilen die Familie heute in 6
Zweige ein: 1. Der *ägyptische* Zweig besteht aus dem Alt-
ägyptischen und dem Koptischen. Obwohl die Kultur
Ägyptens durch Jahrtausende eine führende Stellung ein-
nahm, hat die ägyptische Sprache (verglichen etwa mit dem
Griechischen und Lateinischen) nur geringfügig auf andere
Sprachen eingewirkt. 2. Zum *kuschitischen* Zweig gehören
als wichtigste Sprachen *Oromo* (auch *Galla* genannt) in
Äthiopien sowie *Somali* (Nationalsprache in Somalia, auch
in Ägypten und Kenia gesprochen). 3. Zum *tschadischen*
Zweig gehört als wichtigste Sprache *Haussa* (zu Hause in
Nigeria, als Lingua franca auch in anderen Ländern Westafrikas gesprochen). 4. Die *Berbersprachen* waren in Nordafrika beherrschend, bis sie beim Vordringen des Islam
durch das Arabische zurückgedrängt wurden. Sie sind noch
lebendig bei Stämmen wie den Tuareg und den Rifkabylen

in Marokko, den Kabylen in Algerien, den Bewohnern der Insel Djerba in Tunesien. Zu den Berbersprachen gehört höchstwahrscheinlich auch die ausgestorbene, durch das Spanische verdrängte Sprache der *Guantschen*, der Ureinwohner der Kanarischen Inseln. 5. Der *omotische* Zweig ist der kleinste der Familie, hat nur 1,5 Millionen Sprecher. 6. Den stärksten Zweig bilden die *semitischen* Sprachen mit über 200 Millionen Sprechern. Er umfaßt einst bedeutende, heute ausgestorbene Sprachen wie Phönizisch, Ugaritisch, Babylonisch. Heute gibt es in Europa eine einzige semitische Sprache: das *Maltesische* auf Malta. Zu den semitischen Sprachen gehören auch *Amharisch* (hauptsächlich in Äthiopien), *Tigré, Tigrinya* (in Eritrea).

Die wichtigsten lebenden semitischen Sprachen sind *Hebräisch* und *Arabisch*. Die beiden haben sprachliche Grundstrukturen gemeinsam, doch bei der Schrift gehen sie getrennte Wege.

*Hebräisch und Arabisch*

*Das hebräische Alphabet; darunter: die Vokalzeichen*

| Schrift-zeichen | Bezeich-nung | Laut-wert | Schrift-zeichen | Bezeich-nung | Laut-wert | Schrift-zeichen | Bezeich-nung | Laut-wert |
|---|---|---|---|---|---|---|---|---|
| א | *Alef* | [ǀ, a] | ח | *Chet* | [x] | ע | *Ajin* | [ǀ] |
| ב | *Beth* | [b] | ט | *Tet* | [t] | פ,ף | *Pe* | [p] |
| ב | *Veth* | [v] | י | *Jod* | [j, i, ɛɪ] | פ | *Fe* | [f] |
| ג | *Gimmel* | [g] | כ,ך | *Kav* | [k] | צ,ץ | *Zadi* | [ts] |
| ד | *Dalet* | [d] | כ | *Chav* | [x] | ק | *Kuf* | [k] |
| ה | *He* | [h] | ל | *Lamed* | [l] | ר | *Resch* | [r] |
|  | *(am Wortende* [a]*)* |  | מ,ם | *Mem* | [m] | ש | *Schin* | [ʃ] |
| ו | *Vav* | [v, u, ɔ] | נ,ן | *Nun* | [n] | ש | *Ssin* | [s] |
| ז | *Sajin* | [z] | ס | *Samech* | [s] | ת | *Tav* | [t] |

Bei Kav, Mem, Nun, Pe und Fe stehen links jene Zeichen, die am Wortende benutzt werden.

| Zeichen[1] | Laut-wert | Zeichen | Laut-wert | Zeichen | Laut-wert | Zeichen | Laut-wert |
|---|---|---|---|---|---|---|---|
| x̱ | [a] | x̤ | [ɛ] | x | [i] | ẋ | [o] |
| x̱ | [a] | x | [e:] | 'x | [i:] | ו | [o:] |
| x̱ | [a:] | 'x | [e:] | x̯ | [o] | ו | [u:] |
| x̣ | [ɛ] | x | (stumm) | x̯ | [o] | x̣ | [u] |

1) x steht für vorausgehenden Konsonanten

*Hinweise*
*zur Tabelle*

1. Die Buchstaben sind der Druckschrift entnommen. Handgeschriebene Zeichen sehen – wie bei der lateinischen Schrift – anders aus.

2. Der Lautwert entspricht der heute in Israel üblichen, noch nicht ganz gefestigten Aussprache. Die Zeichen entsprechen der internationalen Lautschrift (also [x] = Ach-Laut).

3. In drei Fällen (Beth/Veth; Kav/Chav; Pe/Fe) unterscheiden sich zwei Konsonantzeichen nur durch einen Punkt. Das Zeichen mit Punkt bezeichnet einen Verschlußlaut, das ohne Punkt den zugehörigen Reibelaut (b: [v]; k: [x]; p: [f]).

4. Althebräisch, die Sprache des Alten Testaments, wird mit denselben Zeichen geschrieben; die Lautwerte sind bei einigen Zeichen anders.

5. Auch das Jiddische (vgl. Kap. 8) wird mit diesen Zeichen geschrieben, die Vokale werden aber meistens anders dargestellt.

*Arabische*
*Schrift*

Die Schrift des Koran wird ebenso wie das Hebräische von rechts nach links geschrieben. Sie ist eine reine Konsonantenschrift – wie die phönizische. Die Vokalzeichen können für Leser arabischer Muttersprache fortbleiben; der Leser ergänzt sie aus dem Sinnzusammenhang.

Die arabische Schrift ist sehr dekorativ; in der Kunst wird sie zu wunderschönen Ornamenten ausgearbeitet, zumal in Moscheen, da der Islam bildliche Darstellungen dort nicht zuläßt.

*Arabisch heute*

Die arabische Sprache verdankt ihre heutige Verbreitung den Eroberungszügen der Nachfolger des Propheten Mohammed, die sie bis nach Spanien trugen. Heute wird Arabisch ganz oder vorwiegend gesprochen in Ägypten, Algerien, Irak, beiden Jemen, Jordanien, Kuwait, dem Libanon, Libyen, Marokko, Maskat und Oman, Saudi-Arabien, Sansibar (Teil Tansanias), im Sudan, Syrien, Tunesien. Das »klassische« Arabisch ist in den genannten Gebieten Amtssprache und Sprache der Medien. Gesprochen werden Dialekte, bei denen man eine westliche (Marokko, Algerien, Tunesien), eine mittlere (Beduinen) und eine östliche Gruppe (Ägypten, Syrien, Irak) unterscheidet. Wer sich als Tourist einen Sprachführer für eine Reise in arabisch sprechende Länder anschaffen will, muß angeben, welches der oben aufgeführten Länder er besuchen möchte.

*Verkehrszeichen in Marokko. Der Wegweiser (links) ist zweisprachig (arabisch-französisch); das Stopschild ist so eindeutig, daß es keiner Übersetzung bedarf.*

*Das arabische Alphabet*

| unverbundene Form | verbunden mit vorhergehendem Zeichen | verbunden nach beiden Seiten | verbunden mit folgendem Buchstaben | Lautwert | unverbundene Form | verbunden mit vorhergehendem Zeichen | verbunden nach beiden Seiten | verbunden mit folgendem Buchstaben | Lautwert |
|---|---|---|---|---|---|---|---|---|---|
| ا | ـا | | | [ǀ] | ض | ـض | ـضـ | ضـ | [d] |
| ب | ـب | ـبـ | بـ | [b] | ط | ـط | ـطـ | طـ | [t] |
| ت | ـت | ـتـ | تـ | [t] | ظ | ـظ | ـظـ | ظـ | [z] |
| ث | ـث | ـثـ | ثـ | [θ] | ع | ـع | ـعـ | عـ | [ǀ] |
| ج | ـج | ـجـ | جـ | [dʒ] | غ | ـغ | ـغـ | غـ | [ɣ] |
| ح | ـح | ـحـ | حـ | [h] | ف | ـف | ـفـ | فـ | [f] |
| خ | ـخ | ـخـ | خـ | [x] | ق | ـق | ـقـ | قـ | [k] |
| د | ـد | | | [d] | ك | ـك | ـكـ | كـ | [k] |
| ذ | ـذ | | | [ð] | ل | ـل | ـلـ | لـ | [l] |
| ر | ـر | | | [r] | م | ـم | ـمـ | مـ | [m] |
| ز | ـز | | | [z] | ن | ـن | ـنـ | نـ | [n] |
| س | ـس | ـسـ | سـ | [s] | ه | ـه | ـهـ | هـ | [h] |
| ش | ـش | ـشـ | شـ | [ʃ] | و | ـو | | | [w] |
| ص | ـص | ـصـ | صـ | [s] | ى | ـى | ـيـ | يـ | [j] |

Für Leser mit arabischer Muttersprache bleiben die Vokale unbezeichnet. Für alle übrigen tritt ein Vokalzeichen zu dem vorhergehenden Konsonanten: ´ *(Fatha)* für [a] oder [e]; ˌ *(Kasra)* für [i]; ٗ *(Damma)* für [u]. Außerdem werden bei Vokalen die Länge, bei Konsonanten die Vokallosigkeit markiert.

Die führende Rolle des Arabischen als Sprache der heiligen Schrift des Islam und als Sprache einer lange den Nachbarn überlegenen Kultur sowie sein enger Kontakt mit Nachbarsprachen haben bewirkt, daß das Arabische Lehnwörter aufgenommen hat, vornehmlich aus dem Griechischen, auch dem Aramäischen; vor allem aber, daß arabische Wörter in zahlreiche Sprachen wie Türkisch, Urdu, Persisch, Malaiisch, Suaheli, Haussa eingedrungen sind; auch die europäischen Sprachen haben (wie beim Deutschen und beim Englischen erwähnt) bereicherndes Sprachgut aus dem Arabischen aufgenommen. Die arabische Schrift verwenden Urdu und Persisch; Türkisch und Malaiisch haben sie lange Zeit verwendet.

*Arabische Schrift: Ornament aus einer Koran-Handschrift.*

Manche Wesenszüge sind den semitischen Sprachen gemeinsam. Das gilt zunächst einmal für den Wortschatz. Sieht man von der Verschiedenheit der Schriften ab und

*Eigenarten der semitischen Sprachen*

stellt gleichbedeutende Wörter des Hebräischen und Arabischen in phonetischer Schreibung nebeneinander, wird das sichtbar:

»Bruder«: arab. [ax], hebr. [aːx];

»Fuß«: arab. [ridʒl], hebr. [rɛgɛl];

»Tag«: arab. [jaum], hebr. [joːm], vgl. »Jom-Kippur-Krieg«.

Gemeinsame Merkmale der semitischen Sprachen sind u. a.:

1. das Vorkommen ›emphatischer‹, d. h. mit besonderem Nachdruck auszusprechender Konsonanten; sie machen dem Ausländer Schwierigkeiten;

2. die relative Häufigkeit von Kehllauten; sie gibt diesen Sprachen – für europäische Ohren – einen trockenen, ›gutturalen‹ Klang;

3. die Verwendung von Schriften, die ursprünglich nur aus Konsonantzeichen bestehen, die Vokale werden durch Hilfszeichen markiert;

*Die Wurzeln* 4. »Trikonsonantismus« der Wurzeln, das wohl auffallendste Kennzeichen. Die Wurzel der meisten arabischen Wörter (das Arabische läßt diese Eigenart besonders klar hervortreten) besteht aus drei Konsonanten (selten zwei oder vier), die, solange sie nicht mit Vokalen ausgefüllt werden, einen Begriff sehr allgemein (man könnte sagen: in höchst »infiniter« Form) umschreiben.

Die Folge *k-t-b* deutet auf alles, was mit »Schreiben« zu tun hat, *k-t-l* entsprechend auf »Töten«. Die Vergangenheitsform heißt *kataba* »er schrieb«; die Form *kitab* »das Buch«, *kutub* »die Bücher«. Die Bildung solcher Formen erfolgt also durch eine Veränderung innerhalb der Wurzel, die »Ablaut« oder »innere Flexion« genannt wird. Neben diesem Bildungsmittel werden häufig Suffixe verwandt. Manchmal wird ein Vokal weggelassen, z. B. zur Steigerung des Adjektivs: *kabir* »groß«; *akbar* (der erste und der zweite Konsonant der Wurzel sind zusammengerückt) »größer«; *al akbaru* (mit dem bestimmten Artikel *al* davor): »der größte«.

*Beim Blick auf einen Zeitungsstand in Israel fallen dem Ausländer die in hebräischen Lettern gedruckten Zeitungstitel auf (manche Zeitungen haben den Textteil in einer europäischen Sprache in lateinischer Schrift).*

Beim arabischen Verbum werden viele Bedeutungsveränderungen, die im Deutschen hauptsächlich mit Vorsilben bewirkt werden (»gehen – begehen – sich vergehen – entgehen – aufgehen – untergehen« usw.), ebenfalls durch die eben geschilderte innere Flexion bewirkt. Das Verbum *kataba* (in dieser Form, also Vergangenheit der 3. Person

Einzahl: »er schrieb«, findet man das Wort im Wörterbuch) erhält z. B. durch Längung des ersten Vokals eine
reflexive Bedeutung: [ka̱taba] »einander schreiben, miteinander korrespondieren«; durch Längung des zweiten
Konsonanten eine kausative: [kat:aba] »zum Schreiben
veranlassen«.

Die Formbildung beim einzelnen Wort erfolgt, wie hier
angedeutet, durch Veränderung im und am Wort, also
durch Flexion. Was dagegen das Verhältnis der Wörter im
Satz anlangt, so werden die Einzelwörter häufig - bei fest
geregelter Wortfolge - ohne weitere Kennzeichnung nebeneinander gestellt. In dieser Beziehung steht das Arabische den *isolierenden* Sprachen näher (vgl. hierzu das
Zwölfte Kapitel).

Drei Zweige werden zu dieser Familie gerechnet. Einer     *Altaische Sprachen*
davon umfaßt die im Chinesischen Reich einstmals (wäh-     *Die drei Zweige*
rend der drei Jahrhunderte dauernden Herrschaft einer
Mandschu-Dynastie) führende *Mandschu*-Sprache sowie
einige *tungusische* Sprachen; auf diesen Zweig gehe ich
nicht näher ein. Die beiden anderen Zweige sind weit bekannter und wegen ihrer Berührungen mit Europa auch
wichtiger: die *Türk-* (oder *Turk-*)sprachen und die *mongolischen* Sprachen.

Die drei Gruppen weisen Gemeinsamkeiten auf, die eine gemeinsame Abstammung möglich erscheinen lassen,
aber nicht beweisen. Früher wurde diese Familie häufig
mit den uralischen Sprachen zu einer »ural-altaischen«
Großfamilie zusammengestellt.

Die Turksprachen (früher auch *turk-tatarische* Sprachen     *Die wichtigsten*
genannt) sind über ein großes Gebiet vom Rande Europas     *Turksprachen*
in Thrakien - diesseits von Dardanellen und Bosporus -
bis tief nach Persien und Sibirien hinein verbreitet. Es wäre
verwirrend, die Einzelsprachen dieses Zweiges alle aufzu-
zählen. Für den Europäer am nächsten liegt das in der Türkei als Staatssprache herrschende *moderne Türkisch,* zur
Unterscheidung von anderen verwandten Sprachen auch
*Türkeitürkisch* genannt. Nur auf dieses will ich etwas näher
eingehen, zuvor aber einige weitere Turksprachen aufzählen, zumal solche, die als Sprachen von autonomen Teilge-
bieten der ehemaligen Sowjetunion einen offiziellen Status hatten.

In fünf der sechs ehemaligen Unionsrepubliken der

UdSSR, die eine mehrheitlich islamische Bevölkerung haben, spricht das Staatsvolk, das der Republik den Namen gegeben hat, eine Sprache, die zur Familie der Turksprachen gehört. Dies sind: in Aserbaidschan (Hauptstadt Baku) das *Aserbaidschanische,* in Kasachstan (Alma Ata) das *Kasachische,* in Kirgisien (Frunse, neuerdings wieder Bischkek) das *Kirgisische,* in Usbekien (Taschkent) das *Usbekische,* in Turkmenien (Aschchabad) das *Turkmenische.* Die sechste dieser nunmehr selbständigen Republiken, Tadschikistan (Duschambe), hat im *Tadschikischen* dagegen eine Sprache, die zum iranischen Zweig des Indogermanischen gehört.

Andere ethnische Gruppen in der einstigen UdSSR, die nicht in selbständigen Republiken leben, sondern in mehr oder weniger autonomen Gebieten in der Russischen Föderation, sprechen ebenfalls Turksprachen wie das *Baschkirische* (Republik Baschkirien, Hauptstadt Ufa), das *Tatarische* (Republik Tatarstan, Hauptstadt Kasan; bis 1945 lebten auf der Halbinsel Krim die Krimtataren, die durch Stalin von dort ausgesiedelt wurden; jetzt kehren sie allmählich zurück), ferner *Karatschaisch, Jakutisch* und *Tschuwaschisch.*

Die Turksprachen auf dem Gebiet der ehemaligen UdSSR wurden in kyrillischer Schrift geschrieben. In den heute selbständigen Staaten ist der Übergang zur lateinischen Schrift im Gang, oder er wird diskutiert; Tadschikistan schreibt heute arabisch.

*Türkeitürkisch* Die Türkei hat seit *Atatürk* (»Türkenvater«) 1928 die lateinische Schrift eingeführt, die bis dahin verwendete arabische abgeschafft. Die Türken stellen in der Bundesrepublik Deutschland unter den Gastarbeitern die stärkste Gruppe. Deutsch zu lernen, ist für sie schwieriger als für Italiener, Spanier, auch Slawen, weil die Struktur des Türkischen von der des Deutschen grundverschieden ist. Die Schwierigkeiten liegen in Grammatik und Syntax, kaum dagegen in der Aussprache. Das Deutsche korrekt auszusprechen, ist für einen Türken nicht schwer. Das Türkische korrekt auszusprechen, wird für einen Deutschen, außer durch das Fehlen phonetischer Barrieren, auch dadurch erleichtert, daß die türkische Orthographie die Aussprache recht genau widerspiegelt. Wer einige diakritische Zeichen kennt, z. B. *ç* [tʃ], *ğ* = schwaches, weiches [g], manchmal [j], manchmal kaum hörbar, oder *j* [ʒ], *ş* [ʃ], kann einen ihm vorliegenden Text verständlich laut lesen.

Konsequent durchgeführt ist im Türkischen das schon
bei den finnisch-ugrischen Sprachen erwähnte Prinzip der
Vokalharmonie: Wird an einen Wortstamm eine Endung
oder ein Suffix angefügt (und das geschieht ohne Unterlaß), so ist der Vokal des Stammes dafür maßgebend, welcher Vokal in der Endung zu stehen hat. Der umgekehrte
Fall: daß der Vokal der Endung auf den des Stammes »ab-
färbt«, kommt nicht vor.

Es wäre wohl verwegen, die verwickelte Grammatik des *Schwierigkeiten des*
Türkischen hier ausbreiten zu wollen. Ich möchte lediglich *Türkischen*
andeuten, inwiefern das Türkische ganz anders gebaut
ist als eine indogermanische Sprache (und darum so
»schwer«).

Es gibt Wörter, die nicht erweiterbar sind: Adverbien
und Partikeln. Die wichtigsten Wortarten Substantiv, Pronomen, Adjektiv und Verbum können alle erweitert werden, und zwar durch Suffixe, die – in vorgeschriebener
Reihenfolge und unter Beachtung der Vokalharmonie –
dem Stamm angehängt werden. Was andere Sprachen
durch einen Satz ausdrücken (müssen), kann im Türkischen, das damit zu den agglutinierenden Sprachen gehört,
alles in ein Wort gepreßt werden: deutsch »weil sie nicht
gekommen sind« entspricht türkisch *gel|me|dik|ler|i|*
*nden,* wörtlich »wegen ihres Nichtkommens«; die senk-
rechten Striche zeigen an, aus welchen Bestandteilen das
lange Wort gebildet ist. Jede Funktion wird durch ein eigenes Suffix ausgedrückt. Im lateinischen *hominem* läßt die
Endung zugleich erkennen, daß es sich um den Singular
handelt und daß das Wort im Akkusativ steht. Das Türkische bringt das durch zwei eigene Suffixe zum Ausdruck.
Dies führt dazu, daß viele türkische Wörter, die Suffixe
enthalten, beim Übersetzen in mehrere Wörter aufgelöst
werden müssen. »Nicht ausgelöscht werden können« –
dem entspricht *ein* türkisches Wort: *söndürülememek.*

Auch der Bau der Sätze folgt Regeln, die für den Nicht- *Satzbau*
türken vertrackt wirken. Lange Partizipialkonstruktionen,
dem zu bestimmenden Wort vorangestellt, sind im Deutschen zwar möglich, gelten aber als schlechter, weil das
Verständnis erschwerender Stil: »Der vor einer halben
Stunde angekündigte, aus Frankfurt kommende, soeben
erst mit einer Verspätung von 30 Minuten einfahrende
Zug …« Diese Konstruktion ist für das Türkische typisch,
ja sie ist die allein mögliche. Alle bestimmenden Aussagen

*Schild an einer Pferderennbahn in Huhehot, der Hauptstadt der Inneren Mongolei (Volksrepublik China) mit mongolischen (oben) und chinesischen Schriftzeichen (unten).*

stehen *vor* dem zu bestimmenden Wort. Der Türke stört sich nicht daran und konstruiert wahre Bandwurmsätze. Besonders verwirrend war das vor 1928, weil in der arabischen Schrift oft kein satzschließender Punkt gesetzt wurde. Da mußte man vorausblickend den Text nach dem Verbum absuchen, das normalerweise erst am Satzende auftaucht. Manchmal ist das auch im Deutschen so. »Im Deutschen folgt das Verbum im zweiten Band«, hat ein Spötter gesagt. Ich glaube, es war Mark Twain.

*Mongolisch*  Werfen wir jetzt noch einen Blick auf die *mongolischen* Sprachen, als deren wichtigste das »eigentliche« *Mongolisch,* die Staatssprache der Mongolischen Republik, zu nennen ist. Verwandte Sprachen gibt es auf dem Gebiet der ehemaligen Sowjetunion *(Burjatisch, Tuwinisch, Kalmückisch),* auch in China, Tibet, der Mandschurei und Afghanistan. Das Mongolische wurde jahrhundertelang in eigenen Schriften geschrieben (von oben nach unten laufend), dann wurde ein leicht angepaßtes kyrillisches Alphabet verwendet. Heute verwendet man wieder die angestammte eigene Schrift.

Was ich eben an Eigenheiten des Türkischen aufgeführt habe, findet sich großenteils in den mongolischen Sprachen wieder. Es herrscht Vokalharmonie. Das Attribut, gleichgültig wie lang es ist, wird vorangestellt. Das Verbum steht am Satzende. Es gibt lange Kettensätze. Wo andere Sprachen Wörter und vor allem Sätze durch Konjunktionen verknüpfen, benutzt das Mongolische substantivierte

Infinitive und Partizipien. Im Satz werden die Wörter
vielfach aneinandergereiht, ohne daß ihre grammatische
Bedeutung näher gekennzeichnet wird; der Hörer oder
Leser muß sie aus dem Zusammenhang ergänzen. Dies
kann allgemein als Kennzeichen solcher Sprachen angesehen werden, die auf Flexion weitgehend verzichten.

Hier nähern wir uns einem Sprachkreis, der den Gelehrten zahllose Rätsel aufgibt und für dessen verwirrende
Mannigfaltigkeit man die Bezeichnung »Familie« nur unter deutlichem Vorbehalt verwenden kann. In einem weiten und vagen Sinne kann man alle Sprachen, die beiderseits, also nördlich und südlich, des Kaukasus zuhause sind,
so nennen. Etwas enger und präziser gesprochen sind kaukasische Sprachen in dem eben abgegrenzten Gebiet diejenigen, die *nicht* indogermanisch sind (wie das Armenische) und nicht zu den Turksprachen gehören (wie
Aserbeidschanisch).

Ob diese Sprachen soviel Gemeinsames haben, daß sie
alle »genetisch zusammengehörig« anzusehen wären, ist
nicht nur unsicher, sondern wird es wahrscheinlich auch
bleiben, denn das Fehlen schriftlicher Zeugnisse – außer
beim Georgischen – macht es unmöglich, frühere Entwick-

*Kaukasiche*
*Sprachen*
*Übersicht*

*Das Verbreitungsge-*
*biet wichtiger kauka-*
*sischer Sprachen.*
*Abchasien ist Teil*
*Georgiens. Die an-*
*deren Gebiete gehö-*
*ren zur Russischen*
*Föderation. Tsche-*
*tschenien und Ingu-*
*schetien sind heute*
*getrennt.*

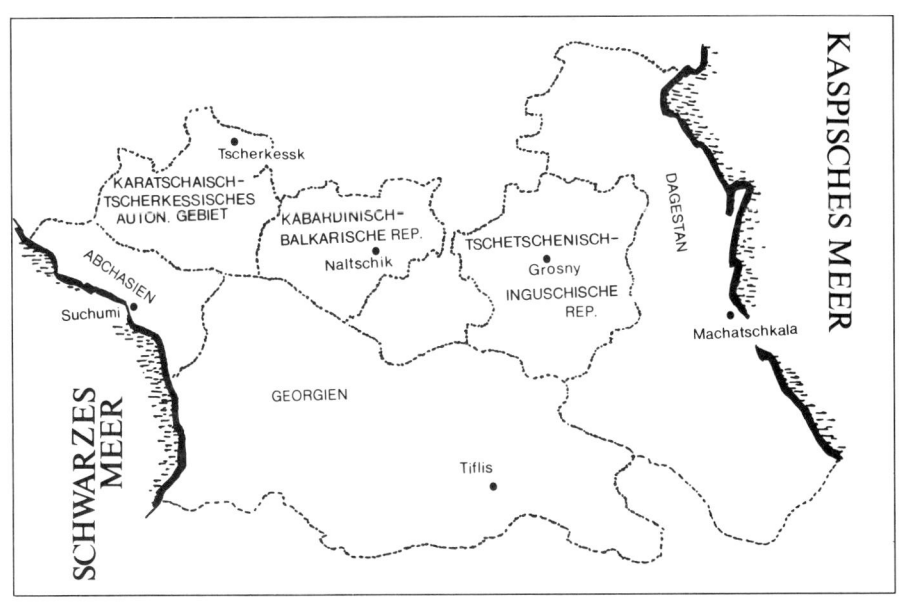

beim Georgischen – macht es unmöglich, frühere Entwicklungsstadien dieser Sprachen zu studieren und zu vergleichen. 30 bis 40 Sprachen (je nach Klassifizierung) gibt es hier in einem Gebiet mit rund zehn Millionen Einwohnern.

*Drei Gruppen* Drei Gruppen werden üblicherweise unterschieden: zwei nördlich des Kaukasus, davon eine Gruppe im Westen (am Schwarzen Meer), die andere im Osten (am Kaspischen Meer); die dritte Gruppe südlich des Hauptgebirgszugs.

Zur nordwestlichen Gruppe gehören das *Abchasische* (Abchasien, heute zu Georgien, Hauptstadt Suchumi), das *Karatschaische* (Republik Karatschajewo-Tscherkessien, Hauptstadt Tscherkessk) und das *Kabardinische* (Republik Kabardino-Balkarien, Hauptstadt Naltschik).

Zur nordöstlichen Gruppe gehören außer dem *Tschetschenischen* und *Inguschischen* (Tschetschenien, Hauptstadt Grosny; Inguschetien, Hauptstadt Nazran), die in Dagestan (Hauptstadt Machatschkala) gesprochenen Sprachen, darunter das *Awarische*.

Zur südkaukasischen Gruppe gehört die wichtigste der kaukasischen Sprachen: das *Georgische*.

*Georgisch* Zentrum des georgischen Sprachgebietes ist die heute selbständige Republik Georgien. *Grusia* ist die russische Entsprechung zu »Georgien«. Die Georgier selbst nennen sich *Kartveli*. Das Georgische, eine Kultur- und Literatursprache mit langer Tradition, ist über die Grenzen der genannten Republik hinaus verbreitet. An der Universität von Tiflis (Hauptstadt Georgiens, Eigenbezeichnung *Tbilissi*) ist es Unterrichtssprache.

*Schrift* Das Georgische wird in einem eigenen, außerordentlich schönen Alphabet geschrieben, *Mchedruli-Alphabet* genannt, was etwa »Ritter-Buchstaben« bedeutet. Dieser Name unterschied die Schrift von einem anderen, heute außer Gebrauch gekommenen, für den Kirchengebrauch bestimmten Alphabet. Die heutige Orthographie gibt die Aussprache exakt wieder.

Literarische Zeugnisse des Georgischen sind schon aus

*Textprobe in georgischer Sprache und Schrift (Mchedruli-Alphabet).*

რამეთუ ესრეთ შეიყუარა·დმერთმან სოფელი ესე, ვითარმედ ძეცა თჳსი მხოლოდშობილი მოჰსცა მას, რათა ყოველსა, რომელსა ჰრწმენეს იგი, არა წარჰსწყმდეს, არამედ აქუნდეს ცხოვრება საუკუნო.

der »altgeorgischen« Zeit (5. bis 11. Jahrhundert) erhalten,
darunter eine Übersetzung der Bibel ins Georgische. Etwa
zur Lebenszeit der berühmten Tamara, die als erste Frau
das Königreich Georgien regierte (†1213), ist das klassische Werk der georgischen Literatur entstanden, das
Versepos ›Der Mann im Pantherfell‹ (»Vep'ḫis tqaosani«).
Über den Verfasser ist außer seinem Namen Rustaveli so
gut wie nichts bekannt.

Zusammen mit einigen wenig bekannten Sprachen wie
*Mingrelisch* und *Swanisch* wird das Georgische zur Gruppe
der *Kartvelischen Sprachen* zusammengefaßt. Das Georgische wird gesprochen von rund 4 Millionen Menschen,
die hauptsächlich in der Unionsrepublik Georgien wohnen, aber auch verstreut u. a. in Aserbeidschan und in der
Türkei; das ganze kaukasische Gebiet hat überall kleinere
oder größere ethnische und sprachliche Minderheiten; die
Armenier im Bezirk Karabagh in Aserbeidschan sind das
bekannteste Beispiel.

Im Lautbild fallen Häufungen (der Linguist sagt mit ei-   *Lautbild*
nem englischen Wort *clusters*) von Konsonanten auf. Ein
Beispiel in lateinischer Transkription: *msxverpli,* »Opfer«.
Sagen Sie bitte nicht: »Eine unmögliche Sprache!« Wissen
Sie, in welcher Sprache die Lautfolge »rztpr« vorkommt?
(Im Deutschen, nämlich im Wort »Arztpraxis«.)

In georgischen (Aussage-)Sätzen steht dasjenige, was   *Der Ergativ*
wir als Subjekt oder Agens zu einem Verb ansehen, nicht
wie bei uns im Nominativ, sofern es sich um ein transitives
(d. h. ein Akkusativobjekt bei sich führendes) Verbum handelt. Es steht in einem besonderen Kasus, der meist Ergativ
genannt wird. Im Nominativ steht dagegen das direkte Objekt, im Nominativ steht auch das Subjekt eines intransiti-
ven Verbums. Diese Art der Satzkonstruktion, die unserem
Passiv ähnelt, hat in der Sprachwissenschaft zu weitrei-
chenden Spekulationen und Diskussionen geführt. Handelt es sich etwa um eine besonders altertümliche, nur in
wenigen Sprachen erhaltene Eigentümlichkeit? Ein Satz,
dessen Verbum intransitiv ist, also kein direktes Objekt hat,
ist im Georgischen ganz ›normal‹ gebaut. Subjekt im Nominativ – Verb. Der transitive Satz aber hat die Form: ḳac-
ma (Der Mann, Ergativ) moḳla (tötete) datv-i (den Bären,
Nominativ). Wer das übersetzen müßte, würde wohl sagen: Der (oder ein, es gibt keine Artikel im Georgischen)
Bär wurde von (dem, einem) Mann getötet.

*»Ergativ-Sprachen«*

Diese Besonderheit gilt in der Sprachwissenschaft als so wichtig, daß man zuweilen bei der Einteilung von Sprachen nach ihren Bautypen (Typologie der Sprachen) eine Klasse der Nominativ- (oder Akkusativ-)Sprachen und eine der Ergativ-Sprachen unterscheidet.

*Das Chinesische – wichtigste Sprache der sinotibetischen Sprachfamilie*

Zur *sinotibetischen* (auch *sinotibetanischen*) Sprachfamilie, einer der bedeutendsten der Erde, gehören außer dem Chinesischen (das im Wortteil *sino* steckt) drei weitere wichtige Gruppen von Kultursprachen. Um Raum für eine etwas ausführlichere Würdigung des Chinesischen zu gewinnen, berühre ich diese nur kurz und zähle die zahlreichen zugehörigen Einzelsprachen, soweit ihre Sprecher nur nach Hunderttausenden zählen, nicht auf.

*Tibetanisch*

1. Das *Tibetanische,* gesprochen von mehreren Millionen Menschen in Tibet, Sikkim, Nepal, aber auch in einigen angrenzenden Gebieten Indiens (Kaschmir) und Chinas (Kansu u.a.). Es gibt eine ganze Reihe miteinander verwandter *tibetischer* Sprachen im Himalaya-Gebiet und in Assam. Das Tibetanische hat ein eigenes, auf nordindischen Schriften basierendes Alphabet und seit dem Mittelalter eine reiche Literatur.

လေကြောင်း ပို
ဆောင် ရေး

*Der Firmenname der birmanischen Fluggesellschaft in der Landessprache.*

2. *Birmanisch,* manchmal auch *Burmesisch* genannt, in Anlehnung an das englische *Burmese,* gesprochen in Birma – oder Burma; die schwankende Schreibung rührt daher, daß die Engländer den ersten Vokal, der im Birmanischen etwa wie der Vokal in *girl* klingt, richtig wiedergeben wollten. Die amtliche Schreibung im Deutschen ist heute *Birma,* der Name des Staates lautet genau: Sozialistische Republik Birmanische Union. Die Sprache wird von etwa 30 Millionen Menschen gesprochen.

*Thai*

3. (Zurechnung zur Familie unsicher) Thai-Sprachen, gesprochen in Thailand (Siam), Laos, auch in Teilen Birmas, Nordvietnams und Annams. Die Gruppe umfaßt als wichtigste Sprachen *Thai (Siamesisch)* und *Laotisch.*

Eigentümlichkeiten des Sprachbaus, die ich beim Chinesischen hervorhebe, sind – in Grenzen – der gesamten Familie eigen.

*Alter der chinesischen Sprache*

Vom »Alter« einer Sprache kann man nur unter Vorbehalt sprechen. Es gibt Sprachen, deren allmähliche Herausbildung aus einem früheren Stadium auf Grund erhaltener schriftlicher Zeugnisse gewissermaßen vor aller Augen liegt. Beispiele bilden die modernen romanischen

Sprachen, ebenso das Englische. Bei den meisten heute lebenden Sprachen stößt man, wenn man ihre Geschichte zurückverfolgt, schon bald auf Schranken, weil vor einem bestimmten Zeitpunkt keine schriftlichen Zeugnisse bekannt sind. Man ist dann auf Hypothese und Rekonstruktion angewiesen. Das *Chinesische* gehört zu den wenigen Sprachen, deren Entwicklung durch mehr als drei Jahrtausende dokumentiert ist.

Die ältesten Zeugnisse, Bronzeinschriften vor allem, reichen bis vor den Beginn des ersten vorchristlichen Jahrtausends zurück. Man unterscheidet eine »vorklassische« Periode, eine klassische, deren Höhepunkt noch in vorchristlicher Zeit (etwa 4. bis 2. Jahrhundert) anzusetzen ist; Literatursprache und Umgangssprache begannen sich damals bereits auseinanderzuentwickeln. Sinologen unseres Jahrhunderts haben selbst für diese ferne Vergangenheit, ebenso wie für die folgenden Sprachstadien und Literaturepochen, zu rekonstruieren vermocht, wie das Chinesische damals geklungen hat - eine kaum glaubliche Leistung angesichts der Tatsache, daß die chinesische Schrift - wie wir noch sehen werden - im Prinzip nicht die Laute der gesprochenen Sprache festhält, sondern vielmehr den Inhalt der Wörter: die Begriffe. Diese Leistung war möglich u. a. mit Hilfe eines chinesischen Wörterbuchs aus dem 7. Jahrhundert n. Chr., das mit einer besonderen Methode die sonst als Einheit empfundenen und behandelten chinesischen Wörter in zwei Teile zerlegte (zerschnitt) und für jeden Bestandteil Angaben über dessen Aussprache machte; ferner mit Hilfe von alten Reimwörterbüchern und natürlich auch auf Grund vergleichenden Studiums verschiedener Dialekte, welche ältere Lautungen in unterschiedlichem Ausmaß bewahrt haben.

*Älteste Zeugnisse*

Mit der Erwähnung der Dialekte ist das Stichwort gegeben zur Erörterung der Frage, wieweit es überhaupt berechtigt ist, von einer (mehr oder weniger einheitlichen) chinesischen Sprache zu reden. Tatsächlich ist während der gewaltigen Zeitspanne von 1000 v. Chr. bis heute in keinem Augenblick von den Bewohnern des Reichs der Mitte eine einheitliche Sprache gesprochen worden. Gesprochen wurde eine Vielzahl von Dialekten, die so verschieden sind, daß ihre Sprecher sich nicht untereinander verständigen können. Diese Differenzen bestehen auch heute. Manche Dialekte sind - wie die Sinologen versichern - unge-

*Chinesische Sprache = Sprache Chinas?*

achtet einer gemeinsamen Basis weiter voneinander entfernt als das Italienische und das Portugiesische von heute.
Wie konnte sich unter diesen Umständen ein einheitliches
Reich mit einheitlicher Kultur durch Jahrtausende erhalten? Das war möglich, weil die chinesische *Schrift* – ein
über den Dialekten und unabhängig von diesen bestehen-
des System – als Klammer wirkte: sie konnte von Chinesen
in Nord und Süd gelesen und verstanden werden.

Wenn ich die große sprachliche Vielfalt innerhalb Chi-
nas hervorhebe, so sehe ich dabei ausdrücklich ab von den
*Minderheiten*   nationalen Minderheiten innerhalb Chinas (auch des heu-
tigen): Tibeter, Uiguren, Kasachen, Tungusen, Koreaner,
Mongolen und weiteren Gruppen mit eigener Sprache und
Kultur, die sich übrigens unter der jetzigen Verfassung und
Regierung der Volksrepublik einer weitgehenden Autono-
mie erfreuen. Sie machen alle zusammen zwar nur sechs
Prozent der Bevölkerung aus, aber bei über 1,1 Milliarden
Menschen (Stand 1990) sind das immer noch fast so viele,
wie die Bundesrepublik Deutschland Einwohner hat.

*Vielfalt der*   Sprachliche Vielfalt – das gilt auch innerhalb der 94%,
*Dialekte*   die als »eigentliche« oder Han-Chinesen anzusehen sind.
Hier gibt es mehrere Hauptgruppen von Dialekten (die
wiederum in Einzeldialekte untergliedert sind); allerdings
hat eine ein massives Übergewicht: die nordchinesischen
Dialekte, gesprochen von etwa 70% der Chinesen, auch re-
gional rund zwei Drittel des gesamten Sprachgebiets über-
deckend. Als Bezeichnung für diese Gruppe dient häufig
*Mandarin* (oder *Mandarin-Chinesisch*). Das heißt wörtlich
»Sprache der Beamten«, »Verwaltungssprache« also.
*Mandarin* ist allerdings gar kein chinesisches Wort, es
stammt aus dem Sanskrit (*mantra* »Weisheitsspruch«,
*mantrin* »Ratgeber, Minister«); das Wort *Mandarin* ist aus
dieser Wurzel, wohl unter Einfluß des portugiesischen
*mandar* »befehlen«, entstanden. Die chinesische Bezeichnung lautet *guānhuà* (*huà* »Sprache«).

Wichtige Dialektgruppen neben dem Mandarin gibt es
hauptsächlich im Süden Chinas. Nennen möchte ich nur
drei, deren Sprecherzahl die fünf Millionen übersteigt:

*Hakka* (manchmal zusammen mit einer zweiten Gruppe
*Kan-Hakka* genannt); Hakka wird auch auf Taiwan
(= Nationalchina, früher Formosa, Hauptstadt Taipeh) ge-
sprochen;

*Min* oder *Fukien*, ebenfalls auf Taiwan vertreten;

*Yüeh* oder *Yue,* auch *Kanton-Dialekt, Kantonesisch,*
engl. *Cantonese;* dieses Idiom begegnet dem Europäer in
Hongkong (bis auf weiteres noch britische Kronkolonie)
und Macau (Macao, portugiesisch).

Auf die heute im Gang befindliche Herausbildung einer
einheitlichen Sprachnorm für alle Chinesen komme ich im
Anschluß an die Schilderung der chinesischen Schrift zurück.

Jeder kennt vom Aussehen die chinesischen Schriftzeichen. Von Meisterhand mit Pinsel und Tusche hingesetzt,
wirken sie auf den Nichtchinesen als ebenso reizvolle wie
geheimnisvolle Ornamente. Wer sich vorstellt, er solle diese Schrift erlernen, der fühlt sich abgeschreckt sowohl
durch die komplizierte Struktur des einzelnen Zeichens
(das meist eine etwa quadratische Fläche ausfüllt) wie
durch ihre ungeheure Vielzahl. Die Zeichen wurden früher
überwiegend (aber nicht immer) von oben nach unten zu
senkrecht verlaufenden Zeilen zusammengesetzt. Heute
schreibt man allgemein – wie wir – in waagerecht laufen-
den Zeilen von links nach rechts.

*Die chinesische*
*Schrift:*
*Grundcharakter*

Die Zahl der Zeichen in der heutigen Schriftform (also
nicht gerechnet alte, außer Gebrauch gekommene Zeichen) beträgt etwa 20 000. (Wie soll da eine Schreibmaschine aussehen?) Um einen einfachen Text verstehen zu können, muß man immerhin 2000 bis 4000 Zeichen beherrschen. Ich gehe nicht ein auf den Reichtum an Varianten,
die diese Schrift, je nach Epoche, je nach verwendetem
Werkzeug (Holzstäbchen, Pinsel), Beschreibstoff (Holz,
Seide, Papier) und jeweiligem Zweck entwickelt hat – wie
die lateinische Schrift auch, sondern wende mich gleich
der Frage zu, die sich hier aufdrängt: Wenn die Europäer
aus gut zwei Dutzend Buchstaben – oder vier Dutzend,
wenn man die Versalien mitrechnet (die Unterscheidung
zwischen großen und kleinen Buchstaben kennt nur ein
Teil der heute in der Welt verwendeten Alphabete) – Hunderttausende von Wörtern zusammensetzen können, warum brauchen die Chinesen so viele Zeichen?

*Zahl der*
*Schriftzeichen*

*Das lateinische Abc*
*hat zwar nur eine be-*
*scheidene Zahl von*
*Buchstaben; für je-*
*den gibt es aber fast*
*unzählbare Varian-*
*ten. Die heute ver-*
*wendeten Druck-*
*schriften lassen sich*
*grob einteilen in An-*
*tiqua (Kennzeichen:*
*die Haarstriche oder*
*Serifen), Grotesk*
*(ohne Serifen,*
*»Blockschrift«) und*
*die heute selten ge-*
*wordene Fraktur.*

Das lateinische Abc hat zwar nur eine bescheidene Zahl von Buch-

Das lateinische Abc hat zwar nur eine bescheidene Zahl von

Das lateiniſche Abc hat zwar nur eine beſcheidene Zahl von Buch-

*Zwei*
*Prinzipien*

Das Prinzip einer Buchstabenschrift wie der lateinischen besteht darin, daß wir Wörter zusammensetzen aus
Buchstaben, deren jeder für einen der Laute steht, die zusammengenommen die Lautgestalt des Wortes ausmachen
(dies ist eine stark vereinfachte Formulierung). Man kann
sich auch eine Schrift vorstellen, die nicht die Lautgestalt
eines Wortes abbildet, sondern seinen Sinn, seine Bedeutung: den Begriff. Das wäre dann eine Bilderschrift. Man
nennt so etwas *eine ideographische Schrift,* die einzelnen
Zeichen *Ideogramme.*

*Arabische*
*Ziffern*

Dieses Prinzip können wir Europäer uns an Hand unserer ›arabischen‹ (aus Indien stammenden, aber durch arabische Vermittlung zu uns gelangten) Ziffern verdeutlichen: Das Zeichen *4* gibt nicht die Lautgestalt [fiːr] wieder,
sondern den Inhalt, den Begriff einer bestimmten Zahl;
der Italiener liest das Zeichen [kwạtro] und versteht es wie
wir.

Ist die chinesische Schrift eine Bilderschrift? Ja und
nein. Die ältesten Zeichen waren ziemlich sicher von dieser Art. Bei manchen ist die Urform trotz inzwischen er-
folgter Abschleifung und Schematisierung noch zu erkennen. Die untenstehende Tabelle deutet mit drei Beispielen
den Weg an vom Bild (das den Gegenstand erkennbar abbildet) zum Symbol (das kraft Übereinkunft etwas Bestimmtes bedeutet).

Es ist klar, daß man Bilder nur von konkreten Gegen-
ständen geben kann – nicht von abstrakten Begriffen, Zeit-
angaben, Eigenschaften, Bezeichnungen. Da bietet sich als
Möglichkeit u. a. die Kombination zweier Zeichen an,
etwa: Sonne hinter Baum = ›Osten‹; Baum + Baum =
›Wald‹; Hand über dem Mond = ›Mondfinsternis‹.

Die heutigen Zeichen sind in ihrer großen Mehrzahl (etwa 90%) von etwas anderer Art. Es sind Verbindungen

| *Werdegang einiger Zeichen* | Eine alte Form | Siegelschrift | Normalschrift | Bedeutung |
|---|---|---|---|---|
| | 𠃉 | 几 | 人 | »Mensch« |
| | 〇 | ⊖ | 日 | »Sonne« |
| | 𢒸 | 𢒸 | 馬 | »Pferd« |

oder Verschmelzungen von je zwei Zeichen. Das erste Zeichen ist ein Symbol, das auf den Begriffsinhalt deutet *(Deuter, Determinativ, Radikal, Klassenzeichen, Schlüssel)*. Das zweite gibt einen Hinweis auf die Aussprache *(Lauter, Phonetikum, phonetische Komponente, Komplement)*. Der Deuter steht meist links, aber - zum Kummer des Nichtchinesen - keineswegs immer. Verwickelter wird die Sache dadurch, daß im Prinzip jedes Zeichen sowohl in der Rolle als Deuter wie als Lauter wie auch für sich allein stehend vorkommen kann. Wie soll man bei solch einer Schrift ein Wörterbuch anlegen, in dem jeder Benutzer das Gesuchte schnell auffindet? Ein kaum lösbares Problem.

*Deuter und Lauter*

Die Bezeichnung der chinesischen Schrift als *ideographische* Schrift ist also nicht (mehr) gerechtfertigt. Der komplizierte Sachverhalt (kompliziert, weil die Schreibung von Lehnwörtern aus anderen Sprachen teilweise anderen Grundsätzen folgt) wird am besten getroffen durch die Bezeichnung *morphemische* (oder *morphematische*) Schrift. ›Morphem‹ ist allerdings ein außerordentlich abstrakter Begriff der Sprachwissenschaft: Morphem ist die kleinste bedeutungstragende Einheit, nicht identisch mit Wort (ein Wort kann ein Morphem enthalten: ›Haus‹, aber auch mehrere: ›Hausmeister‹), auch nicht identisch mit Silbe (ein Morphem kann mehrere Silben haben: ›aber‹, eine Silbe mehrere Morpheme: ›lern-t‹). Ein chinesisches Zeichen entspricht nicht ohne weiteres einem Wort (manchmal bilden zwei oder mehr Zeichen ein Wort), auch nicht immer einer Silbe - obwohl allerdings die Mehrzahl der chinesischen Wörter einsilbig ist.

*Morphematische Schrift*

Nach dem Zweiten Weltkrieg sind viele Zeichen wesentlich vereinfacht worden. Die neuen Zeichen sind leichter zu schreiben und zu erlernen als die früheren. Vielfach sind es vereinfachte Varianten alter Zeichen, die sich schon mehr oder weniger eingebürgert hatten. Diese Reform der Schriftzeichen ist der erste Teil einer umfassenderen Sprachreform.

*Reform*

Der zweite Schritt besteht darin, dem ganzen Land eine einheitliche Sprachnorm zu geben, die im Schulunterricht, in Zeitungen, in Rundfunk und Fernsehen verwendet wird. Grundlage dieser Norm ist die heutige Umgangssprache, chines. *pǔtōnghuà* (auf die diakritischen Zeichen über den Vokalen komme ich noch). »Umgangssprache«

*Silben und Töne*

muß hier als Gegenbegriff zur alten, »klassischen« Sprache der Wissenschaft und der klassischen Literatur verstanden werden, die sich neben oder über der Umgangssprache über Jahrtausende hinweg bis an die Schwelle der Gegenwart behauptet hatte, etwa wie das Lateinische im Europa des Mittelalters und noch über die Zeit der Renaissance hinaus.

Was die Aussprache anlangt, so gilt der Pekinger Dialekt als Norm – ein Dialekt, der weit verbreitet ist, aber unseligerweise einige der Schwächen des Chinesischen als gesprochene Sprache in konzentrierter Form aufweist: nämlich eine Armut an Lauten, die zur Verfügung stehen. Das Inventar des Chinesischen besteht (im Bewußtsein des Chinesen, nicht im Bewußtsein eines westlichen Linguisten, der die Sprache analysiert) nicht aus einzelnen Lauten – so wenig wie die chinesische Schrift aus einzelnen Buchstaben besteht. Es besteht vielmehr aus Silben, und zwar einer sehr begrenzten Zahl von Silben. Nur diese und keine anderen können verwendet werden.

Eine solche Silbe beginnt in der Regel mit einem Konsonanten. Als zweiten Bestandteil enthält sie einen Vokal oder einen Diphthong oder auch Vokal + Konsonant. Aber nur ganz bestimmte Kombinationen sind zulässig! Z. B. darf eine Silbe, die mit *f* beginnt und bei der *a* folgt, nur lauten: *fa* oder *fan* oder *fanj;* nicht z. B. *fai* oder *fao* oder *fak* oder *fal.*

*Pekingdialekt*    Der *Pekingdialekt* kennt nur 411 derartige Silben. Wie kann man aus gut 400 Bausteinen eine Sprache aufbauen? Das geht kaum. Hier wird das Inventar erweitert durch eine Eigenart, mit der das Chinesische (auch einige andere Sprachen, z. B. Vietnamesisch) den Europäer wohl am stärksten verblüfft. Jede Silbe kann in verschiedenen »Tönen« ausgesprochen werden. Das kann man in den meisten anderen Sprachen zwar auch. Der Deutsche kann z. B. »Ja« als Antwort auf einen Zuruf so sprechen, daß er am Schluß des [a] die Stimme ein wenig hebt: »Hallo, Sie!« – »Ja?« Er kann auch, um seinem »Ja« einen endgültigen, abschließenden Beigeschmack zu geben, die Stimme am Schluß senken. »Das willst du wirklich tun?« – »Ja«. Im Chinesischen hat der Ton eine *bedeutungsunterscheidende* Funktion; etwa so wie im Deutschen die Länge eines Vokals: »Wahl« ist etwas anderes als »Wall«, »wir« etwas anderes als »wirr«.

Der Pekinger Dialekt kennt vier Töne, die sich graphisch wie folgt darstellen lassen:

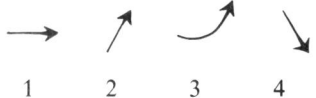

Erster Ton: Die ganze Silbe in gleichbleibend hoher Tonlage. Die Silbe *ma,* so gesprochen (in Umschrift *mā*) bedeutet »Mutter«.

Zweiter Ton: Tief ansetzend, nach oben steigend. Die Silbe *má* bedeutet »Hanf«.

Dritter Ton: Ton fällt zuerst ab, steigt dann nach oben. Die Silbe *mǎ* bedeutet »Pferd«.

Vierter Ton: Hoch ansetzend, stark abfallend. Die Silbe *mà* bedeutet »schelten«.

Als nichtbetonte Silbe kann *ma* außerdem als Fragepartikel dienen.

Für den Nichtchinesen ist es nicht so schwer, eine einzelne Silbe in diesen vier Tönen zu sprechen. Viel schwieriger ist, auf die Töne im Satzzusammenhang zu achten, besonders, weil dann wesentliche Modifikationen eintreten. Beispiel: Der dritte Ton wird nur vor einer Sprechpause voll ausgeführt. Wenn eine Silbe unmittelbar folgt, läßt man den ansteigenden Teil fort. Wenn zwei Silben im dritten Ton aufeinander folgen, wird der erste von beiden als zweiter Ton gesprochen. Und so fort.

Der Pekingdialekt mit diesen vier Tönen steht arm da gegenüber anderen, die mehr Töne haben. Eine ältere Variante kannte die vier Töne, etwa wie beschrieben, aber einmal in tiefer, einmal in hoher Stimmlage, also insgesamt acht.

Eine objektive Vorschrift für »hoch« und »tief« gibt es nicht. Das richtet sich nach der normalen Sprechtonhöhe des einzelnen Sprechers (die ich noch nicht kenne, wenn er zum ersten Mal zu sprechen beginnt). Sinologen beziffern das durchschnittliche Intervall zwischen dem oberen und unteren Punkt mit »eine Quint bis eine Oktave«. Die Tonhöhe schwankt also maximal zwischen einem Tiefton mit der Frequenz x und einem Hochton mit der Frequenz 2x. Das gibt dem Chinesischen seinen etwas singenden oder »zwitschernden« Klang.

*Das Silbeninventar* Wenn 411 Silben, jede in vier verschiedenen Tönen, vorkommen können, beträgt das Inventar des Chinesischen $4 \times 411 = 1644$ mögliche Silben. Nun kann aber nicht jede Silbe in allen vier Tönen vorkommen. Tatsächlich beträgt der Bestand an Tonsilben deshalb nur 1338. Jede mündliche Äußerung im Chinesischen stellt eine Kombination aus diesen 1338 Bausteinen dar!

*Mehrdeutigkeit der Zeichen* Das hat zur Folge, daß die meisten Silben mehr als eine Bedeutung, ja viele; daß manche mehr als hundert verschiedene Bedeutungen haben können. Eine außerordentliche Erschwerung für die mündliche Verständigung!

Wörter, die gleich klingen, aber verschiedene Bedeutung haben, gibt es in allen Sprachen. »Wal« und »Wahl« klingen im Deutschen völlig gleich, *waste* und *waist* im Englischen, das Französische ist besonders reich an solchen Homophonen, und zahlreiche Wortspiele bedienen sich dieser Eigenart (oder Schwäche).

Wie verhalten wir uns, um Mißverständnisse durch solche Gleichklänge zu vermeiden? Nun, in der Mehrzahl der Fälle wird der Zusammenhang, der Kontext, ein Mißverständnis ausschließen: »Bundestagswahl« - ein »Wal« kann da wohl nicht gemeint sein. Wenn ausnahmsweise der Kontext und die Sprechsituation Mißverständnisse nicht ausschließen, gebrauchen wir einen erklärenden Zusatz, etwa »das Meeressäugetier Wal«. Ebenso hilft sich der Chinese: durch einen erläuternden Zusatz, wenn Kontext und Situation Zweifel offenlassen.

In einer schriftlichen Äußerung könnte man »Wal« und »Wahl« niemals verwechseln, weil beide Wörter (einmal abgesehen von ihrem unterschiedlichen grammatischen Geschlecht) verschieden geschrieben werden. Das ist nun erst recht so im Chinesischen: Jede der vielen möglichen Bedeutungen einer Silbe wird im Schriftbild durch ein ganz anderes Zeichen dargestellt. So überdeckt die Schrift die Mängel und Gefahren der mündlichen Sprache, die aus der Vielzahl von Homonymen entstehen.

Im Zeitalter der Technik machen sich die Eigenarten der chinesischen Schrift verstärkt als Mängel bemerkbar. Wie soll man mit einer Schrift, die Tausende von Zeichen hat, Schreibmaschine schreiben, telegraphieren, eine EDV-Anlage bauen und betreiben?

Wie die heute gültigen, teilweise wesentlich vereinfachten chinesischen Zeichen aussehen, sollen die folgenden zehn Beispiele vor Augen führen (aus einem englischen Lehrbuch des Chinesischen für Anfänger):

| | Zeichen | Aus-sprache | Bedeutung |
|---|---|---|---|
| 1 | 啊 | *a* | (Fragepartikel) |
| 2 | 白 | *bái* | »weiß« (kann auch Personen-name sein); »unnötigerweise« |
| 3 | 都 | *dōu* | »alle, beide, gänzlich« |
| 4 | 高 | *gāo* | »hoch, groß« (kann auch Personen-name sein) |
| 5 | 好 | *hǎo* | »gut, fein, in Ordnung (O. K.)« |
| 6 | 很 | *hěn* | »sehr« |
| 7 | 見 | *jiàn* | »sehen, treffen« |
| 8 | 姐 | *jiě* | »ältere Schwester« |
| 9 | 嗎 | *ma* | (Fragepartikel) |
| 10 | 們 | *men* | Hilfswort (nachgestellt) zur Bezeich-nung des Plurals |

*10 Beispiele*

Kann man die chinesische Sprache auch in lateinischen Buchstaben schreiben? Im Prinzip ja. Das geschieht ja dauernd, wenn in unseren Zeitungen die Namen chinesischer Persönlichkeiten und in Atlanten die Namen chinesischer Städte und Ströme in lateinischen Buchstaben gedruckt werden. Man kann für eine derartige Übertragung, *Transkription* genannt, natürlich nicht von den chinesischen Schriftzeichen ausgehen. Man muß sich die chinesischen Wörter von einem Chinesen (der Hochsprache bzw. den richtigen Dialekt spricht) vorsprechen lassen und dann versuchen, sie in lateinischer Schrift wiederzugeben. Das Ergebnis wird verschieden ausfallen, je nachdem ob ein Engländer, ein Franzose oder ein Deutscher dieses Experiment unternehmen. Der erste wird den Laut [ʃ] mit *sh* wiedergeben, der zweite mit *ch,* der dritte mit »sch«. Tatsächlich gab es abweichende Transkriptionssysteme für verschiedene Sprachen, z.B. eines für Englisch von einem Mr. Wade, eines für Französisch von der *École française d'Extrême-Orient.*

*Das Problem der Transkription*

*Pinyin*  Nunmehr hat die Regierung der Volksrepublik China ein Transkriptionssystem eingeführt, genannt *Pinyin,* wörtlich »Buchstabieren«, das sich international schon weitgehend durchgesetzt hat. In diesem werden die vier Töne durch die oben von mir gebrachten Zeichen über den Vokalen angegeben.

Vielleicht ist als Fernziel, als dritte Stufe der Reform, ein vollständiger Übergang zur lateinischen Schrift ins Auge gefaßt? Schulversuche in dieser Richtung sind seit einiger Zeit im Gange. Viele Chinesen haben dagegen schwere Bedenken, u. a. weil die riesige chinesische Literatur aus zweieinhalb Jahrtausenden dann dem größten Teil der Bevölkerung nicht mehr oder höchstens nach einem langwierigen Spezialstudium zugänglich wäre.

*Die Sprache ohne Grammatik*  Vom Mittelalter bis ins 20. Jahrhundert hinein sind unsere Schulgrammatiken auf den Fundamenten errichtet worden, welche die Griechen (für ihre Sprache) und auf deren Arbeiten fußend die Römer gelegt hatten. »Unsere« heißt: die deutschen, die französischen, die englischen usw. Für die alten Sprachen stellen die so entstandenen Grammatiken ein maßgeschneidertes, also perfekt sitzendes (dies sei allen Schneidern zur Ehre gleichgesetzt) Kostüm dar; schließlich waren sie ja aus der Untersuchung dieser Sprachen entwickelt worden. Die modernen europäischen Sprachen fügen sich nach zweitausend Jahren Veränderung und Weiterbildung nicht mehr perfekt in die alten grammatischen Kategorien. So sind, wie im Kapitel über das Englische berichtet, von der »Deklination« genannten Abwandlung der Substantive und anderer Wortarten nur noch einige Rudimente übrig geblieben, und die Wörter des Englischen schlüpfen mühelos vom Gehäuse einer Wortart in ein anderes.

Unter etwas anderem Aspekt gilt diese Feststellung auch für das Deutsche. Wer einmal ein Buch wie »Die innere Form des Deutschen« von Hans Glinz liest oder selbst nur durchsieht, wird nachdenklich und fragt sich vielleicht: Wenn man die deutsche Sprache einmal unvoreingenommen, das heißt ohne die Kategorien (oder Scheuklappen) der traditionellen Grammatik studiert – kommt da nicht ein etwas anderes System heraus als das, was die Schule uns beizubringen sich bemüht hat?

Nun – dies gewissermaßen als Vorwarnung, damit man sich nicht allzusehr wundert, wenn wir im Chinesischen eine Sprache vorfinden, der das meiste von dem zu fehlen scheint, was wir unter »Grammatik« verstehen, die aber gleichwohl ihre Rolle als Verständigungsmittel seit Jahrtausenden erfüllt.

Da sind zunächst die Wortarten oder Wortklassen. Viel *Keine Beugung* kann man mit diesem Begriff im Chinesischen nicht anfangen. Dasselbe Wort, dessen Inhalt in allgemeiner Form auf »Größe, etwas Großes« deutet, kann im Sinne unseres Adjektivs »groß« verwendet werden, im Sinne eines Substantivs »Größe«, im Sinne eines Verbums »vergrößern«. Und das Entscheidende: Während bei uns »groß«, »Größe«, »vergrößern« in ihrer äußeren Form als Adjektiv, Substantiv, Verbum zu erkennen sind, bleibt im Chinesischen das Wort in allen diesen Verwendungen unverändert; ja, es unterliegt, als Substantiv gebraucht, auch nicht den Abwandlungen, die wir unter *Deklination* verstehen, als Verbum nicht der *Konjugation,* d. h. es hat keinen Formenkatalog, mit dessen Hilfe die Person (»sprche, sprichst«), die Zeit (»sprche, sprach«), der Modus (»sprche, sprache, würde sprechen«) ausgedrückt werden. Die chinesischen Wörter sind also unveränderlich wie die Quadern eines Bauwerks, man kann sie nur an- oder aufeinandersetzen. In bestimmter Ordnung!

Das ist entscheidend! Denn in einer Sprache, die ihre *Wortfolge* Wörter nicht verändert (isolierende Sprache), muß es entscheidend auf die Wortfolge im Satz ankommen. Jede Veränderung der Wortstellung ergibt eine veränderte Bedeutung. Reiche Flexion: weitgehende Freiheit der Wortstellung (Altgriechisch, Latein, abgeschwächt auch im Deutschen). Keine oder fast keine Flexion: feste Regeln für die Wortstellung (Englisch, Chinesisch – hier liegt ein Punkt, in dem beide Sprachen ein ähnliches Strukturmerkmal zeigen).

Allerdings ist die Wortfolge nicht das einzige Mittel, um *Hilfswörter* im Chinesischen die Beziehungen der Wörter untereinander auszudrücken. Ein zweites, durchgängig verwendetes Mittel bilden Funktionswörter: Hilfswörter, die eben das verdeutlichen, was sonst unklar bleiben könnte. Das Hilfswort *di* zwischen zwei Substantiven stellt eine genitivische Beziehung zwischen diesen her. Es dient auch dazu, aus einem Personalpronomen ein Possessivpronomen zu machen: *wŏ* »ich«, *wódi* »mein«. Es gibt Hilfswörter, die den Plural bezeichnen (das Substantiv hat ja keine Plural-

*Auszug aus dem »Chinesisch-deutschen Wortschatz – Politik und Wirtschaft der VR China« (Langenscheidt 1977).*

# 供 gōng

供不应求 **gōng bù yìng qiú** Angebot deckt nicht die Nachfrage

供给 **gōngjǐ** Versorgung f

供给制 **gōngjǐzhì** Versorgungssystem n.

供求率 **gōngqiúlǜ** Gesetz n von Angebot und Nachfrage

供销 **gōngxiāo** Versorgung f und Absatz m

供销合同 **gōngxiāo hétóng** Versorgungs- und Absatzvertrag m

供销合作社 **gōngxiāo hézuòshè** Versorgungs- und Absatzgenossenschaft f.

供应船 **gōngyìngchuán** Versorgungsschiff n

供应合作社 **gōngyìng hézuòshè** Versorgungsgenossenschaft f

供应粮 **gōngyìngliáng** vom Staat geliefertes Getreide n

供应站 **gōngyìngzhàn** Versorgungsstelle f

# 巩 gǒng

巩固 **gǒnggù** festigen, konsolidieren

巩固无产阶级专政 **gǒnggù wúchǎn jiējí zhuānzhèng** Konsolidierung f der Diktatur des Proletariats→**wúchǎn jiējí zhuānzhèng de lǐlùn xuéxí**

# 共 gòng

共产党 **gòngchǎndǎng** Kommunistische Partei f, KP

formen), die ein Wort als Akkusativobjekt abstempeln (sofern dies im Einzelfall aus der Wortfolge nicht sicher hervorgeht); es gibt Fragepartikeln, es gibt Konjunktionen, um Sätze zu verknüpfen. Allerdings läßt man Hilfswörter auch im modernen Chinesisch gern weg, wenn der Hörer oder Leser sie ohne Mühe ergänzen kann – eine Aussageform, die wir im Sprichwort vorfinden: »Ende gut, alles gut« (statt des umständlichen »Wenn nur das Ende gut ist, ist das übrige auch gut«) oder in der Schlagzeile und im Telegramm: »Bankräuber gefaßt«; »Drahtet Eintreffen« – eine solche Kürze und Prägnanz findet sich im Chinesischen häufig. Viele Hilfswörter sind durch häufigen Gebrauch so verblaßt, daß sie annähernd dem entsprechen, was wir als *Affix* bezeichnen. Sie können also nicht selbständig auftreten, verschmelzen mit dem Wort, das sie begleiten. Aus diesem Grunde und aus anderen ist die Behauptung, eine isolierende Sprache wie das Chinesische bestehe aus lauter einsilbigen Wörtern oder Wurzeln, nicht (mehr) zutreffend. Es gibt einsilbige Wörter, aber es gibt in der Mehrzahl zwei- und dreisilbige Wörter, bestehend manchmal aus Silben, die jede für sich Bedeutung tragen (vgl. im Deutschen: »hierher«, »ausbrennen«, »weinrot«), oder auch aus Silben, die für sich allein keine Bedeutung vermitteln. Wie bei uns.

Am Schluß dieser kurzen (für Sinologen oberflächlichen) Besichtigung einer Sprache möchte ich auf zwei Dinge hinweisen, die sich aus der tiefen Verschiedenheit dieser Sprache von den indoeuropäischen als Konsequenz ergeben: die Tücken des Übersetzens aus dem Chinesischen; die Wirkungen, welche die Übernahme westlicher Zivilisation, insbesondere Technik, auf die chinesische Sprache ausübt. Beide Momente gelten - *mutatis mutandis* - für alle Sprachen, deren Bautypus dem der westeuropäischen fremd ist.

Die Problematik des Übersetzens darzulegen - damit kann man leicht ein Buch füllen. Wenn ich hier als winzigen Ausschnitt das Problem »Übersetzen chinesischer Gedichte ins Deutsche« wähle, so geschieht das mit Bedacht. Die moderne Linguistik hat einen Zweig entwickelt, der sich *Textlinguistik* nennt und der darauf ausgeht, nicht nur einzelne Wörter zu untersuchen (wie z. B. *Morphologie, Etymologie* es tun), auch nicht nur Wendungen *(Idiomatik)* oder Sätze in ihrem Bau *(Syntax),* sondern größere zusammenhängende Sprachteile, eben »Texte«. Da muß man verschiedene Textsorten unterscheiden, die sprachlich ganz verschiedene Merkmale haben, etwa: Zeitungsartikel, Rundfunkmeldung, notarieller Vertrag, Predigt, zwangloses Gespräch, Festrede, Novelle, wissenschaftliche Abhandlung, populärwissenschaftliche Abhandlung, Schulaufsatz. Unter den zahlreichen Textsorten sind solche, die sich relativ mühelos in andere Sprachen übersetzen lassen - etwa Zeitungsartikel und wissenschaftliche Abhandlung (diese nur, wenn die »Zielsprache« über eine geeignete Terminologie verfügt). Andere sind schwer bis gar nicht übersetzbar, etwa eine tiefsinnige philosophische Arbeit (Hegel oder Heidegger) oder ein Essay voller Wortspiele

*Schwieriger Brückenbau*

(die in einer fremden Sprache nicht nachzuahmen sind). In diese »schwierigen« Textsorten gehört das Gedicht – schon wegen seiner »gebundenen« Sprache in Vers und/ oder Reim, und besonders das lyrische Gedicht, das häufig mit der Sprache spielt, sich von der alltäglichen Sprache absichtlich entfernt und feinste Differenzierungen der Wahrnehmung, der Stimmung vermitteln kann.

*Zum Übersetzen* *von Gedichten* Der Kaiser befahl dem berühmten Lyriker Li Tai-Po (701–762), zur Verherrlichung der Kaiserin drei Gedichte zu improvisieren. In der Nachdichtung des expressionistischen Dichters, der sich Klabund nannte und gerade durch seine Übertragungen aus dem Chinesischen berühmt geworden ist, lautet das erste dieser Gedichte:

*Improvisation*

Wolke Kleid
    Und Blume ihr Gesicht.
Wohlgerüche wehn,
    Verliebter Frühling.
Wird sie auf dem Berge stehn,
    Wage ich den Aufstieg nicht.
Wenn sie sich dem Monde weiht,
    Bin ich weit,
Verliebter Frühling …

Dasselbe Gedicht lautet in der Übersetzung Diethers von den Steinen:

Wolke im Sinn ist ein Kleid ein Gewand
    Blume im Sinn ein Gesicht
Lenzwind schmeichelt am hohen Balkon
    Tau in Kristallen erglänzt
Ist auch versagt auf des Jadegebirgs
    ragendem Gipfel die Schau
Schenkt doch der Turm aus Edelgestein
    unter dem Mond einen Gang.

Das Gedicht ist öfters übersetzt worden. Jede Übersetzung ist von den anderen so verschieden wie diese beiden hier zitierten untereinander. Man käme ohne Angabe der Quelle nicht leicht auf den Gedanken, daß allen derselbe Urtext zugrundeliegt. Und das Original? Es nutzt nichts, wenn ich es hier in chinesischen Schriftzeichen hinmalen könnte. In der wörtlichen Übertragung eines bekannten Sinologen – Eduard Horst von Tscharner – lautet es:

| Wolke | denken | Kleid | Kleid |
|-------|--------|-------|-------|
| Frühling | Wind | wischen | Geländer |
| Wenn | nicht | (Gruppe) | (Jade) |
| Können | nach | (Jaspis) | (Terrasse) |
| | Blume | denken | Gesicht |
| | Tau | Glanz | Licht |
| | Berg | Gipfel, auf | sehen |
| | Mond | unten | begegnen |

Man sieht, die – für unser Gefühl etwas unzusammenhängend nebeneinanderstehenden – »Bausteine« lassen dem Übersetzer weiten Spielraum, den er selber ausfüllen muß. Wer will entscheiden, welche Übersetzung hier »richtig« ist? Und hinzu kommt: Kann eine Übersetzung, auch die treffendste, wirklich vermitteln, was ein chinesischer Leser beim Lesen dieses Gedichts – und beim Anblick der sinnbildlichen Zeichen, in denen es niedergeschrieben ist! – empfinden mag?

Seit Jahrzehnten und heute in verstärktem Ausmaß nimmt China westliche Zivilisation und Technik auf, sei es im Zusammenhang mit dem Auto, der Nachrichtentechnik, der Waffentechnik, der Elektronik. Damit braucht man auch Benennungen für zahllose Dinge, die man vorher nicht kannte. Man muß sie entweder aus westlichen Sprachen übernehmen oder neue Wörter prägen. *Sprache der Technik*

Eine einfache Übernahme, wie wir sie praktizieren, wenn wir aus dem Italienischen »Pizza«, aus dem Französischen »Boulevard«, aus dem Englischen »Fairneß«, »Hit«, »Flop« aufnehmen, kommt für China kaum in Betracht. Zu fremd würden sich diese Wörter ausnehmen, unverdauliche Brocken, schon weil die Chinesen Schwierigkeiten haben, ein [r] auszusprechen und es meist durch [l] ersetzen. Wie geht man da vor? Es gibt verschiedene Möglichkeiten, und alle werden genutzt.

1. *Nachahmen der Lautgestalt* des fremden Wortes. Das ist problematisch, schon weil das Chinesische ja an den begrenzten Bestand von etwas über 400 Sprachsilben (die Zahl wird in verschiedenen Lehrbüchern verschieden angegeben, meine »411« stammt von dem Sinologen Otto Ladstätter) gebunden ist. So kann man z. B. »Radar« nicht einfach übernehmen. Die Silben »ra« und »dar« gibt es nicht. Man ersetzt das erste [r] durch [l], läßt das zweite einfach weg; der erste Vokal wird – offenbar in Nachah- *Formen der Übernahme*

mung der anglo-amerikanischen Aussprache – zu [ɛɪ], und so wird aus »Radar« *léi-dá* – für uns Deutsche schon kaum wiederzuerkennen.

Die lautliche Übertragung ist auch deswegen problematisch, weil die verwendeten Silben in der Regel mehrere Bedeutungen haben, die für den Chinesen zumindest als Nebentöne mitschwingen; darunter mögen durchaus unerwünschte Nebentöne sein. Der erste Versuch, Coca-Cola in China einzuführen, ist an einem solchen Hindernis gescheitert. Erst ein erneuter Anlauf brachte Erfolg, nachdem man eine andere Übertragung (vor allem andere Schriftzeichen) gewählt hatte.

2. *Mischbildung* zwischen einem fremden und einem chinesischen Bestandteil. Das englische Wort *tank* für »Kampfpanzer« oder »Panzerwagen«, das seit dem Ersten Weltkrieg auch ins Deutsche eingewandert ist, wurde nahezu unverändert als *tăn-kè* übernommen, aber sozusagen sicherheitshalber hängt man manchmal eine chinesische Silbe *chē* »Wagen« an: *tăn-kè-chē* (Beispiel nach Ladstätter).

*Lehnüber-setzung*

3. *Lehnübersetzung.* Man nimmt die Bestandteile des fremden Wortes, überträgt sie jeden für sich und kommt zu einem neuen, aus rein chinesischem Material gebildeten Wort (ähnlich vom Lateinischen zum Deutschen, etwa mit *conscientia* und »Gewissen«). So wird der »Eiserne Vorhang« zwischen Ost und West (Ausdruck von Winston Churchill: *Iron Curtain*) in China zu *tiĕ-mù* (*tiĕ* »Eisen«, *mù* »Vorhang«).

*Neubildung*

4. *Lehnschöpfung* (an das Fremdwort angelehnte Neubildung). Der Unterschied zu Weg Nr. 3 liegt darin, daß jetzt nicht die einzelnen Bestandteile des Fremdwortes übertragen werden, sondern sein Gesamtsinn. So wird aus »Pollution« oder »Umweltverschmutzung« *gōng-hài*, wörtlich »öffentliche Zerstörung«.

Fachleute erwarten, daß das massenweise Eindringen fremden Wortguts, auch wenn es bei der Übernahme weitgehend angepaßt wird, doch auf die Dauer tiefgreifende Veränderungen in der chinesischen Sprache nach sich ziehen wird, sowohl in ihrer phonetischen Eigenart wie in Wortbildung und Syntax. Und dies erst recht, wenn China eines Tages – als dritten und einschneidenden Reformschritt – von der hergebrachten Schrift zur lateinischen (in der als Pinyin eingeführten Form) übergehen sollte.

தமிழ் நாடு

*Die Bezeichnung für den Bundesstaat Tamil Nadu in tamilischer Sprache und Schrift.*

Diese Familie muß in unserem Streifzug behandelt werden wegen ihres großen Verbreitungsgebietes: sie beherrscht die östlichen, zentralen und südlichen Teile des
indischen Subkontinents, lebt auf Ceylon, in Pakistan und
in Auswanderungsgebieten; auch wegen der Zahl ihrer
Sprecher, die bei 200 Millionen liegen dürfte; und weil von
den zwei Dutzend Sprachen, die sie umfaßt, einige wichtige Kultur- und Literatursprachen sind und Sprecherzahlen
zwischen 20 und 50 Millionen aufweisen. Die wichtigsten
vier: *Telugu,* Amtssprache im Bundesstaat Andra Pradesh;
*Kannada,* Amtssprache in Mysore (Maisur); *Malajalam,*
Amtssprache in Kerala; *Tamil,* Amtssprache in Tamil
Nadu mit der Hauptstadt Madras, gesprochen auch von
der im Norden Sri Lankas (früherer Name Ceylon) lebenden tamilischen Minderheit.

In der Indischen Union sprechen etwa drei Viertel der
Bewohner eine indoeuropäische Sprache; unter diesen
steht Hindi an erster Stelle, das Amtssprache der Union ist,
aber im täglichen Verkehr, besonders im Wirtschaftsleben,
das Englische nicht hat verdrängen können. Das restliche
Viertel spricht überwiegend *drawidische* Sprachen. Neben

*Drawidische*
*Sprachen*
*Übersicht*

*Telugu, Kannada,*
*Malajalam,*
*Tamil*

*Das Verbreitungs-*
*gebiet der drawidi-*
*schen Sprachen im*
*Südteil Indiens und*
*auf Sri Lanka (frü-*
*her Ceylon).*

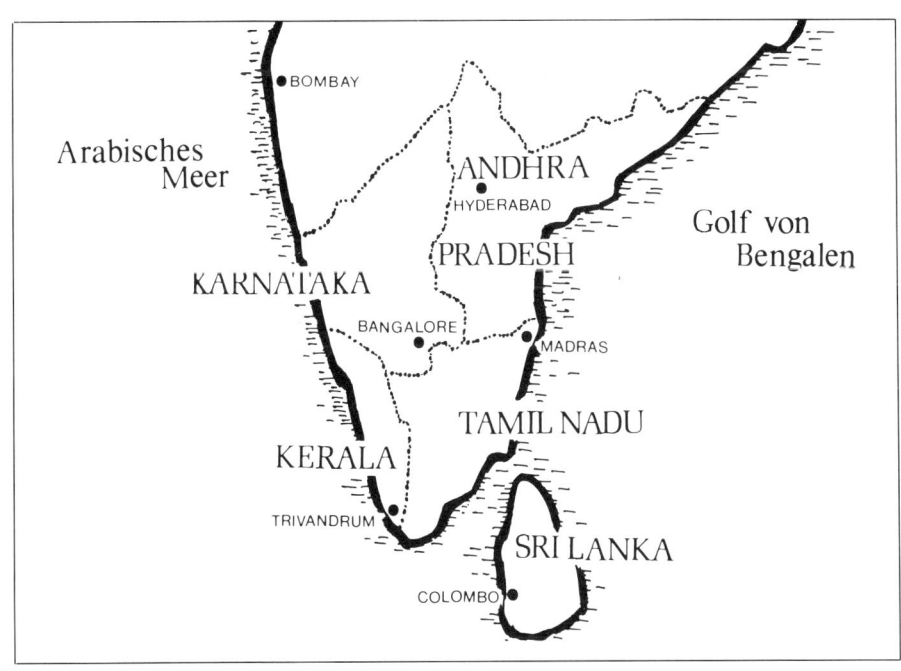

*Munda-Sprachen* diesen beiden Familien existieren in Randgebieten die *Munda-Sprachen,* die keiner der beiden Familien angehören.

Wie es sich bei einer Familie gehört, werden die drawidischen Sprachen auf eine gemeinsame Mutter zurückgeführt, *Proto-Drawidisch* genannt. Woher die Sprecher dieser Ursprungssprache gekommen sind – ob sie (vor den »Ariern«) aus Nordindien, gar aus Zentralasien eingewandert sind oder ob sie »von jeher« in Südindien ansässig waren, ist ungeklärt. Die Zusammengehörigkeit der drawidischen Sprachen untereinander hat Francis W. Ellis, ein britischer Kolonialbeamter, 1816 zuerst behauptet. Um die Mitte des 19. Jahrhunderts führte der Engländer R. A. Caldwell die jetzige Bezeichnung ein; sie ist abgeleitet von dem Sanskritwort *dravida,* das wohl die Tamilen und ihre Sprache bezeichnete.

*Tradition* Unter den aufgezählten vier Sprachen weist das Tamilische – oder kurz Tamil – die reichste und älteste literarische Tradition auf. Sie reicht bis ins dritte vorchristliche Jahrhundert zurück. Alle vier sind Verwaltungs- wie Literatursprachen mit einer reichen Überlieferung an Inschriften wie literarischen Texten. Gemeinsam ist ihnen auch eine beträchtliche Distanz zwischen der Schriftsprache und den zahlreichen Dialekten; schließlich, wie unvermeidlich bei Sprachen, die Unterrichtssprachen auch an Hochschulen sind, die starke Einwirkung moderner technischer, naturwissenschaftlicher und sozialer Entwicklungen in Gestalt zahlreicher neugebildeter Termini, die entweder an englischen Vorbildern oder am Sanskrit orientiert sind oder – besonders im Tamil – Neubildungen und Lehnübersetzungen unter Verwendung eigener sprachlicher Substanz darstellen.

*Sprachbau* Ihrem Bautypus nach müßte man die drawidischen Sprachen zu den agglutinierenden Sprachen rechnen, die grammatische Abwandlungen der Wörter und ihre Beziehungen im Satz überwiegend durch das Anfügen von Suffixen an den Wortstamm ausdrücken, wobei häufig zwei, drei und mehr Suffixe aneinanderhängen (Präfixe und Infixe kommen nicht vor).

# ELFTES KAPITEL

# Sprachfamilien der Erde: Pazifische Welt, Amerika, Afrika

Wir verlassen jetzt das asiatische Festland – nicht ohne Bedauern, daß wir wichtige Sprachen wie z. B. *Vietnamesisch* mit seinen über 65 Millionen Sprechern (in manchen Zügen dem Chinesischen ähnlich, auch darin, daß der Ton bedeutungsunterscheidend ist, geschrieben in lateinischer Schrift mit zahlreichen diakritischen Zeichen) und *Khmer* (gesprochen in Kambodscha) nicht näher betrachten konnten.

Dem asiatischen Festland vorgelagert ist das Inselreich Japan. *Japanisch* ist wegen seiner Sprecherzahl (fast 125 Millionen) und wegen der Weltstellung Japans eine der heute wichtigsten Sprachen. Es ist keiner der großen Sprachfamilien zuzurechnen. Mit dem Chinesischen ist es nicht verwandt, beide Sprachen gehören einem verschiedenen Bautypus an, und Japanisch ist (überwiegend) eine agglutinierende Sprache, deren Wörter deshalb großenteils mehrsilbig sind. *Japanisch*

Daß Japanisch in westlichen Ländern als ›schwer‹ gilt und (zu) wenig gelernt wird, liegt weniger an der Eigenart der Sprache als vielmehr an dem beträchtlich komplizierten und schwer zu erlernenden Schriftsystem. Deshalb hier ein Blick darauf, der einen Eindruck davon gibt, wie diese Schrift beschaffen und warum sie so verwickelt ist. Ein Hauptpunkt: Nicht *eine* Schrift haben wir vor uns, sondern eine Mischung aus *drei* Schriften, nämlich aus chinesischen Zeichen und zwei verschiedenen japanischen Silben-Alphabeten. *Schriftsystem*

1. Als gegen 500 n. Chr. buddhistische Mönche nach Japan kamen, brachten sie ihre chinesischen Schriftzeichen mit. Die Japaner, bis dahin ohne eigene Schrift, übernahmen sie; wegen der Verschiedenheit beider Sprachen wurde im Laufe der Zeit vielen (nicht allen) chinesischen Zeichen (unter Absehen von ihrer Bedeutung) ein Lautwert beigelegt – sie wurden also gewissermaßen als ›Buchstaben‹ benutzt. Heute werden die chinesischen Zeichen, *Kandschi (Kanji)* genannt, benutzt, um Substantive, Ver-

ben, Adjektive und einheimische Namen wiederzugeben. Amtlich zugelassen sind 1850 solcher Zeichen. Die Hälfte davon ist Pflichtpensum in den ersten sechs Schuljahren.

2. Das erste der beiden Silben-Alphabete, *Hiragana* genannt, dient zum Schreiben aller übrigen Wortarten sowie der Flektionsendungen der in Kandschi geschriebenen Wörter. In jedem normalen Text kommen daher mindestens die Schriften 1 und 2 vor, dazu oft lateinische Buchstaben und arabische Ziffern.

*Die wichtigsten Zeichen der Silbenschriften Hiragana (oben) und Katakana. Die meisten bezeichnen Silben wie ka, pu, to; die übrigen Vokale und den silbenschließenden Konsonanten n.*

| ん | わ | ら | や | ま | は | な | た | さ | か | あ |
|---|---|---|---|---|---|---|---|---|---|---|
|  | り |  |  | み | ひ | に | ち | し | き | い |
|  | る | ゆ | む | ふ | ぬ | つ | す | く | う |
|  | れ |  | め | へ | ね | て | せ | け | え |
| を | ろ | よ | も | ほ | の | と | そ | こ | お |

3. Das zweite Silben-Alphabet, *Katakana,* dient hauptsächlich zur Schreibung von Fremdwörtern und ausländischen Namen, ferner für Telegramme und Computertexte. Sowohl in Hiragana wie in Katakana (und den hier nicht gezeichneten Differenzierungen und Ergänzungen) kann man jedes japanische Wort schreiben. Auch in lateinischer Schrift ist das möglich. Die seit langem bestehenden Bestrebungen zur ›Romanisierung‹ der Schrift haben sich nie durchgesetzt; die Japaner halten an ihrem System fest, teils aus Traditionsbewußtsein, teils wohl auch, weil diese für

| ン | ワ | ラ | ヤ | マ | ハ | ナ | タ | サ | カ | ア |
|---|---|---|---|---|---|---|---|---|---|---|
|  | リ |  |  | ミ | ヒ | ニ | チ | シ | キ | イ |
|  | ル | ユ | ム | フ | ヌ | ツ | ス | ク | ウ |
|  | レ |  | メ | ヘ | ネ | テ | セ | ケ | エ |
| ヲ | ロ | ヨ | モ | ホ | ノ | ト | ソ | コ | オ |

Fremde schwer zugängliche Schrift sie isoliert. In europäischen Zeitungen werden japanische Wörter meist in der nach dem amerikanischen Missionar *Hepburn* benannten Umschrift gebracht: Vokale zu lesen wie im Lateinischen, Konsonanten wie im Englischen (Beispiel: Kanji, zu sprechen [kạndʒi]).

Das Koreanische ist eine eigenständige Sprache, deren Verwandtschaft mit dem Japanischen zwar behauptet,

*Koreanisch*

*Die Geschäfte in einem von Touristen viel besuchten Stadtteil von Seoul (Südkorea) tragen koreanische und englische Aufschriften.*

aber nicht bewiesen worden ist, mit einer eigenen, der Eigenart des Koreanischen perfekt angepaßten Schrift.

Sobald wir nun auf die Weite der pazifischen Welt blikken, bemerken wir mit Erstaunen, daß in dem riesigen Gebiet von Madagaskar im Westen bis zur Osterinsel im Osten im wesentlichen eine einzige Sprachenfamilie – die *austronesische* – zuhause ist, allerdings eine, die insgesamt über 100 Sprachen umfaßt. Die wichtigsten Ausnahmen bilden Australien (mit seinen Eingeborenensprachen, versteht sich) und ein Teil von Neuguinea.

*Eine einzige Familie: Austronesisch*

Mit der Größe ihres Verbreitungsgebietes gehört diese Familie zu den wichtigsten der Erde; nach der Zahl der Sprecher ebenfalls, bei allerdings äußerst ungleicher Verteilung auf die östliche und die westliche Hälfte des Sprachgebiets.

Der westaustronesische Bereich wird gerechnet von Madagaskar bis zu einer Trennungslinie, die in Nord-Süd-Richtung durch das westliche Neuguinea verläuft. Dieser

*Einteilung*

westliche Teil umfaßt Gebiete mit großer und dichter Bevölkerung: außer Madagaskar die malaiische Halbinsel, das ganze Indonesien, die Philippinen, Taiwan, Westneuguinea; ein Gebiet mit ca. 300 Millionen Menschen. Die große Mehrheit der Sprecher verteilt sich auf die Hauptsprachen *Malaiisch, Indonesisch, Javanisch* und *Philippinisch*. Demgegenüber umfaßt der östliche Bereich räumlich ein noch größeres Gebiet, nämlich die ganze pazifische Inselwelt, die herkömmlicherweise eingeteilt wird in *Mikronesien* (nördlicher Teil), *Melanesien* (Neuguinea, Salomonen, Fidschi-Inseln) und *Polynesien* (Hawaii, Samoa, Neuseeland, die Osterinsel). Die austronesische Familie (oder Superfamilie) gehört zu den größten der Welt, sowohl nach der Zahl ihrer Sprachen (über 1200) wie nach der Größe des Sprachgebietes. In diesem Punkt wird sie nur durch die indoeuropäische Familie übertroffen.

*Name der Familie*     Die Familie wird heute meist unter der Bezeichnung *austronesische Sprachen* zusammengefaßt, die ich auch in der Überschrift dieses Abschnitts verwende. Manche Forscher zerlegen jedoch diese Familie in zwei: die *polynesische* und die *indonesische* Familie. Bei dieser Einteilung zählen die oben genannten vier Sprachen mit den großen Sprecherzahlen alle zu den indonesischen Sprachen. Wieder andere Forscher unterscheiden eine *malayo-polynesische* und eine *melanesische* Familie.

*Einzelsprachen*     Die Einzelsprachen, eine verwirrende Fülle, sind dem europäischen Leser, der den Pazifik nicht eingehend bereist oder studiert hat, wahrscheinlich noch nicht einmal dem Namen nach bekannt, etwa: *Tonga, Iloko, Batak, Buginisch* (oder *Buginesisch*), *Dayak, Gorontalo, Medunesisch, Mota*. Ich möchte nur einige Informationen über die wichtigsten Sprachen der Familie geben.

*Zentren*     Die Sprachen mit den größten Sprecherzahlen finden sich naturgemäß in den Gebieten mit starker und dichter Bevölkerung: auf den großen Inseln Indonesiens, auf den Philippinen und, was das asiatische Festland anlangt, im wesentlichen auf der malaiischen Halbinsel, die heute großenteils durch den Staat Malaysia eingenommen wird – mit Ausnahme der äußersten Südspitze. Hier liegt Singapur (Singapore), das sich nach kurzer Zugehörigkeit zum Bundesstaat Malaysia (der aus einzelnen Sultanaten besteht, deren Oberhäupter abwechselnd die Spitze des Bundes einnehmen) für unabhängig erklärt hat und seither ei-

*Blick auf Singapur*

*Straßenschild in Singapur, oben in englischer Sprache (Singapur war bis zum Zweiten Weltkrieg britische Kolonie), darunter in chinesischen Zeichen (die Chinesen bilden die Mehrheit der Bevölkerung).*

nen einzigartigen wirtschaftlichen Aufschwung erlebt. Als »Nationalsprache« in Singapur wird *Malaiisch* genannt; da aber die Chinesen nicht nur die tonangebende Schicht stellen, sondern auch eine starke Mehrheit bilden (ca. 70%), wird mehr *Chinesisch* als Malaiisch gesprochen. Die Malaien machen etwa 15% der Bevölkerung aus. Mit Rücksicht auf die Einwanderer aus Indien, großenteils Tamilen, ist *Tamil* in Singapur dritte Amtssprache neben Malaiisch und Chinesisch. Hinzu tritt als vierte das *Englische,* aus der Kolonialzeit hier zuhause und heute im wirtschaftlichen Bereich weitgehend allgemeine Verkehrssprache.

Dieser Blick auf Singapur kann uns gleich mit einem Kennzeichen des gesamten pazifischen Raumes vertraut machen: Man findet kaum große, zusammenhängende, einheitliche Sprachgebiete wie etwa in Europa mit seinen Nationalstaaten und Nationalsprachen (dieses Bild bietet Europa freilich genaugenommen nur aus der Ferne; sieht man näher zu, so differenziert sich das Bild beträchtlich; man denke nur an Spanien mit Katalanen, Basken, Galiciern; an Frankreich mit Bretonen, Basken, Elsässern, Flamen, Algeriern; Großbritannien mit seinen keltischen Sprachgebieten und asiatischen Minderheiten). Im pazifischen Raum haben wir jedenfalls eine Situation, die man in der Landwirtschaft »Gemengelage« nennt, eine Fülle kleiner Parzellen. Selbst auf kleinen und kleinsten Inseln werden verschiedene Sprachen und Dialekte gesprochen.

*Bunte Sprachenkarte*

Auf den Salomonen gibt es 60 Sprachen, darunter solche,
die nur entfernte Ähnlichkeiten aufweisen. Auf den Admi-
ralitäts-Inseln gibt es etwa 25. Die Insel Guadalcanal, im
Zweiten Weltkrieg bitter umkämpft, etwa 100 km lang, hat
25 Dialekte. Auf der Philippinen-Insel Leyte sprechen die
Bewohner der Osthälfte von ihren westlichen Nachbarn so
verschieden, daß man sich nur über Dolmetscher verständigen kann. Es gibt Sprachen, die nur wenige tausend
*Untergehende* Sprecher haben, auch Sprachen, die untergehen wie die ur-
*Sprachen* sprüngliche Sprache der Hawaiischen Inseln, aus der noch
Fragmente wie *Aloha* ... herumgeistern, die aber so stark
an den Rand gedrängt ist, daß das Ende dieser kleinen
Restgruppe abzusehen ist.

Aber auch die großen Inseln bieten auf der Sprachenkarte – solange wir heute im Gang befindliche Tendenzen
zur Vereinheitlichung außer Betracht lassen – ein bunt-
scheckiges Bild: Die Philippinen, an Fläche nicht viel größer als Großbritannien, weisen 70 Sprachen auf. Die großen Inseln Indonesiens sind sprachlich etwas weniger
zersplittert (Sumatra hat etwa ein Dutzend Sprachen oder
Dialekte), aber keine ist sprachlich ein homogenes Gebilde. Man kann sagen: Wenn man in diesem ganzen Gebiet
ein Land oder eine Insel ins Auge faßt, trifft man auf mehrere bis viele Sprachen; wenn man eine Sprache ins Auge
faßt, findet man ihre Sprecher verteilt auf mehrere bis viele
Inseln, Inselgruppen oder Küstenstreifen. Die Vielfalt
wird noch verwirrender, wenn wir zur räumlichen die Dimension der Zeit hinzunehmen. Jedenfalls haben viele dieser Sprachen, solange sie keine schriftliche Fixierung
kannten und solange sie im Zeitalter des Kanus und des
Segelbootes untereinander wenig Kontakt hatten, gewaltige Veränderungen binnen kurzer Zeit durchgemacht – Veränderungen, die man im einzelnen nicht kennt, die aber
symptomatisch sichtbar wurden in Fällen, wo eine Insel
von einer Gruppe von Kaufleuten, Reisenden, Kriegern
aufgesucht wurde und der nächste Kontakt mit Fremden
erst Jahrzehnte später stattfand.

*Fremde Einflüsse* Ein anderer Zug ist vielen Sprachen der Familie, wenn
auch beileibe nicht allen, gemeinsam: Einwirkungen aus
Asien, in neuerer Zeit auch aus Europa, haben sich in den
Kulturen des pazifischen Raumes und auch in ihren Sprachen niedergeschlagen. Die aus Asien kommenden Einflüsse sind überwiegend mit der Ausbreitung der großen

Religionen verknüpft. So griff der Hinduismus im ersten
Jahrhundert nach Christus auf Java und Sumatra über,
später auch auf Borneo und weitere Inseln. Davon zeugen nicht nur berühmte Tempelbauten, sondern auch
Lehnwörter aus dem Sanskrit. Schon hundert Jahre nach
dem Auftreten des Propheten beginnt der Einfluß des
Islam und damit des Arabischen. Vom Entdeckungszeitalter
ab kommen christliche Missionare, europäische Kaufleute, Techniker und Eroberer. Die vorläufig letzte Welle
fremden Einflusses bringt (vgl. China) die moderne Technik.

Bei der Betrachtung der führenden Sprachen muß das    *Malaiisch*
Malaiische an erster Stelle stehen. Zu seiner heutigen Be-
deutung und Verbreitung ist es erst im Laufe der letzten
Jahrhunderte aufgestiegen. Noch zu der Zeit, die wir in
Europa Hochmittelalter nennen, wurde es nur von einigen
Millionen Menschen gesprochen, die an den Küsten Su-
matras und gegenüber an den Küsten der malaiischen
Halbinsel saßen. Teils wegen der geographisch beherr-
schenden Stellung der malaiischen Halbinsel, teils wegen
der bemerkenswerten kaufmännischen und seemännischen Fähigkeiten dieser »Malaien« (Anführung, weil
»Malaien« auch ein Begriff der Rassenkunde ist), teils vermutlich auch wegen der besonderen Eignung der malaiischen Sprache entwickelte sie sich, schon bevor die
europäischen Kolonisatoren kamen, zu einer allgemeinen
Verkehrs- und Handelssprache, zur *lingua franca* eines

*In Malaysia ist das
Malaiische Amts-
sprache; wegen der
an vielen Orten zahl-
reichen (auch über-
wiegenden) chinesi-
schen Bevölkerung
tragen die Geschäfte
– wie dieser Laden
in der Stadt Mersing
– Aufschriften in
beiden Sprachen.*

großen Gebiets, etwa des heutigen Indonesien. *Basar-malaiisch* wurde diese Sprache genannt. Die eintreffenden Engländer und Holländer fanden diese Situation vor und bauten diese Stellung des Malaiischen aus, da ihnen in dem sprachlich äußerst vielfältigen Gebiet besonders an einer weitverbreiteten Verkehrssprache gelegen sein mußte.

*Indonesien*  Der entscheidende Schritt zur heutigen Geltung des Malaiischen wurde getan, als Indonesien, jahrhundertelang im Kolonialstatus und überwiegend von den Holländern regiert, nach Erlangung der Unabhängigkeit – nach dem Ende des Zweiten Weltkriegs und der Besetzung durch die Japaner – unabhängig und zu einem großen Staatsgebilde wurde. Für die Bevölkerung der 13 000 Inseln – die größten sind Java, Sumatra, Borneo (ein Teil dieser Insel gehört aber zu Malaysia), Celebes (indonesisch *Sulawesi* genannt) und seit 1963 ein Teil von Neuguinea – die (heute) etwa 200 Millionen beträgt und zahllose (wenn auch großenteils untereinander verwandte) Sprachen sprach, sollte eine uneinheitliche Staatssprache geschaffen werden. Es schien gefährlich, die bis dahin verbreiteste Sprache, nämlich das *Javanische* mit über 80 Millionen Sprechern, dafür auszuwählen. Das wäre von anderen Bevölkerungsteilen als Benachteiligung der eigenen Sprache aufgefaßt worden. So wurde nicht diese Sprache gewählt, obwohl sie über eine lange literarische Tradition verfügt (die auch heute weiterlebt), sondern Malaiisch, das nur für wenige Indonesier Muttersprache war, aber von sehr vielen als Zweitsprache (Verkehrssprache) beherrscht oder jedenfalls verstanden wurde. Die Sprache wurde zu diesem Zweck durch staatliche Instanzen in Wortschatz und Satzbau normiert und heißt heute *Bahasa Indonesia*.

*Auszug aus einem Reise-Sprachführer für modernes Indonesisch (Polyglott-Verlag, 8. Aufl. 1984).*

| | |
|---|---|
| **Guten Morgen.** | Selamat pagi. |
| **Guten Tag.** | Selamat siang. |
| **Guten Abend.** | Selamat malam. |
| **Gute Nacht.** | Selamat tidur. |
| **Auf Wiedersehen.** | Sampai bertemu lagi. |
| **Wann *ist (sind)* ... geöffnet?** | Kapan ... dibuka? |
| **Wann *wird (werden)* ... geschlossen?** | Kapan ... ditutup? |

Malaiisch und Indonesisch, die ich vorhin als führende Sprachen der Region bezeichnet habe, sind also im Grunde nicht zwei Sprachen, sondern die zweite ist eine standardisierte Version der ersten. Und Javanisch ist ein Dialekt oder eine Varietät des Malaiischen, heute Sprache vieler Bücher, Zeitungen, Rundfunkanstalten auf der Insel Java, ausgezeichnet u. a. durch das Vorhandensein von drei Sprachschichten (Soziolekten): ein Idiom ist die Sprache der Oberschicht, ein zweites die des gemeinen Volkes, und ein drittes dient zur Verständigung zwischen diesen beiden.

Eine vergleichbare Lage finden wir auch vor, wenn wir uns jetzt dem anderen großen Inselreich, den Philippinen, zuwenden: 7000 Inseln und zahllose Sprachen (auch nicht untereinander verwandte) und noch mehr Dialekte. Auch hier Erlangung der Unabhängigkeit nach dem Zweiten Weltkrieg, nach mehrjähriger Besetzung durch die Japaner, und auch das Bestreben und die Notwendigkeit, eine Staatssprache zu schaffen. Als Basis hat man hier *Tagalog* gewählt, eine dem Malaiischen verwandte Sprache, die als Muttersprache nur von wenigen Millionen Bewohnern der Insel Luzon gesprochen wurde (auf der die Hauptstadt Manila liegt). Die neugeschaffene Staatssprache wird *Filipino* genannt. Neben ihr und neben den weiterlebenden Dialekten der vielen Inseln sind Spanisch (aus der spanischen Kolonialzeit) und Englisch (aus der US-amerikanischen) in Gebrauch.

*Philippinen: Filipino*

Das Malaiische hat den Beinamen »Italienisch des Orients« erhalten wegen seines Wohlklangs und wegen seines einfachen, durchsichtigen, für Europäer leicht auszusprechenden und leicht erlernbaren Sprachbaus. Diesen hatte ich im Auge, als ich sagte, das Malaiische sei als Verkehrssprache für ein großes Gebiet besonders geeignet gewesen. Wieso das?

*Eigenart des Malaiischen*

Phonetisch gesehen ist das Malaiische einfach, weil es kaum, ja überhaupt keine Laute enthält, die auszusprechen den Sprechern anderer Sprachen schwerfallen könnte. Als Vokale gibt es nur die fünf Grundvokale *a, e, i, o, u* und den »Mittelzungenvokal« [ə]. Häufungen von Konsonanten, die für Japaner z. B. kaum zu bewältigen sind (auch ein gutes Deutsch sprechender Japaner neigt dazu, Vokale einzuschieben und statt Berlin eher [berulinu] zu sagen - sofern er gelernt hat, [r] und [l] zu unterscheiden), gibt es nicht. Das Japanische kennt von den *Liquida* genannten Lauten nur das [r], das Chinesische nur das [l]; im Japanischen ist es genau genommen ein Laut zwischen [r] und [l].

*Lautstruktur*

Das Malaiische - viel konsequenter als etwa das Italienische - kennt fast nur die Lautfolge: Konsonant-Vokal (eine Silbe); Konsonant-Vokal (nächste Silbe). Kennzeichnend ist als Beispiel *Mata hari* (»Sonne«, wörtlich aber »Auge des Tages«) - eines der wenigen malaiischen Wörter, die wir, wenn auch nur als Eigennamen einer berühmten Spionin, kennen. *Orang utan,* wörtlich »Mensch (des) Waldes«, gebildet aus *orang* »Mensch« und *(h)utan* »Wald«, ist ein anderes Beispiel; allerdings wird die Bezeichnung vorwiegend in europäischen Sprachen benutzt, die Malaien nennen das Tier *mawas* »Ungeheuer«. Das Malaiische wird von Sprachgelehrten geradezu als »phonetisch-phonologisches Ideal« gepriesen. Es ist behauptet worden: Wenn man unter den bekannteren Sprachen eine als internationale Welthilfssprache auszusuchen hätte, so hätte das Malaiische dabei die meisten Pluspunkte zu erwarten!

*Grammatik*      Das beruht nicht nur auf der Lautstruktur. Auch die Grammatik gilt als »leicht«. Die Substantive haben keine Endungen für Einzahl oder Mehrzahl, für Geschlecht und Kasus. Es gibt keinen Artikel (viele Sprachen kommen ohne Artikel aus). Das Adjektiv wird regelmäßig gesteigert durch Hinzusetzen von *lebeh* »mehr« bzw. *sa-kali* »meist, höchst«; man braucht keine Reihen wie »groß, größer« (mit Umlaut), »am größten« oder *bad, worse, worst* auswendig zu lernen. Das Verbum kennt nicht Aktiv und Passiv, keine Modi (Indikativ, Konjunktiv) und keine Konjugation nach Zeiten. Das Adjektiv wird nicht dekliniert, das Pronomen auch nicht.

Zusammengefaßt: Eine »isolierende« Sprache mit einer so einfachen (fast keiner) Grammatik wie das Chinesische, aber ohne dessen Schwierigkeiten wie die »vier Töne« und die zahllosen gleichklingenden Wörter mit verschiedensten Bedeutungen. Für denjenigen, der nicht in einer derartigen Sprache lebt, hat sie freilich den Nachteil, daß (eben wegen der unflektiert aufgereihten Wörter) das Gemeinte oft nur erraten werden kann.

*Indianische*    Wenn wir jetzt den pazifischen Raum verlassen und uns
*Sprachen*     dem amerikanischen Doppelkontinent zuwenden, wollen wir dort unser Augenmerk nicht auf die Sprachen richten, die als Staats- und Verwaltungssprachen nahezu den ganzen Kontinent beherrschen (Englisch und Französisch im

Norden, Spanisch und Portugiesisch in der Mitte und im
Süden), auch nicht auf die Einwanderer europäischer
(deutscher, polnischer, italienischer u. a.) oder asiatischer
Herkunft, die in geschlossenen Siedlungsgruppen zuweilen noch die Sprachen ihrer alten Heimat benutzen. Wir
blicken vielmehr auf den Zustand vor der europäischen
Besiedlung, auf das »vorkolumbianische« Amerika, auf          *Vor Kolumbus*
die Sprachen, die damals dort gesprochen wurden und von
denen ein großer Teil erloschen oder dem Untergang ge-
weiht, ein kleiner allerdings hartnäckig am Leben geblieben ist.

Sehen wir einmal von den Eskimos im äußersten Norden ab, so haben wir ausschließlich »indianische« Stämme
vor uns (der schwarze Bevölkerungsteil ist erst durch die
Europäer, größtenteils durch den Sklavenhandel, hinzugekommen), die indianische Sprachen sprechen. Die Bezeichnung beruht bekanntlich auf dem Irrtum des Kolumbus, der fest glaubte, in einem Teil Indiens gelandet zu
sein. Mit Indern haben diese Menschen jedoch nichts zu
tun. Die leicht braunhäutigen (nicht »rothäutigen«, »rot«
war nur häufig die Kriegsbemalung) Indianer sind vielmehr Nachkommen von Einwanderern mongolischen
Typs, die vor etwa 30000 Jahren aus Asien nach Alaska
eingedrungen sind, als in der Gegend der heutigen Be-
ringstraße eine Landbrücke zwischen den beiden Kontinenten bestand, eine Folge des durch die Eiszeit abgesenk-
ten Wasserspiegels der Weltmeere. Bis dahin hatte es auf
dem riesigen Doppelkontinent keine Menschen, auch keine der Primaten-Arten gegeben, die als nächste Vorfahren
des Menschen gelten.

Langsam, im Laufe von Jahrtausenden, breiteten sich          *Von Alaska bis*
die Einwanderer über das gewaltige Gebiet von Alaska bis     *Feuerland*
Feuerland aus. In Zentral- und Südamerika schufen sie
schließlich die Hochkulturen der Maya, Azteken und
Inka. Auch wenn die Einwanderer alle dieselbe Sprache
gesprochen hätten (was nicht feststellbar ist, auch nicht
wahrscheinlich, weil sie mit ziemlicher Sicherheit in Wellen gekommen sind, die sich über Jahrtausende verteilen):
die Zerstreuung über Riesenräume, die anfängliche Isolierung der Siedlungen gegeneinander haben die Sprachen
sich so weit auseinanderentwickeln lassen, daß irgendein
noch so hypothetischer Rückschluß auf eine gemeinsame
Ausgangssprache kaum möglich ist.

*Sprecherzahlen*     Historiker schätzen die Zahl der Menschen, die zur Zeit der europäischen Eroberung den Doppelkontinent bewohnten, auf 15 bis 20 Millionen. Erstaunlicherweise verfügte diese dünn verteilte Bevölkerung über eine weitaus größere Zahl von Sprachen als die sogenannte Alte Welt – eine phantastisch bunte Vielfalt. Die Zahl der Sprachen wird von erfahrenen Forschern so angegeben: 24 Sprachen der Eskimos, etwa 350 Sprachen der nordamerikanischen Indianer, knapp 100 in Mexiko und Mittelamerika, annähernd 800 in Südamerika und auf den Antillen – zusammen rund 1250 indianische Sprachen, die man – rein äußerlich – nach den eben genannten Großräumen einteilt. Die Zahlen, die man in der wissenschaftlichen Literatur findet, gehen jedoch weit auseinander, liegen teilweise noch höher. Unter dem Aspekt genetischer Zusammengehörigkeit wird manchmal die Zahl von rund 150 Sprachfamilien genannt, eine vage Annahme vor allem deshalb, weil manche dieser Sprachen unerforscht bis fast unbekannt sind. Und da viele im Aussterben begriffen sind, manche nur noch von wenigen tausend Menschen gesprochen werden, so wird diese Fülle bald der Vergangenheit angehören – trotz der respektgebietenden Anstrengungen von Ethnologen und Sprachforschern, diese Sprachen aufzunehmen, sie festzuhalten auf Tonbändern, sie zu studieren und zu analysieren. Von den hochverdienten Erforschern dieser Sprachen seien wenigstens ein paar genannt: Franz Boas, Edward Sapir, Leonard Bloomfield, Benjamin Lee Whorf.

*Indianersprachen*     Mit »Nordamerika« ist hier das Gebiet von Alaska im
*Nordamerikas*     Norden bis etwa zur heutigen Grenze USA-Mexiko gemeint. Manche Forscher nehmen hier bis zu 57 Sprachfamilien an, davon 20 allein in Kalifornien, das damit schon etwa so viele Sprachen aufweist – bzw. aufwies – wie Europa heute. Fast alles, was die Klassifikation anlangt, ist hier wie gesagt unsicher. Es wird auch versucht, die Familien zu noch größeren Einheiten, *phylae* oder *Stämme* genannt, zusammenzufassen. Dabei ergeben sich – ohne die eskimo-aleutischen Sprachen – meist fünf Großgruppen. Aufzählungen allein nützen wenig, aber um einen Eindruck zu vermitteln, gebe ich hier eine konventionelle Einteilung (nach Gustav Ineichen, »Allgemeine Sprachtypologie«, 1979); wenigstens manche Namen mö-

gen aus Indianerlektüre und Wildwestfilmen bekannt sein:

1. Gruppe *Algonking-Wakasch: Algonking,* auch *Algonkin, Algonquin* (Quebec, Ontario), *Quileute* (Washington-Staat, nicht Stadt), *Nootka, Kwakiutl* (beide Britisch-Kolumbien), *Cœur d'Alène* (am gleichnamigen See in Nord-Idaho), *Kalispel* (Washington, Idaho, Montana), *Yurok* (Kalifornien).

*Eine grobe Einteilung*

2. Gruppe *Hoka-Sioux: Yana, Salina* (beide Kalifornien), *Tonkawa* (Texas, Oklahoma), *Chitimacha* (Louisiana), *Tunika Subtiaba* (isoliert vorkommend in Nikaragua, also außerhalb Nordamerikas), *Mohawk* (Ontario, Quebec, Staat New York), *Dakota* (weitverbreitet: Mississippital, Minnesota, Wisconsin, Dakota, Montana, Manitoba, Alberta, Saskatchewan).

3. Gruppe *Athabaskisch* oder *Nadene: Athabaskisch* (oder *-paskisch,* am gleichnamigen See), *Navaho* (Arizona, Neumexiko, Utah), *Haida* (Königin-Charlotte-Inseln, Britisch-Kolumbien), *Tlingit* (Alaska).

4. Gruppe *Panutisch: Maidu* und *Yokuts* (beide Kalifornien), *Chinuk* (Kalifornien, früher Oregon und Washington), *Takelma, Coos* (beide Oregon), *Tsimschian* (Britisch-Kolumbien).

5. Gruppe *Uto-Aztekisch: Paiute* (Idaho), *Luiseño, Cahuilla* (beide Kalifornien), *Zuñi* (Neumexiko), *Aztekisch* (gesprochen in Mittelamerika, wird aber zu dieser Gruppe gezählt).

Wer andere Zusammenstellungen, vor allem amerikanische, studiert, wird auf vergleichbare grobe Einteilungen, aber zahlreiche andere Namen stoßen. Die Klassifizierungen sind keineswegs willkürlich, denn es gibt zahlreiche Gemeinsamkeiten z. B. im Wortschatz; da man aber mangels schriftlicher Zeugnisse die Vergangenheit nicht erforschen kann, muß meistens offen bleiben, ob sie auf genealogischer Verwandtschaft oder gegenseitiger Beeinflussung der Sprachen beruhen. Eines läßt sich mit Gewißheit sagen: Diese Sprachen haben, soweit man zurückdenken kann, immer in Kontakt mit Nachbarsprachen gelebt, und gerade weil es kaum Verkehrssprachen über weite Räume gab, mußten die Stämme im Frieden wie im Krieg eine Möglichkeit der Verständigung mit Nachbarn finden: durch Dolmetscher, die manchmal die Sprache eines Nachbarstammes sprachen *(Bilingualismus),* manchmal die Sprachen mehrerer Stämme *(Multilingualismus).*

*Gemeinsame Merkmale*

Es kam zur Übernahme von Wörtern, auch von grammatischen Eigentümlichkeiten. In Einzelfällen sind Stammessprachen, wie *Chinuk* (engl. *Chinook*) im Nordwesten, in die Rolle von Verkehrssprachen für den Tauschhandel hineingewachsen, wurden als solche dann auch von Weißen benutzt und haben aus deren Sprachen (Englisch und Französisch) ebenfalls Lehnwörter aufgenommen. Eine zweite Feststellung gilt für alle diese Sprachen, aber sie gilt darüber hinaus für jegliche bekannte Sprache, einerlei auf welcher Kulturstufe wir ihre Sprecher antreffen: Mag uns die Kultur solcher Menschen einfach vorkommen, ja primitiv: primitive Sprachen gibt es nicht. Wir kennen nur voll ausgebildete Sprachen, die ihren Kommunikationszweck voll erfüllen; ja nicht selten sind die Sprachen solcher Völker und Stämme gerade von höchster Kompliziertheit.

Das Nebeneinander so vieler verschiedener Sprachen in Nordamerika hat der Sprachwissenschaft viele Anregungen vermittelt. Einige interessante Phänomene – die bestimmten Gruppen, aber nie *allen* Indianersprachen eigentümlich sind – will ich aufzählen:

*Zweimal »wir«*     Manche Sprachen unterscheiden beim Personalpronomen der 1. Person Plural (»wir«) zwei Wörter: ein »wir«, das den Sprecher wie den Angesprochenen einschließt, und ein anderes »wir«, mit dem der Sprechende sinngemäß sagt: »ich und andere – aber du bist nicht mit gemeint«. Das Fehlen dieser Unterscheidung führt in europäischen Sprachen manchmal dazu, daß Mißverständnisse entstehen.

Manche Sprachen bringen in den Formen ihrer Verben den Gewißheitsgrad des beschriebenen Vorgangs zum Ausdruck: ein Verb für Vorgänge, die der Sprechende mit eigenen Augen und Ohren wahrgenommen hat, ein anderes für Vorgänge, die er Berichten anderer entnimmt, die er also nur »vom Hörensagen« kennt. Eine nützliche Einrichtung, wenn sie sich in Pressemeldungen und Rundfunkreportagen durchsetzen würde – und in den Reden von Politikern!

*Unaussprechliches*     Zahlreiche Sprachen kennen Konsonanten, die europäischen Sprachen unbekannt sind, manche kennen für uns unaussprechliche Konsonantenhäufungen wie *nmnmk* (ohne Vokal); manche machen vom Ton oder Akzent als bedeutungsunterscheidendem Mittel Gebrauch.

Ich verlasse diese Einzelzüge und wende mich einem
Thema zu, das von umfassender Bedeutung ist für die Zusammenhänge zwischen Sprache und Kultur, zwischen
einer Sprache und der Mentalität, der Denkweise, der
Weltanschauung derer, die sie sprechen – denn die Diskussion um dieses Thema hat sich an einer nordamerikanischen Indianersprache entzündet. Es geht um die Frage,
inwieweit wir unsere Welt und Umwelt stets nur durch die
»Brille« unserer Muttersprache sehen können, ob diese
uns also in feste Gedankenbahnen zwingt, andere ver-
sperrt und uns eine ganz bestimmte Weltsicht aufzwingt.

Die These, eben dies sei in weitem Ausmaß der Fall,     *Die Sapir-Whorf-*
läuft meist unter der Bezeichnung *Sapir-Whorf-Hypothese,*     *Hypothese*
nach den beiden amerikanischen Linguisten Edward Sapir
und dessen Schüler Benjamin Lee Whorf. Die These ist allerdings schon hundert Jahre zuvor in überzeugender
Form aufgestellt worden durch Wilhelm von Humboldt in
dem Aufsatz »Über die Verschiedenheit des menschlichen
Sprachbaues und ihren Einfluß auf die geistige Entwicklung des Menschengeschlechts«, den er seinem dreibändi-
gen Alterswerk über die Kawi-Sprache auf der Insel Java
als Einleitung mitgegeben hat.

Sapir und Whorf haben Humboldts Thesen nicht erwähnt, vielleicht nicht gekannt, auch spätere deutsche Forscher, die Humbolts These weitergeführt haben (Leo Weisgerber), sind ihnen unbekannt geblieben. Die beiden
Amerikaner gehören dem 20. Jahrhundert an. Sapir
(1884–1939), in Pommern geboren, hat in den USA als
Anthropologe Indianersprachen erforscht. Sein Schüler
Whorf (1897–1941) war Chemiker und Ingenieur, bevor er
durch Sapir zur Beschäftigung mit Anthropologie und indianischen Sprachen angeregt wurde. Sapir formuliert:
»Menschen leben nicht einfach in der objektiven Welt, sie
sind vielmehr weitgehend von der besonderen Sprache
abhängig, die in ihrer Gesellschaft als Ausdrucksmittel
dient … Tatsache ist, daß die ›reale Welt‹ großenteils unbe-
wußt auf den Sprachgewohnheiten der jeweiligen Gruppe
beruht …«

Whorf hat sich besonders intensiv mit der Sprache der
Hopi befaßt, die zur uto-aztekischen Gruppe gerechnet
wird. Mehrere seiner diesbezüglichen Arbeiten sind in
einem 1956 (also nach seinem Tode) veröffentlichten Sam-
melband *Language, Thought, and Reality* enthalten. Als

Beispiel für Whorfs Vorgehen wähle ich seine Untersuchung darüber, wie Begriffe oder Vorstellungen des Zählens und der Zeit in *SAE* (*Standard Average European*, »durchschnittliches Standard-Europäisch«) einerseits, bei den Hopi andererseits sprachlich ausgedrückt werden.

*Zahl- und Zeitbegriff*    Wir Europäer halten es für selbstverständlich, daß wir den Zahlbegriff »zehn« sowohl für konkrete Gegenstände (»zehn Flaschen«) verwenden wie für Zeitbegriffe, indem wir von »zehn Tagen« sprechen. Zehn Flaschen kann ich zusammen erblicken. Gegenstand meiner unmittelbaren Erfahrung kann dagegen immer nur ein Tag sein – der heutige – ; die anderen neun existieren entweder in meiner Erinnerung oder in meiner Vorstellung oder Phantasie von der Zukunft. Die Hopi wenden die Kardinalzahlen ›eins, zwei, drei …‹ nur auf im Raum wahrnehmbare Gegenstände an. Zeiteinheiten zählen sie nicht mit diesen Zahlen, sondern mit den Ordinalzahlen: ›erster, zweiter, dritter … Tag‹, und sie setzen ›Tag‹ nicht in den Plural. Liegt dem nicht ein tiefreichender Unterschied in der Auffassung von »Zeit« zugrunde? Die Hopi – sagt Whorf – zählen die Tage nicht so, wie wir mehrere Menschen zählen, die beisammenstehen, sondern so, wie wir das sukzessive Erscheinen *desselben* Menschen zählen: ›sein erster, zweiter, dritter Besuch‹. Sie sehen in der Folge der Tage nicht eine lineare Aufteilung, sondern eine zyklische Wiederkehr.

Whorf belegt dies eingehend mit der Schilderung bestimmter Verhaltensweisen dieser Menschen. Wenn es derselbe Tag ist, der morgen wiederkehrt, so können wir durch bestimmte Vorkehrungen – in diesem Fall großenteils zeremonieller Art wie Beten, Meditieren, Ausführung bestimmter Handlungen oder Tänze, aber auch mit magischen Mitteln, die wir heute anwenden – auf die Zukunft wirken: es ist ja derselbe Tag, der wiederkehren wird. *Tomorrow is another day* – dieses englische Sprichwort müsse einem Hopi widersinnig vorkommen. Whorf belegt seine Thesen mit weiteren Eigenheiten der Hopi-Sprache, die z. B. beim Verb keine Zeitformen kennt.

*Ist die These*    Leider kann ich hier nicht weitere Argumente anhäufen,
*zutreffend?*    sondern gehe über zu der Frage: Hat Whorf recht? Hätte er recht, so müßte man, nicht zuletzt bei den von ihm liebevoll erforschten Indianern, deutliche Entsprechungen zwischen Sprachbau einerseits und Kulturformen und Denkweisen andererseits beobachten können. Gerade bei den

nordamerikanischen Indianern ist aber zu sehen, daß Stämme (auch im Umkreis der Hopi, in Kalifornien) mit sehr ähnlicher Kultur äußerst verschieden strukturierte Sprachen sprechen, während auf der anderen Seite Stämme mit sehr verwandten Sprachen starke kulturelle Verschiedenheiten zeigen.

»Widerlegt« ist die These damit noch nicht; ich habe sie hier sozusagen an ihrer Quelle erwähnen wollen.

Drei kurze Bemerkungen noch, bevor wir Nordamerika verlassen: *Abschließende Bemerkungen*

1. Im Sprachbau zeigen sehr viele (wenn auch nicht alle) nordamerikanische Indianersprachen eine Eigenheit, die man als *polysynthetischen* oder *inkorporierenden* (»einverleibenden«) Sprachtypus charakterisieren kann. Was wir in einem Satz sagen, wird in diesen Sprachen häufig in ein einziges – in der Regel langes – Wort komprimiert. »Der Mann, dem ich im Wald begegnet bin« wird durch ein einziges – zusammengesetztes – Wort ausgedrückt. Eine wenn auch entfernte Analogie aus Whorfs »SAE-Sprachen« bilden Kettenwörter wie »Dein ewiges Hätte-ich-doch-nur-damals«; häufiger im Englischen: *He made a sweeping sit-down-and-relax gesture.*

2. Das Studium der Indianersprachen hat Sapir zu der These geführt: Wenn wir eine Gruppe miteinander verwandter Sprachen oder Dialekte betrachten, die sich über ein größeres Gebiet verteilen, so ist der Bereich, von dem aus sie einstmals ausgestrahlt sind, mit großer Wahrscheinlichkeit dort zu finden, wo sich die stärksten Differenzierungen auf relativ kleinem Raum finden. Praktisches Beispiel: Die Gliederung der englischen Sprache in ausgeprägte Dialekte ist stärker in England, von wo aus die Sprache ihren Siegeszug um die Welt angetreten hat, als in Australien oder den USA, wo sie viel später heimisch geworden ist. Diese These hat Sapir erfolgreich auf Indianersprachen wie Athapaskisch angewandt; besser gesagt, er hat sie an diesen entwickelt mit dem Ergebnis, daß diese Sprachgruppe ursprünglich im subarktischen Gebiet beheimatet gewesen ist.

3. Zum Schluß ist die Feststellung anzufügen, daß die Indianersprachen Nordamerikas bis zum Eintreffen der Weißen schriftlos waren. Es gab jedoch einen großen Schatz an mündlicher »Literatur«, die jeweils von einer Generation an die nächstfolgende weitergereicht wurde.

*Zentralamerika*    Die Linguisten rechnen *Meso-Amerika* von Mexiko im Norden bis etwa Honduras auf der mittelamerikanischen Landbrücke; den Rest dieser Landbrücke sowie die Antillen dagegen zum Sprachgebiet Südamerika. In diesem Gebiet werden heute noch rund 70 indianische Sprachen gesprochen. Andere, vielleicht ein Dutzend, vielleicht viel mehr, sind mit ihren Sprechern untergegangen; man kann auch sagen: ausgerottet, denn von der einheimischen Bevölkerung dieses Gebiets, die beim Eintreffen des Cortez und seines Heerhaufens 20 Millionen betragen haben mag, sind mindestens 15 Millionen durch Krieg, Zwangsarbeit und Infektionen getötet worden. Von den Hochkulturen, die hier durch Völker indianischer Rasse und Sprache entwickelt worden waren – vor allem die der Maya auf der Halbinsel Yucatán und in Guatemala, die der Azteken im Hochland von Mexiko – sind faszinierende Ruinen erhalten, und auch ihre Sprachen leben fort bis heute; aber im wesentlichen hat das europäische Eindringen einer Kulturentwicklung von zweieinhalb Jahrtausenden (von 1000 v. Chr. bis zur Landung Cortez' im Jahre 1519) ein brutales Ende gesetzt.

Eine in jüngster Zeit von US-amerikanischen Linguisten erarbeitete tabellarische Übersicht der zentralamerikanischen Indianersprachen – unter Weglassen der untergegangenen – unterscheidet 21 Hauptgruppen. Für die Glieder der meisten gilt die genetische Verwandtschaft als gesichert; man kann sie also als *Familien* bezeichnen. Ich möchte auf eine Aufzählung – erst recht der zugehörigen Einzelsprachen – verzichten und lieber etwas berichten über die zwei Sprachen der oben schon erwähnten Mayas und Azteken; sie verdienen das, weil sie auf die beiden Hochkulturen zurückgehen und auch die größten Sprecherzahlen aufweisen.

*Mayasprachen*    Die Mayasprachen, heutzutage von ungefähr zwei Millionen Menschen gesprochen, wurden im Jahre 1884 durch einen deutschen Forscher, Otto Stoll, als zusammengehörige Familie erkannt. Zwei Dutzend Sprachen werden zu ihr gezählt.

Eine davon, das *Huaztekische* (oder *Huaxtekische*), wird an der mexikanischen Golfküste gesprochen, also 1500 km von dem Hauptverbreitungsgebiet der Mayasprachen in Yucatán und Guatemala entfernt. Sie gehört zu einem Stamm, der schon in vorgeschichtlicher Zeit

dorthin gewandert sein muß, denn an der Ausbildung der
Maya-Kultur hat er nicht teilgenommen.

Das *Aztekische* gehört, wie oben kurz erwähnt, zur uto-    *Uto-Aztekisch*
aztekischen Familie, die nach Nordamerika hineinreicht;
auch *Hopi* gehört dazu. Zu dieser Familie werden 27 Sprachen gerechnet, eingeteilt in acht oder neun Zweige. Die
Azteken nannten ihre Sprache zur Zeit der Hochblüte ihrer
Kultur *Nahua* oder *Nahuatl;* sie hatten diese Sprache
wahrscheinlich von den Tolteken übernommen.

Haben die Europäer mit der Vernichtung dieser Kultur
schwere Schuld auf sich geladen, so haben sie andererseits,
was die Erhaltung dieser Sprache anlangt, auch Verdien-
ste. Nicht nur, daß christliche Missionare für ihre Aufgabe
darauf angewiesen waren, sich die Sprache der Eingeborenen zu eigen zu machen (denn man konnte diesen nicht gut
eine ihnen fremde Religion predigen und ihnen gleichzeitig noch eine fremde Sprache aufzwingen); sie lernten also
*Aztekisch, Zapotekisch, Mixtekisch,* sie fertigten Gramma-
ken und legten Wörterbücher oder Wortlisten an und
übersetzten biblische Texte in diese Sprachen; und natürlich bevorzugten sie dabei diejenigen, die große Sprecherzahlen und Verbreitungsgebiete aufwiesen wie eben Maya
und Aztekisch. Christliche Missionare haben darüber hinaus auch das Verdienst, die Aufzeichnung wichtiger literarischer und historischer Werke aus der Tradition der Maya
und der Azteken veranlaßt oder durchgeführt zu haben
– in den Landessprachen, jedoch in lateinischer Schrift.

Das führt uns auf die Frage, ob die indianischen Völker    *Schriftsysteme*
Mittelamerikas über eigene Schriftsysteme verfügt haben.
Bei Ankunft der Europäer hatten die Azteken, ebenso
Mixteken, Zapoteken und andere Völker Aufzeichnungen,
die entweder in Stein gehauen oder auf einer Art Papier
festgehalten waren; diese kann man nicht als eigentliche
Schrift, sondern nur als Ansätze dazu bezeichnen, denn
nur Zahlen, Daten und Eigennamen konnten mit Hilfe von
Bildzeichen festgehalten werden. Die hieroglyphenartige    *Maya-Glyphen*
Schrift der Maya, die ich im Kapitel über das Entschlüsseln toter Sprachen abgebildet habe, stellt dagegen wahrscheinlich eine richtige Schrift dar, in der Laute, Silben
oder Wörter aufgezeichnet wurden. Sie hat bisher allen
Versuchen der Entzifferung widerstanden. Ein Glücksfall,
wie er beim Stein von Rosette eintrat – also das Auftauchen eines mehrsprachigen Dokuments, in dem minde-

stens eine Sprache bekannt ist – hat sich nicht ereignet. Man ist nicht sicher, welche Sprache – oder sind es mehrere? – diesen *Glyphen* zugrundeliegt; auch nicht, ob die Zeichen ihren ursprünglich gewiß vorhandenen Charakter als Bildzeichen bewahrt hatten oder – wie bei den ägyptischen Hieroglyphen der Fall – ganz oder teilweise als phonetische Zeichen dienten. Das Zahlensystem der Maya – und der meisten zentralamerikanischen Völker – war *vigesimal,* es beruhte auf der 20. Man zählte bis 20, dann von 21 bis 40, indem 1 bis 20 hinzu addiert wurden, wiederholte diese Prozedur für 41 bis 60 usw.

*Südamerika*  Die Frage, wieviel Sprachen in der vorkolumbianischen Zeit in Südamerika gelebt haben, ist nicht zu beantworten, weil – abgesehen von der hier besonders unsicheren Abgrenzung zwischen Sprache und Dialekt – die Zahl der untergegangenen Sprachen allenfalls grob geschätzt werden kann. Belege liegen vor für rund 500 heute lebende Sprachen und für mehr als hundert erloschene. Schätzungen über den ursprünglichen Bestand gehen bis zu 1500 Sprachen. Südamerika gehört damit zu den sprachenreichsten Gebieten der Erde. Verwandtschaftliche Beziehungen unter den einheimischen Sprachen des Kontinents sind schwer zu fassen, vermutlich weil die Zuwanderung aus dem Norden über die enge Landbrücke, wahrscheinlich in verschiedenen Wellen zu verschiedenen Zeiten, und die weite Verstreuung der Bewohner, auch die Unzugänglichkeit der Andengebiete bewirkt haben, daß auch ursprünglich einander nahestehende Sprachen sich weit auseinanderentwickelten.

Christliche Missionare haben auch hier einige Sprachen, vor allem *Ketschua (Quechua)* für ihre Tätigkeit studiert und schon vom 16. Jahrhundert ab Grammatiken und Wörterbücher verfaßt. Erst im 20. Jahrhundert haben Erfassung und Studium nach den präzisen Maßstäben heutiger Linguistik eingesetzt. Aus der dabei erarbeiteten Liste, die 82 Gruppierungen umfaßt, will ich nur einige nennen.

*Ketschua*  Ketschua war die Sprache der Inka, die sie in ihrem Reich (im heutigen Peru gelegen) verbreitet haben; dank dieser Verbreitung haben die christlichen Missionare sie dann bevorzugt benutzt. Es handelt sich nicht um eine einzige Sprache, sondern um eine Gruppe von 18 nahe verwandten Sprachen, verbreitet in Peru, Argentinien, Kolumbien, Bolivien. Mit der Gruppe der Aymara-Sprachen werden sie unter der Bezeichnung *Ketschumaranisch* zu einer Großfamilie zusammengefaßt. Man rechnet heute mit mehreren Millionen Ketschua-Sprechern. Solche Zahlen sind stets mit Vorbehalt zu nehmen, denn es gibt eine unbekannte Anzahl von Menschen, die Ketschua oder eine andere indianische Sprache als ihre Muttersprache sprechen, die aber, weil sie die amtliche Landessprache – also Spanisch oder Portugiesisch – mehr oder weniger beherrschen, von der offiziellen Statistik als Spanisch- bzw. Portugiesischsprechende gezählt werden.

Andere wichtige Indianersprachen Südamerikas sind *Tupí-Guaraní* (in Bolivien, Paraguay, auch Brasilien), *Chipcha* (oder *Chibchan*) sowie im Süden, vor allem in Chile, *Araukanisch. Guaraní,* einstmals von den Jesuiten in ihrem Musterstaat auf dem Boden Paraguays benutzt, hat sich nach der Vertreibung der Jesuiten fast als zweite Landessprache von Paraguay – neben dem Spanischen – etabliert; es wird auch von nichtindianischen Bevölkerungsteilen gesprochen sowie – in einer genormten Orthographie – geschrieben.

Die Gruppe der *karibischen* (oder *karaibischen*) Sprachen, einstmals 50 Glieder umfassend und in einem weiten Gebiet, besonders auch in der Inselwelt der Karibischen See gesprochen, ist nahezu erloschen.

Der jahrhundertelange intensive Kontakt der überlebenden amerikanischen Sprachen mit den europäischen hat eine wechselseitige Beeinflussung im Gefolge gehabt. Spanische und portugiesische Lehnwörter sind aufgenommen worden, nicht nur für die zahlreichen Institutionen und Geräte europäischen Ursprungs, sondern in fast alle Teile des Wortschatzes; ja, was relativ selten ist, auch grammatische Elemente – der Gebrauch von Präpositionen, Konjunktionen, Suffixen als Wortbildungsmittel, haben eingewirkt. In manchen Fällen ist auch der Lautcharakter der Sprache verändert worden. Wo die Indianer den Europäern lange feindselig gegenüber gestanden haben, sind die Übernahmen geringer; dies gilt für das Araukanische im Süden.

Selbstverständlich hat es auch einen lebhaften Austausch unter den einheimischen Sprachen gegeben. Haben die europäischen Sprachen Wortgut aus den Indianersprachen aufgenommen? Dies ist in beachtlichem Ausmaß der

*Austausch mit*
*europäischen*
*Sprachen*

Fall, am stärksten natürlich in den südamerikanischen Varianten des Spanischen und Portugiesischen. Aber indianische Wörter haben auch ihren Weg in die europäischen Sprachen gefunden. Aus dem Arawakanischen stammen so geläufige Wörter wie »Kanu«, »Mais«, »Tabak«. Aus den Ketschua-Sprachen haben wir »Pampa« und »Kondor«. Aus karibischen Sprachen im Bereich der Antillen stammt das Wort »Kannibale«, hervorgegangen aus einer Eigenbezeichnung der räuberischen und grausamen Kariben. Aus nordamerikanischen Sprachen haben wir »Mokassin«, »Tomahawk«, »Wigwam« – Ausdrücke, die durch »Indianerliteratur« bekanntgeworden sind. Auch »Hängematte« ist indianisch, eine volkstümliche Umdeutung von *hamak* (vgl. engl. *hammock*). »Orkan«, »Kakao«, »Kojote«, »Ozelot«, »Tomate« sind weitere indianische Lehnwörter. Jedermann vertraut sind auch erhaltene aztekische Namen von Bergen oder Ländern, z.B. *Popocatepetl* (»rauchender Berg«) oder *Guatemala* (»Land zwischen Wäldern«). Auch das berühmte *Acapulco* trägt einen aztekischen Namen. In den USA gehen zahlreiche Namen von Staaten *(Massachusetts, Dakota),* von Strömen *(Mississippi, Chattahoochee),* Seen und Städten auf die ursprünglichen indianischen Bezeichnungen zurück.

*Afrika – ein Blick auf die Sprachenkarte*
Überall auf der Erde, wo große Eroberer einstmals weite Gebiete zu einem Staatsgebilde zusammengeschlossen haben und wo solche Reiche lange genug bestehen blieben, daß sich in friedlichem Austausch ein mehr oder weniger einheitlicher Wirtschafts- und Kulturraum bilden konnte: überall da zeigt die Sprachenkarte eine relativ großräumige Verteilung. Das gilt z.B. für die westliche Hälfte des römischen Reiches (Latein und seine Tochtersprachen), für fast den ganzen heutigen Doppelkontinent Amerika, für Australien. Wo diese Voraussetzungen nicht zusammentrafen, gleicht die Sprachenkarte oft eher einem Fleckerlteppich.

*Stammessprachen und Verkehrssprachen*
Wie sieht sie in Afrika aus? Es zeigen sich zwei gegenläufige Phänomene: Afrika ist, neben dem vorkolumbianischen Amerika, möglicherweise der sprachenreichste Kontinent. Die Zahl der hier gesprochenen Sprachen wird mit achthundert bis tausend angegeben – Dialekte nicht mitgezählt. Davon werden nur gut zwei Dutzend Sprachen von mehr als einer Million Menschen gesprochen.

Die andere Seite der Medaille: Bei so einem bunten
Sprachengemisch ist es fast unvermeidlich, daß sich Verkehrssprachen herausbilden, die in einem größeren Gebiet
Verständigung zumindest im Handelsverkehr ermöglichen. So hat sich in einem großen Teil Ostafrikas, u.a. in
Kenia und Tansania, *Suaheli (Swahili)* als Verkehrssprache
verbreitet. Im Westteil des Kontinents spielen *Ful* (auch
*Fulani, Fulba* u.a.) und *Haussa* eine ähnlich wichtige Rolle
vor allem in Nigeria, dem mit über 115 Millionen Einwohnern volkreichsten Staat des Kontinents. *Lingala* und *Kikongo* im Kongo, *Fanagalo* oder *Famakalo* (vgl. Drei-
zehntes Kapitel, oft *Kitchen Kaffir* »Küchensprache der
Kaffern« genannt), als »Sprache unter Tage« in den Berg-
baudistrikten Südafrikas spielen eine ähnliche Rolle, auch
*Amharisch* in Äthiopien, das dort zugleich Amtssprache ist.

Zu diesen beiden Elementen – den zahllosen Stammes-     *Sprachen der*
sprachen und den diese überlagernden Verkehrssprachen –   *Kolonialherren*
kommt als drittes Element der Einfluß der Eroberer und
ihrer Sprachen. Es ist zu erwarten, daß er mächtig ist in
einem Kontinent, der noch vor kurzem ganz überwiegend
aus europäischen Kolonien bestanden hat. Wo fremde Eroberer und Siedler in großer Zahl ins Land gekommen
sind, hat sich ihre Sprache als herrschende durchgesetzt.
Das gilt für den äußersten Norden und den äußersten
Süden des Kontinents. Im Norden haben die Araber im
7. und 8. Jahrhundert das ganze Gebiet von Ägypten im
Osten bis Marokko im Westen eingenommen; das *Arabische* hat hier die früher gesprochenen Sprachen, großenteils Berbersprachen, entweder verdrängt oder stark zurückgedrängt, und diejenigen Bewohner, die es nicht als
Muttersprache sprechen, kennen es doch als Verkehrssprache sowie als Sprache des Korans. Am südlichen Ende des
Kontinents haben burische und britische Einwanderer ihre
Sprache heimisch gemacht, in Südwestafrika (Namibia)
auch Deutsche, und *Deutsch* ist dort bis heute eine der offiziellen Landessprachen. Auch hier gilt: *Englisch* und *Kapholländisch* sind für die nicht britische oder burische Bevölkerung weitgehend allgemeine Verkehrssprachen.

In den britischen, französischen, belgischen, italieni-    *Wo die*
schen, portugiesischen Kolonien ist die Sprache der einsti-  *Muttersprache*
gen Kolonialherren nicht zur Sprache der Bevölkerungs-    *überlebte*
mehrheit geworden – um das zu bewirken, war die Zahl
der europäischen Siedler meist auch zu gering. Die Spra-

chen sind aber geblieben, besonders in den *frankophonen* Staaten, als Amtssprachen, teilweise auch als Sprachen der gebildeten Oberschicht.

*Schwarzafrika*  Wir lassen jetzt sowohl die von außen gekommene Kolonialsprache wie die in Afrika entstandenen überregionalen Verkehrssprachen beiseite und fragen nach den Sprachen des »eigentlichen« Afrika (Schwarzafrika). Es ist eine seit dem 19. Jahrhundert laufende, noch längst nicht abgeschlossene Riesenarbeit – um nicht zu sagen Sisyphusarbeit –, über tausend Sprachen, größtenteils schriftlos, aufzuzeichnen, zu ordnen, schließlich auf Bautypen und mögliche genetische Verwandtschaft zu untersuchen und dann in Familien oder ähnliche Gruppen einzuteilen. Im 19. Jahrhundert waren es zuerst Missionare, die sich dieser Aufgabe annahmen, darunter auch Deutsche. Seit etwa 1860 haben sich dann Sprachwissenschaftler mit dieser Arbeit befaßt, Wilhelm Bleek z. B., der den Namen *Bantu* für die verbreitetste Sprachengruppe Afrikas prägte (*bantu* ist das Wort für »Menschen, Leute« in vielen Bantusprachen).

Friedrich Müller, Karl Richard Lepsius lieferten erste Versuche einer Klassifizierung. Im 20. Jahrhundert hat sich die *Afrikanistik* als eigener Zweig der Sprachwissenschaft etabliert, in der ersten Jahrhunderthälfte in Deutschland, Frankreich, England; in der zweiten sind amerikanische Forscher in den Vordergrund getreten, und die heute weitgehend anerkannte Großeinteilung geht auf einen Amerikaner zurück, Joseph Greenberg, dessen Einteilung aus dem Jahre 1955 stammt, eine korrigierte Version aus dem Jahre 1963.

*Gesicherte*  Beginnen wir an der Peripherie. Hier war dreierlei schon
*Grobeinteilung*  seit dem vorigen Jahrhundert nicht mehr umstritten:

1. die den Norden einnehmende *afroasiatische* Sprachfamilie, die ich im vorigen Kapitel beschrieben habe;

2. die Erkenntnis, daß die Sprache der Insel Madagaskar, das *Madagassische* (*Malagassi,* frz. *Malgache* genannt) außerhalb dieser Einteilung bleiben muß, weil sie zu den malayo-polynesischen, also pazifischen Sprachen gehört;

3. die Existenz einer gesonderten Gruppe im Südwesten Afrikas, bestehend aus den Sprachen der Buschmänner und der Hottentotten, die man seit 1930 unter dem Namen *Khoisan-Sprachen* zusammenfaßt.

Für den Hauptteil des Kontinents wird heute, im An- *Zwei Großgruppen*
schluß an Greenberg, eine Einteilung in zwei Großgruppen vorgenommen: *nilo-saharanische* Sprachen, *niger-
kordofanische* Sprachen. Wir betrachten zuerst diese beiden, am Schluß die Gruppe der Khoisan-Sprachen.

Ein Vorbehalt ist jedoch angezeigt: Sowohl die Einteilung in Großgruppen (*superfamilies,* Überfamilien) wie
die in Untergruppen, erst recht die Einordnung der Einzelsprachen ist vielfach als »tentativ« zu betrachten (nähe-
rungsweise, provisorisch, wie man in Anlehnung an das
englische *tentative* heute sagt). In deutschen und französischen Werken findet man andere Einteilungen als in englischen, etwa (abgesehen von der Khoisan-Gruppe) die beiden Hauptabteilungen Sudansprachen und Bantusprachen, wobei die Sudansprachen in eine westliche Abtei-
lung *Niger-Kongo-Familie* und eine östliche, genannt
*Nil-Sahara-Familie,* zerfallen. Wie man sieht, ist dies –
wenn man von der Aussonderung der Bantusprachen absieht –, eine ähnliche Einteilung. Es gibt noch weitere Vorbehalte, die derjenige beachten muß, der sich etwas näher
mit dem Thema befassen möchte: Einmal sind die Benennungen der Einzelsprachen nicht selten schwankend, man
nennt die Sprache mal mit dem Namen des (oder eines)
Stammes, der sie spricht, mal mit einer eigenen (der betreffenden Sprache, eventuell auch einer Nachbarsprache ent-
nommenen) Bezeichnung; mal nach dem Gebiet, in dem
sie gesprochen wird. Zum zweiten: Sprachräume, Stam-
mesgebiete und Kulturräume hängen zwar oft eng miteinander zusammen, decken sich aber nur selten. Es gibt
Stämme, die äußerlich, ihrem Typus nach, sehr verschieden sind und ebenso verschieden nach Kulturstufe und
Lebensweise (z. B. Nomaden oder seßhafte Ackerbauern),
die dieselbe Sprache sprechen; es gibt umgekehrt Kultur-
gebiete, die relativ einheitlich, aber sprachlich zersplittert
sind. Ein Menschenleben reicht bestimmt nicht aus, die
afrikanischen Sprachen alle zu studieren; ein dickes Buch
reicht nicht aus, sie alle zu beschreiben – es müßte eher eine Bibliothek sein. Die folgenden Bemerkungen sind nicht
mehr als Streiflichter auf einiges Bemerkenswerte.

Wie der Name andeutet, sind diese Sprachen vornehm- *Nilo-saharanische*
lich im zentralen und östlichen Afrika zuhause (aber nicht *Sprachen*
in einem geschlossenen Gebiet, sondern verteilt auf zahlreiche Sprachinseln). Als Zweige werden u. a. genannt:

*Zweige der*<br>*Großgruppe*

1. *Fur-Songhai,* gesprochen am Niger in den Staaten Mali und Niger sowie im Sudan – mit den anderen Zweigen höchstens durch ein lockeres Band verknüpft;

2. *Saharanisch,* ein Bündel von Sprachen, deren bekannteste *Kanuri* heißt; gesprochen werden diese Sprachen in Nigeria, im Tschad, im Sudan (der sprachlich höchst vielfältig ist);

3. als Gruppe, deren Zuweisung zu den nilo-saharanischen Sprachen durch Greenberg umstritten ist, die Gruppe *Schari-Nil,* benannt nach den beiden Strömen, an denen sie zuhause ist. Dieser Zweig schließt vor allem zahlreiche sudanische Sprachen ein, meist unterteilt in östliche und zentrale *Sudansprachen.* Die zentrale Gruppe umfaßt eine Vielzahl von Sprachen, deren Gebiet sich über Teile des Tschad, der Zentralafrikanischen Republik, des Sudan und Zaires erstreckt. Die östliche Gruppe enthält u. a. als Mitglieder das *Nubische,* dessen Gebiet sich von Assuan weit nach Süden in den Sudan erstreckt, sowie die sogenannten *nilotischen* Sprachen, verbreitet in Uganda, Kenia, Tansania. Die sogenannten *hamito-nilotischen* Sprachen werden manchmal hier einbezogen, von anderen aber abgetrennt, weil sie oder einzelne von ihnen wie die Sprache der *Massai* Beziehungen zu den hamitischen – oder jedenfalls Ähnlichkeiten mit ihnen – aufzuweisen scheinen, z. B. kennen die Massai in ihrer Sprache das grammatische Geschlecht, das die eigentlichen nilotischen Sprachen nicht aufweisen.

Greenberg zählt allein für die Untergruppe der östlichen Sudansprachen neben Nubisch und Nilotisch acht weitere Zweige auf.

*Niger-kordofanische*<br>*Sprachen*

Der kordofanische Zweig ist verhältnismäßig unbedeutend, der andere, oft *Niger-Kongo* genannt, ist gewaltig, besonders wenn man die *Bantu*-Sprachen einschließt – gewaltig sowohl nach der Zahl der Menschen, welche diese Sprachen als Muttersprache sprechen (ca. 350 Millionen) wie auch nach der riesigen Ausdehnung des Sprachgebiets, das 32 Staaten umfaßt und südlich einer Linie, die etwa vom Kamerunberg zum Victoriasee verläuft, den ganzen Kontinent mit Ausnahme des Südwestens (Südafrika, Namibia) umfaßt. Ich gebe auch hier nur eine grobe Übersicht über die Gliederung dieser Gruppe, die Hunderte von Sprachen enthält – weil ich etwas Raum gewinnen möchte, um wenigstens einen Zweig – die Bantu-Sprachen –

und eine Sprache dieses Zweiges – nämlich Suaheli – etwas ausführlicher vorzustellen.

Man unterscheidet sechs Zweige. Jeder umfaßt Dutzende von Sprachen. Wenn diese Zweige eine *Protosprache* als gemeinsame Grundlage haben, liegt dieses Stadium vermutlich mindestens fünf Jahrtausende zurück: Seitdem haben sie sich weit voneinander entfernt, so daß verwandtschaftliche Beziehungen, erst recht ihre Art und Nähe, nur bei sorgfältigem Sammeln und Vergleichen einer Vielzahl von Merkmalen sichtbar werden können. *Gliederung der Niger-Kongo-Sprachen*

Die sechs Zweige sind:

1. ein *westatlantischer* Zweig, zuhause im Raum Senegal-Guinea; die wichtigste Einzelsprache ist hier – neben *Wolof* – *Ful (auch Fula, Fulani, Fulbe)* genannt, von Nomaden bis weit ostwärts in den Tschad hinein gesprochen (bei den überregionalen Verkehrssprachen aufgeführt). *Westatlantisch*

2. *Mande* oder *Mandingo,* ein Zweig, dessen Sprachen im Raum Mali-Guinea zuhause sind; die wichtigste heißt *Malinke.* Eine Besonderheit dieser Sprachen besteht darin, daß es zwei Klassen von Substantiven gibt (die grammatisch verschieden zu behandeln sind): eine für Dinge, die einem unveräußerlich zugehören wie die Organe des eigenen Körpers oder Anverwandte; die andere für »übertragbare« Dinge, die man auch weggeben, verkaufen, wegwerfen kann. Noch bemerkenswerter ist, daß diese Sprachen vom Ton, von der Intonation Gebrauch machen, zwar vergleichbar den Tönen des Chinesischen (siehe dort), doch in anderer Funktion: zwei chinesische Wörter, lautlich sonst völlig gleich in der Abfolge von Konsonanten und Vokalen, haben eine ganz verschiedene Bedeutung abhängig davon, ob sie im ersten, zweiten, dritten oder vierten Ton ausgesprochen werden. In den Mande-Sprachen bewirken die verschiedenen Töne nicht *semantische* (Bedeutungs-) Unterschiede, sondern sind ein Mittel der *Grammatik.* Eine Reihe von Mande-Sprachen hat eigene Schriften entwickelt, deren Einheit die Silbe ist. *Mande*

3. *Voltasprachen* (auch *Gur* genannt), zuhause in Burkina Faso (früher Obervolta), Ghana, der Elfenbeinküste. Die wichtigsten Einzelsprachen heißen *More* und *Senufo.* Diese Sprachen sind *Klassensprachen* (ein Begriff, den ich unten noch näher erläutere): Sie teilen die Substantive in verschiedene Klassen ein (z.B. Menschen, Tiere, Flüssigkeiten) und kennzeichnen alle Wörter einer Klasse mit ei- *Volta*

## Allgemeine Redewendungen.

Herr: aféto̟, amegã̂. — Frau, Fräulein aféno̟.

a) **Abschiednehmen.**

Es wird dunkel, ich will nach Hause gehen zã̀ lè dodóm, máyi afé.
Bleibe doch noch ein wenig! no̟ anyí víe!
Nein, man erwartet mich zu Hause o, wóle mǫ́ kpǫ́m nám le afé me.

nem bestimmten Suffix, etwa jede Bezeichnung einer Person mit der Endung -a, im Plural -ba.

*Kwa*    4. Zur *Kwa-Gruppe,* gesprochen im tropischen Regenwald Westafrikas, gehören als verbreitetste Sprachen *Joruba (Yorube), Igbo* (oder *Ibo*), *Ewe* und *Akan*. In diesem Gebiet gab es einst mächtige Königreiche, z. B. in Benin, früher Dahomey (Namen der Sprachen: *Ewe* und *Ibo*); in Aschanti (Sprache: *Twi*); in Oyo (Sprache: *Yoruba*). Die genannten Sprachen haben alle eigene Literaturen. Auch sie machen Gebrauch von verschiedenen Tönen und weisen das Prinzip der Vokalharmonie auf, das ich beim Ungarischen erwähnt habe.

*Adamaua*    5. *Adamaua-Gruppe,* verbreitet in Zaire, Kamerun, der Zentralafrikanischen Republik. Die bekannteste Einzelsprache, *Sango* genannt, dient als Verkehrssprache in großen Teilen Zentralafrikas, eine Mischsprache, beruhend auf einem Adamaua-Dialekt, verändert durch andere Stammessprachen und auch durch französische Einflüsse.

6. Die *Benue-Kongo-Gruppe.* Mit diesem gewaltigen Zweig, der in einem Gebiet von Nigeria bis nach Südafrika lebendig ist und Hunderte von Sprachen umfaßt, kommen wir zu den *Bantu*-Sprachen. Die beiden Begriffe decken sich zwar nicht, aber die Nicht-Bantu-Sprachen (darunter *Tiv* in Nigeria und Kamerun) machen nur einen verschwindenden Anteil aus. Ich konzentriere mich deshalb auf die Bantusprachen.

*Bantu*    *Bantu* ist zugleich der Name einer großen Völkergruppe, die heute beinahe 200 Millionen Menschen zählt. Während ihre Mitglieder ethnologisch und kulturell sehr verschieden sind, lassen die von ihnen gesprochenen Sprachen eine gewisse Einheitlichkeit erkennen, und Forscher schließen daraus, daß diese Sprachen sich erst in relativ kurzer Zeit von einem Zentrum aus (wahrscheinlich im Raum Kamerun/Nigeria gelegen) über das riesige Gebiet

*Banknote der Nationalbank von Ruanda über 100 Francs. Die kleingedruckte Zeile in Kinjaruanda – der Landessprache (Bantu-Familie) – besagt, daß Fälschen von Banknoten bestraft wird. Die Kehrseite des Geldscheins ist französisch abgefaßt.*

ausgebreitet haben, das sie heute einnehmen und das ein Drittel der Fläche des ganzen Kontinents ausmacht.

Zu den weithin gemeinsamen Merkmalen dieser Sprachen gehört außer Ähnlichkeiten im Grundwortschatz, aus dem sich eine Protosprache *Ur-Bantu* rekonstruieren läßt, die Tatsache, daß die meisten von ihnen (aber nicht Suaheli) vom Ton als bedeutungsunterscheidendem Instrument Gebrauch machen: Zwei Wörter, die sonst lautmäßig ähnlich sind, haben je nach dem Ton, mit dem sie ausgesprochen werden, verschiedene Bedeutungen – wie im Chinesischen und Vietnamesischen.

Die Einzelsprachen, die nach vorwiegend geographischen Gesichtspunkten in zehn bis zwölf Gruppen eingeteilt werden können, haben großenteils Namen, die dem Europäer gänzlich unbekannt sind. Nur diejenigen, die gleichzeitig als Namen bestimmter Stämme bekannt sind wie *Zulu, Kaffrisch, Herero, Dschagga* (am Kilimandscharo) oder als geographische Bezeichnungen wie *Duala* (in Kamerun), *Lu-Ganda* oder *Luganda* (in Uganda), *Kikongo, Swasi* oder *Siswazi* (Swasiland), *Kinjaruanda,* können Assoziationen wachrufen. Wichtige Bantu-Sprachen sind auch *Ngala* (als überregionale Verkehrssprache *Lingala* genannt), *Fang, Ewondo* (manchmal als Dialekt von Fang eingestuft), *Mongo-Nkundu.* *Einteilung*

Diejenige Sprache, die ich etwas näher vorstellen möchte, weist nun gerade die Eigenschaft, eine Tonsprache zu sein, nicht auf: *Swahili* oder *Suaheli* oder *Kisuaheli* (auf die Bedeutung des Präfixes *ki* gehe ich noch ein). Ich wähle diese Sprache, weil sie in weiten Teilen Ostafrikas als Verkehrssprache benutzt wird; weil sie von der Sprachwissenschaft besser erforscht ist als die Mehrzahl der Bantuspra- *Suahili* chen; weil sie ein Kennzeichen dieser Sprachfamilie besonders deutlich erkennen läßt, und schließlich auch wegen ihrer relativen Einfachheit: sie bietet so gut wie keine Ausspracheschwierigkeiten auch für Sprecher ganz anderer Sprachen, und sie weist einen klaren, überschaubaren Aufbau auf – ein Schüler würde sagen, eine »ganz leichte« Grammatik. Im Vorwort eines englischen Lehrbuchs für den Selbstunterricht (D. V. Perrot: *Teach Yourself Swahili*) meint der Verfasser: Da es keinerlei Probleme der Aussprache und der Rechtschreibung gebe, ṣei Suahili *Die »leichteste«* möglicherweise von allen Sprachen am leichtesten zu *Sprache* lernen.

Suahili (ich verwende jetzt diese »gemischte« Schreibung, weil der mittlere Vokal heute wie [i] gesprochen wird und weil der Laut nach dem *s* eher einem englischen *w* wie in *well* als einem deutschen w gleicht, also mit den Lippen ohne Verwendung der Zähne gebildet wird) – Suahili also ist entstanden an der ostafrikanischen Küste in engem Kontakt mit den Arabern, die dort lange als Seefahrer, Kaufleute, Sklavenhändler eine tonangebende Rolle gespielt haben. Es hat deshalb eine große Zahl von Lehnwörtern aus dem Arabischen aufgenommen; das Wort *Suahili* selbst ist mit ziemlicher Sicherheit auch arabischen Ursprungs und bedeutet etwa »Küstenbewohner«.

Man könnte fragen: Verdankt die Sprache ihre wichtige Rolle als Verkehrssprache in einem großen Gebiet (u. a. in Kenia und in Tansania, dem früheren Deutsch-Ostafrika mit dem ehemals englischen, gegen Helgoland getauschten Sansibar; in beiden Ländern ist sie auch Amtssprache) der großen Einfachheit ihrer phonetischen und grammatischen Beschaffenheit – oder hat umgekehrt ihre Verwendung als *lingua franca* gerade die Vereinfachungen allmählich herbeigeführt? Man darf wohl annehmen, daß beide Faktoren wechselseitig eingewirkt haben.

Und was bedeutet das *Ki* in *Kisuahili?* Diese Frage führt uns auf die Besonderheit des Sprachbaus, die ich vor allem vor Augen führen möchte: auf die sogenannten Klassenpräfixe.

*Klassenpräfigierung* Die Sprache teilt ihren gesamten Bestand an Substantiven in acht Klassen ein. Die Klasse I umfaßt Personen. Jedes Substantiv, das einen Menschen bezeichnet, erhält im Singular als Präfix ein *m* vorangestellt, im Plural *wa*. So entstehen *mtu* »Mann«, *watu* »Männer«; *mtoto* »Kind«, *watoto* »Kinder«. Dieser Klasse gehören auch an: *mwara-bu* »der Araber«, *mhindi* »der Inder«, *mkristo* »der Christ«.

Substantive, die Dinge bezeichnen, erhalten als Präfix im Singular *ki,* im Plural *vi.* Beispiele: *kisu* »(das) Messer« (es gibt keinen Artikel), *visu* »(die) Messer«; *kitabu* »Buch« (wahrscheinlich ein arabisches Lehnwort), *vitabu* »Bücher«. Dieses »Sachpräfix« steckt auch in dem Wort *Kisuahili.* *Das »Sachpräfix«*

Jedes Adjektiv oder Zahlwort, das als Attribut zum Substantiv tritt, und jedes Verb, das eine Tätigkeit des Substantivs beschreibt, erhält das Klassenpräfix des Substantivs vorangestellt; Beispiele: *-dogo* bedeutet »klein«, *-moja* »ein, eines«. »Ein kleines Messer« - in Suahili sagt man in umgekehrter Anordnung ›Messer, klein, eines‹ - heißt dann *kisu kidogo kimoja* (Beispiel aus dem genannten Lehrbuch). Aus *vitabu* (»Bücher«), *kubwa* (»groß«) und dem Zahlwort *wili* (»zwei«) entsteht: »zwei große Bücher: Bücher, große zwei« = *vitabu vikubwa viwili.* Man sieht, die Klassenkennzeichnung - die sich auch auf das zugehörige Verb erstreckt - schließt ein Herumtappen »Was gehört zu wem?«, wie es der ratlose Schüler meist vor einem längeren lateinischen Satz erlebt, völlig aus.

Außer Präfixen benutzt die Sprache auch Infixe (eingeschobene Bildungssilben) und Suffixe (angehängte Bildungssilben) in ähnlich »praktischer« Weise. Es gibt auch eine Klasse, die *-n* als Präfix hat, sowohl für den Singular wie den Plural. Beide unterscheiden sich hier also nicht. Beispiele: *ndege* »Vogel, Vögel«; *nyoka* »Schlange(n)«. Dies mag darauf hinweisen, daß sehr viele afrikanischen Sprachen einen nasalen Konsonanten, also [n], [m] oder [ŋ], gefolgt von einem weiteren Konsonanten, im Anlaut haben können.

Wer eine möglichst exotische Sprache erlernen möchte, der sollte es einmal mit Suahili - oder mit Malaiisch - versuchen.

Unter dieser Bezeichnung (manchmal auch *Khoin*) werden die Sprachen der *Buschmänner* und der *Hottentotten* zusammengefaßt. Diese Stämme leben als Jäger und Sammler im Südwesten des Kontinents. Die Sprecherzahlen betragen weniger als 100 000; diese Stämme sind durch die Bantu in Randgebiete abgedrängt. In Tansania leben zwei Sprachen, die wegen einiger auf Verwandtschaft deu- *Khoisan-Sprachen* tender Züge meist den Khoisan-Sprachen zugerechnet werden: *Sandawe* und *Hatsa.*

*Schnalzlaute*   Das Auffallende an den Khoisan-Sprachen ist die Verwendung von *Schnalzlauten* als Konsonanten: Schnalzlaute kennt auch der Europäer, mindestens benutzt er zwei: einen, der gebildet wird, indem die Zunge sich erst gegen die Rückseite der Schneidezähne saugend andrückt und dann löst, wobei der Laut entsteht, der in Romanen meist mit »Ts, ts …« wiedergegeben wird und der Erstaunen, untermischt mit Mißbilligung kundgibt; der andere entsteht weiter oben und hinten am Gaumen und wird in vielen Gegenden gegenüber Pferden verwendet. In den Khoisansprachen gibt es vier Schnalzlaute, und sie sind normale Bestandteile von Wörtern.

Die Klassifizierung dieser Sprachen – außer durch das gemeinsame Merkmal der Schnalzlaute, die auch Eingang in einige benachbarte Sprachen gefunden haben – ist umstritten. Meist unterscheidet man eine nördliche, eine mittlere und eine südliche Gruppe, deren grammatische Beschaffenheit sehr verschieden ist, so daß es fragwürdig bleibt, wenn man alle drei als eine Familie zusammenfaßt.

*Nachlese*   Wie angekündigt stelle ich am Schluß dieses Kapitels fest, welche Sprachen nicht behandelt oder allenfalls kurz erwähnt worden sind.

In Asien habe ich die *paläosibirischen* Sprachen weggelassen, beheimatet im äußersten Osten Sibiriens, möglicherweise verwandt mit den *eskimoischen* Sprachen, die ich ebenfalls nicht besprochen habe.

Aus dem Pazifik habe ich nicht erwähnt die Sprache der *Ainu,* der Ureinwohner Japans, und die auf der Inselgruppe der Andamanen (zwischen Indien und Malaysia) beheimatete *andamanische* Sprachfamilie. *Koreanisch* und *Japanisch,* zwei eigenständige, keiner Großfamilie zugeordnete Sprachen, habe ich nur gestreift. Im Pazifik habe ich ferner unerwähnt gelassen die Sprachen Papua-Neuguineas (*Papua*-Sprachen, eine sehr mannigfaltige Gruppe) sowie die Sprachen der Ureinwohner von Neuseeland (der *Maori*) und von Australien.

Nicht behandelt sind in diesem Kapitel tote Sprachen, deren wichtigste bereits zu Beginn dieses Buches besprochen wurden.

# ZWÖLFTES KAPITEL

# Haupttypen des Sprachbaus

In diesem Kapitel werden wir auf Glatteis geraten. Bisher konnte ich im allgemeinen über Dinge berichten, die in der Sprachwissenschaft weitgehend anerkannt sind – wenn ich sie auch vereinfacht darstelle, sie auswähle nach Gesichtspunkten der Bedeutsamkeit (man muß nicht alles wissen), der »Interessantheit« (das Buch soll nicht langweilig sein) und der Ökonomie (das Buch darf nicht zu dick werden). Jetzt kommen wir auf ein Gebiet, bei dem ich wenig allseits anerkannten und allen einleuchtenden Wissensbestand vorfinde.

Wie das? Habe ich nicht beim Durchmustern der natürlichen Sprachen der Welt (es gibt auch künstliche; sie sind im Schlußkapitel behandelt) ab und zu Typenbegriffe gebraucht, die sich auf die Bauart einer Sprache beziehen? Habe ich etwa nicht geschrieben, das Ungarische und das Türkische seien *agglutinierende* (wörtlich: »anleimende«) Sprachen? Doch, das habe ich. Wir wollen auch hier zunächst von den weitverbreiteten, wohl auch manchem Leser vertrauten Typen ausgehen. Ich will sie erst skizzenhaft definieren oder kennzeichnen, danach aber sie in Frage stellen oder jedenfalls relativieren.

Es handelt sich um sechs Begriffe. Sie gehen im Kern schon auf August Wilhelm Schlegel zurück (*Observations sur la langue et la littérature provençales,* Paris 1818) sowie auf Wilhelm von Humboldts Schrift »Über die Verschiedenheit des menschlichen Sprachbaus …«, 1830, die ich bei Benjamin Lee Whorf im Abschnitt »Indianische Sprachen« (Elftes Kapitel) erwähnt habe.

*Flexion* heißt »Beugung«. Flexion nennt man die Erscheinung, daß Wörter einer Sprache (jedenfalls bestimmte Wortarten) in verschiedenen Formen auftreten, die den Bedeutungsgehalt des Wortes – so scheint es – abwandeln (wenn auch unter Beibehaltung der Grundbedeutung) und/oder die im Satz die Beziehung des betreffenden Wortes zu anderen Wörtern oder Satzteilen kennzeichnen. Ein Beispiel: *In nomine patris …* beginnt die ehrwürdige

*Links: August Wilhelm von Schlegel (1767-1845), bis heute berühmt durch seine Übersetzungen, besonders Shakespeares, betrachtete als einer der ersten Sprachen auf ihren Bautypus hin (Zeichnung von F. A. Tischbein). Sein Bruder Friedrich von Schlegel mit seinem Werk über die Sprache und Weisheit der Inder ist im Zweiten Kapitel erwähnt. Rechts: Der preußische Staatsmann und Gelehrte Wilhelm von Humboldt (1767-1835), Bruder des Naturforschers Alexander von Humboldt, Gründer der Berliner Universität, einer der Begründer der vergleichenden Sprachwissenschaft.*

lateinische Formel des christlichen Pfarrers. »Im Namen des Vaters …«. *nomine* ist Ablativ zu *nomen*. Die Endung *-e* macht das klar; sie zeigt, daß das Wort zur Präposition *in* gehört, die ursprünglich ein rein räumliches Darin-Sein meint und hier in einem erweiterten, übertragenen Sinne gebraucht wird. *patris* ist Genitiv zu *pater*. Das Grundwort ist verändert, aber noch klar erkennbar. Die Endung *-is* zeigt an, daß hier ein Besitz- und Zugehörigkeitsverhältnis vorliegt.

Trifft das auch für das Deutsche zu? Ja. In »im« ist die Präposition »in« mit dem männlichen bestimmten Artikel im Dativ – »dem« – verschmolzen. Der Dativ muß auf die Präposition »in« folgen, wenn ein Zustand (und nicht ein zielgerichtetes Geschehen) bezeichnet werden soll: »Inge ist *im (= in dem)* Garten«; »Inge geht in *den* Garten«. – Damit diese Kennzeichnung erkennbar ist, müssen »im« und »Namen« – bei aller Freiheit der deutschen Wortstellung – nahe zusammen bleiben. Das Zugehörigkeitsverhältnis wird in »des Vaters« sowohl durch den Artikel im Genitiv »des« wie durch die Endung »s« gekennzeichnet.

Noch ein Beispiel, diesmal aus der *Konjugation* (die neben der *Deklination* die zweite Hauptform der Flexion darstellt; daneben kommt noch die *Komparation* – Steigerung – des Adjektivs in Betracht). Ich nehme es wiederum aus dem Lateinischen, weil die Flexion hier besonders klar ausgeprägt ist. *Quidquid agis* beginnt eine lateinische Sentenz. *agis,* von *agere* »handeln«, zeigt durch seine »gebeugte« Form an: 2. Person Singular, Präsens, Aktiv, Indikativ: »du handelst, du tust«. Man beachte, mit wie vielen Aufgaben die simplen zwei Buchstaben *-is* befrachtet sind!

Im Deutschen gilt Entsprechendes für die Verbalform: »tust«. Vollständig lautet der Satz: *Quidquid agis prudenter agas et respice finem:* »Was immer du tust, handle klug und bedenke das Ende (d. h. den Ausgang, das Ergebnis)!«

Flektierend kann man hiernach eine Sprache nennen, die sich in deutlich erkennbarer Weise – d. h. durchgehend oder überwiegend – der eben geschilderten Mittel zur Bildung von Wortformen bedient. Sanskrit, Altgriechisch, Latein gehören hierher; Deutsch auch, aber in abgeschwächtem Maße.

»Anleimen« können wir auch im Deutschen. Unser Wort »miteinander« ist nichts als eine Anleimung *(Agglutination)* der beiden Wörter »mit« und »einander«; beide können auch allein vorkommen, und die Schreibung »mit einander« wäre übrigens genauso klar verständlich. Parallel im Französischen: Das Wort *aujourd'hui* enthält vier miteinander »verleimte«, auch selbständig lebensfähige Wörter; getrennt geschrieben *au jour de hui,* »am Tage von heute, am heutigen Tage« behalten sie ihren Sinn.

*Agglutinierende Sprachen*

Eine Sprache als ganze kann man allerdings erst agglutinierend nennen, wenn sie sich des Mittels der Agglutination in hervortretender Weise bedient – und insbesondere da, wo andere Sprachen das Instrument der Flexion einsetzen. Aus dem türkischen Wort *ev* »Haus« wird durch Anleimen von *im* (Possessiv-Suffix = »mein«) *evim* »mein Haus«; das Plural anzeigende Suffix *-ler* kann hinzukommen. So entstehen *evler* »(die) Häuser« und *evlerim* »meine Häuser«. Man beachte, daß jede dieser Endungen nur eine Bedeutung anzeigt, und daß sie – in fest geregelter Reihenfolge, versteht sich – hintereinandergeleimt werden.

Hier böte sich vielleicht ein Beispiel aus dem Chinesischen (aber nur dem »klassischen«) an, doch kann auch ein Beispiel aus dem Englischen dienen: *The hunter pursues the bear.* In *pursues* haben wir allerdings ein flektiertes Wort – einer der Reste von Flexion, die beim englischen Verbum noch geblieben sind –, nur die 3. Person Singular im Präsens wird hier markiert, für alle übrigen Personen bleibt der Verbalstamm unverändert: *I pursue, you pursue* usw.; in der Vergangenheit fällt die Sondermarkierung der dritten Person durch *-s* weg.

*Isolierende Sprachen*

Das Akkusativobjekt *the bear* »den Bären« unterscheidet sich in nichts vom Nominativ *the bear* »der Bär«. Warum ist der Satz trotzdem eindeutig? Nur auf Grund seiner Wortstellung! Stellen wir ihn um: *The bear pursues the hunter,* so wird der Jäger vom Verfolger zum Verfolgten.

Von einer *isolierenden* Sprache spricht man, wenn sie ihre Wörter nicht durch Flexion verändert (das Englische hat Reste einer ursprünglich sehr reichen Flexion), aber auch nicht durch Agglutinierung verlängert. Die Sätze bestehen aus einer Folge von unverändert bleibenden, grundsätzlich unveränderlichen Wörtern, und zwar – muß man hinzufügen – von Wortstämmen, oder, noch strenger, nur von Wurzeln. Wie vermag eine so verfahrende Sprache die Beziehungen der Wörter im Satz klarzumachen? Soweit die Wortstellung nicht ausreicht, verwendet sie grammatische Hilfswörter (die aber nicht mit dem zugehörigen Wort verschmelzen) und bezeichnet so Unterschiede des Tempus, der Beziehungen und vieles andere. In vielen Fällen geht das auch im Deutschen: Statt »ich werde nach Freiburg fahren« kann ich auch sagen »ich fahre morgen« (oder »demnächst«) »nach Freiburg« und so das Verbum im Präsens stehen lassen. Eine noch stärkere Annäherung an den isolierenden Typus bilden im »Gastarbeiterdeutsch« auftretende Sätze, in denen das Verbum unflektiert im Infinitiv bleibt: »Ich morgen fahren Freiburg.«

*Polysynthetische* Der vierte Typenbegriff ist dem Laien weniger geläufig.
*Sprachen* Dieser Typus wird, vielleicht etwas anschaulicher, auch *inkorporierend* oder »einverleibend« genannt. Sprachen dieser Art fallen dadurch auf, daß sie die Einheit, die wir »Wort« nennen, durch Anfügen oder Einfügen stark ausweiten: Mit einem Wortstamm werden so viele lexikalische und/oder grammatische Elemente verbunden, daß vieles, was wir in einem Satz ausdrücken, dort in ein einziges Wort zusammengepreßt (oder -gefügt) erscheint. Dieser Zug findet sich vorwiegend in Sprachen, die den europäischen fernstehen: Eskimo- und Indianersprachen. Eine annähernde Vorstellung kann auch ein deutsches Beispiel erwecken. Eine Frau nennt ihren Mann, dessen Arbeitswut sie stört, einen »Tag-und-Nacht-am-Schreibtisch-Hokker«. Hier sind sechs sonst selbständige Wörter, darunter ein zweiteiliges Kompositum, *ad hoc* zu einem Wort zusammengefügt. Im Englischen findet man das häufiger. Für das Französische könnte man fragen, ob nicht die

Intonation, die Sprechweise französischer Sätze, in der das einzelne Wort kaum noch (akustisch) isolierbar ist ([ilnəmələpadi] = *il ne me l'a pas dit*), eine Tendenz zu diesem Sprachtypus hin erkennen läßt.

Diese beiden Begriffe, die ein Gegensatzpaar bilden und deshalb am besten zusammen betrachtet werden können, wurden von Schlegel, der sie eingeführt hat, nur auf die flektierenden Sprachen gemünzt. Damit wollte er darauf aufmerksam machen, daß es möglich ist, die Flexion, z. B. die Bildung der Tempora beim Verbum, mit Hilfsverben zu bewirken: deutsch »ich trage« - »ich werde tragen« (analytisches Verfahren), aber auch durch Formveränderungen (morphologische Markierungen) am Wortstamm »ich trage« - »ich trug« (synthetisches Verfahren). Daß ich zwei deutsche Beispiele genommen habe, deutet darauf, daß in den meisten europäischen Sprachen beide Mittel verwendet werden, häufig aber bei Überwiegen des einen; im Lateinischen z. B. überwiegt stark das synthetische Verfahren (*video* »ich sehe«; *vidi* »ich sah«; *vidisset* »er hätte gesehen« usw.).

*Analytischer und synthetischer Sprachbau*

Man kann das Begriffspaar analytisch/synthetisch anstatt nur auf das Verfahren der Flexion auch auf den Bau einer Sprache im ganzen anwenden, und das geschieht neuerdings häufig. *Analytisch* nennt man eine Sprache, wenn sie ihre Elemente - vor allem die Wurzeln - säuberlich auseinanderhält (dies tun am konsequentesten die isolierenden Sprachen), so daß »isolierend« hier die reinste Verkörperung analytischen Sprachbaus bezeichnet, während alle anderen Sprachen - vielleicht in aufsteigender Reihe: flektierend, agglutinierend, polysynthetisch - *synthetischen* Bau zeigen.

Soweit die - nur skizzenhafte - Umschreibung der gängigen Hauptbegriffe. Jeder, der mehrere Sprachen kennt und vergleicht, wird in den Sprachen die eben geschilderten Züge mehr oder minder stark ausgeprägt finden. Sind diese Begriffe also brauchbar? Zur vorläufigen groben Orientierung gewiß. Bieten sie auch die Basis, um Sprachen wissenschaftlich nach Bautypen zu klassifizieren? Die damit gestellte Frage lautet: Kann man die Sprachen der Erde, nachdem man sie (bescheidener: möglichst viele von ihnen) zunächst einmal studiert und unter verschiedensten Gesichtspunkten möglichst exakt beschrieben hat, nach den dabei erkannten Merkmalen in bestimmte Grundtypen einteilen?

*Genetische Verwandtschaft und typologische Einteilung*

Diese Frage steht *neben* der früher von uns ausführlich behandelten nach der Verwandtschaft von Sprachen auf Grund ihrer Abstammung. Beide Fragen müssen auseinandergehalten werden – aus zwei Gründen. Einmal ist es offenbar möglich, daß Sprachen in verschiedenen Weltteilen, für deren genetische Verwandtschaft es keinerlei Anhaltspunkte gibt, im Bau einander ähneln. Der zweite Grund: Man kann zwar vermuten, daß eng verwandte Sprachen auch ausgeprägte Ähnlichkeit im Sprachbau zeigen. Es könnte aber doch sein – und es ist so! –, daß Sprachen, die einer gemeinsamen Ursprache entsprossen sind, sich im Laufe langer Zeiträume ganz verschieden entwickeln und dabei auch ihre Struktur, ihren Bautypus, verändern!

*Argumente gegen die traditionelle Einteilung*

*Idealtypus*

Ich habe angekündigt, daß man die hergebrachte Einteilung in Haupttypen in Frage stellen muß. Dazu möchte ich jetzt eine Reihe von Argumenten zusammenstellen.

1. Der Eindruck drängt sich geradezu auf, daß es kaum möglich ist, eine absolute, *divisische,* d. h. sauber trennende Einteilung zu finden, die einige Schubladen bereithält und dann jede Sprache in eine davon (und nur in eine) einsortiert. Es ist eher so, daß viele Sprachen Merkmale mehrerer Haupttypen in jeweils bestimmtem Mischungsverhältnis aufweisen. Man muß also solche Typenbegriffe als Idealtypen – ein von dem deutschen Soziologen Max Weber geprägter, überaus brauchbarer Begriff – sehen, d. h. Typen, die in reiner, vollkommener Form kaum irgendwo in der Wirklichkeit vorkommen, aber doch zum Erfassen der Wirklichkeit nützlich sind, weil alle lebenden Sprachen sich jeweils einem Typus mehr oder weniger stark annähern.

So, freilich mit einem Körnchen Salz, wird ein Satz sinnvoll wie etwa: Das Englische, in früheren Stufen seiner Entwicklung eine Sprache mit reich ausgebildeter, großenteils synthetischer Flexion (man denke an die starken Verben wie *I speak, I spoke* – früher *spake* –, *I have spoken*) hat heute die Flexion großenteils abgebaut. Soweit noch erhalten, bewirkt sie die Flexion überwiegend mit analytischen Mitteln *(of the father, to the father).* Man kann das Englische heute als weitgehend analytische Sprache bezeichnen mit erkennbaren Tendenzen zum isolierenden Typus hin.

2. Man kann fragen, ob die typologischen Hauptbegriffe nicht vielleicht etwas einseitig auf die jeweiligen *Schrift*-sprachen bezogen sind. Müßte nicht das Französische ganz verschieden klassifiziert werden, je nachdem ob man die gesprochene oder die geschriebene Sprache betrachtet? So weist z. B. die Schrift bei den Formen *tu chantais, il chantait, ils chantaient* deutlich die Flexionsendungen aus, doch im gesprochenen Französisch klingen alle diese Formen gleich! Ebenso bei der Pluralmarkierung: *jolie fille - jolies filles;* die Schrift zeigt das Plural *-s;* beim Sprechen fällt es - außer bei *liaison* - unter den Tisch.

*Gesprochene Sprache/ Schriftsprache*

3. Treten wir im Geist einen Schritt zurück und fragen: Was wird bei der beschriebenen Typisierung eigentlich zum Kriterium der Einteilung gemacht? Offenbar Merkmale, die sich - vereinfacht gesprochen - auf die Form der Wörter und (als Konsequenz davon) auf den Satzbau beziehen. Die Sprachen werden hier in erster Linie nach ihren Wortformen (Morphologie) eingeteilt. Strenger genommen müßte man hier zwei Fragen auseinanderhalten: a) Wie bildet die Sprache ihre Wörter? Welche Verfahren der Zusammensetzung *(Komposition),* der Ableitung *(Derivation)* läßt sie zu, welche nicht? b) Wie markiert die Sprache grammatische Merkmale: Verändert sie die Form der Wörter? Wie macht sie das? Verändert sie den Stamm (»trage - trägst«: Umlaut; »gebe - gab«: Ablaut; »mag - mochte«, »schneide - schnitt«: Konsonantenwechsel - oder fügt sie Endungen an: »finde - findest«)? Die beiden Phänomene, Wortbildung einerseits, grammatische Formenbildung andererseits, hängen natürlich zusammen, müssen aber gleichwohl unterschieden werden.

*Was soll verglichen werden?*

Hier ist eine Einschaltung angebracht, ein Hinweis auf eine Erscheinung, die unsere Aufmerksamkeit verdient. Die Endung »-est«, an den Wortstamm »find-« gehängt, erfüllt mehrere Aufgaben. Sie zeigt an, daß es sich um die zweite (die angeredete) Person handelt, um *eine* Person - nicht mehrere, und um die Gegenwart. Die Synthese von Stamm und Endung trägt mehrere Bedeutungen zugleich; man nennt das *Polysemie.* In anderen Sprachen, vor allem den sogenannten agglutinierenden, trägt jedes hinzutretende Suffix eine einzige Bedeutung (und stets nur diese); für eine weitere Bedeutung ist ein weiteres Suffix anzuhängen.

*Polysemie/ Monosemie*

Jeder Syntheseschritt ist hier eindeutig *(Monosemie)*. Diese Unterscheidung, auf deren Wichtigkeit für die Typologie Th. Vennemann hingewiesen hat, bezieht sich weniger auf die Form als auf die Bedeutung; sie ist ein *semantischer* Vergleichspunkt (Parameter) im Unterschied zu *formalen*.

*Phonologie*     Zurück zur Hauptfrage: Was soll verglichen werden? Ist es denn selbstverständlich, daß man Sprachen nach morphologischen Merkmalen einteilen soll? Sollte man sie z. B. nicht auch nach ihrem Lautsystem vergleichen? (Von einem Vergleich nach der Frage: Wie viele Wörter umfaßt der Wortschatz verschiedener Sprachen? sehe ich hier ab, er ist zu problematisch.) *Lautsystem,* etwas präziser aufgefaßt, kann bedeuten: Man vergleiche die Sprachen phonetisch und phonologisch. Das ist ein Unterschied. *Phonetik* ist eine Naturwissenschaft. Sie untersucht die Sprachlaute physiologisch – nach der Art und Weise ihres Zustandekommens in den Sprechorganen bzw. ihrer Analyse in den Hörorganen – sowie physikalisch, indem sie z. B. Schwingungsdiagramme aufzeichnet (instrumentale oder experimentelle Phonetik). *Phonologie* dagegen betrachtet die Laute unter dem Gesichtspunkt: Welche der (fast unzähligen) Laute und Lautvarianten, die der Mensch hervorbringen kann, dienen in einer bestimmten Sprache als bedeutungsunterscheidende Merkmale (als *Phoneme*)? Sie betrachtet die Laute als Bestandteile eines Systems, in dem jedes Element seinen Platz auf Grund seiner Einordnung und seiner Beziehung zu anderen Elementen einnimmt. Erst ein solches System, das häufig mit *Oppositionen* (langer Vokal/kurzer Vokal; stimmloser/stimmhafter Konsonant) arbeitet, macht eine Sprache funktionsfähig.

Einige einfache Beispiele für Fragen, die unter solchen Gesichtspunkten zu stellen wären: Hat die Sprache X nur die fünf Grundvokale *a, e, i, o, u* (manche wie das Arabische haben nicht einmal alle diese fünf), oder hat sie weitere – wie etwa Umlaut *ö,* wie Nasallaut [õ]? Hat sie Diphthonge – welche – wieviele? Werden diese auf dem ersten Bestandteil betont wie im deutschen »Mai« oder auf dem zweiten wie in französisch *trois?* Hat sie zwei Gaumenlaute, einen stimmhaften, einen stimmlosen, die in »Opposition« stehen, d. h. verschiedene Bedeutungen markieren wie in »Gasse« gegenüber »Kasse«? Hat sie vielleicht drei solcher Laute, unterscheidet sie ein stimmhaftes s [z] und ein stimmloses [s] von einem »emphati-

schen«? Diese Andeutungen sollen genügen, um klarzumachen, daß beim Einteilen von Sprachen Phonetik und
Phonologie (auch *Phonemik, Phonematik*) nicht außer Betracht bleiben sollten.

4. Angenommen, man hätte sich darauf geeinigt, welche    *Gewichtung*
Merkmale für die Zuordnung einer Sprache zu einem bestimmten Typus berücksichtigt werden bzw. ausschlaggebend sein sollen (es müßte wohl eine nicht kleine Anzahl
von Merkmalen sein). Dann entsteht die Frage der Gewichtung: Wie stark sollen bestimmte Merkmale bei der
Auswertung ins Gewicht fallen? Angenommen, eine Sprache hätte beim Nomen ein reiches Flexionssystem, beim
Verbum aber nur Rudimente eines solchen: Was soll dann
ausschlaggebend sein? Oder muß man die Teilsysteme
einer Sprache überhaupt jedes für sich studieren und behandeln?

5. Die letztere Frage leitet hinüber zu einer weiteren:    *Quantifizierung*
Wenn ein Typensystem Anspruch auf Exaktheit erheben
will - muß es dann nicht zahlenmäßige, quantifizierbare
Parameter einführen? Genügt es denn, zu sagen, eine Sprache zeige »überwiegend« das Merkmal X? Muß man es
nicht genauer sagen? Vorschläge mit diesem Ziel sind gemacht worden. Man muß sich dabei für eine begrenzte Anzahl von Kriterien entscheiden, die zweckmäßigerweise zu
Gegensatzpaaren zusammengestellt werden, damit man
die Häufigkeit durch einen Quotienten ausdrücken kann.
Wie verhält sich die Zahl der Wörter (W) zur Zahl der
Morpheme (M), d.h. der kleinsten bedeutungtragenden
Einheiten? Ergibt sich hier ein Wert, der nahe an 1 liegt (etwa 0,92), so sagt das: Es handelt sich um eine Sprache, die
fast nur Wörter hat, welche aus einem einzigen Morphem
(einer Wurzel also) bestehen - eine extrem isolierende
Sprache.

Ich fürchte, jetzt wird es zu abstrakt, ich sollte hier ab-
brechen. Soviel noch: Auf dem angedeuteten Wege kann
man Koeffizienten für eine Reihe solcher Merkmalspaare
ermitteln, sie dann für ausgewählte Sprachen in einer Tabelle (Matrix) anordnen; man kann auch *Distanzen,* sozusagen »Fremdheitsindikatoren«, zwischen Sprache X und
Sprache Y errechnen. Das so entstehende Zahlenmaterial
ist allerdings für den Laien - der die angewandten Methoden nicht durchschauen kann - fast inhaltsleer, jedenfalls
wenig aussagekräftig.

*Weitere Vorbehalte*    6. Tieferes Nachdenken läßt noch weitere Fragezeichen aufstehen, z. B.: Soll ein Typenschema für alle Sprachen der Erde gelten? Es sind doch manche Sprachen kaum ausreichend erforscht und beschrieben, um sie einordnen zu können? Kann nicht bei weiteren Fortschritten der Sprachforschung eine Sprache in den Blick kommen, die sich keinem der bisher gebrauchten Schemata fügt?

Eine andere Frage könnte lauten: Läßt sich mit solchen Methoden eigentlich das wirkliche Wesen einer Sprache, der »Sprachgeist« erfassen? Jedem, der sich einfühlend in eine Sprache versenkt, drängt sich das Gefühl auf: Hier ist keine willkürliche Ansammlung von Wörtern, Regeln, Merkmalen, vielmehr eine Individualität. Irgend etwas mächtig Wirkendes ist in dieser Sprache lebendig – das sich mit Meßverfahren und Tabellen nicht fassen läßt. »Wenn ihr's nicht fühlt, ihr werdet's nicht erjagen.«

*Links und rechts*    7. Ein Merkmal von Sprachen, das die Sprachwissenschaft entdeckt hat und untersucht, bezieht sich auf die Frage, ob die Sprache ihre Sätze nach links oder rechts konstruiert; man unterscheidet linksverzweigende *(linksrekursive)* und rechtsverzweigende *(rechtsrekursive)* Konstruktion. Im Deutschen, um den Unterschied durch ein einfaches Beispiel anzudeuten, steht das Adjektiv, das ein Substantiv als Attribut begleitet, in aller Regel links vor diesem: »eine alberne Ausrede«. Tritt ein Adverb zum Adjektiv, wird dieses wiederum links davorgesetzt: »eine höchst alberne Angelegenheit«. Schon im benachbarten Französisch dagegen ist eher das nachgestellte Adjektiv häufiger: »die blaue Stunde« ist dort *l'heure bleue.* Und auf Suahili, wie ich früher erwähnt habe, sagt man statt »zwei kleine Messer«: ›Messer, kleine, zwei‹. Rechtsverzweigend konstruiert das Deutsche, wenn ein Relativsatz einzubauen ist: Er steht nach seinem Bezugswort, also rechts von diesem: »Der Zeuge, der den Unfall beobachtet hat …«

Es gibt Sprachen, in denen die Satzfolge Subjekt – Verbum – Objekt die Regel ist, im Deutschen: »Der Hund jagt den Hasen«. Es gibt Sprachen wie das Türkische oder das Japanische, die das Verbum ans Satzende stellen (was das Deutsche im abhängigen Nebensatz auch tut: »… der den Unfall beobachtet hat«).

Dies als kurzer Hinweis auf weitere Kriterien, mit denen man Sprachen untersuchen und nach denen man sie einteilen kann.

*Sprachtyp und Sprachwandel*

Ein Argument, das schon gestreift wurde: Gehört eine Sprache ein für allemal einem bestimmten Typus zu? Die Antwort lautet: nein. Veränderungen der Struktur, etwa in der gut dokumentierten Entwicklung des Englischen, aber auch des Chinesischen, sind unverkennbar. Man könnte sogar – was eine kühne, freilich schon bei den Vätern der Typologie anklingende Spekulation darstellt – sich eine Art Zyklus denken, etwa so:

Eine Sprache – in dem geschichtlichen Augenblick, den wir als Ausgangspunkt wählen (dem frühesten, der uns zugänglich ist), zeigt deutlich analytische, isolierende Züge. Um sinnvolle, eindeutige Sätze zu bauen und dazu die Beziehungen der – als solche unveränderlichen – Wörter oder Wurzelelemente deutlich machen zu können, braucht und benutzt sie zahlreiche Hilfswörter, darunter eines, das den Plural anzeigt. Man setzt also hinter das »Baum« entsprechende Wort ein Hilfswort, das (alles angenommen) »mehrere« lautet. Man muß also sagen und schreiben ›Baum, mehrere‹, um »Bäume« auszudrücken.

Dieses *Pluralmorphem* wird nun regelmäßig nach Substantiven auftreten, besonders nach solchen, die konkrete, zählbare Dinge benennen. Im Lauf der Jahrhunderte verliert die Sprachgemeinschaft das Bewußtsein davon, daß diese Wortfolge aus zwei selbständigen Elementen besteht. Man geht dazu über, das umständliche »mehrere« zu ›*mere‹ zu verkürzen und es direkt dem Substantiv anzuhängen. Jetzt haben wir ein Pluralsuffix und einen Plural, der etwa ›*baumere‹ lautet. (Das Sternchen vor dem Wort deutet, wie erwähnt, an, daß es sich um eine bloß konstruierte Form handelt.) So wird aus der Sprache X allmählich eine agglutinierende Sprache.

Nach einem weiteren Zeitabschnitt empfindet man nicht mehr, daß ›*mere‹ bzw. ›*ere‹ das ursprünglich selbständige Wort »mehrere« darstellt. Man hält ›*ere‹ einfach für die übliche Endung der Pluralform und benutzt sie analog für eine ganze Serie von Substantiven. Damit wäre ein Schritt zur flektierenden Sprache getan.

*Zurück zum Anfang?*

Der Kreis würde sich schließen, wenn die weitere Entwicklung zu einem allmählichen Verlust der Flexionsendungen führt. Das könnte geschehen, wenn die Sprache X von einer großen Anzahl ursprünglich fremder Einwanderer benutzt und angenommen würde; sie kann dabei einen ähnlichen Flexionsverlust erleiden wie das Niederländische beim Übergang zum Kapholländischen. So könnte die Sprache, ungeachtet sonst in Wortschatz und Grammatik eingetretener Veränderungen, schließlich wieder den Typus annehmen *(isolierend),* von dem der Zyklus seinen Ausgang genommen hat. Ließe sich Derartiges eindeutig nachweisen, so wäre das ein starkes Argument gegen die *Sapir-Whorf-Hypothese* (vgl. *Indianische Sprachen*) – denn es ist unwahrscheinlich, daß das Volk, das die betreffende Sprache spricht, seine Weltsicht, sein Weltbild so entscheidend, »im Kreis herum«, verändert.

*Konklusion* Zurück auf den Boden der Tatsachen! Gegen die Gefahr gewappnet, das Problem der Klassifikation von Sprachen für schon gelöst zu halten, versucht man, sich Rechenschaft zu geben: Wie ist die Situation – und wird die Zukunft die Lösung bringen? Dazu zwei Bemerküngen, die dieses Kapitel abschließen sollen.

Über die Einteilung, die sich vielleicht eines Tages – nachdem noch mehr Sprachen noch genauer untersucht und verglichen wurden – durchsetzen wird, läßt sich voraussagen, daß sie nicht ganz einfach sein – nicht einfach aus ein paar Schubladen bestehen kann. Zu viele Aspekte sind zu berücksichtigen: rein formale (wie bisher überwiegend oder ausschließlich), phonologische, semantische und vielleicht weitere. Sie können sich in mannigfacher Weise mischen und überkreuzen, auch ineinander übergehen. Eine Sprache, die unter einem Aspekt zur Klasse A gehört, mag sich unter anderen Aspekten der Klasse B zurechnen lassen. Es wird also sicher kein einfaches Gliederungsschema herauskommen, das man auf ein Blatt Papier zeichnen könnte; eher eine drei- oder mehrdimensionale Matrix, schon weil man verschiedene Ebenen (morphologische, semantische u. a.) berücksichtigen muß, von denen gar nicht einfach zu sagen ist, wie sie (um im Bilde zu bleiben) zueinander liegen: parallel – hierarchisch geschichtet – einander berührend – einander schneidend? – Auch wird man kaum der Notwendigkeit ausweichen können, die relevanten Merkmale nach ihrem Gewicht einzustufen (zu gewichten) und damit (auch) Meß- und Rechenverfahren einzuführen, die quantitative Aussagen ermöglichen.

*Vennemanns* In der Zwischenzeit kann man sich u. a. mit der Aufgabe
*Kritik* beschäftigen, die vielfach etwas unkritisch gehandhabten Typenbegriffe abzuklopfen und, wo man Schwächen fest-

stellt, zu präzisieren oder neu zu definieren. In diese Richtung zielt eine Arbeit von Th. Vennemann (»Isolation - Agglutination - Flexion. Zur Stimmigkeit typologischer Parameter«, erschienen 1982 in einer Festschrift für H. Stimm). Sie berücksichtigt formale, funktionale und semantische Parameter (nicht phonologische, weil sie nur morphologische Typisierung behandelt). Vennemann faßt - ich kann nur ein Beispiel geben - unter dem Begriff *Synthese* fünf verschiedene Wege zusammen, auf denen Wortformen aus anderen entstehen können:

1. *Komposition:* Zusammenfügen von zwei oder mehr Elementen - die auch selbständig auftreten können - zu einem neuen Wort. Im Deutschen wimmelt es davon. Komposita entstehen u. a. aus zwei Substantiven: »Dampfmaschine«, aus Verbalstamm + Substantiv: »Treibsand«, aus zwei Adjektiven: »taubstumm«, aus zwei Verben: »sitzenbleiben« (in der Schule) usw.

2. *Reduplikation:* ganze oder teilweise Verdoppelung von Silben oder Morphemen, in grammatischer Funktion z. B. beim Perfekt des lateinischen Verbums: *tango* »ich berühre«, *tetigi* »ich berührte«. Reduplikation dient im Deutschen der bloßen Verstärkung: »soso«, »tagtäglich«, auch der Lautmalerei: »Wauwau«, »klingeling«. Sie kann einhergehen mit Wechsel des Vokals: »Mischmasch«, »Singsang«, auch eines Konsonanten: »Techtelmechtel«, »Remmidemmi«. Das Phänomen ist in vielen Sprachen zu beobachten.

3. *Affigierung:* Bildung von Wörtern und/oder Wortformen mittels Präfixen (vorangestellt): »leben - *er*leben«; Suffixen (nachgestellt): »vergangen - Vergangen*heit*«; auch Infixen (ins Wort eingefügt) und Zirkumfixen (die das Wort umspannen). Diese vier werden zusammen als *Affixe,* das Verfahren als *Affigierung* bezeichnet.

4. *Mutierung:* Unter diesem Begriff werden zusammengefaßt Vokalwechsel, also vor allem Umlaut und Ablaut: »hoch - höher«, »hebe - hob«; Konsonantenwechsel: »schneide - schnitt«; Akzentwechsel: »übersętzen - übersetzen« und Tonwechsel (in Sprachen, in denen Töne bedeutungsunterscheidende Funktion haben).

5. *Subtraktion:* Wegfall eines Lautes, im (Hoch)deutschen kaum auftretend (aber in Dialekten).

Von der mit 1. bis 5. umschriebenen Synthese unterscheidet Vennemann die *Fusion.* Sie liegt vor, wenn eine -

bereits synthetisch gebildete – Wortform eine lautliche Ab-
änderung erfährt, etwa wenn aus engl. *high* das Substantiv
*height* (»Höhe«), aus *deep* das Substantiv *depth* (»Tiefe«)
gebildet wird.

Diese und weitere Präzisierungen führen ein neues Verhältnis der altvertrauten Grundbegriffe herbei. So ist jetzt
Agglutination nichts anderes als das Merkmal *Affigierung*
(überwiegend: *Suffigierung*) kombiniert mit dem Merkmal
*Monosemie* aus der semantischen Unterscheidung. Agglutinierend ist damit eine Sprache, wenn sie reichlich von Affixen Gebrauch macht und jeder Affigierungsschritt nur
eine Bedeutung hinzufügt. Und polysynthetisch ist dann
einfach eine Sprache, die sich reichlich, d. h. in vielen Fällen und bei einem Wort häufig mehrfach, der Synthese
bedient ...

*Weitere*     Ich muß es bei diesen Andeutungen zu einem Thema,
*Typologien*  das wohl manchem zu abstrakt ist, belassen; ich kann ihm
nicht gerecht werden, ebensowenig der Arbeit von Linguisten wie G. Altmann/ W. Lehfeldt, F. N. Finck, J. H. Greenberg, H. Haarmann, E. Sapir, V. Skalička, die eigene ausge-
arbeitete Klassifikationen, Typologien, Taxonomien vorgelegt haben, auch Terminologien vorgeschlagen, die von der
hergebrachten (an die ich mich hier gehalten habe) ab-
weichen. Beides – die Systeme und die Termini – hat sich
bisher nicht allgemein durchsetzen können.

# DREIZEHNTES KAPITEL

# Pidgin- und Kreolsprachen

Im Zeitalter des Massentourismus und der Fernreisen hat vielleicht mancher schon ähnliche Erlebnisse gehabt wie diese zwei:

*Zur Erläuterung der Begriffe*
*Erste Annäherung*

Auf Curaçao, einer Insel, deren heutige Wohlhabenheit auf der riesigen Erdölraffinerie beruht, die Rohöl aus der gegenüberliegenden Bucht von Maracaibo (Venezuela) verarbeitet und die vom einstigen Charme der Insel wenig übriggelassen hat. Der schwarze Fahrer des angenehm klimatisierten Taxis schaltet sein Autoradio ein. Es gibt gerade Nachrichten. Man lauscht gespannt und zugleich irritiert. Man glaubt, niederländische Brocken, Fetzen von Spanisch zu erkennen, aber sogleich klingt alles wieder fremd, ein Sinn ist nicht zu erfassen. »Was für eine Sprache ist das?«

Der Fahrer versteht etwas Englisch und antwortet sofort: *"Papiamento"* und fügt, als er unser Nichtverstehen spürt, hinzu: *"Mixed language"*.

Autobusfahrt nach Duala, Kamerun: Der Fremdenführer, ein uralter Schwarzer, der aus der deutschen Kolonialzeit noch ein passables Deutsch bewahrt hat, gibt ab und zu dem Fahrer eine Weisung. *"Driver!"* ruft er jedesmal von der mittleren Bank, wo er sitzt – und dem folgt etwas kaum oder nicht Verständliches, ein offenbar stark »verballhorntes« Englisch – man wundert sich ein bißchen, daß der Fahrer dieses Kauderwelsch problemlos versteht und stets richtig reagiert.

Beide Erlebnisse sind Begegnungen mit einem Phänomen, von dem die Sprachwissenschaft erst in jüngster Zeit ausreichend Notiz genommen hat: auf Curaçao mit dem Papiamento; es hat mehrere Namen, wird auch *Papiam, Papiaments, Papiamentu, Curaçaoleño, Curassese* genannt und in der Fachliteratur meist als hispanokreolische Sprache eingeordnet. Im zweiten Fall begegnen wir dem in der Fachliteratur (die überwiegend in englischer oder französischer Sprache abgefaßt ist) *Cameroon Pidgin English* genannten Idiom.

Offenbar handelt es sich in beiden Fällen um Misch-

und Behelfssprachen, welche Menschen verschiedener Muttersprache zur Verständigung benutzen.

Warum spricht man einmal von *Pidgin* und einmal von *Kreolisch?* Sind das verschiedene Dinge? Und wie verhält sich dazu, was man meist *lingua franca* oder »überregionale Verkehrssprache« nennt? Diesen letzten Begriff zu erläutern, schiebe ich noch etwas auf.

Zunächst zu Pidgin und Kreolisch. Vielleicht erinnert man sich aus der Lektüre aufregender Romane und Abenteuerbücher, die im Fernen Osten des 19. Jahrhunderts oder etwas früher spielen, daß europäische Kaufleute und Seefahrer sich mit »Einheimischen«, besonders mit Chinesen, in einer *Pidgin-Englisch* genannten Hilfssprache verständigen, die, gemessen am richtigen Englisch, einen reduzierten, verstümmelten, äußerst primitiven Eindruck macht.

Lohnt es sich denn, sich mit einem solchen Randphänomen in der Welt der Sprachen zu befassen? In Walter Porzigs schönem Buch »Das Wunder der Sprache« (1950) finden sich unsere beiden Stichwörter nicht im Sachregister - auch nicht in der Neuausgabe von 1971. Und der Band »Sprachen« der Reihe »Fischer Lexikon«, bewundernswerterweise von einem einzigen Mann - Heinz F. Wendt - verfaßt, erwähnt sie ebenfalls nicht. Vielleicht, weil es keine »richtigen« Sprachen sind? Ist das Thema die Mühen einer ernsthaften Erforschung wert, und muß gar der, der gar nicht Sprachforscher sein will, darüber etwas wissen? Näheres Zusehen führt zu überraschenden Erkenntnissen. Aber zunächst möchte ich die beiden Hauptbegriffe erläutern.

*Unterschied Pidgin/Kreolisch*

*Pidgin* und *Kreolisch* bezeichnen nicht dasselbe, aber doch verwandte Erscheinungen, die aus der Begegnung und Durchmischung zweier (oder auch mehrerer) Sprachen erwachsen. Zu intensivem und länger dauerndem Kontakt verschiedener Sprachgemeinschaften kommt es gewöhnlich dann, wenn Menschen fremder Sprache in ein neues Land kommen, sei es als Sklaven, als halbfreie oder freie Wanderarbeiter, als Gastarbeiter, als Flüchtlinge - oder auch als Eroberer, Kolonisatoren, Händler, Siedler. Häufig sind die Neuankömmlinge auch unter sich unterschiedlicher Muttersprache, so etwa die Sklaven, die aus Afrika nach beiden Amerika gebracht wurden, ebenso die Gastarbeiter in heutigen europäischen Industriestaaten.

Das Vorhandensein einer mehr als zweisprachigen *(multi-lingualen)* Situation scheint eine das Entstehen von Pidgin stark begünstigende, wenn nicht sogar eine notwendige Bedingung dafür zu sein. Denn was geschieht im Regelfall bei Einwanderern? Sie versuchen mit mehr oder weniger Erfolg, sich die Landessprache anzueignen; den Alten gelingt es kaum noch perfekt, den Kindern mühelos. Während des Umstellungs- und Lernprozesses sprechen die Neulinge (angenommen in den USA) ein mit Fehlern, eventuell auch mit Wörtern ihrer Muttersprache durchsetztes Englisch; bilden sehr einfache Sätze, lassen grammatische Feinheiten weg; sagen etwa *two dog* statt *dogs, yesterday me ill* statt *I have been ill*. Dieses *foreigners' talk* ist    *Foreigners' talk* jedoch ein Übergangsstadium, an dessen Ende irgendwann die Beherrschung der neuen Sprache – und meist das allmähliche Vergessen der früheren – steht. Von einer Pidgin-Sprache spricht man nur, wenn sich eine Sprechweise, die irgendwo zwischen den beiden Sprachen angesiedelt ist, jedoch mit stark vereinfachter Grammatik und mit stark reduziertem Wortschatz, so stabilisiert, daß sie von einer größeren Anzahl von Menschen über einen längeren Zeitraum, mindestens Jahrzehnte, gesprochen und verstanden und als normales Medium der Kommunikation zwischen den Sprechern verschiedener Muttersprachen benutzt wird, wozu natürlich gehört, daß auch irgendeine Art von – wenn auch sehr einfacher – »Grammatik« vorhanden ist. Reduziert ist vor allem der Wortschatz, weil er sich gewöhnlich auf die Bereiche beschränkt, wo man sich begegnet, etwa die Arbeit auf der Plantage, im Bergwerk, im Hafen. Pidginsprachen haben kaum mehr als einige hundert bis einige tausend Wörter. Sie können also nicht dazu dienen, verwickelte Zusammenhänge oder wissenschaftliche Erkenntnisse darzulegen, ebensowenig dazu, Gedichte zu schreiben oder poetische Liebeserklärungen zu machen.

Die Pidginsprache kann in einer solchen Mittler-Rolle    *Kreolisierung* lange verharren und funktionieren. Im Verlauf von Generationen kommt sie aber meist an eine Wegscheide: Entweder die Sprecher nähern sich der offiziellen und von der Mehrheit benutzten Landessprache immer mehr an, bis ihre Sprechweise in dieser aufgeht oder vielleicht innerhalb ihrer noch als besonderer Dialekt weiterlebt. Es kann aber auch geschehen, daß Sklaven, Einwanderer, Strafgefangene, meist also eine sozial unterlegene Gruppe, beginnen, die Behelfssprache auch für den täglichen Verkehr unter sich zu benutzen. Dies wird besonders dann eintreten, wenn diese Gruppe sprachlich wiederum gemischt ist. Die heranwachsenden Kinder lernen nun in der Familie diese Sprache als ihre Muttersprache. Ihren Zweck als tägliches Verständigungsmittel in allen Situationen kann sie nur erfüllen, wenn sie ihren Wortschatz vervielfacht, ihre Ausdrucksmöglichkeiten erweitert. Sie bildet nun auch ein »festes« grammatisches System aus (»fest« in Anführung, denn in dem ewig sich wandelnden Reich der Sprache bedeutet dieses Wort soviel wie »nur allmählich, in kleinen Schritten, langfristig sich ändernd«). An dem Ausbau der Sprache zu einer der »natürlichen« gleichwertigen mit ihrem Ausdrucks- und Nuancenreichtum dürfte die nachwachsende Generation – vom Kindesalter an – einen wesentlichen Anteil leisten.

So ist nun eine »vollständige« Sprache entstanden. Sie wird vielleicht eines Tages geschrieben und in Schulen gelehrt. Aus einem Pidgin ist eine Kreolsprache geworden, aus einem Behelf eine »richtige« Sprache. *Kreolisierung* nennt man diesen Prozeß.

Der Unterschied, auf eine kurze Formel gebracht: Pidgin – Verständigungsmittel zwischen Menschen verschiedener Muttersprache mit begrenzten Aufgaben und begrenzten Mitteln, niemandes Muttersprache. Kreolisch – aus einer Pidginsprache entstandene, voll ausgebildete Sprache, Muttersprache ihrer Sprecher.

*Herkunft beider Bezeichnungen* Die beiden Benennungen bedürfen noch eines Kommentars. Das Wort *Pidgin* ist – nach einer von mehreren Theorien – im Fernen Osten entstanden und stellt eine für chinesische Zungen leichter sprechbare Abwandlung des englischen Wortes *business* dar. Nach einer anderen geht das Wort zurück auf einen Indianerstamm, von den Engländern *Pidians* genannt; das entstellte Englisch dieser Menschen soll dem Wort zugrunde liegen. Eine dritte These führt es auf das portugiesische *pequeno* »klein« zurück. *Kreolen* nannte man ursprünglich Europäer, die in den Kolonien der Neuen Welt geboren waren (im Unterschied zu neuen Einwanderern). Als Bezeichnung für eine Sprache wurde das Wort zum ersten Mal im 17. Jahrhundert benutzt, es bedeutete zuerst einfach: eine im Kolonialgebiet entstandene und gesprochene Sprache.

Das Wort habe ich schon öfters verwendet im Sinne von *Lingua franca*
»übernationale Verkehrssprache«. Als solche kann eine
Nationalsprache dienen, in der Regel die eines politisch
oder kulturell führenden Volkes. Man kann sagen, das
Lateinische sei die *lingua franca* im westlichen Römischen
Reich gewesen, das Griechische die des hellenistischen
Ostens, das Französische die *lingua franca* der europäischen Diplomatie bis tief ins 19. Jahrhundert, das Deutsche die des Habsburgischen Vielvölkerreiches usw. Der
heutige Sprachgebrauch läßt diese allgemeine Verwendung zu. Aber auch eine Behelfssprache, ja sie vor allem,
kann gemeint sein und kann die Rolle einer *lingua franca*
übernehmen – ich habe das Basarmalaiische in Teilen
des pazifischen Raumes erwähnt und werde noch weitere
Beispiele bringen.

Was bedeutet die Bezeichnung *lingua franca* aber ur- *Sprache der*
sprünglich? Wörtlich muß es doch wohl »Sprache der *Franken?*
Franken« oder »fränkische Sprache« bedeuten. Das verweist uns auf Europa. Die frühesten schriftlichen Belege
zeigen dieses Wort als Namen einer Sprache, die etwa vom
13. bis zum 18. Jahrhundert im ganzen Mittelmeerraum als
Verkehrssprache gedient hat: die früheste bekannte
Pidgin- oder Behelfssprache, zugleich die langlebigste; sie
muß als Basissprache eine der Tochtersprachen des Latein
gehabt haben. Manche Forscher nennen Italienisch, andere Provenzalisch. Möglich ist auch, daß mehrere romanische Sprachen wesentliche Anteile beigesteuert haben,
und möglich, ja wahrscheinlich ist vor allem, daß sich im
Laufe der Jahrhunderte wesentliche Wandlungen dieser
Sprache vollzogen haben, und daß sie ihren Wortschatz zu
verschiedenen Zeiten – und an verschiedenen Orten – aus
verschiedenen Sprachen aufgefüllt hat. *Relexifizierung*
nennt man das.

Als höchstwahrscheinlich ist anzunehmen, daß es sich
um eine Mischsprache gehandelt hat, die neben romanischen Wörtern zahlreiche Beimengungen aus dem Griechischen und Arabischen aufgenommen hatte. Man muß sich
vergegenwärtigen, daß der sogenannte Levantehandel etwa zwischen Venedig und dem Nahen Osten im 17. Jahrhundert in den Händen von Griechen, Arabern, syrischen
Christen, Armeniern, Italienern und vielfach von Juden
lag. Sie bedurften einer *lingua franca* ebenso dringend wie
etwa die Seeräuberstaaten in der Gegend des heutigen Ma-

rokko, Algerien, Tunesien und Libyen in der Zeit vor ihrer
Eroberung durch Franzosen und Italiener. Flüchtlinge,
Abenteurer, entlaufene Sträflinge aus zahlreichen Ländern
bemannten damals, neben Arabern, Berbern, Türken, die
lange als unbesiegbar geltenden Piratenschiffe: auch hier
scheint die ursprüngliche *lingua franca* des Mittelmeer-
raums das gemeinsame Verständigungsmittel gewesen zu
sein. Aus dieser Zeit stammt wohl der Ausdruck *Petit mau-
resque* für diese Sprache; auch *Sabir* ist sie zeitweise genannt worden.

*Die Wissenschaft*      Einzelne Männer, besonders Missionare, haben sich
*entdeckt die*   schon im 18.Jahrhundert mit der Erforschung einzelner
*Behelfssprachen*   Mischsprachen befaßt. Als einer der Väter der heute so genannten *Kreolistik* muß der Deutsche Hugo Schuchardt
(1842-1927) gelten. Er hat die schwierig zu interpretieren-
den Zeugnisse der mittelmeerischen *lingua franca* (niedergeschrieben von Europäern verschiedenster Herkunft, die
häufig ihre Muttersprache nur mangelhaft schrieben und
schon gar nicht Sprachbeobachter waren, die meist nur ein
»korruptes«, »verderbtes« Französisch, Italienisch usw.
annahmen) gesammelt und eine Reihe bahnbrechender
Arbeiten unter dem Sammeltitel »Kreolische Studien«
veröffentlicht. Seit etwa 1950 hat dieses Fach Heimatrecht
an Universitäten. 1959 gab es ein erstes internationales
Symposion über dieses Forschungsgebiet. 13 Gelehrte
nahmen teil. Heute widmen sich viele hundert Forscher
diesem Fach.

Fast überall in der Welt, wo das Eindringen europäischer Kaufleute und Eroberer die oben geschilderte Situation erzeugt hatte, sind *Pidgin*-Sprachen entstanden, und
vielfach haben sich *Kreol*sprachen daraus entwickelt, die
heute ein bestimmtes Sprachgebiet beherrschen. Je nachdem, welcher Nationalität die Eroberer waren, haben sich
Mischungen einer außereuropäischen Sprache mit dem
Englischen, Französischen, Portugiesischen, Spanischen
oder Niederländischen herausgebildet. In Afrika, besonders im Bereich der Bantu, gibt es jedoch auch Mischsprachen, an denen keine europäische Sprache Anteil hat.

*Zahl der Sprachen*      Eine von Jan F. Hancock erarbeitete Liste aller bekann-
*und ihrer Sprecher*   ten Pidgin- und Kreolsprachen führt beinahe 200 auf
(darunter einige erloschene wie das Pidgin-Englisch der
Chinaküste, das möglicherweise allen strukturell oder so-

ziologisch vergleichbaren Sprachen seinen Namen hinterlassen hat); die bekannteren haben Sprecherzahlen bis zu
mehreren Millionen.

Ich möchte jetzt aus dieser großen Zahl einige wenige
etwas ausführlicher vorstellen, und zwar zuerst solche mit
englischer Färbung (Nr. 1 bis 5), dann mit französischer
(Nr. 6 bis 9), mit portugiesisch-spanischer (Nr. 10 und 11),
solche rein indianischen Charakters (Nr. 12), rein afrikani-
sche (Nr. 13 bis 16) – bevor ich, nach einem Zwischenspiel,
dieses Kapitel mit der Behandlung der Frage abschließe,
was diese Art von Sprachen für die Linguisten so überaus
interessant macht.

1. Die sprachlichen Verhältnisse Hawaiis wähle ich als *Hawaii*
Paradebeispiel und behandle sie ausführlich, weil die Entwicklung einer Pidginsprache mit anschließender Kreolisierung hier in jüngster Vergangenheit stattgefunden hat
und gut zu übersehen ist, vor allem deswegen, weil es bis
vor kurzem noch lebende Zeugen aus den Anfangsstadien
des Prozesses gab, die man befragen, deren Sprache man
mittels Tonband aufnehmen konnte.

Die Ureinwohner der Insel sprachen eine polynesische
Sprache, aber seit dem wirtschaftlichen Aufschwung, der
1876 mit der Freigabe von Zuckerimporten in die USA begann, und der 1898 erfolgten Annexion der Insel durch die
USA hat das Englische diese Sprache praktisch vollständig
verdrängt.

Mit dem erstgenannten Jahr tritt das ein, was mit dem
16. Jahrhundert viele von Europäern eroberte tropische
Gebiete erlebt haben: planmäßiger Anbau von Agrarpro-
dukten   in unserem Fall damals Zuckerrohr -, häufig in
Monokultur. Man brauchte Massen billiger Arbeitskräfte
und verpflichtete sie durch Verträge, in unserem Fall Chinesen, Filipinos, Japaner, Koreaner, Puertoricaner und andere. Diese Gastarbeiter bilden schon um die Jahrhundertwende die Mehrheit der Bevölkerung, Eingeborene und
Weiße zusammen eine Minderheit von ca. 35%.

Die folgende Entwicklung läßt den Unterschied zwischen Pidgin und Kreolisch deutlich hervortreten. Alle, die
neu ins Land kommen, müssen sich bis auf weiteres eines
Pidgin als Behelf bedienen, eines Pidgin, das je nach Muttersprache des einzelnen Einwanderers ganz verschiedene
Züge aufweist. Der Japaner muß sich die wichtigsten englischen Vokabeln aneignen, um verstanden zu werden.

*Hawaiian Creole* kreol.: *John-them stay cockroach the kaukau*
engl.: *John and his friends are stealing the food*
deutsch: John und seine Freunde klauen gerade das Essen
(Beispiel nach Bickerton)

Den vom Japanischen verschiedenen Bau des Englischen kann er nicht sogleich erfassen, er bildet seine Sätze nach japanischem Muster, stellt das Verb ans Satzende und sagt etwa: *The poor people all potatoes eat* (»Die armen Leute haben nichts als Kartoffeln zu essen«). Der Filipino dagegen stellt, wie in seiner Muttersprache, das Verb an den Satzanfang.

Warum, so könnte man fragen, haben diese Leute nicht die Übergangsphase des primitiven Gastarbeiter-Kauderwelschs hinter sich gelassen und anständig Englisch gelernt? Sie hatten dazu kaum Gelegenheit. Der weiße Bevölkerungsanteil, der reines Englisch sprach, war eine Minderheit, die obendrein als soziale Oberschicht relativ wenig Umgang mit den Fremdarbeitern hatte. Es blieb also bei dem Pidgin, und eben dies, bzw. seine zahlreichen Varianten, konnte man vor kurzem noch hören von alten Leuten, die in den ersten Jahren dieses Jahrhunderts nach Hawaii gekommen waren.

*Die zweite* Ganz anders die Kinder der Einwanderer, d. h. alle, die
*Generation* ab Anfang des Jahrhunderts auf der Insel geboren wurden und dort aufwuchsen. Sie fanden – im Unterschied etwa zu einem französischen, deutschen, spanischen Kind in seinem Heimatland – keine sprachlich eindeutige Umwelt vor, keine Erwachsenen, die das Kind durch ihr Vorbild oder bewußte Einwirkung zum kompetenten Sprecher des Englischen hätten machen können. Sie waren gezwungen – erst recht, wenn die Elternteile auch noch verschiedener Muttersprache waren –, sich mit Spielkameraden und Nachbarn auf die einzig mögliche Art zu verständigen: mit Pidgin, das sich aber in ihren Händen – oder vielmehr Mündern – alsbald zu einer voll gebrauchsfähigen Sprache weiterbildete: dem *Hawaiian Creole,* dessen Wortschatz ganz überwiegend englisch ist. Und die Grammatik? Ist sie der englischen nachgebildet? Oder entnimmt sie Instrumente und Fügungen aus dieser oder jener der Muttersprachen? Beides nicht! Dieses Creole entwickelt eine eigene Grammatik, und die ähnelt in staunenswertem Maße

dem Aufbau anderer Kreolsprachen, die sich an ganz anderen Stellen der Welt ausgebildet haben. Auf dieses Phänomen komme ich am Kapitelende zurück.

2. *Gullah,* auch *Goolah, Geechee, Geedgee,* ist eine *Florida: Gullah* anglokreolische Sprache, zuhause an der Küste von Florida, Georgia, South Carolina und auf vorgelagerten Inseln. Der Wortschatz ist großenteils englisch, und die Wortformen lassen erkennen, daß das Pidgin, das die Vorstufe dieser Sprache gebildet hat, im 17. und 18. Jahrhundert zwischen britischen Kolonisten und deren Sklaven entstanden sein muß. Die zweite Wurzel bilden westafrikanische Sprachen, und zwar eine ganze Anzahl davon, darunter heute wichtige wie *Ewe, Haussa, Yoruba, Ibo, Kikongo.* Das Gullah hat sogar, jedenfalls für den regionalen Gebrauch, Lehnwörter ans amerikanische Englisch geliefert. Gegenwärtig wird auf St. Helena Island (South Carolina) die Bibel durch ein passioniertes Übersetzerteam in Gullah übertragen.

3. Das auf dem Englischen beruhende – besser viel- *Jamaika* leicht: auf das Englische als Zielsprache gerichtete – *Jamaika-Kreolisch* (auch *Bungo, Quashee, Jagwa Talk* genannt) erwähne ich nicht nur, weil es von der ganzen Bevölkerung der Insel gesprochen oder verstanden wird. Es ist auch relativ frühzeitig Gegenstand wissenschaftlicher Aufmerksamkeit geworden; an der Universität der Insel haben Kreolisten-Kongresse stattgefunden. 1901 erschien in London eine Untersuchung *Jamaican Talk,* einige Jahre später folgten *Jamaican Creole Syntax* sowie ein *Dictionary of Jamaican English* von Cassidy und Le Page (Cambridge University Press). Ein Satz in *Jamaican Creole* als Kostprobe: *Muma no waan yu fi sel i,* in wörtlicher englischer Wiedergabe etwa: *Mummy not want you for sale it* »Mutti möchte nicht, daß du es verkaufst«.

4. Dieser Name – eine Abwandlung von *Creole* – be- *Sierra Leone: Krio* zeichnet eine anglokreolische Sprache, die in Freetown, der Hauptstadt des westafrikanischen Staates Sierra Leone, und Umgebung gesprochen wird, aber fast im ganzen Land als Verkehrssprache dient. Im 19. Jahrhundert ist es als vereinfachte Version für den Verkehr mit Europäern, *Talkee-Talkee* genannt, entwickelt worden.

5. Jetzt liegt der Schauplatz im Pazifik. Hier bietet sich *Melanesien* ein kompliziertes Bild. Ein *melanesisches Pidgin-Englisch* hat sich gebildet, auch *Neo-Melanesisch, Sandalwood-*

*English, Beach-la-mar, Bêche-de-mer* genannt. Es stammt von dem ursprünglichen Pidgin-Englisch der Chinaküste ab, was erstaunlich ist, wenn man den großen Unterschied zwischen den Ausgangssprachen bedenkt, und hat starke Ähnlichkeit mit anderen Varianten des Pidgin-Englisch im südwestlichen Pazifik. Es gibt eine Grammatik und ein Wörterbuch. Der wenige tausend Wörter zählende Wortschatz des *Melanesian Pidgin English* enthält einige deutsche Wörter, z. B. »beten« und »langsam«. Auf Papua-Neuguinea hat sich aus ihm eine anglokreolische Sprache entwickelt, deren Status man als halb-amtlich bezeichnen kann. Auch sie hat verschiedene Namen wie *Bisnis-English* (von *business*), *Newguinian, Niugini-tok* (= engl. *New Guinea Talk*), *Tok Pisin.*

---

*Créole de la Dominique*

kreol.: *mwẽ pa te ni tã fê-y, pis mwẽ te malad*

franzos.: *je n'ai pas eu le temps de le faire puisque j'ai été malade*

deutsch: Ich habe keine Zeit gehabt, das zu tun, weil ich krank war

Anmerkung: Das Pronomen *mwẽ* ist nicht von franzos. *je,* sondern von *moi* abgeleitet. Das hier vorgeführte Kreolisch wird auf der Insel Dominica (französische Bezeichnung *Dominique*) gesprochen. (Beispiel nach Douglas Rae Taylor)

---

**Louisiana**

6. *Louisiana Creole, Créole louisianois,* nennt man eine Sprache, die in Teilen der US-Staaten Louisiana und Texas gesprochen wird, und zwar – ihre Namen wie *Neg, Gumbo, Français nègre* deuten darauf hin – von Nachfahren früherer Sklaven, aber auch von indischen Einwanderern. Es ist dem Kreolischen, das auf Haiti eine zentrale Rolle spielt, sehr ähnlich. In dem früher französischen Louisiana, in und bei New Orleans, wird von Weißen, die von der früheren französischen Herrenschicht abstammen, noch ein echtes Französisch gesprochen, mit bestimmten Eigentümlichkeiten, die es als besonderen französischen Dialekt ausweisen; mit dem *Louisiana Creole* darf diese Sprache nicht verwechselt werden.

**Haiti**

7. Eine *frankokreolische* Sprache hat sich auf Haiti zur fast allgemeinen Umgangssprache entwickelt, die von über fünf Millionen Menschen gesprochen wird – diejenige Kreolsprache mit französischer Färbung, die die größte Sprecherzahl aufweist. Amtssprache ist das Französische, das in Gesetzgebung und Verwaltung, im Gerichtswesen

und im Unterricht, in der Presse und anderen Medien herrscht. Nur eine schmale Oberschicht benutzt es auch im Alltag, und dann nur »unter sich«. Die große Mehrheit spricht im Alltag nur Kreolisch. Wer in leitende Positionen gelangen will, muß Französisch lernen. Lange Zeit hindurch genoß auf Grund dieser Situation das Kreolische nur geringes Ansehen als Sprache der Unterschicht. Gegenwärtig, etwa seit den fünfziger Jahren, ist eine Wandlung im Gange. Man erkennt, daß Kreolisch nicht ein verdorbenes, unsauberes Französisch, sondern eine Sprache eigenen Rechts ist. Die Kurse, in denen Erwachsene das Lesen und Schreiben erlernen (Alphabetisierungsprogramme) werden in kreolischer Sprache durchgeführt.

8. *Créole seychellois* hat sich auf der neuerdings als Reiseziel beliebten Inselgruppe im Indischen Ozean entwickelt. Eine Probe aus einem Text, den Annegret Bollée veröffentlicht hat, läßt erkennen, daß das Vokabular praktisch rein französisch, die Grammatik stark vereinfacht ist. Der französische Artikel wird meist in das Wort einbezogen: aus *la pluie* (»der Regen«) wird *lapli*.

*Seychellen (neue Schreibung: Seschellen)*

| kreol.: | *sa zur* | *la pli* | *ti tõmbe* |
|---|---|---|---|
| franzõs.: | *ce jour* | *la pluie* | *est tombée* |
| deutsch: | den Tag | Regen | ist (ge)fallen |

*Créole seychellois*

Bemerkungen:
1. Die Tilde ˜ bezeichnet den Nasalvokal.
2. *ti* = Partikel, die vor das Verbum gesetzt wird, um die Vergangenheit zu bezeichnen (aus franzõs. *été*).
3. *tõmbe* ist der Infinitiv, besser: die einzige (also unflektierte) Form dieses Verbums.

Die Probleme, die auftreten, wenn eine kreolische Sprache Schriftsprache werden soll, deuten sich hier an.

9. »Man kommt da problemlos zurecht«, sagt ein deutscher Tourist, von einem Badeurlaub auf Mauritius zurückkehrend. »Die Sprache ist ja Französisch, und meist wird in den Hotels auch Englisch verstanden, denn es kommen viele Südafrikaner im Urlaub dorthin.« Der Tourist kann kaum in zwei Wochen die außerordentlich verwickelte sprachliche Situation auf dieser Insel erkennen. Seit 1968 ist die Insel ein selbständiger Staat, der dazu einige recht weit abgelegene kleinere Inseln umfaßt, mit rund

*Mauritius*

ULTIMO NOTICIA, diabierne 4 di Januari 1986.

*Das Impressum der auf Bonaire (Nachbarinsel von Curaçao) erscheinenden Zeitung Ultimo Noticia. Die Sprache ist Papiamento. Der Sprachkenner entdeckt niederländische Bestandteile (drukerij »Druckerei«), spanische (deporte »Sport«) und Eigenbildungen dieser Kreolsprache (redakshon »Redaktion«).*

einer Million Einwohnern. Von 1814 bis dahin war sie englische Kolonie. Aus dieser Zeit ist Englisch Amtssprache geblieben. Das Parlament verhandelt in dieser Sprache, in den Schulen wird in ihr unterrichtet. Umgangssprache ist es nur für eine kleine Minderheit. Vor den Engländern waren die Franzosen hier Kolonialherren (1721–1814); sie nannten die Insel *Ile de France;* ihren Namen hat sie aus der noch früheren niederländischen Besetzung, sie wurde nach Moritz *(Maurits)* von Oranien benannt. Das Französische hat sich in der Bevölkerung besser erhalten als das Englische, es ist heute für die Oberschicht – die nicht nur aus Weißen besteht – die Sprache der Bildung, der Kultur, auch überwiegend Sprache der Kirche und der Presse.

Die Mehrheit der Bevölkerung besteht aus den Nachkommen schwarzer Sklaven, den Nachkommen indischer Einwanderer (diese bilden die weitaus stärkste Gruppe, mehr als die Hälfte der Gesamtbevölkerung) sowie aus Mischlingen dieser Gruppen untereinander und mit Weißen. Außerdem gibt es arabische und chinesische Einwanderer bzw. deren Nachkommen. Die Inder als stärkste Gruppe sind sprachlich nicht etwa eine Einheit, ihre Sprachen in Alltag und Familie sind *Hindi, Urdu* (für die Moslems), *Tamil, Telugu* und andere. Insgesamt wird ein Dutzend teilweise grundverschiedener Sprachen gesprochen. Dies ist eine Situation, aus der sich eine kreolische Misch- und Umgangssprache fast notwendig bilden mußte. So ist das *mauritianische Kreolisch* die einzige Sprache, die von so gut wie allen Bewohnern der Insel verstanden wird. Für viele ist es die einzige Sprache, die sie sprechen können. Doch sind viele Bewohner zwei- oder dreisprachig, sei es, daß sie in Alltag und Familie Kreolisch sprechen, aber in der Öffentlichkeit, bei offiziellen Anlässen, Französisch; sei es, daß sie, wie viele Inder, im Alltag ihre indische Sprache reden, daneben Kreolisch – in diesem Fall als die »höhere« Sprache. Das Kreolische ist jedoch nicht Unterrichtssprache. Die Kinder lernen Englisch, Französisch, Chinesisch oder eine indische Sprache – keine davon richtig – und der Schritt zur Anerkennung des Kreolischen als Standardsprache ist nicht in Sicht.

*Curaçao: Papiamento*

10. Diese Sprache, die auf der Antilleninsel Curaçao und den Nachbarinseln Aruba und Bonaire in verschiedenen Dialekten gesprochen wird, habe ich mit ihren anderen Bezeichnungen schon am Beginn dieses Kapitels er-

VOL. X NO. 108, ZEDI 12 ZEN, THURSDAY JUNE 12, JEUDI 12 JUIN 1986

*Kreolsprachen: Kopf einer Zeitung von den Seschellen; das Datum ist an erster Stelle in Créole seychellois gedruckt; zedi entspricht dem französischen jeudi »Donnerstag«, zen dem Monatsnamen juin »Juni«.*

wähnt. Sie ist gut dokumentiert und erforscht, dient ja auch als Sprache der Medien. Man rechnet sie meist zu den hispanokreolischen Sprachen, sie ist aus einem Pidgin-Spanisch erwachsen, doch steht dem spanischen Einfluß ein etwa ebenso starker portugiesischer (aus einer früheren Phase) gegenüber, und seit der niederländischen Herrschaft ist eine Relexifizierung mit niederländischem Vokabular eingetreten, das etwa ein Viertel des heutigen Wortschatzes stellt. Grammatik und Satzbau folgen überwiegend spanischen Modellen, mit der für Behelfssprachen bezeichnenden Vereinfachung:

»Die Mutter schickte den Jungen, er solle gehen und Fisch verkaufen«. Dieser Satz heißt auf Spanisch: *La mamá mandaba al hijo* (im Spanischen wird bei Personen, obwohl *hijo* hier direktes Objekt ist, stets der Dativ verwendet) *que vaya* (Konjunktiv) *a vender pescado*. Daraus wird auf Papiamento: *La máma* (Akzentwechsel) *ta'a mand e jú bái bende piská*.

11. Als zweite auf dem Portugiesischen beruhende Sprache nenne ich den auf den Kapverdischen Inseln (in zwei Dialekten) gesprochenen *dialecto crioulo de Cabo Verde,* dem farbige Einwanderer im 19. Jahrhundert auch im US-Staat Massachusetts zu einer kleinen Sprechergemeinde verholfen haben.    *Kapverdisch*

12. Vor dem Eindringen der Europäer hatten sich im indianischen Amerika vereinzelt an Stellen, wo die sprachliche Vielfalt besonders bunt war, Behelfssprachen herausgebildet. Zu diesen zählt *Chinook,* im Nordwesten Nordamerikas zuhause, eine Pidginsprache für den Handel, die auch von weißen Trappern und Fellhändlern benutzt und mit englischen und französischen Wörtern durchsetzt wurde. Heute lebt sie nicht mehr.    *Chinook*

13. Auf afrikanischem Boden hat sich eine ganze Reihe von Behelfssprachen entwickelt, teilweise ohne europäische Einflüsse. Einen Mischtyp stellt das *Pidgin Haussa* im    *Pidgin Haussa*

Norden Nigerias dar, auch *Barikauchi* genannt. Hier sind europäische Einflüsse anzunehmen, weil die Sprache im Umkreis europäischer Militärlager entstanden ist.

*Die Sprache unter Tage* 14. Diese höchst merkwürdige Sprache ist ein Pidgin, an dem mindestens vier Sprachen beteiligt sind: von europäischer Seite Englisch und Afrikaans, von afrikanischer Zulu und Xhosa. Den Anstoß zu seiner Entstehung haben die Weißen gegeben. Als sie begannen, Gold und Diamanten im Süden Afrikas zu fördern, als dazu schwarze Arbeiter mit einem Dutzend verschiedener Muttersprachen herangeholt wurden, bildete sich als Behelfssprache unter den Bergleuten das *Fanagalo,* auch *Famakalo, Isikula, Silunguboi, Chilapalapa, Isipiki* (= *easy speak*), *Chikabanger, Bergwerkskafferisch, Kitchen Kaffir, Basic Bantu* genannt, heute von (geschätzt!) einer Million Menschen benutzt – benutzt allerdings nur in ihrer Arbeitswelt, im Bergwerk. Manche Gruben halten für Neuankömmlinge Einführungskurse in Fanagalo ab, zwei, drei Wochen lang, schon aus Sicherheitsgründen, denn Nichtverstehen einer Anweisung oder eines Alarmrufs kann tödliche Folgen haben. Dieses *Gruben-Esperanto,* wie die Sprache auch genannt worden ist, böte die Möglichkeit einer Weiterbildung zu einer Kreolsprache. Die Mehrheit der schwarzen Bergleute bleibt jedoch in der eigenen Umwelt bei der angestammten Sprache und lehnt die Sprache, die an Schwerarbeit, Vorgesetzte, Fabrik, Mine, »Ausbeutung« erinnert, außerhalb der Arbeit ab.

*Suahili* 15. Hier komme ich noch einmal kurz auf diese Sprache zurück, weil diese Sprache – die ihrerseits schon wegen des starken arabischen Einflusses und der gegenüber anderen Bantusprachen deutlichen Vereinfachung (keine Töne als bedeutungsunterscheidende Merkmale) als Misch- und überregionale Verkehrssprache einzustufen ist, wiederum als Grundlage für weiter vereinfachte Pidgin-Formen gedient hat, darunter das in Kenia zwischen Weißen und Farbigen benutzte *Ki-Setla* (von *settler* »Siedler«).

*Sudan* 16. *Juba Arabic* nennen englische Linguisten eine im Sudan entstandene Behelfssprache, die auch *Ki-Nubi, Bimbashi-Arabic, Mongallese* und anders benannt wird: ein etwa 1880 entstandenes Pidgin, mit begrenztem Wortschatz, hauptsächlich für den Handel, ein Wortschatz, der bei Bedarf im Einzelfall aus dem Arabischen oder einer der zahllosen dort dicht benachbart lebenden Stammessprachen

ergänzt wird. Was das Arabische »schwierig« macht – das
grammatische Geschlecht der Substantive, die komplizierten Verbalformen, die Person, Zahl, Geschlecht, Tempus,
Modus anzeigen: all dies ist stark vereinfacht oder schlicht
weggefallen.

In diesem Abschnitt möchte ich kurz die Frage berüh-        *Zwischenspiel*
ren, die vielleicht der eine oder andere Leser sich stellt und
die auch in der Sprachwissenschaft gestellt worden ist:
Sind denn nicht manche europäischen Sprachen im Grunde auch Kreolsprachen, hervorgegangen aus dem Zwang
zur Verständigung zwischen verschiedensprachigen Bevölkerungsteilen, und im Laufe der Zeit dann zu voll ausge-
bauten Sprachen entwickelt? Kann man nicht das Jiddische so einordnen als eine im Wortschatz überwiegend
deutsche, teils aber auch slawische und hebräische Mischsprache? Und das Kapholländische, dessen gegenüber
dem europäischen Niederländischen stark vereinfachter
Formenkatalog offenbar beim Gebrauch der Sprache
durch Afrikaner und zur Verständigung mit diesen entstanden ist? Und schließlich – wie steht es mit dem Englischen? Ist es nicht aus der allmählichen Annäherung zwischen normannisch-französischer Herrenschicht und
angel-sächsisch-jütischem Landvolk und der Durchmischung ihrer Sprachen – unter Beimischung vielen lateinischen und griechischen Vokabulars und Instrumentariums
(z. B. bei den Suffixen) – in drei Jahrhunderten entstanden?
    Die Antwort hängt einfach davon ab, wie weit man die
Begriffe *Pidgin* und *Kreolisch* fassen will. Wollte man sie so
weit dehnen, daß sie auch Jiddisch, Afrikaans, Englisch
und deren Vorstufen umfassen, würden sie wohl an Ge-
brauchsfähigkeit verlieren. Richtig bleibt aber, daß alle bekannten Sprachen gemischte Sprachen sind. Eine »reine«
Sprache gibt es so wenig wie ein »reinrassiges« Volk.

In diesem Schlußabschnitt blicken wir zuerst kurz auf        *Verschriftung*
die Probleme, die sich bei der Verschriftung von Kreolsprachen ergeben. Der Beigeschmack des Inferioren, der
den Kreolsprachen lange anhaftete, verliert sich heute allmählich, sie werden ernst genommen, ja als Symbol natio-
naler Identität aufgewertet. Man beginnt, sie in Schulen zu
unterrichten, bzw. in ihnen zu unterrichten. Zeitungen und

Bücher erscheinen. Wie soll man sie schreiben? Das ist eine schwierige Frage, vor allem dann, wenn sie auf Englisch oder Französisch beruhen – beides Sprachen, deren Orthographie »historisch« ist, d. h. eine längst verklungene Lautgestalt festhält und nicht die heutige. Die Kreolsprachen sind aber rein mündlich entstanden auf der Basis des gesprochenen Englisch oder Französisch. Der Gebildete auf Haiti oder den Seschellen, der das Französische beherrscht, schreibt, der französischen Orthographie nahe bleibend, *jour* und nicht *zur, pauvre* und nicht *povr, déluge* und nicht *deliz;* die zweitgenannte kreolische Form erscheint ihm barbarisch. Will man aber der breiten, teilweise analphabetischen Mehrheit eines solchen Landes das Lesen und Schreiben beibringen, so wird die Anlehnung an französische bzw. englische Orthographie fast unübersteigbare Hürden aufrichten: Warum soll man *through* schreiben, wenn man *tru* spricht? Warum *ça veut dire,* wenn man *savedir* (Seschellisch) spricht? Soll man vielleicht für Laute, die das lateinische Alphabet nicht kennt, wie die französischen Nasale oder das englische *th* oder den sch-Laut, die Zeichen des Internationalen Phonetischen Alphabets zu Hilfe nehmen, also etwa [ð], [õ], [ʃ]? Die sind aber auf den in aller Welt vorhandenen deutschen, japanischen, türkischen Schreibmaschinen mit lateinischem Abc nicht vorhanden! Man darf vermuten, daß Kompromißlösungen zwischen Befolgung der Orthographie des Englischen bzw. Französischen und einer lautgetreuen Wiedergabe die beste Chance haben.

**Kreolische Universalien**
Die Überschrift führt auf die Frage, die (abgesehen davon, daß die Phänomene Pidgin und Kreolisierung als solche interessant sind) für den Linguisten am aufregendsten ist. Sie lautet: Warum sind diese Sprachen – auch die kreolischen – in ihrem Bau einander oft schlagend ähnlich, ohne Rücksicht darauf, ob sie englisch, französisch, portugiesisch oder sonstwie eingefärbt sind?

**Gemeinsamer Ursprung?**
Im Grunde sind nur zwei Antworten denkbar. Die eine sagt: *Alle* diese Sprachen gehen auf eine gemeinsame Wurzel zurück. Wahrscheinlich (denn beweisbar ist das nicht) hat sich im frühen Stadium des Entdeckungszeitalters, als die Portugiesen die führende Seefahrernation waren, als portugiesische Schiffe die Weltmeere durchfuhren, die Erde umsegelten, Kontinente entdeckten, an zahlreichen

Stellen bei deren Kontakten mit Eingeborenen ein Pidgin-Portugiesisch gebildet – und dieses (oder gar die alte *lingua franca* des Mittelmeeres) wurde von den Portugiesen rund um die Erde getragen; so war eine sprachliche Grundlage geschaffen, die allerdings später, als andere Nationen die Erde kolonisierten, mit englischem, französischem usw. Vokabular überdeckt, *relexifiziert* wurde.

Wie gesagt: Beweisbar ist das nicht. Da bleibt nur die zweite Antwort: Die Entwicklung solcher Sprachen verläuft deshalb überall ähnlich, weil Menschen, die nicht in eine Muttersprache eingebettet aufwachsen, sondern sich, der Not gehorchend, in sprachliches Neuland vortasten, eine Sprache (jedenfalls ihre Struktur) weitgehend erst erfinden müssen – weil solche Menschen dabei nach Prinzipien verfahren, die ihnen als Menschen angeboren sind, und die normalerweise aber kaum zur Wirkung kommen, weil die erlernte Muttersprache sie von Anfang an zudeckt. Fehlt es an einer Muttersprache, so werden diese Menschen Besonderheiten, die einer Nationalsprache eigen sind und sie von anderen unterscheiden, fallenlassen, wegschneiden (*to strip* sagen die Amerikaner) und sich sozusagen nach einer »universalen Grammatik« richten.

*Angeborene Grammatik?*

Beobachtungen, die diese These stützen, sind besonders von dem Amerikaner Derek Bickerton auf Hawaii gemacht worden. Gibt es sprachliche Universalien, die in den Köpfen aller Menschen (das heißt wohl, im Bau ihres Zentralnervensystems) angelegt sind und die z.B. jedes Menschenkind befähigen, jede menschliche Sprache – wenn man es nur als Baby in die entsprechende Umgebung versetzt – mit gleicher Leichtigkeit zu erlernen?

Die Frage, ob es sprachliche, möglicherweise angeborene, Universalien gibt, ist ein Dauerthema der Sprachwissenschaft.

# VIERZEHNTES KAPITEL

# Welthilfssprache oder Weltsprache?

»Es hatte aber alle Welt einerlei Zunge und Sprache. Da *Das Problem*
sie nun zogen gen Morgen, fanden sie ein ebenes Land im
Lande Sinear und wohnten daselbst. Und sie sprachen untereinander: Wohlauf, laßt uns Ziegel streichen und brennen! Und nahmen Ziegel zu Stein und Erdharz zu Kalk
und sprachen: Wohlauf, laßt uns eine Stadt und einen
Turm bauen, des Spitze bis an den Himmel reiche, daß wir
uns einen Namen machen! denn wir werden sonst zer-
streut in alle Länder. Da fuhr der Herr hernieder, daß er sähe die Stadt und den Turm, die die Menschenkinder bauten. Und der Herr sprach: Siehe, es ist einerlei Volk und
einerlei Sprache unter ihnen allen, und haben das angefan-
gen zu tun; sie werden nicht ablassen von allem, was sie
sich vorgenommen haben zu tun. Wohlauf, lasset uns her-
niederfahren und ihre Sprache daselbst verwirren, daß keiner des andern Sprache verstehe! Also zerstreute sie der
Herr von dort in alle Länder, daß sie mußten aufhören die
Stadt zu bauen. Daher heißt ihr Name Babel, daß der Herr
daselbst verwirrt hatte aller Länder Sprache und sie zer-
streut von dort in alle Länder.«

Von dem Ereignis, das die Bibel mit diesen Worten *Babel*
(1. Mose 11) berichtet, bis heute besteht der beklagenswer-
te Zustand, daß es viele Völker mit verschiedenen Sprachen gibt, aber keine Sprache, die alle Menschen verstehen. Jeder weiß, daß es schon jahrelange Anstrengung
kostet - außer bei sehr günstigen Umständen wie zwei-
sprachigem Elternhaus oder Aufwachsen in zwei- oder
mehrsprachiger Umgebung -, auch nur eine Fremdsprache so zu erlernen, daß man sie bis in die Feinheiten beherrscht. Wenige Menschen beherrschen mehr als zwei
oder drei Sprachen; alle übrigen bleiben ihnen mehr oder
weniger verschlossen. Die Abhilfe liegt gewiß nicht darin,
daß man die natürlichen Sprachen abschaffte und allen
Menschen dieselbe Sprache aufzwänge, auch die brutalste
Diktatur vermöchte das - glücklicherweise - nicht. Also

*Unter den vielen Darstellungen des Turmbaus von Babel zeichnet sich die Radierung von Cornelisz (1499-1553) dadurch aus, daß sie den Augenblick der Zerstörung erfaßt.*

sollte es dann nicht wenigstens eine Sprache geben, die, überall als Zweitsprache gelehrt und gelernt, weltweite Verständigung ermöglicht?

Zwei Wege zu diesem Ziel scheinen möglich: entweder die Sprache eines Volkes wird Weltsprache, was denen, die diese Sprache als Muttersprache sprechen, einen gewaltigen Vorsprung und Vorteil verschafft – oder man muß eine solche Welthilfssprache konstruieren, planmäßig schaffen. Für solche Sprachen hat sich die Bezeichnung *Plansprachen* eingebürgert. Die Sprachwissenschaft hat bereits einen eigenen Zweig aufgebaut, *Interlinguistik* genannt, der solche Sprachen studieren, vergleichen, bewerten, vielleicht gar neu schaffen soll.

*Ansätze im 17. und 18. Jahrhundert*

Eine halbwegs vollständige geschichtliche Darstellung, die den Gedanken einer Universalsprache und die Ansätze zu seiner Verwirklichung durch die Jahrhunderte verfolgt, müßte mindestens bis ins Mittelalter zurückgreifen. Ich beginne erst mit dem 17. und 18. Jahrhundert, weil damals die Überlegungen auftraten, die bis heute denkwürdig sind und nachwirken. Es ist nicht schwer zu erkennen, warum Gedanken, die in diese Richtung gehen, gerade in jener Zeit in den Köpfen vieler bedeutender Denker auftauchten.

Vier Gründe seien genannt.

*Ende des Lateins als Gelehrtensprache*

Solange das Lateinische im ganzen Abendland in der Kirche, an Schulen und Hochschulen benutzt und verstan-

den wurde, erfüllte es das Bedürfnis nach einem übernatio-
nalen Medium der Verständigung. Diese Rolle hatte es
jetzt ausgespielt, tragischerweise mitbedingt durch die Versuche der *Humanisten,* dem »korrupten«, »entarteten«
Latein des Mittelalters - das eine lebendige Sprache war -
den Rückgriff auf das klassische (insbesondere' ciceroni-
sche) Latein entgegenzusetzen. Die Gelehrten bedienten
sich nun ihrer Nationalsprachen: Galilei in Italien, die
*Royal Society* in London von ihrer Gründung ab (1662),
die *Académie des Sciences* in Paris, Thomasius und andere
in Deutschland. Eine gemeinsame Sprache der Wissenschaft gab es (wenn auch die lateinische Tradition noch
lange fortwirkte, vgl. das Fünfte Kapitel) nicht mehr.

Parallel zum Aufstieg der Nationalsprachen wuchs vom     *Weiterer Horizont*
Humanismus an das Interesse an den ursprünglichen
Sprachen der Bibel, also Hebräisch und Griechisch, und
zugleich traten vom Zeitalter der Entdeckungen an zahlreiche neue Sprachen ins Blickfeld der Europäer. Die Zahl
von 72 Sprachen, in die die Menschheit nach dem Sünden-
fall von Babel zersplittert sein sollte und die durch das
Schrifttum des Mittelalters geistert, mußte man fallenlassen. Es gab Hunderte von Sprachen, und vor allem Sprachen, die den Sprechern europäischer und den Kennern
alter Sprachen äußerst fremdartig vorkommen mußten -
an der Spitze das Chinesische. Kunde vom chinesischen
Volk, seiner Kultur, seiner Sprache und Schrift, vermittelt
hauptsächlich durch Missionare, verbreitete sich rasch.
Einen Markstein dieser Entwicklung bildet das Werk des
Paters de Mendoza von 1585.

Die Erkenntnis, daß es möglich ist, eine ideographische     *Bacon*
Schrift zu benutzen, die nicht Laute, sondern Begriffe darstellt und die von Menschen verstanden werden kann, welche sich mündlich nicht verständigen können, regte u.a.
Francis Bacon (1561-1626) zu der Frage an, ob es nicht
möglich wäre, »für die Dinge andere Zeichen als Worte
und Buchstaben zu erfinden, ähnlich wie Geld aus anderen Stoffen als Gold oder Silber hergestellt werden kann«.
Ein kühner Gedanke: im Keim die Vorstellung von einer
»philosophischen« Sprache, die später Leibniz aufgreift.

Auch René Descartes (lat. *Cartesius,* 1596-1650) hat (in     *Descartes*
einem Brief an Mersenne), angeregt durch einen nament-
lich nicht identifizierten Sprachgelehrten, Überlegungen
über eine Universalsprache angestellt und darauf hinge-

wiesen, daß es nicht so sehr darauf ankomme, den Dingen einfache Namen zu geben, daß vielmehr der grammatische Bau der bekannten Sprachen unter sich zu verschieden und in sich zu kompliziert sei, als daß sie als Vorbild einer universalen Sprache taugen könnten.

*Aufklärung, Rationalismus* Die Erwähnung Descartes' ist ein geeigneter Anlaß, den dritten Grund für das verstärkte Interesse an unserem Problem (neben dem Niedergang des Lateinischen und der Ausweitung des Horizonts auf ferne Sprachen) zu nennen: Das Zeitalter der *Aufklärung,* der *Vernunft,* des *Rationalismus,* das mit der Waffe der Kritik alles Überkommene in Frage stellt, betrachtet auch die gewachsenen Sprachen mit neuem, kritischem Blick und erkennt ihre Unvollkommenheiten.

*Comenius* Auch der große tschechische Gelehrte Jan Amos Komenský (lat. *Comenius,* 1592–1670) gilt als Pionier der Idee einer Universalsprache; er glaubt in seiner stark religiös gefärbten Überlegung zu diesem Thema, daß die Entwicklung der Menschheit auf ein Endstadium der *Monoglottie,* der Einsprachigkeit, hinlaufe, in dem die Menschen wieder wie Brüder als ein Volk, eine Familie Gottes zusammenleben. Ich möchte aber zu drei anderen Vorläufern übergehen, von denen der dritte der wichtigste ist.

*Dalgarno* Der Schotte George Dalgarno (1626–1687) ist vielleicht durch seine Beschäftigung mit Taubstummen zu seinem Entwurf angeregt worden; er hat eine Lehrmethode für Taubstumme und ein Zeichenalphabet erfunden (die heute angewendeten Handzeichen gehen jedoch nicht auf ihn, sondern auf den deutschen Pädagogen Samuel Heinicke, 1727–1790, zurück). In seiner Schrift *Ars signorum* schlägt Dalgarno eine philosophische Sprache vor, die – wie alle Entwürfe dieser Art – eine ontologische Basis hat, d. h. von einer Klassifikation des »Seienden«, der wirklichen Dinge ihren Ausgang nimmt, welche als »logisch« und objektiv gilt. Etwa so: Es gibt 17 Klassen von Seiendem – Wesen, Substanzen, konkrete Gegenstände, lebende Körper usw. Die Benennungen für jede Klasse beginnen mit einem bestimmten Buchstaben, z. B. im Bereich der Politik mit K. Ein zweiter Buchstabe bezeichnet eine Unterklasse. So geht es weiter. Sprechbare Wörter können dabei kaum entstehen.

*Wilkins* Ein Zeitgenosse Dalgarnos ist der Bischof John Wilkins (1614–1672). Sein Entwurf ist wahrscheinlich durch Dalgarno wie auch durch Comenius beeinflußt. Wilkins unterscheidet 40 Klassen, er zielt ebenso wie Dalgarno weniger auf eine Sprache als auf ein Schriftsystem (eine *Pasigraphie*), das nicht Laute, sondern den *real character,* das wahre Wesen der Dinge unmittelbar zum Ausdruck bringen soll.

Für Gottfried Wilhelm Leibniz (1646–1716) gilt auch in unserem Zusammenhang, was man über sein ganzes Denken und Wirken sagen kann: Er ist ein großer Anreger, er hat vieles gesehen und ausgesprochen, was erst im Laufe von Jahrhunderten erkannt oder realisiert wurde; da er seine Gedanken kaum jemals systematisch zusammengefaßt, sie vielmehr verstreut in Gelegenheitsabhandlungen, vielfach auch in Briefen, geäußert hat, konnten erst spätere Geschlechter, großenteils an Hand seines fast unerschöpflichen Nachlasses, die Weite seiner Gedankenwelt ermessen. Auch zum Problem der Universalsprache sind Leibniz' Gedanken erst spät, hauptsächlich durch den französischen Forscher Couturat kurz nach 1900, zutage gefördert worden. *Leibniz*

Einer der Leitgedanken Leibniz' ist bekannt unter dem von ihm selbst geprägten Namen einer *characteristica universalis*. Alle komplexen Vorstellungen in unseren Köpfen, sagt Leibniz, sind auflösbar in einfache Grundelemente, etwa so – und hier bricht der Mathematiker durch – wie jede Zahl entweder eine Primzahl ist oder als Produkt von Primzahlen dargestellt werden kann. Jeder Denkprozeß ist ein Rechenprozeß.

Auf diesem Prinzip ließe sich ein systematisch geordneter Wortschatz aufbauen, beruhend auf einem Inventar aller »einfachen«, nicht weiter rückführbaren »Ideen«. Um das Vokabular handhaben zu können, braucht man dann eine universelle Grammatik, die – im Unterschied zu den Grammatiken aller lebenden Sprachen – von ausnahmsloser Regelmäßigkeit sein muß. Und dazu äußerst einfach: Verschiedene Deklinationen und Konjugationen sind überflüssig. Braucht man sie überhaupt? Kann man nicht Einzahl und Mehrzahl beim Nomen, Person und Zeit beim Verb durch Hilfswörter kennzeichnen? *Ideen als Sprachbausteine*

Man sieht, diese Gedanken sind zukunftweisend. Sie wurden im 19. Jahrhundert von den Konstrukteuren der ersten Plansprachen aufgegriffen. Die stärkste Wirkung von Leibniz' Gedanken geht aber nicht in diese Richtung, sondern auf die Entwicklung der modernen symbolischen oder mathematischen Logik und auf die Entwicklung von Rechenmaschinen und Computern.

*Die mathematische Komponente*  Hier ist der Ort, den vierten Grund dafür zu nennen, daß das 16. und 17. Jahrhundert die Grundlagen des universalsprachlichen Gedankens geliefert hat: Es ist das Jahrhundert der großen Mathematiker, in dem (auch durch Leibniz) die Infinitesimalrechnung entsteht. Ein Zug von hoher Abstraktheit und formaler Strenge findet nun langsam Eingang in das linguistische Denken.

*Faiguet*  Für das 18. Jahrhundert ist hinzuzufügen, daß die berühmte Enzyklopädie von D'Alembert und Diderot 1765 einen Artikel von dem damaligen Schatzkanzler Frankreichs, Faiguet, zum Stichwort *nouvelle langue* brachte. Faiguet entwirft mit großem Scharfsinn eine völlig regelmäßig gebaute Skelettgrammatik für eine Universalsprache; er ist nicht dazu gekommen, für seine »Neue Sprache« auch ein Vokabular auszuarbeiten.

*Die großen Entwürfe des 19. Jahrhunderts*  Das 19. Jahrhundert hat Entwürfe für Universalsprachen in größerer Zahl hervorgebracht, Dutzende mindestens, vielleicht gar Hunderte. Einige wenige haben deutliche Schritte tun können in Richtung auf das Ziel, von einer größeren Anzahl von Menschen akzeptiert und erlernt zu werden.

*Solresol: Sprache nach Noten*  Den ersten Entwurf erwähne ich nicht seines Erfolges, sondern seiner Originalität wegen. Der französische Lehrer François Sudre (1787–1862) hatte eine Idee, deren Ausarbeitung ihn sein Leben lang beschäftigt hat; das Ergebnis wurde erst 1866, nach seinem Tode, veröffentlicht unter dem Titel *Langue universelle musicale*. Sudre nimmt als Ausgangsmaterial nicht Laute der Sprache, irgendeiner Sprache, sondern die sieben Töne der Tonleiter, die mit den entsprechenden Notenzeichen geschrieben werden können. Die Töne können gesungen oder auf einem beliebigen Instrument gespielt werden. Man kann sie auch – ohne Gesang – sprechen, indem man ihre international eingeführten (italienischen) Benennungen oder deren Anfangsbuchstaben (bzw. Anfangslaute) nimmt. Man kann auch an ihrer Stelle die Zahlen 1 bis 7 verwenden. Man kann diese Zahlen mittels Klopfzeichen oder ähnlichem übermitteln, man kann die fünf Finger einer Hand als Notensystem wählen und mit einem Finger der anderen Hand

darauf »spielen«. Man kann sie durch die sieben Farben
des Regenbogens darstellen. Schließlich erfand ein Anhänger Sudres eine Methode, die sieben Töne durch steno-
graphische Zeichen darzustellen; diese konnten sowohl
auf Papier geschrieben wie auch mit einem Finger in die
Luft gezeichnet werden. So war die Sprache auch für Blin-
de (mittels Klopfzeichen oder Tönen), für Taubstumme
(mittels Handzeichen) und für mechanische oder elektri-
sche Übermittlung (wie Morsezeichen) geeignet.

Der Wortschatz wird ausschließlich aus den sieben Silben der Tonleiter gebildet: *re* »und«, *si* »ja«, *do* »nein«,
*doremi* »Tag«. Etwas eintönig! Sudre erntete vorübergehend rauschenden Beifall, z. B. vom *Institut de France* und
auf Weltausstellungen. Durchsetzen konnte sich sein *Solresol* nicht. Ein solches System ist zu gekünstelt, zu weit ab
von jeder natürlichen Sprache. Es ist eine *a-priori*-Sprache:     *a priori*
mit dieser dem philosophischen Sprachgebrauch entnom-
menen Bezeichnung ist gemeint, daß die Sprache von
Grund auf erfunden, konstruiert ist – allerdings in diesem
Fall nicht wie bei Leibniz auf philosophisch-ontologischer,
sondern auf musikalischer Grundlage.

Die jetzt zu nennenden Sprachen zählen dagegen zu den       *a posteriori*
*a-posteriori*-Sprachen, d.h. sie lehnen sich an natürliche
Sprachen an und entnehmen aus ihnen ihr Grundmaterial.

Der erste aufsehenerregende Entwurf dieser Art kam      *Volapük*
von einem Deutschen: dem katholischen Prälaten Johann
Martin Schleyer (1831-1912). In seinem 1879 erschienenen
Buch »Grammatik der Universalsprache für Erdbewoh-
ner« führt er seine Gedanken auf göttliche Eingebung zurück. Der Name der Sprache gibt einen ersten Eindruck
von der Eigenart ihrer Wörter. *vol* ist vereinfacht aus dem
englischen *world* »Welt«, ebenso *pük* aus *speak* »sprechen«; das *a* bezeichnet den Genitiv: *volapük* »der Welt
Sprache«.

Schleyer entnahm die Vorbilder für seine Wörter – die er
dann radikal auf eine Silbe zusammenstrich – nicht etwa
nur dem Englischen. Er war eines jener Sprachgenies, die
sich in vielen Sprachen auskennen; man sagt ihm nach, er
habe vier Dutzend gesprochen. Er entnahm die Wörter
auch dem Lateinischen, Deutschen, Französischen; überwiegend jedoch dem Englischen. Die von ihm vorgenom-
mene Vereinfachung macht die Herkunft aber praktisch
unkenntlich (und damit das Erlernen unnötig schwierig).

Aus dem englischen *form* »Form« z. B. wurde *fom*, weil
Schleyer mit Rücksicht auf die Chinesen, denen bekanntlich das Aussprechen des Konsonanten *r* schwerfällt, diesen Laut nicht benutzte – ein erster Anfang der Berücksichtigung von Bedürfnissen nichteuropäischer Sprecher.
Aus dem lateinischen (oder französischen) *animal* wurde
*nim*, aus dem deutschen »Licht« wurde *lit*.

In der Grammatik hatte Schleyer keine glückliche
Hand. Anstelle radikaler Vereinfachung bot er ein ausge-
klügeltes System für Deklination und Konjugation, zahllose Präpositionen, zwei Formen des Passivs, zusammengesetzte Wörter, deren Stammbestandteil kursiv zu schreiben
war, u. ä.

*Volapük* gewann in den ersten Jahren schnell Anhänger,
Grammatiken des Volapük, Zeitschriften in Volapük erschienen zu Dutzenden. Die Kritik, die die Sprache, u. a.
auch von Seiten der Sprachwissenschaft, auf sich zog, ver-
anlaßte die Volapük-Anhänger, auf einem Kongreß eine
Reformkommission einzusetzen. Schleyer zog sich belei-
digt zurück. Die Kommission schlug anstatt eines refor-
mierten Volapük ein neues System vor, genannt *Idiom
Neutral;* andere Anhänger machten aber eigene Vorschläge, die *Balta, Weltparl* und anders hießen – doch kam das
alles nicht mehr recht zur Auswirkung, weil wenige Jahre
nach dem Volapük ein überlegener Konkurrent auf der
Bühne erschien.

*Esperanto*    1887 erschien das Buch »Internationale Sprache – Vorrede und vollständiges Lehrbuch«. Hinter dem Pseud-
onym des Verfassers *Dr. Esperanto* (»der Hoffende, Hoff-
nungsvolle«) verbarg sich der polnisch-jüdische Augenarzt
Dr. Ludwig Zamenhof aus Bialystok. Die Eigenart dieser
Stadt, die wie viele Städte Osteuropas eine mehrsprachige
Bevölkerung hatte (je einen polnischen, russischen, deutschen und jüdischen, d. h. jiddisch sprechenden Stadtteil)
hatte ihn zu seinem Werk angeregt. Das Pseudonym hat
der Sprache den Namen gegeben. Sie ist wohl die einzige
der Welthilfssprachen, die wenigstens dem Namen nach
fast jedermann bekannt ist. In Esperanto lautet der Buch-
titel *Lingvo Internacia de la Doktoro Esperanto.*

Als Elemente des Wortschatzes dienen vornehmlich
Wörter romanischer und germanischer Sprachen, die eine
gewisse internationale Verbreitung erreicht haben. Die
Grammatik ist denkbar einfach. Zamenhof war tief beein-

druckt von der Einfachheit des Englischen (in dieser Beziehung), das er im Gymnasium lernte und mit Deutsch, Französisch, Latein und Griechisch verglich. So schmolz, in des Urhebers eigenen Worten, »die Grammatik unter seinen Händen hinweg, bis sie nur noch ein paar Seiten einnahm«.

Der Erfolg des Esperanto war außerordentlich. Die Sprache hat in vielen Ländern begeisterte Freunde gewonnen, auch in Osteuropa. Es gibt Tausende von Büchern über Esperanto und ebensoviele in Esperanto. Es gibt beachtenswerte Esperanto-Dichtungen. Internationale Kongresse haben Esperanto als Verhandlungssprache gewählt oder zugelassen. Der Erfolg kann kein Zufallsprodukt sein. Offenbar ist Esperanto eine sprechbare, ja wohlklingende, auch singbare Sprache, ausdrucksreich und leicht zu erlernen – dies vor allem wegen ihrer Formen, die dem agglutinierenden Sprachbau folgen: ein Suffix (und nur eines) für eine Bedeutung – nur eine Bedeutung für jedes Suffix. Ein Probesatz: *Simpla, fleksebla, belsona, vere internacia en siaj elementoj, la lingvo Esperanto presentas a la mondo civilizata la sole veran solvon de lingvo internacia.* Fast jeder Leser (jedenfalls der Westeuropäer mit höherer Schulbildung) wird den Satz ohne ein Wörterbuch des Esperanto verstehen: »Einfach, flexibel, wohlklingend, wahrhaft international in seinen Elementen, bietet Esperanto der zivilisierten Welt die einzig angemessene (wahre) Lösung (des Problems einer) internationalen Sprache«. *Ein Satz in Esperanto*

Zamenhof gab sich tolerant, ermunterte Kritik und Verbesserungsvorschläge. Kritisiert wurden u.a. folgende Punkte: die Verwendung diakritischer Zeichen wie ĉ [tʃ], ŝ [ʃ], ĵ [ʒ] u.a., die Zamenhof vom Slawischen her geläufig waren, aber in den Setzereien westeuropäischer Länder fehlen; die Endung aller Substantive auf *-o (lingvo),* aller Adjektive auf *-a (internacia)* ohne Rücksicht auf das (natürliche) Geschlecht; die Benutzung des *h* als Konsonant, was u.a. für Franzosen Schwierigkeiten bringt.

1908 veröffentlichte L. de Beaufront eine reformierte Fassung *Ido* (*ido* = Esperanto-Suffix für »Sohn, Abkömmling«). Der Weltkrieg, die Verfolgung der Esperantisten unter Stalin wie unter Hitler, der Zweite Weltkrieg haben dem Esperanto und der humanitären Überzeugung, von der Zamenhof durchdrungen war, Abbruch getan, doch ist die Bewegung lebendig geblieben. *Ido*

An der Ausarbeitung des Ido war auch der Mathematiker Couturat beteiligt. Obwohl es, linguistisch betrachtet, eindeutig Verbesserungen bringt, hat sich Ido gegen den Widerstand der Altesperantisten nicht durchsetzen können. Die konnten nämlich darauf verweisen, daß ihre Sprache unter der Obhut einer eigenen Akademie weiterentwickelt worden war und daß es eine umfangreiche Literatur in Esperanto gab, teils in dieser Sprache geschrieben, teils aus anderen übersetzt. Es gibt weitere »Abkömmlinge« des Esperanto, auf deren Aufzählung ich hier verzichte.

*Langue bleue* Wir stehen mit Ido schon im 20. Jahrhundert; ich möchte aber noch ein interessantes Erzeugnis des 19. Jahrhunderts nennen: die *langue bleue* (»blaue Sprache«), auch *Bolak,* die Léon Bollack 1899 vorgeschlagen hat. Sie ist zum Teil auf dem Argot aufgebaut, das in Frankreich auch *langue verte* (»grüne Sprache«) genannt wird und etwa dem Rotwelsch des Deutschen zu vergleichen ist.

*Entwürfe des* Auch unser Jahrhundert hat neue Entwürfe hervorge-
*20. Jahrhunderts* bracht. Ich nenne nur einige der wichtigsten, schon weil das Pendel der Entwicklung in der Welt von heute allem Anschein nach in eine ganz andere Richtung weist, als die Urheber dieser neuen Sprachentwürfe angenommen haben. Von der chronologischen Folge weiche ich hier ab, da die beiden ersten Vorschläge mit dem Esperanto zusammenhängen, der erste als Gegenentwurf, der zweite als Reformvorschlag.

*Occidental/* Es handelt sich einmal um das *Occidental,* entwickelt
*Interlingue* von dem Baltendeutschen Edgar von Wahl (1867–1943), der zunächst Anhänger des Volapük, dann des Esperanto gewesen war. Wahl näherte seinen Entwurf (veröffentlicht 1922) noch etwas stärker dem Lateinischen an; er folgt damit weitgehend dem Vorbild einer natürlichen Sprache. Die Sprache wurde später in *Interlingue* umbenannt – um dem Eindruck entgegenzuwirken, sie sei nur für »westliche« *(okzidentale)* Länder gedacht; der Name birgt aber eine Verwechslungsgefahr mit *Interlingua* (siehe dazu S. 373 und 374).

*Novial* Der Name *Novial* ist zusammengezogen aus *Nov I. A. L. (International Auxiliary Language).* Das System ist geschaffen von dem bekannten dänischen Sprachgelehrten O. Jespersen und wurde 1928 der Öffentlichkeit präsentiert. Auch Novial strebt nach »Natürlichkeit«.

Nach Meinungen von Sachkennern sind die Nachfolger *Alt gegen* des Esperanto diesem in vieler Hinsicht überlegen – kein *Neu* Wunder, da sie die mit diesem System gemachten Erfahrungen verarbeiten konnten; trotzdem haben sie sich gegen die Beharrlichkeit der eingeschworenen, bereits gut organisierten Esperantisten nicht durchsetzen, jedenfalls dieses nicht verdrängen können. Es ist einleuchtend, daß das jahrzehntelange Nebeneinander, Gegeneinander konkurrierender Systeme die Idee einer einheitlichen Universalsprache nicht attraktiver gemacht hat.

Ein sehr origineller und überzeugender Entwurf wurde *Interlingua* 1903 von dem bedeutenden italienischen Mathematiker *von Peano* Giuseppe Peano (1858–1932) vorgelegt. Der kennzeichnende ursprüngliche Name *Latino sine flexione* wurde später durch *Interlingua* ersetzt. Die Grundgedanken, an Leibniz anknüpfend, sind ebenso einfach wie radikal: Der Wortschatz umfaßt alle diejenigen lateinischen Stämme (einschließlich neulateinischer und latinisierter griechischer), die in den modernen europäischen Sprachen verbreitet sind. Wer nicht Latein beherrscht, kann diese aus jedem lateinischen Schulwörterbuch (für Schüler seiner Muttersprache) entnehmen. Deshalb, sagt Peano, braucht seine Sprache kein eigenes Wörterbuch. Braucht sie eine Grammatik? Peano vereinfachte ganz radikal. Das Substantiv hat nur eine Form, die dem lateinischen Ablativ entspricht: *arte* »Kunst«, *carne* »Fleisch«. Diese Form wird nicht verändert, Fälle werden mittels Präpositionen ausgedrückt: lat. *vox populi* »Stimme des Volkes« wird zu *voce de populo*. Der Plural kann durch *-s* markiert werden, sofern nicht ein Zahlwort oder andere Hinweise auf die Mehrzahl diese schon kenntlich machen. Das Verb hat ebenfalls nur eine unveränderliche Form, die dem lateinischen Imperativ entspricht, z. B. *audi* »hören«, *scribe* »schreiben«. Die Person wird durch das Pronomen bezeichnet, die Zeit durch ein Hilfswort wie »heute«, »gestern«, »früher«. Vom linguistischen Standpunkt ist Interlingua ein glänzender Entwurf – jedenfalls für den gebildeten Europäer, der Sätze wie den folgenden mühelos versteht: *Televisione, aut transmissione de imagines ad distantia, es ultimo applicatione de undas electrico.* »Fernsehen oder das Übertragen von Bildern über Entfernungen hinweg ist die jüngste Nutzanwendung der elektrischen Wellen.« – Der weniger Gebildete wird Schwierigkeiten haben, besonders auch wegen des großen lateinischen Wortschatzes; der Nichteuropäer wird auch Ausspracheschwierigkeiten haben. Peano führte 1908 anläßlich eines wissenschaftlichen Kongresses in Turin seine Sprache in der Weise vor, daß er seinen Vortrag in klassischem Latein begann, allmählich die von ihm vorgeschlagenen Vereinfachungen erläuterte und sie im Fortfahren sogleich verwendete, so daß der Vortrag schließlich in reinem *Latino sine flexione* endete und von allen Zuhörern verstanden wurde. Freilich waren es Gelehrte und Italiener dazu.

*Interlingua Nr. 2*    Es gibt noch ein System, das ebenfalls den Namen *Interlingua* führt. Es ist erst nach dem Zweiten Weltkrieg (1951) auf den Plan getreten. Es handelt sich um eine Gemeinschaftsarbeit mehrerer Autoren, in Jahrzehnten entwickelt im Rahmen der *International Auxiliary Language Association,* abgekürzt *I. A. L. A.,* die 1924 von der wohlhabenden Amerikanerin Mrs. Morris geb. Vanderbilt ins Leben gerufen worden war. Führende Sprachgelehrte wie Jespersen und Sapir wurden mit herangezogen. Das schließlich durch die I. A. L. A. veröffentlichte System stammt jedoch wesentlich von dem deutschstämmigen Linguisten Alexander Gode. Die Sprache stützt sich wie die Peanos im Wortschatz weitgehend auf das Lateinische. Probleme der Auswahl von Wörtern und ihrer Bedeutung sind gut durchdacht, die Grammatik ist nicht so radikal einfach wie die Peanos.

Eine Reihe wichtiger Zeitschriften haben Interlingua in dieser Form aufgegriffen und ihren Artikeln kurze Resumés in dieser Sprache folgen lassen.

Das *Système Occidental* (Interlingue) und die beiden Interlingua sind einander ähnlich, etwa wie Dialekte einer natürlichen Sprache.

Weitere neue Vorschläge kann ich nur aufzählen: *Neo* von dem Italiener Alfandari, *Interglossa* von dem Engländer der Lancelot Hogben, *Loglan* von dem Amerikaner J. Cooke Brown, schließlich *Intal* von dem Deutschen Erich Weferling.

*Mario Pei*    »Ich beantrage Schluß der Debatte!« Auf diese einfache Formel könnte man den Gedanken bringen, den ein angesehener US-amerikanischer Sprachforscher, Mario Pei, 1961 gemacht hat. Nach eingehendem Studium einer Reihe von Plansprachen kam er zu dem Ergebnis, daß es unnütz sei, die Debatte durch das Erfinden immer neuer

Systeme (und deren Kampf gegen die schon vorhandenen)
zu verlängern. Mehrere der auf dem Tisch liegenden Vorschläge seien ausgereift. Darum sollte ein internationaler
Kongreß – nicht von Gelehrten, sondern der Regierungen! –
eine verbindliche Wahl treffen, eine Entscheidung für ein
System; dann solle unverzüglich und weltweit die Ausbildung von Lehrern beginnen, damit nach Ablauf einiger
Jahre in den Schulen, ja schon den Kindergärten der Welt
die gewählte Sprache als Zweitsprache unterrichtet werden könne. Wie soll das gehen – der Einwand drängt sich
auf –, solange Millionen von Analphabeten herumlaufen,
die nicht einmal ihre eigene Muttersprache lesen und
schreiben können? Pei würde es hinnehmen, wenn im Zuge der hier eingeleiteten Entwicklung die Einzelsprachen
der Völker allmählich aussterben würden.

Ist das möglich? Und wenn es möglich wäre – ist es
wünschenswert?

Blicken wir an dieser Stelle zurück auf die eben skizzier-    *Bilanz*
te Entwicklung von Leibniz bis Peano (beide hervorra-
gende Mathematiker)! Sowohl positive wie negative Eindrücke drängen sich da auf.

Positiv zu bewerten ist der vor allem dem Esperanto zu
dankende Beweis, daß Menschen in vielen Ländern in größerer Anzahl für die Idee einer Weltsprache zu gewinnen,
ja zu begeistern sind. Positiv ist auch der Ertrag dieser Entwicklung für die Sprachwissenschaft. Die Beschäftigung
mit der Frage: Wie muß eine von großen Teilen der Erdbe-
völkerung zu akzeptierende Welthilfssprache beschaffen
sein? Welche Eigenschaften sollte sie, im Unterschied zu
den natürlichen Sprachen, vor allem aufweisen? hat Einsichten erbracht, aus denen man für die Beschäftigung mit
allen Sprachen und mit dem Phänomen der Sprache viel
lernen kann.

Dieser Haben-Seite der Bilanz ist aber Gewichtiges entgegenzuhalten, mindestens dreierlei.

1. Die bisherigen Entwürfe sind ganz überwiegend euro-    *Eurozentrismus*
zentrisch. Sie gehen von den Sprachen Europas aus und
gebärden sich (als Kinder des Kolonialzeitalters), als ob
der übrige Teil der Menschheit, ihre überwiegende Mehrheit, diese Sprache von den Europäern zu übernehmen habe. Freilich hat die heute weltumgreifende naturwissen-
schaftlich-technische Zivilisation durch Jahrhunderte ihre

Quelle in Europa, bis tief ins 20. Jahrhundert ihr alleiniges Zentrum in Europa und den USA gehabt.

*Sprechbarkeit* 2. Der Gesichtspunkt der leichten Sprechbarkeit für alle ist ungenügend berücksichtigt. Das liegt nicht nur an der auf Europa konzentrierten Einstellung; es liegt auch daran, daß gesicherte Erkenntnisse hierzu erst Kinder unseres Jahrhunderts sind. Die wissenschaftliche Phonetik ist im 19. Jahrhundert, die experimentelle Phonetik erst im 20. Jahrhundert entstanden. Erst 1939 hat N. S. Trubetzkoy, ein bedeutender Linguist der sogenannten Prager Schule, die Frage: »Wie soll das Lautsystem einer künstlichen internationalen Hilfssprache beschaffen sein?« umfassend behandelt und schlüssig beantwortet.

Die lautliche Eigenart einer Sprache kann ein ebenso schwieriges Hindernis für ihre Erlernung durch Ausländer darstellen wie eine komplizierte Grammatik. Eine Sprache mit dem Anspruch auf internationale Geltung muß in dieser Hinsicht die Interessen aller Völker, gerade auch der außereuropäischen, berücksichtigen. Ein Europäer, ein Chinese, ein Sudanese sollten sie ohne sonderliche Mühe sprechen können. Dabei kommt es nicht nur darauf an, ob der Lernende bestimmte, seiner Muttersprache fremde Laute hervorbringen kann. Die vier Töne des heutigen Chinesisch etwa kann ein Europäer, wenn man sie ihm vorspricht, ohne sonderliche Mühe hervorbringen, solange er sich an einer Einzelsilbe versucht; was beinahe unüberwindliche Schwierigkeit bereitet, ist das Berücksichtigen der Töne beim flüssigen Sprechen, allgemein gesprochen: die Einstellung auf Unterschiede, die in der eigenen Sprache zwar auch vorkommen wie der Frageton im Deutschen, die aber in der neuen Sprache absolut bedeutungsunterscheidend sind.

Man muß sich für eine Plansprache auf das allereinfachste Lautinventar konzentrieren. Tonhöhen sollen in ihr bedeutungslos bleiben, ebenso Unterschiede im Silbenakzent als Mittel der Bedeutungsunterscheidung, wie sie z. B. das Russische ausgeprägt besitzt. Der Laut [h] ist vielen Sprachen nicht eigen, deshalb zu vermeiden. Zahlreiche Sprachen kennen nur die fünf Grundvokale *a, e, i, o, u;* mit diesen sollte man auskommen. Auch [f] macht manchen Völkern Schwierigkeiten, wieder anderen das Aussprechen von Diphthongen. Auch Häufungen von Konsonanten sollten nicht vorkommen, allenfalls zwei hintereinander.

Der Forderungskatalog ist allerdings damit noch nicht zu
Ende.

3. Der dritte, vielleicht am schwersten wiegende Posten    *Zweifel am Prinzip*
auf der negativen Seite der Bilanz, die wir hier zu ziehen
versuchen, besteht in der Feststellung, daß die Menschheit
hundert Jahre nach dem Auftreten von Volapük und Esperanto dem Zustand, daß eine Plansprache sich als Zweitsprache weltweit durchsetzt, kaum nähergekommen ist –
ungeachtet allen Eifers und guten Willens der Anhänger
dieser Idee. Die Vereinten Nationen, das Europäische Parlament, die Brüsseler Behörden, Nato, Warschauer Pakt,
Comecon: nirgends ist eine solche Sprache zugelassen; auf
keiner der internationalen Konferenzen ersten Ranges ist
sie benutzt worden. Legt das nicht die Einsicht nahe, daß
der Weg über eine konstruierte Hilfssprache, sei sie selbst
den Forderungen der Linguisten und Phonetiker noch viel
besser angepaßt als alle bisherigen Entwürfe, überhaupt
nicht zum erstrebten Ziel einer Weltzweitsprache führt?

Es liegt nahe, an dieser Stelle daran zu denken, daß das    ***World English***
Englische heute auf allen Kontinenten zuhause ist als Muttersprache von 300 oder mehr Millionen Menschen, daß
ungezählte weitere Millionen es als Zweitsprache kennen
und verwenden. Schon Jacob Grimm hat das Englische
wegen seines Reichtums und seiner Anpassungsfähigkeit
gepriesen und gesagt, daß kaum eine andere lebende Sprache sich mit ihm vergleichen könne – nur seine undurch-
sichtige und antiquierte Orthographie, fügt er hinzu, stehe
der Erkenntnis im Wege, wie universal diese Sprache ist.

Parallel zu der im vorhergehenden Abschnitt skizzierten
Entwicklung von künstlichen Welthilfssprachen sind im
englischen Sprachgebiet in den letzten hundert Jahren immer neue Vorschläge aufgetaucht, die dahin zielen, die
Haupthindernisse für eine weltweite Verwendung des Englischen aus dem Wege zu räumen: seine komplizierte Orthographie zu reformieren, die dem Fremden regellos erscheint (wenn sie auch nicht willkürlich ist); daneben auch
den riesigen Wortschatz zu beschränken. In grammatischer
Hinsicht hat sich das Englische – wie wir früher gesehen
haben – im ganzen zu einer Einfachheit entwickelt, die nur
noch durch relativ wenige Ausnahmen (starke Verben wie
*sing, sang, sung,* unregelmäßige alte Plurale wie *children*)
gestört wird.

*Alexander Bell* Einer der ersten Vorschläge nannte sich *World English* (diesen Ausdruck habe ich zur Überschrift dieses Abschnitts gewählt) und stammte von einem in die USA ausgewanderten Schotten namens Alexander Melville Bell, dessen Sohn Alexander Graham Bell als Erfinder des Telefons Weltruhm erlangt hat. Sein Buch erschien 1888 unter dem genannten Titel. Dieser Vorschlag fiel in die Zeit, als Volapük und Esperanto die Diskussion beherrschten, und fand zunächst wenig Beachtung.

Nach dem Ersten Weltkrieg setzte sich die Erkenntnis durch, daß der Wortschatz des Englischen für den gedachten Zweck vermindert werden muß. Bezeichnenderweise wurde sie nachdrücklich vertreten durch Harold Palmer, der in verschiedenen Ländern (Belgien, Japan) als Lehrer des Englischen tätig gewesen war. Erst wenn man die eigene Sprache mit den Augen eines Fremden zu betrachten gelernt hat, enthüllt sie alle ihre Besonderheiten und alle Tücken, die sie dem Ausländer entgegensetzt. Die Entwicklung des Faches »Deutsch als Fremdsprache« bietet ein Beispiel dafür. Man begann mit statistischen Arbeiten, um die meistverwendeten (damit unentbehrlichen) Wörter herauszufinden.

*Ogdens Basic* Auf solchen Arbeiten konnte C. K. Ogden aufbauen, ein
*English* Engländer, der als Herausgeber internationaler Zeitschriften und Buchreihen Ansehen genoß, sich für Ludwig Wittgenstein eingesetzt und mit J. A. Richards ein Grundwerk der modernen Sprachwissenschaft *The Meaning of Meaning* (1923) verfaßt hatte. Ogden hatte die einschlägigen Ideen eines Leibniz, eines Wilkins, auch weniger bekannte Gedanken des Philosophen und Sozialreformers Jeremy Bentham (1748–1832) in sich aufgenommen. Bentham hatte besonders auf die Vieldeutigkeit englischer Verben hingewiesen.

Das Zentrum von Ogdens Anstrengungen lag darin, einen ganz begrenzten Wortschatz – weniger als tausend Wörter – zu schaffen, der ausreichen sollte, alle unentbehrlichen »Bedeutungen« auszudrücken. Schließlich kam er auf eine Auswahl von 850 Wörtern, die ausreichen sollten, das auszudrücken, was im normalen Englisch durch rund 20 000 Vokabeln geleistet wird. Sein 1930 veröffentlichtes System nannte er *Basic English,* wobei *Basic* ein Akronym für *British, American, Scientific, International, Commercial* darstellt – und zugleich natürlich als Wort soviel wie

»grundlegend« bedeutet. Ogden erläuterte sein System, indem er sich selbst dabei des Basic bediente. Er braucht nur 18 Verben: *come, get, give, go, keep, let, make, put, seem, take, be, do, have, say, see, send, may, will.* Wie kann man damit zurechtkommen? Man kann diese Verben mit den von Ogden ausgewählten Präpositionen und Adverbien, auch mit Adjektiven oder Substantiven so kombinieren, daß praktisch die Bedeutung jedes anderen Verbums umschrieben werden kann. Statt *enter* (»eintreten«) sagt man *go in,* statt *hurt* (»verletzen«) *give pain to.* Odgen listet etwa 600 Substantive auf, dazu Wörter für Qualitäten.

Alle Plurale werden mit -*s* gebildet, alle Adverbien mit -*ly,* alle Steigerungsformen mit *more* und *most.* Eine Reihe weiterer Suffixe erlaubt vielfältige Ableitungen.

Das *Basic* klingt einfach, aber wie normales, ja wie gutes Englisch. Es ist *"a complete answer to the need for an international language. In addition, it is the best first step to full English ..."* (Ogden).

Die Aufnahme von Ogdens Vorschlag – der hiermit nur angedeutet sein kann – war enthusiastisch. Bernard Shaw sagte *"the rapid diffusion of Basic English as a lingua franca of the world"* voraus.

---

Dieser Text einer Äußerung des britischen Premierministers Churchill vom 9.3.1944 zeigt, daß der Unterschied zwischen normalem Englisch (Originaltext, linke Spalte) und dem vereinfachten *Basic* (rechts) relativ gering ist.

*Normales Englisch und Basic English*

| Normales Englisch | Basic English |
|---|---|
| *The Committee of Ministers on Basic English, after hearing a considerable volume of evidence, have submitted a Report which has been approved in principle by His Majesty's Government. The Committee, in their report, distinguishes between the use of a system such as Basic English as an auxiliary international language, and as a method for the teaching of ordinary English. In this latter field, several very promising methods, other than Basic, have been developed in recent years ...* | *The Committee of Ministers on Basic English, after hearing the views of a great number of experts, have made a statement on the question which has been given general approval by His Majesty's Government. It is pointed out by the Committee in their statement that the use of a system such as Basic English as an international second language is something quite separate from its use for the teaching of normal English. In this second field, two or three other systems which give signs of working very well have been produced in the last five or ten years ...* |

Kritik richtete sich gegen die Schwierigkeit für Menschen nichtenglischer Muttersprache, die jeweils zutreffende Umschreibung in Basic herauszufinden. Es ist gewiß nicht einfach, für *understand* (»verstehen«), das nicht zugelassen ist, die Wendung *to make out the sense of ...* zu finden. Kritiker schreiben, da sei es dann doch einfacher, etwas mehr Vokabeln zu lernen ...

Gegen Ende des Zweiten Weltkrieges schlug Winston Churchill dem Präsidenten Roosevelt eine gemeinsame Anstrengung ihrer beiden Länder zugunsten des Basic English vor. Rundfunksender sollten z. B. in der neuen Sprache senden und Unterricht anbieten. Der anfängliche Eifer erstarb binnen weniger Jahre, als offenbar wurde, daß die breite Öffentlichkeit viel stärker danach verlangte, das wirkliche, gesprochene Englisch zu verstehen, das nun durch Funk, zahllose Filme, das Fernsehen um die Welt ging, als eine Kunstsprache, die sich in erster Linie für das Übermitteln von Gedanken eignete, viel weniger für die Buntheit des täglichen Lebens.

*Every Man's English*  Ogden verschloß sich jedem Reformvorschlag, während sein früherer Mitautor Richards in den USA das ursprüngliche System zu einem *Every Man's English* weiterzuentwickeln suchte.

*Hogben*  An Ogdens *Basic* knüpft Lancelot Hogben mit seinem *Essential World English* (1963) an. Hogben hatte früher als eigenen Entwurf die Plansprache *Interglossa* zur Diskussion gestellt.

*Nuclear English*  1978 ist ein neuer Vorschlag für ein stark vereinfachtes Englisch durch Randolph Quirk anläßlich eines Kongresses über die Rolle des Englischen vorgelegt worden: *Nuclear English*.

Der schließliche Erfolg aller dieser Bemühungen ist im Augenblick nicht abzusehen. Vermuten darf man, daß sie als *first step,* als erster Zugang zum Englischen dienen können. Die überwältigende Vitalität des heutigen Englisch, das sich von Jahr zu Jahr verändert, das politische, wirtschaftliche und kulturelle Gewicht der englischsprechenden Länder, die Bedeutung des Englischen in der Weltwirtschaft - dies alles wird höchstwahrscheinlich, aller Handikaps ungeachtet, das Erlernen des »echten« Englisch für weitere Millionen immer noch anziehender - oder unentbehrlicher - machen.

# Aussprache-Bezeichnung (Lautschrift)

Das von der *Association Phonétique Internationale* vorgeschlagene, heute weitgehend eingebürgerte Lautschrift-System strebt an, jeden Laut bezeichnen zu können, der in irgendeiner Sprache der Welt vorkommt. Dazu braucht man rund 120 Zeichen. Wer nicht Sprachwissenschaft betreibt, hat Schwierigkeiten, sich diese Zeichen alle zu merken. Zudem erweckt ein Zeichen keine klare Vorstellung, wenn es nur durch ein Beispiel aus einer wenig bekannten Sprache erklärt werden kann, wie etwa 'ɯ = rumänisch î'.

In diesem Buch verwende ich vereinfachend zur Bezeichnung der Aussprache die folgenden Zeichen:

## Vokale

Die Lautschrift ist am wichtigsten für die Vokale. Das lateinische Abc stellt nur die fünf Zeichen a, e, i, o, u zur Verfügung (die noch zu Diphthongen kombiniert werden können). Im Deutschen werden sie durch ä, ö, ü ergänzt. Die meisten gesprochenen Sprachen Europas haben viel mehr Vokale, als Schriftzeichen zur Verfügung stehen. Das Englische, das in der Schrift nur die fünf Grundvokale kennt, hat 21 Vokallaute (zwölf einfache und neun Diphthonge oder Doppellaute).

Da in den meisten Sprachen die betonte Silbe eines mehrsilbigen Worts einen Vokal enthält (nicht in allen, vgl. tschechisch *Brno* = »Brünn«, betont wird das *r*), wird die Betonung durch einen Punkt unter dem betonten Vokal angegeben, wenn dieser kurz auszusprechen ist; durch einen Strich, wenn er lang zu sprechen ist: »Pfanne« [pfạnə], aber »Ware« [vạrə]. Ist ein unbetonter Vokal lang zu sprechen, folgt ihm das Längungszeichen (:). Beispiel: »Mitglied« (mịtgli:t]. Bei einsilbigen Wörtern habe ich im allgemeinen auf Betonungszeichen verzichtet.

Punkt und Strich unter einem Vokal (bzw. Diphthong) werden auch verwendet, um bei in Normalschrift gedruckten Wörtern auf die Betonung hinzuweisen: »ụmfahren«, »umfạhren«; »e̱ingehend«.

| Zeichen | Aussprache | Beispielwort | Lautschrift |
|---------|-----------|--------------|-------------|
| [a] | kurzes, helles a, unbetont | Barock | [barọk] |
| [ạ] | kurzes, helles a, betont | Baracke | [barạkə] |

| [aː] | langes, helles a, unbetont | Kahnfahrt | [kan̩faːrt] |
| [a̱] | langes, helles a, betont | Vase | [va̱zə] |
| [ʌ] | kurzes, dunkles a, betont | engl. *Sussex* | [sʌsɪks] |
| [ã] | nasales a, unbetont | changieren | [ʃãʒi̱rən] |
| [ã̱] | nasales a, betont | Chance | [ʃã̱sə] |
| [e] | kurzes, geschlossenes e, unbetont | prekär | [prekɛr] |
| [eː] | langes, geschlossenes e, unbetont | Rückweg | [rykveːk] |
| [e̱] | langes, geschlossenes e, betont | Segen | [ze̱gən] |
| [ɛ] | kurzes, offenes e, unbetont | Wildwechsel | [vi̩ltvɛksəl] |
| [ɛ̱] | kurzes, offenes e, betont | lernen Bände | [lɛ̱rnən] [bɛ̱ndə] |
| [ɛː] | langes, offenes e, unbetont | Eisbär | [a̱isbɛːr] |
| [ɛ̱] | langes, offenes e, betont | Migräne | [migrɛ̱nə] |
| [æ] | mittellanges, sehr offenes e, unbetont | engl. *dressman* | [drɛsmæn] |
| [æ̱] | mittellanges, sehr offenes e, betont | engl. *catcher* | [kæ̱tʃə] |
| [æ̱] | langes, sehr offenes e, betont | engl. *sandwich* | [sæ̱nwidʒ] |
| [ɛ̃] | nasales e, unbetont | pointiert | [poɛ̃ti̩rt] |

| | | | |
|---|---|---|---|
| [ɛ̃] | nasales e, betont | Pointe | [poɛ̃tə] |
| [ə] | kurzes, dunkles e, unbetont | Wagen | [vagən] |
| [ə:] | langes, dunkles e, unbetont | engl. *callgirl* | [kɔlgə:l] |
| [ə̱] | langes, dunkles e, betont | engl. *Jersey* | [dʒə̱zɪ] |
| [i] | kurzes i, unbetont | Pirat | [pira̱t] |
| [ɪ] | äußerst kurzes i, unbetont | engl. *Thackeray* | [θækərɪ] |
| [i̱] | kurzes i, betont | Himmel | [hi̱məl] |
| [i:] | langes i, unbetont | Mitglied | [mi̱tgli:t] |
| [i̱] | langes i, betont | Wiese | [vi̱zə] |
| [ĩ] | nasales i, unbetont | portugies. *in-fante* (etwa wie in schwäbisch: der isch h**in**) | [ĩfã̱tə] |
| [ĩ̱] | nasales i, betont | portugies. *cinco* | [sĩ̱ku] |
| [o] | mittellanges, geschlossenes o, unbetont | Otto | [ɔto] |
| [o:] | langes, geschlossenes o, unbetont | Schwiegersohn | [ʃvi̱gərzo:n] |
| [o̱] | langes, geschlossenes o, betont | Sohle | [zo̱lə] |
| [õ̱] | geschlossenes, nasales o, betont | portugies. *bom* | [bõ̱] |
| [õ] | geschlossenes, nasales o, unbetont | portugies. *bombom* | [bõbõ̱] |

| [ɔ] | kurzes, offenes o, unbetont | abrollen | [a̱prɔlən] |
|---|---|---|---|
| [ɔ̣] | kurzes, offenes o, betont | Rolle | [rɔ̣lə] |
| [ɔ:] | langes, offenes o, unbetont | engl. *overall* | [o̱uvərɔ:l] |
| [ɔ̣] | langes, offenes o, betont | engl. *story* | [stɔ̣rɪ] |
| [ɔ̃] | offenes, nasales o, unbetont | frz. *fondue* | [fɔ̃dy̱] |
| [ɔ̣̃] | offenes, nasales o, betont | frz. *Gironde* | [ʒirɔ̣̃d] |
| [ø] | kurzes, geschlossenes ö, unbetont | frz. *dejeuner* | [deʒøne̱] |
| [ø:] | langes, geschlossenes ö, unbetont | unschön | [ṵnʃø:n] |
| [ø̣] | langes, geschlossenes ö, betont | Röhre | [rø̣rə] |
| [œ] | kurzes, offenes ö, unbetont | frz. *jeunesse* | [ʒœnɛ̱s] |
| [œ̣] | kurzes, offenes ö, betont | Geröll | [gərœ̣l] |
| [œ̣] | langes, offenes ö, betont | frz. *œuvre* | [œ̣vr] |
| [œ̃] | nasales ö, unbetont | frz. *lundi* | [lœ̃di̱] |
| [œ̣̃] | nasales ö, betont | frz. *Verdun* | [vɛrdœ̣̃] |
| [u] | kurzes u, unbetont | Fidibus | [fi̱dibus] |
| [ṵ] | kurzes u, betont | Suppe | [zṵpə] |
| [u:] | langes u, unbetont | Weckruf | [vɛ̱kru:f] |

| [u̱] | langes u, betont | suchen | [zu̱xən] |
|---|---|---|---|
| [ũ] | nasales u, unbetont | portugies. *Funchal* | [fũʃạl] |
| [ũ̱] | nasales u, betont | portugies. *nunca* | [nũ̱ka] |
| [y] | kurzes ü, unbetont | Büro | [byrọ ] |
| [y̱] | kurzes ü, betont | Lücke | [ly̱kə] |
| [y:] | langes ü, unbetont | Stalltür | [ʃtạlty:r] |
| [y̱] | langes ü, betont | verfügen | [fɛrfy̱gən] |

*Diphthonge*

| [aɪ] | ei, ai unbetont | Sportverein | [ʃpɔrtfɛraɪn] |
|---|---|---|---|
| [a̱ɪ] | ei, ai betont | Meise | [ma̱ɪzə] |
| [au] | au, unbetont | Altbau | [ạltbau] |
| [a̱u] | au, betont | Haube | [ha̱ubə] |
| [ɛɪ] | offenes e plus i, unbetont | engl. *gangway* | [gæŋwɛɪ] |
| [ɛ̱ɪ] | offenes e plus i, betont | engl. *ranger* | [rɛ̱ɪndʒə] |
| [ɔɪ] | offenes o plus i, unbetont | Efeu Zabergäu | [efɔɪ] [tsạbərgɔɪ] |
| [ɔ̱ɪ] | offenes o plus i, betont | heute, Häute | [hɔ̱ɪtə] |
| [ou] | offenes o plus u, unbetont | engl. *rainbow* | [rɛɪnbou] |

| [<u>ou</u>] | offenes o plus u, betont | engl. *floating* | [fl<u>ou</u>tiŋ] |

## Konsonanten

Die Buchstaben b, d, f, g, h, j, k, l, m, n, p, r, t haben in der Lautschrift denselben Lautwert wie in normaler deutscher Aussprache. Einige Konsonanten bedürfen aber besonderer Zeichen:

| [ç] | Ich-Laut | **Mil**c**h** | [milç] |
|---|---|---|---|
| [x] | Ach-Laut | **Ra**c**h**e | [ra̭xə] |
| [γ] | geriebenes g | span. *Tarragona* (berlinerisch: **sa**g**en**) | [taraγo̭na] |
| [ŋ] | n und g verschmolzen | hä**ng**en | [hɛ̭ŋən] |
| [z] | weiches (stimmhaftes) s | Ro**s**e | [ro̭zə] |
| [s] | scharfes (stimmloses) s | Wa**ss**er | [va̭sər] |
| [ð] | engl. th (gelispeltes, weiches s) | engl. *brother* | [brʌðə] |
| [θ] | engl. th (gelispeltes, scharfes s) | engl. *Bath* | [ba̭θ] |
| [ʒ] | stimmhafter sch-Laut | **J**ournal | [ʒurna̭l] |
| [ʃ] | stimmloser sch-Laut | **Sch**iene | [ʃi̭nə] |
| [v] | entspricht deutschem w | **W**eiche | [va̭içə] |
| [w] | konsonantisches u, dem w sich nähernd | engl. *Wales* | [wɛ<u>ɪ</u>lz] |
| [ǀ] | Kehlverschluß vor Vokal | Rührei | [ry̭rǀai] |
| ['] | Weichheitszeichen (in slawischen Sprachen), bezeichnet Erweichung des vorhergehenden Konsonanten (Verschmelzung mit einem [j]) | russ. область *(oblast')* | [o̭blast'] |

ANHANG II

# Literatur (Auswahl)

Es ist selbstverständlich, daß ein für breite Leserkreise gedachtes Buch wie das vorliegende nicht aus eigenen Forschungen des Verfassers hervorgegangen ist, sondern auf der Fachliteratur, und ergänzend auch Sekundärliteratur, beruht. Nach längerem Zögern habe ich mich entschlossen, den Text nicht mit Nachweisen und Fußnoten zu belasten, sondern lediglich wichtiges Schrifttum zusammenzustellen, zugleich als Empfehlung für den Leser, der weiter in das unermeßliche Reich der Sprachen eindringen möchte. Nicht aufgenommen sind im allgemeinen Wörterbücher aller Art, Lehrbücher, Grammatiken und allgemeine Nachschlagewerke (Lexika, Enzyklopädien).

Andresen, C.; Erbse, H.; Gigon, O.; Schefold, K.; Stroheker, K. F.; Zinn, E.: Lexikon der Alten Welt. Stuttgart u. Zürich 1965.

Arens, Hans: Sprachwissenschaft. Der Gang ihrer Entwicklung von der Antike bis zur Gegenwart. Freiburg u. München 1955.

Avé-Lallemant, Christian Friedrich Benedict: Das deutsche Gaunertum in seiner sozialpolitischen, literarischen und linguistischen Ausbildung bis zu seinem heutigen Bestande. 1858. Neu hrsg. in 2 Bänden von Max Bauer. München u. Berlin 1914.

Bach, Adolf: Geschichte der deutschen Sprache. (1. Aufl. 1938.) 7. Aufl. Heidelberg 1961.

Bausani, Alessandro: Geheim- und Universalsprachen. Entwicklung und Typologie. Stuttgart 1970.

Best, Otto F.: Mameloschen. Jiddisch – eine Sprache und ihre Literatur. Frankfurt/Main 1973.

Bickerton, Derek: Creole Languages. In: Scientific American. Juli 1983.

Black, Max: The Labyrinth of Language. New York 1968.

Bloomfield, Leonard: Language. New York 1933, 1961.

Bollée, Annegret: Pidgins und kreolische Sprachen. In: Studium Linguistik (Heft 3). Kronberg 1977.

Borst, Arno: Der Turmbau von Babel. Geschichte der Meinungen über Ursprung und Vielfalt der Völker und Sprachen. Bd. I: Fundamente und Aufbau. Stuttgart 1957.

Büchner, Karl (Hrsg.): Latein und Europa. Traditionen und Renaissancen. (Mit Beiträgen von elf Fachgelehrten.) Stuttgart 1978.

Bühler, Karl: Sprachtheorie. Die Darstellungsfunktion der Sprache. Jena 1934.

Cleator, Philipp Ellaby: Lost Languages. London 1959.

Clébert, Jean-Paul: Das Volk der Zigeuner. (Aus dem Französischen.) Frankfurt 1967.

Chomsky, Noam: Language and Mind. Enlarged Edition. New York u. Chicago 1972.

Chomsky, William: Hebrew. The Eternal Language. Philadelphia 1957.

Comrie, Bernard (Hrsg.): The World's Major Languages. London 1987.

Durant, Will: Das Leben Griechenlands (The Story of Civilization Bd. 2). Deutsche Ausgabe Bern o.J.

Finck, Franz Nikolaus: Die Haupttypen des Sprachbaus. Leipzig 1923.

French, M. A.: Observations on the Chinese Script and the Classification of Writing Systems. In: Haas, W. (Hrsg.): Writing without Letters. Manchester 1976.

Friedrich, Johannes: Entzifferung verschollener Schriften und Sprachen. Berlin u. Heidelberg. 2. Aufl. 1996.

Glinz, Hans: Die innere Form des Deutschen. Eine neue deutsche Grammatik. 2. Aufl. Bern u. München 1961.

Gunnemark, Erik V.: Countries, Peoples and their Languages. Gothenburg 1992 (Neue Ausgabe in Vorbereitung).

Haarmann, Harald: Grundzüge der Sprachtypologie: Methodik, Empirie und Systematik der Sprachen Europas. Stuttgart 1976.

Haarmann, Harald: Universalgeschichte der Schrift. Frankfurt/M. u. New York 1990.

Haarmann, Harald: Kleines Lexikon der Sprachen. München 2001.

Haupenthal, Reinhard: Plansprachen. Beiträge zur Interlinguistik. Darmstadt 1976. (Enthält den Aufsatz von N. S. Trubetzkoy: Wie soll das Lautsystem einer künstlichen internationalen Hilfssprache beschaffen sein? von 1939.)

Hellinger, Marlies: Englisch-orientierte Pidgin- und Kreolsprachen. Darmstadt 1985.

Hjelmlev, Louis: Die Sprache. Eine Einführung. (Aus dem Dänischen.) Darmstadt 1968.

Hörmann, Hans: Psychologie der Sprache. Berlin, Heidelberg, New York. 2. Aufl. 1977.

Hoffmann, Otto: Geschichte der griechischen Sprache. Bd. I: Bis zum Ausgang der Klassischen Zeit. Bd. II: Grundfragen und Grundzüge des nachklassischen Griechisch. 3. Aufl. bearb. v. Albert Debrunner. Berlin (West) 1953.

Humboldt, Wilhelm von: Schriften zur Sprache. Neuauflage Stuttgart 1973.

In der Maur, Wolf: Die Zigeuner – Wanderer zwischen den Welten. Wien u. München 1978.

Ineichen, Gustav: Allgemeine Sprachtypologie. Darmstadt 1979.

Jensen, Hans: Die Schrift in Vergangenheit und Gegenwart. Berlin (Ost). 3. Aufl. 1969.

Krahe, Hans: Indogermanische Sprachwissenschaft. Berlin 1943. II. Teil: Formenlehre. Berlin 1959.

Lamer, Hans: Wörterbuch der Antike. Fortgeführt von Paul Kroh. 8. Aufl. Stuttgart 1976.

Landmann, Salcia: Jiddisch. Das Abenteuer einer Sprache. Olten u. Freiburg 1962.

Lyons, John: Die Sprache. (Aus dem Englischen.) München 1983.

Martinet, André (Hrsg.): Le langage (Encyclopédie de la Pléiade.) Paris 1968. (Enthält den Beitrag von Douglas Rae Taylor : Le créole de la Dominique.)

Meillet, Antoine (Hrsg.): Les langues du monde. Paris 1952/1964.

Moser, Hugo: Das Ringen um eine neue deutsche Grammatik. Aufsätze aus drei Jahrzehnten. Darmstadt. 2. Aufl. 1962.

Naveh, Joseph: Early History of the Alphabet. Jerusalem u. Leiden 1982.

Pei, Mario: The Story of the Language. New York 1965.

Peisl, Anton und Mohler, Armin (Hrsg.): Der Mensch und seine Sprache. Frankfurt/M. u.a. 1979. (Enthält den Aufsatz von O. Ladstätter: Die moderne chinesische Hochsprache.)

Perrott, D. V.: Swahili. (Teach Yourself Books.) London 1951.

Pisani, Vittorio: Die Etymologie. (Aus dem Italienischen.) München 1975.

Poeschel, Hans: Die griechische Sprache. Geschichte und Einführung. München. 5. Aufl. 1968.

Porzig, Walter: Die Gliederung des indogermanischen Sprachgebiets. Heidelberg 1954.

Porzig, Walter: Das Wunder der Sprache. 7. Aufl., hrsg. von Andreas Jecklin und Heinz Rupp. München u. Bern 1982.

Potter, Simeon: Language in the Modern World. Harmondsworth (Middlesex) 1960.

Potter, Simeon: Our Language. Revidierte Ausgabe. Harmondsworth (Middlesex) 1976.

Quinault, R. J.: From World English to Semi-English. In Quest of a Universal English. In: Wort und Sprache. München 1981 (Festschrift zum 125jährigen Bestehen des Verlags Langenscheidt).

Rónai, Paulo: Der Kampf gegen Babel oder das Abenteuer der Universalsprachen. München 1969.

Rónai, Paulo: Der Feldzug gegen Babel oder »Das Problem der Allgemeinen Verständigung durch Universalsprachen.« In: Wort und Sprache. München 1981 (Festschrift zum 125jährigen Bestehen des Verlags Langenscheidt).

Saussure, Ferdinand de: Grundfragen der Allgemeinen Sprachwissenschaft. (Aus dem Französischen.) Berlin. 2. Aufl. 1967.

Sapir, Edward: Die Sprache. (Aus dem Amerikanischen.) München 1961.

Seebold, Elmar: Etymologie. Eine Einführung am Beispiel der deutschen Sprache. München 1981.

Schmidt, Wilhelm: Die Sprachfamilien und Sprachenkreise der Erde. Heidelberg 1926.

Stadler, Hermann (Hrsg.): Deutsch. Verstehen, Sprechen, Schreiben. (Fischer Kolleg.) Frankfurt/Main. 7. Aufl. 1983.

Stamm, Friedrich Ludwig (Hrsg.): Ulfilas oder die uns erhaltenen Denkmäler der gothischen Sprache. Paderborn. 3. Aufl. 1865. Nachdruck Stuttgart o.J.

Störig, Hans Joachim (Hrsg.): Das Problem des Übersetzens. Darmstadt 1963. (Enthält den Aufsatz von Eduard Horst von Tscharner: Chinesische Gedichte in deutscher Sprache.)

Strunge, Margret und Kassenbrock, Karl: Masematte. Münster 1980.

Valdman, Albert (Hrsg.): Pidgin and Creole Linguistics. Bloomington u. London 1977.

Vennemann, Theo: Isolation – Agglutination – Flexion? Zur Stimmigkeit typologischer Parameter. In: Fakten und Theorien. Festschrift für Helmut Stimm. Hrsg. v. Sieglinde Heinz und Ulrich Wandruszka. Tübingen 1982.

Vossen, Karl: Mutter Latein und ihre Töchter. Neue Ausgabe. Düsseldorf. 11. Aufl. 1983.

Wandruszka, Mario: Sprachen – vergleichbar und unvergleichlich. München 1969.

Wandruszka, Mario: Interlinguistik. Umrisse einer neuen Sprachwissenschaft. München 1971. (W. versteht unter *Interlinguistik* nicht die Lehre von den Plansprachen.)

Weisgerber, Leo: Deutsch als Volksname. Ursprung und Bedeutung (acht Aufsätze des Verfassers.) Stuttgart 1953.

Weisgerber, Leo: Vom Weltbild der deutschen Sprache. 1. Halbband: Die inhaltsbezogene Grammatik. 2. Aufl. Düsseldorf 1953. 2. Halbband: Die sprachliche Erschließung der Welt. 2. Aufl. Düsseldorf 1954.

Weisgerber, Leo: Die vier Stufen in der Erforschung der Sprachen. Düsseldorf 1963.

Wendt, Heinz F.: Sprachen. Neuausgabe Frankfurt/M. 1987.

Wathmough, Joshua: Language. A Modern Synthesis. New York 1956.

Whorf, Benjamin Lee: Language, Thought, and Reality. Hrsg. von J. B. Carroll. Cambridge (Mass.) 1956.

Wolf, Siegmund A.: Wörterbuch des Rotwelschen. Deutsche Gaunersprache. Mannheim 1956.

Wolf, Siegmund A.: Großes Wörterbuch der Zigeunersprache (romani tšiw). Wortschatz deutscher und anderer Zigeunerdialekte. Mannheim 1960.

Wolf, Siegmund A.: Jiddisches Wörterbuch. Wortschatz des deutschen Grundbestandes der jiddischen (jüdischdeutschen) Sprache. Mannheim 1962.

# Register

Personennamen, Sprachen- und Länderbezeichnungen, Ortsnamen wie alle Sachbegriffe sind in diesem Register zusammengefaßt. Personen- und Ortsnamen sind nur aufgenommen, wenn sie in enger Beziehung zur sprachlichen Entwicklung stehen. Mit * gekennzeichnete Seitenzahlen verweisen auf Bildunterschriften.

Die große Mehrzahl der auf den Übersichtskarten (am Anfang und am Ende des Buches) verzeichneten Sprachen und
Sprachgruppen ist im Textteil behandelt; alle zu besprechen, war aus Raumgründen nicht möglich.

# Nachweis der Bildquellen

Bayerische Staatsbibliothek (69, 226, 235)

Bildarchiv Preußischer Kulturbesitz (47)

Britain On View (80)

British Museum (17, 19 [2 Bilder], 30)

Deutsches Archäologisches Institut (36 oben)

Fremdenverkehrsamt der Volksrepublik China (276)

Fremdenverkehrsbüro von Singapur (303)

Herzog August Bibliothek (118)

Thor Heyerdahl (46)

Herbert Horn (einige Zeichnungen und Kartenskizzen)

Irische Fremdenverkehrszentrale (79)

Koreanisches Fremdenverkehrsamt (301)

Lexikographisches Institut, München (Vorsatzkarten vorn und hinten)

Prof. Massimo Pallottino (45)

Christian Pehlemann (270)

Michael Reiter (167)

P. E. Cleator: Lost Languages, 1959 (23, 31, 36 unten)

Seychelles Nation (357)

Johannes Friedrich: Entzifferung verschollener Schriften und Sprachen,
    Verständliche Wissenschaft Bd. 51, 1954 (28)

Süddeutscher Verlag Bilderdienst (29, 98, 184, 189, 190, 272, 364)

TDC Malaysia/Lipp (305)

Ultimo Noticia (356)

Adolf Erman: Die Hieroglyphen, 1912 (24, 25)

Johannes Friedrich: Entzifferungsgeschichte der hethitischen Hieroglyphenschrift.
    Sonderheft 3 der Zeitschrift »Die Welt als Geschichte«, 1939 (41)

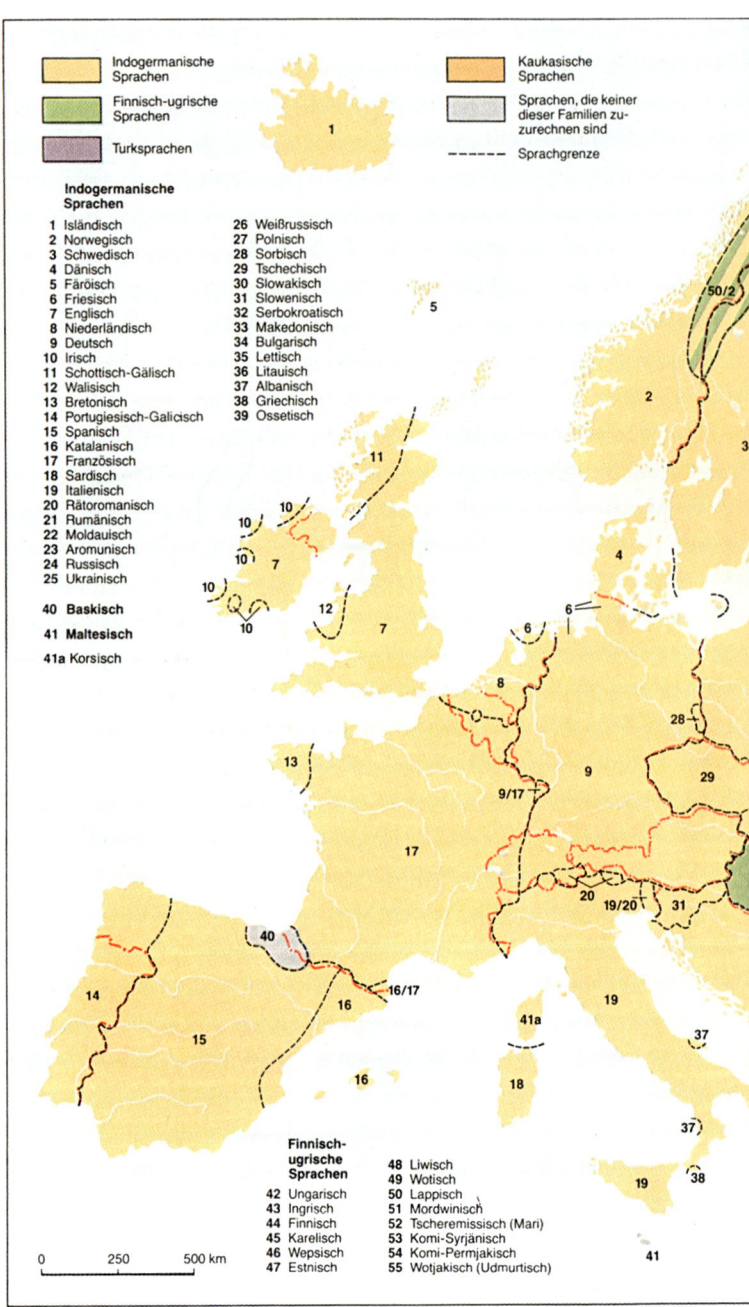

## Indogermanische Sprachen

| | |
|---|---|
| 1 Isländisch | 26 Weißrussisch |
| 2 Norwegisch | 27 Polnisch |
| 3 Schwedisch | 28 Sorbisch |
| 4 Dänisch | 29 Tschechisch |
| 5 Färöisch | 30 Slowakisch |
| 6 Friesisch | 31 Slowenisch |
| 7 Englisch | 32 Serbokroatisch |
| 8 Niederländisch | 33 Makedonisch |
| 9 Deutsch | 34 Bulgarisch |
| 10 Irisch | 35 Lettisch |
| 11 Schottisch-Gälisch | 36 Litauisch |
| 12 Walisisch | 37 Albanisch |
| 13 Bretonisch | 38 Griechisch |
| 14 Portugiesisch-Galicisch | 39 Ossetisch |
| 15 Spanisch | |
| 16 Katalanisch | |
| 17 Französisch | |
| 18 Sardisch | |
| 19 Italienisch | |
| 20 Rätoromanisch | |
| 21 Rumänisch | |
| 22 Moldauisch | |
| 23 Aromunisch | |
| 24 Russisch | |
| 25 Ukrainisch | |

**40 Baskisch**

**41 Maltesisch**

**41a** Korsisch

### Legende

- Indogermanische Sprachen
- Finnisch-ugrische Sprachen
- Turksprachen
- Kaukasische Sprachen
- Sprachen, die keiner dieser Familien zuzurechnen sind
- - - - - Sprachgrenze

## Finnisch-ugrische Sprachen

| | |
|---|---|
| 42 Ungarisch | 48 Liwisch |
| 43 Ingrisch | 49 Wotisch |
| 44 Finnisch | 50 Lappisch |
| 45 Karelisch | 51 Mordwinisch |
| 46 Wepsisch | 52 Tscheremissisch (Mari) |
| 47 Estnisch | 53 Komi-Syrjänisch |
| | 54 Komi-Permjakisch |
| | 55 Wotjakisch (Udmurtisch) |

0    250    500 km